讲座集萃（2018）

JINSHA JIANGTAN JIANGZUO JICUI（2018）

金沙讲坛办公室　主编

四川大学出版社

项目策划：李天燕
责任编辑：蒋姗姗
责任校对：吴连英
封面设计：墨创文化
责任印制：王　炜

图书在版编目（CIP）数据

金沙讲坛讲座集萃. 2018 / 金沙讲坛办公室主编.
— 成都 : 四川大学出版社, 2019.11
ISBN 978-7-5690-3164-5

Ⅰ. ①金… Ⅱ. ①金… Ⅲ. ①社会科学－文集 Ⅳ.
①C53

中国版本图书馆 CIP 数据核字 (2019) 第 242211 号

书名　金沙讲坛讲座集萃（2018）

编　　者	金沙讲坛办公室
出　　版	四川大学出版社
地　　址	成都市一环路南一段 24 号（610065）
发　　行	四川大学出版社
书　　号	ISBN 978-7-5690-3164-5
印前制作	四川胜翔数码印务设计有限公司
印　　刷	四川盛图彩色印刷有限公司
成品尺寸	170mm×240mm
插　　页	2
印　　张	21.25
字　　数	431 千字
版　　次	2019 年 11 月第 1 版
印　　次	2019 年 11 月第 1 次印刷
定　　价	66.00 元

◆ 读者邮购本书，请与本社发行科联系。
电话：(028)85408408/(028)85401670/
(028)86408023　邮政编码：610065
◆ 本社图书如有印装质量问题，请寄回出版社调换。
◆ 网址：http://press.scu.edu.cn

四川大学出版社
微信公众号

前　　言

习近平总书记在党的十九大报告中指出“文化自信是一个国家、一个民族发展中更基本、更深沉、更持久的力量”。没有高度的文化自信，没有文化的繁荣兴盛，就没有中华民族的伟大复兴。习近平总书记指出要“推动文化事业和文化产业发展”，要“完善公共文化服务体系，深入实施文化惠民工程，丰富群众性文化活动”。“金沙讲坛”这一公益讲座在坚持社会主义核心价值体系、自觉增强市民文化自信上始终是坚定的实践者。

成都“金沙讲坛”创办于2009年3月7日，由中共成都市委宣传部主办，成都市社科联（社科院）承办，成都市广播电视台、成都传媒集团、成都博物馆、成都金沙遗址博物馆等协办。讲坛以“传播学术文化、弘扬人文精神、提升城市品位、提升市民素质”为目标，以“讲成都、谈天下，通古今、论人生”为理念，以“选题系列化、内容大众化、普及品牌化”为思路，着力打造出了“名家荟萃的大讲坛，老百姓自己的文化沙龙”，也把讲坛办成了全国知名的社科普及和文化惠民活动品牌。

“金沙讲坛”坚持公开、免费向全体成都市民开放，每年的3～11月共举办现场讲座50余场。10年多来，讲坛先后邀请到了王蒙、龙永图、易中天、于丹、白岩松、杨澜、阿来、乔良、张召忠、张国立、水均益、马少骅、雷军、吴宇森、刘伟、叶小文、白燕升、梁文道、周思敏、林清玄、叶莺、聂卫平、何占豪、尹卓、罗援、刘劲、敬一丹、章金莱（六小龄童）、单霁翔、钟南山等名家莅临讲坛，讲座的内容涵盖政治、经济、文化、历史、法律和社会等人文学科的方方面面，深受广大市民的喜爱，已打造成成都知名的文化活动品牌和市民的“思想盛宴”。在成都，去听“金沙讲坛”已经成为市民的一

种生活方式。9 年多来，讲坛培育了稳定而庞大的听众群，从学生、教师、军人、企业白领到机关干部，从莘莘学子到白发老人，听众覆盖了各个年龄段及各类行业，他们齐聚一堂，共同享受着先进思想的熏陶和先进文化的洗礼。讲坛通过贴近老百姓和高质量举办，用百姓喜闻乐见的方式和通俗的语言，让学术文化走进市民百姓之中，同时传播正能量，使老百姓多一份对文化的了解，进而能多一份来自内心深处的文化自信。

2018 年度，“金沙讲坛”成功举办了大型现场专题讲座 50 场，讲座主题丰富多彩：四川师范大学教授、博士生导师王川讲授“四川历史名人的文化价值与中国优秀传统文化的传承与弘扬”；南开大学学术委员会委员、城市与区域经济研究所学术委员会主任郝寿义讲授“现代经济体系下的成都城市竞争力”；四川师范大学历史文化与旅游学院教授、博士生导师谢元鲁讲授“世界纸币的起源——成都交子之谜”；中国作家协会会员、中国科普作家协会会员、世界科幻小说协会会员刘兴诗讲授“古蜀文明解密”；四川大学历史文化学院考古系教授、博士生导师霍巍讲授“天马西来：成都与丝绸之路”……“金沙讲坛”实现了“一次讲座，多次传播”。成都电视台、成都电台、成都全搜索及《成都日报》《成都商报》《光明日报》《中国社会科学报》《四川党的建设》《四川航空》《四川日报》《华西都市报》等省内外的多家媒体都报道过讲坛情况。

“金沙讲坛”的举办有力地促进了成都社科普及和文化建设，极大地丰富了人民群众的文化生活，提升了“金沙讲坛”在省内外的知名度、美誉度。

金沙讲坛办公室

2019 年 10 月

目　　录

改革开放　治国理政

国际关系　历史文明

城市文化　家庭建设

健康保健　艺术熏陶

科技创新　自然生态

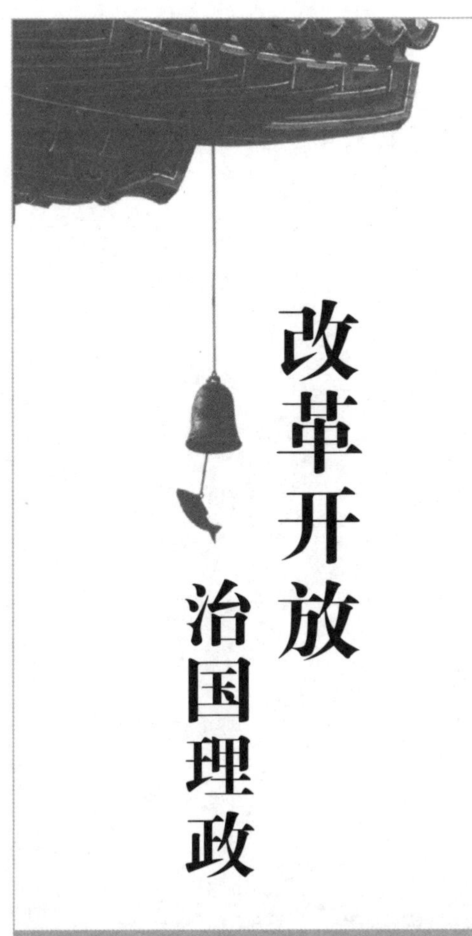

改革开放 治国理政

习近平治国理政新时代思想

◎王向明

王向明，中国人民大学马克思主义学院教授、中国人民大学中国特色社会主义理论体系研究中心专职研究员、中国人民大学党校特聘教师。兼任全国马克思主义理论研究与建设工程课题组主要成员、团中央“全国大学生骨干培训学校”导师、北京市干部理论教育讲师团专家团成员。民生智库学术委员会委员、特邀研究员。

非常荣幸有机会能够来到金沙讲坛，和成都理工大学的各位同学、老师做一个交流。今天的主题很鲜明，就是围绕习近平总书记治国理政的新思想和大家聊一聊。

党的十八大以来，以习近平同志为核心的党中央在推进坚持和发展中国特色社会主义的伟大事业中确实产生了很多的新思想。这些新思想集中地凝练于习近平两本重要著作，即《习近平谈治国理政》第一卷和第二卷，它是党的十八大以来习近平思想的概括。第二卷有更多新的体现，这本书一共有 17 个部分，以实现中华民族伟大复兴的中国梦为开篇，以四个全面为总体的战略布局，即全面建成小康社会、全面深化改革、全面依法治国、全面从严治党。尤其是以全面从严治党为龙头，坚持以人民为中心，坚持以改革发展为主题来全面推进中国特色社会主义的发展。简单一句话，《习近平谈治国理政》第二卷可以说是最新的浓缩了习近平思想的精华，是非常值得我们学习的。

党的十九大精神也都可以在《习近平谈治国理政》第二卷中找到依据。今天我想和大家一起分享一下，通过对习近平谈治国理政第一卷和第二卷的学习，怎么来理解习近平总书记治国理政的方略。

问题意识和问题导向

什么是问题意识？就是我们做任何事情都要紧紧地针对问题、抓住问题。问题导向其实也是马克思主义一个最基本的哲学立场。马克思在 1845 年写过一篇非常短的文章《关于费尔巴哈的提纲》，恩格斯评价这篇文章是“包含着新世界观的天才萌芽的第一个文件”，其中有很多著名的原理。例如，1978 年 12 月 18 日召开的中共十一届三中全会的序幕，就是在 1978 年的 5 月 11 日《光明日报》以特约评论员的名义发表了一篇极为重要的文章《实践是检验真理的唯一标准》。这一马克思主义的基本原理就出自《关于费尔巴哈的提纲》的第二条，马克思说，人的思维是否具有客观真理性，这不是一个理论问题，而是一个实践问题，能够证明我们思维的真理性，以及到达真理此岸的唯一途径只能是实践。这篇文章的最后一条是：哲学家们只是用不同的方式揭示世界，问题在于改变世界。实际上，我们每个人在生活中，在成长过程中，在实践过程中也需要解决问题。例如，对学生来讲所面临的问题就是怎么样把学习搞好，怎么样多学点知识。

什么是问题？毛泽东同志当年写过一篇非常著名的文章《反对党八股》，其中有一句最经典的话：“问题就是事物的矛盾。”所以，问题导向也可以理解为矛盾导向。我们在具体解决矛盾的过程中实际上是三个环节：第一个环节就是发现矛盾。第二个环节就是分析矛盾。第三个环节就是解决矛盾。毛泽东同志为我们精心设计了解决矛盾的三部曲：第一步，在多个矛盾中抓住主要矛盾；第二步，在主要矛盾中住抓住矛盾的主要方面；最后一步，找到一个精准突破口来破解矛盾，解决矛盾。

通过学习《习近平谈治国理政》第一卷和第二卷，党的十八大以来的整个实践我们看得非常明白：习近平总书记确实是秉承着强烈的问题导向，按照毛泽东提出来的矛盾三部曲来推进中国社会主义发展的。2012 年 11 月 15 日党的十八届一中全会上习近平当选为中共中央总书记，他在两天内有三篇重要讲话：第一篇是他在十八届一中全会上当选总书记之后发表的讲话，第二篇是他以总书记的身份与新的中央政治局常委在人民大会堂面见中外记者时的 1500 字的演讲，第三篇是 16 日新产生的中央政治局的第一次集体学习时他的一个讲话。当时习近平总书记面临的矛盾很多，例如国际政治上，一些西方国家随着中国的崛起千方百计地打压、遏制、渗透、分化；国际经济上，2008 年的国际金融危机在 2012 年仍然有着深刻的影响，经济下行压力、经济结构不合理、经济发展方式粗暴、环境问题、民生问题，由此引发了各种社会问题，如群体事件、腐败问题、作风不良的问题等，矛盾是纷繁多样的。在这些矛盾中，习近平总书记抓住了主要矛盾，他讲，办好中国的事情关键在党。他抓住的主要矛盾是党的建设，虽然我们面临这么多的矛盾，只要我们把党建设好了，它的执政能力增强了，它的执政能力巩固了，我们就能够战胜一切艰难险阻。

在党的建设这个主要问题上，习近平总书记强调我们要抓住矛盾的主要方面，就是要加强执行力。怎么加强呢？用一个字概括就是严，全面从严治党；用两个字概括就是认真，习近平总书记引用毛主席的话说，“世界上怕就怕认真二字，共产党就最讲认真”；用三个字概括就是抓落实；用四个字概括就是狠抓落实。这就抓住了矛盾的主要方面。最后一步以什么作为切入点呢？如何解决党的建设中出现的问题呢？第一个大动作是2012年12月4日，他在中央政治局提出了改进作风的八项规定，把抓作风作为切入点。习近平总书记当时讲了这样一段话：党的作风就是党的形象，关系人心向背，关系党的生死存亡。三个关系最关键的是第一个，作风就是形象。作风有一个特点，就是外向性，它是藏不住、掖不住的，一定会表现出来。例如，今天我的演讲结束后，同学们给我的第一个印象是什么？是诸位的会风，是你们表现出的一种精神状态，就是你们的作风，这是藏不住的。又如，抗战胜利后国共的谈判时期，当时蒋介石踌躇满志，国民党是执政党，掌控着国家几乎所有行政资源。同时蒋介石当时的声誉是国际性的，当时有五大反法西斯领袖，即美国的罗斯福、苏联的斯大林、英国的丘吉尔、中国的蒋介石、法国的戴高乐，这五个国家成为联合国常任理事国，蒋介石也得到了所谓友邦的支持。而中国共产党主要依靠统一战线政策，当时邀请了民主党派的负责人到延安考察，时任九三学社的负责人黄炎培从延安考察回来以后讲，“这次到延安虽然是走马观花，但是我已经坚定地相信未来的中国是属于共产党人的”。为什么？他说因为看到了一个完全不同于国民党的共产党，就是作风问题，共产党领袖的作风、军队的作风、干部的作风，甚至是老百姓的民风。黄炎培这样形容：延安人虽然那个时候生活很艰苦，但是人人心中都像揣着一团火，都有一种向往着建设一个新中国的热情和活力。反过来，当时的国民党在抗战胜利以后，纸醉金迷、灯红酒绿。所以，作风就是形象。

所以，习近平总书记讲的三个关系逻辑非常严密，作风好了形象就好，形象好了当然人心凝聚，党的事业就兴旺发达。反过来，要是作风不好形象就败坏，人心就会离你而去，最后就可能亡党亡国。八项规定刚刚出来的时候，有些同志还不以为然的，觉得这样的规定过去也有，但是好像都是说一说就过去了，认为就是一张纸。但是今天没有任何人敢说八项规定是一张纸，它就是以其强大的执行力成为约束全党改进作风的一个刚性文件。这是怎么做到的呢？

第一，高层自我约束。八项规定的全称为：中共中央政治局关于改进工作作

风、密切联系群众的八项规定。首先针对政治局委员。第一条，中央政治局以上的领导同志到基层调研一定要深入基层了解真实情况，基层单位在接待中央高层领导的时候严禁弄虚作假。第二条，努力改进文风，习近平总书记从自我做起，他的讲话很有特点，文风朴实、娓娓道来、意义深刻。例如，他在十三届全国人大闭幕会上的讲话说，“山再高，往上攀，总能登顶；路再长，走下去，定能到达”。又如，习近平总书记亲自担任十九大报告起草小组的组长，他在 40 多个地方亲笔把文字做了修改写进去，话语特别有特点、特别鲜活，像“各民族要像石榴籽那样紧紧抱在一起”等。第三条，中央领导同志出行要尽量地做到科学的交通管制。第四条，高层领导同志不题字。第五条，改进会风。从政治局做起，不开冗长的会，不开没有准备的会，不开不解决问题的会。第六条，规范高层领导同志的出访活动，有一系列规定，要公示，整个日程安排都是非常明确的。第七条，新闻媒体在报道领导同志的时候一定要实事求是。前面七条规定，大部分都与高层领导有关，真正与大家关系大的是第八条，厉行节约，严格住房、用车、办公室、财务报销等标准。所以，八项规定首先是自我约束；第二就是狠抓落实，一个时间节点一个时间节点地抓，一个典型案例一个典型地抓，真的抓出了实效。

第二，2013 年 6 月 28 日，习近平总书记在政治局会议上提出，在全党开展群众路线教育实践活动，就是进一步深化和改进作风。当时在领导干部中，主要有四风：形式主义、官僚主义、享乐主义、奢侈之风，于是要狠刹四风。习近平总书记用了非常通俗的语言要求领导同志要做到“照镜子、正衣冠、洗洗澡、治治病”。

第三，2014 年的 1 月 14 日在中纪委第三次会议讲话中，习近平总书记第一次提出了一个重要概念：零容忍态度来惩治腐败。现在变成了九个字：无禁区、全覆盖、零容忍。习近平总书记把所有的禁区全部打破，零容忍指两点，第一是没有任何例外，对腐败分子发现一个坚决查处一个；第二是不分大腐败还是小腐败，老虎、苍蝇一起打。2014 年是我们反腐败的决胜之年，3 月 15 日拿下了徐才厚，7 月 5 日拿下了周永康，12 月 22 日拿下了令计划，他们和先前被拿下的薄熙来被一些海外媒体称为是中国共产党内的“新四人帮”，这意味着我们反腐败斗争取得了压倒性的态势。这真的是很了不起，但斗争是非常尖锐的，甚至是惊心动魄的。我们今天以零容忍的态度惩治腐败，就是要重新赢得党心、民心。

第四，2015 年党中央又开展了“三严三实”专题教育。“三严三实”即严以修身、严以用权、严于律己，创业要实、谋事要实、做人要实。

第五，2016 年以来，开展“两学一做”学习教育。“两学一做”就是学党章党规，学系列讲话，做合格党员。

第六，2017 年我们把“两学一做”制度化、常态化，并将其写入了党的十九大新修订的党章中。

以上梳理我们可以看出，紧紧抓住从严治党的龙头，然后一步一步地逐渐深入，由表及里，由浅入深，一开始高压反腐败，这是外在压力，逐渐走到“两学一做”，这是内在的提升。所以，习近平总书记提出反腐败的三步：第一步叫作不敢腐，这个主要靠外界压力；第二步叫作不能腐，主要靠制度约束；第三步是不想腐，就要坚定理想信念，加强党性修养，提升道德境界，追求高尚情操。通过这样一个简单概述，可以看到党的十八大以来以习近平同志为核心的党中央确实是身体力行、率先垂范，坚定推进全面从严治党，坚持思想建党和制度治党紧密结合，集中整治党风，严厉惩治腐败，净化党内政治生态，使党内政治生活展现新气象，赢得了党心、民心，为开创党和国家事业新局面提供了重要保证。

立足新时代方能开拓前进

习近平治国理政的实践基础、历史基础、时代背景，也就是说它的历史方位我们可以用一个词概括，那就是新时代。党的十九大报告里，习近平总书记有一个重大的论断：经过长期努力，中国特色社会主义进入了新时代。新时代的意义是什么呢？习近平总书记说，新时代就是我们国家发展新的历史方位，就是我们党的新的历史方位。党的十九大的主题是不忘初心、牢记使命，它有很高深的哲学思考。2000 多年前古希腊思想家苏格拉底曾经提出一个被称之为人类哲学思考的终极命题，就是认识我们自己。苏格拉底具象为四个问题：我是谁？我为什么是我？我从哪里来？我到哪里去？哲学是人类的最高表达，也是人类智慧的最高表达。习近平总书记回答坚持和发展什么样的中国特色社会主义，提出了八个明确、十四个方略，这就是习近平新思想，治国理政新方略。我理解为：

一是一个梦想，中国梦，强军梦。二是两步走的战略目标，我们要实现全面现代化，到 2035 年要基本实现现代化，2050 年要全面实现现代化。三是三个基点，即以全面从严治党为龙头，以人民为主体和以改革发展为主题。习近平总书记的讲话中人民始终是放在最高位置的，他说：“始终要把人民放在心中最高的位置，始终全心全意为人民服务，始终为人民利益和幸福而努力工作。”他讲历史是人民创造的，从四个方面总结了民族精神，即中国人民是有伟大的奋斗精神的民族，是有伟大的创造精神的民族，是有伟大的团结精神的民族，是有伟大的梦想精神的民族。他说波澜壮阔的中华民族发展史是中国人民书写的，博大精深的中华文明是中国人民创造的，历久弥新的中华民族精神是中国人民培育的。我

们从站起来、富起来到强起来的伟大飞跃是中国人民奋斗出来的。四是四个全面，即全面建成小康社会，全面深化改革，全面依法治国，全面从严治党；四个伟大，即进行伟大斗争，建设伟大工程，推进伟大事业，实现伟大梦想。五是五位一体总体布局，即经济、政治、文化、社会、生态文明五位一体；五大发展理念，即创新、协调、绿色、开放、共享。六是把马克思主义世界观和方法论贯穿始终。

我们现在进入了空前伟大的时代，但是这个时代不是自然而然就能成功的。所以，习近平总书记在党的十九大报告里讲，“行百里者半九十，中华民族伟大复兴，绝不是轻轻松松、敲锣打鼓就能实现的”。从现在起到 21 世纪中叶我们要实现现代化，对在座的同学们来讲，应该激动的是你们不但是实现两步走、实现现代化目标的一个亲历者、见证者，更是它的创造者。未来二三十年正是你们大展宏图的时候，如果那个时候我们的强国梦实现了，大家可以很骄傲地对你们的儿孙讲，如今的盛世中国是我们创造出来的。

社会主义历史观的建立与发展

◎周　玉

周玉，西南民族大学马克思主义学院教授、法学博士，马克思主义基本原理、马克思主义哲学专业硕士生导师，主要研究领域为马克思主义中国化、社会思潮与意识形态建设等。主持国家哲学社会科学基金项目 2 项，主持四川省哲学社会科学规划项目 1 项，主研教育部项目 5 项，其他项目多项。

非常高兴能有机会与大家分享关于改革开放前后两个历史时期的问题。

历史虚无主义是一种否定历史、虚无历史的社会思潮，在近年来主要表现为对党史、军史、国史，对党的领袖和英雄模范，对改革开放和中国特色社会主义的歪曲、丑化和否定。这种社会思潮具有明确的政治意图，其本质是政治思潮。40 年前党的十一届三中全会开启了我国改革开放的历史征程，以此为标志，新中国历史分为改革开放前和改革开放后两个时期。这两个时期本质上都是党领导人民进行社会主义建设的实践探索，两者既不是割裂的更不是对立的，对此，习总书记提出两个不能否定，不能用改革开放后的历史时期否定改革开放前的历史时期，也不能用改革开放前的历史时期否定改革开放后的历史时期。但是一段时间以来，在社会上尤其是在网络中却出现了种种割裂两个历史时期的言论，这些言论表现为两种情况：一种情况是用改革开放后否定改革开放前，将我们在社会主义建设探索过程中遭遇的挫折和失误夸大为整个改革开放前的错误，抹黑整个改革开放前的历史。另一种情况是用改革开放前否定改革开放后，放大改革开放中遇到的问题，歪曲改革开放的性质，认为改革开放不是走中国特色道路而是走的其他道路，等等。这些言论反映出来的问题实际上是我们社会主义还要不要改革开放，改革开放还要不要社会主义，改革开放朝什么方向改这样的重大政治问题。因此，坚持和发展中国特色社会主义有必要看清历史

虚无主义的这些迷雾，把新时代的改革继续推向前进。

改革开放前的历史成就不容否定

从新中国成立至改革开放前的这段历史，是党领导人民进行社会主义革命建设并取得巨大成就的历史。中国特色社会主义虽然是在改革开放的历史新时期提出的，但它不是无本之木，它是在新中国已经建立起社会主义基本制度并进行了20多年建设的基础上开创的，因此不能用改革开放后的历史时期否定改革开放前的历史时期。这是一个关系到在改革开放中我们还要不要坚持社会主义的根本性的重大政治问题。当然，历史虚无主义却围绕社会主义改造问题，围绕十年“文化大革命”问题，围绕毛泽东同志的晚年问题抹黑了整个改革开放前的历史，下面我围绕这三个方面的问题就历史虚无主义发表的一些相关言论予以回应。

第一，关于社会主义改造问题。社会主义改造是我们党领导人民做出的三个伟大历史贡献之一。一是完成了新民主主义革命，建立了新中国；二是完成了社会主义改造，确立了社会主义基本制度；三是实行了改革开放，开创、发展了中国特色社会主义。社会主义改造是我们党领导人民做出的第二个伟大历史贡献。它的历史意义在于为当代中国的一切发展和进步奠定了根本政治先机和制度基础。我们的社会主义基本制度就是通过社会主义改造所确立的，对此，邓小平做出了高度评价，认为在社会主义方面我们最成功的是社会主义改造，我们的社会主义改造是搞得成功的，也很了不起。

历史虚无主义认为中国的社会主义改造搞早了，我国的社会主义是早产。原因是他们认为我国经济、文化落后，没有经过资本主义的充分发展，所以我们没有资格搞社会主义。而关于经济文化落后的国家的社会主义是否是早产，这个问题早在100年前十月革命的前后列宁就已经做了论断。我国通过社会主义改造，进入社会主义社会，虽然没有经过资本主义的充分发展，但根据马克思的观点，落后国家是有可能不通过资本主义制度的卡夫丁峡谷而直接进入社会主义的。卡夫丁峡谷是一个历史典故，比喻灾难性的历史经历。马克思借用卡夫丁峡谷的这个典故是想说明，落后的东方国家在一定条件下跨越资本主义的发展阶段可以避免资本主义的灾难，即资本主义的周期性经济危机。按照马克思的观点，俄国这个落后的东方国家在一定条件下是有可能跨越资本主义社会而直接进入社会主义社会的，这是因为世界历史发展的一般规律，不仅丝毫不排斥个别发展阶段在发展的形式或顺序上表现出特殊性，反而是以此为前提的。

人类社会形态的更替有自身的规律，无论哪一个社会形态，在它所能容纳的全部生产力发挥出来以前，是决不会灭亡的；而新的更高的生产关系，它的物质存在条件在旧社会的胎胞里成熟以前，是决不会出现的。它揭示了一种旧的社会形态的灭亡和一种新的社会形态的出现都是有条件的，前者的条件是要在它所能容纳的全部生产力发挥出来以后，而后者的条件就是它的物质存在条件在旧社会的胎胞里成熟以后。我国的社会主义既然出现了，就说明它的物质存在条件在旧社会的胎胞里已经成熟，所以，我国经过社会主义改造进入社会主义社会这是历史的必然。正如邓小平所说，当时中国有了先进的无产阶级的政党，有了初步的资本主义经济，加上国际条件，所以在一个很不发达的中国能搞社会主义。

还有一种观点认为社会主义改造的时候我们消灭了私有制，而改革开放后的今天我们又发展私有制，这是不是意味着当初的社会主义改造就不该搞了呢？这个问题我们要放在中国社会主义发展的过程中来思考。新中国成立以后，如果我们不对私有制进行社会主义改造，就不可能形成强大的公有经济，就不可能确立社会主义经济制度，就不可能根本改变中国的社会性质。但是如果没有公有制的地位，党的地位就必然缺乏经济基础，新生的国家政权也就不能持久和巩固。一个在经济上处于无权地位的阶级，在政治上是不可能处于领导地位的，自从人类进入阶级社会以来，没有任何国家、任何历史中出现过经济上处于被动地位而在政治上处于当权地位的阶级。因此，无产阶级在取得政治统治后必然要利用国家政权对旧的生产关系进行改造，逐步消灭私有制并确立公有制，这是一切走向社会主义的国家都要经历的一个不可逾越的发展阶段，这是当初我们对私有制进行社会主义改造的原因。

我们现在为什么要重新发展私有制呢？其根源在于我国社会主义初级阶段的基本国情，在于初级阶段我们生产力发展的不平衡、不充分这个客观要求，多层次的生产关系所有制形式与之相适应，当然这并不意味着我们的改革就是对社会主义改造的否定。因为我们的社会主义改革是在坚持、在继承社会主义改造的成果，也就是在坚持社会主义基本制度的前提下所进行的改革，是对社会主义基本制度的自我完善和发展。当然，今天发展私有制不是我们的最终目的，发展私有制是为了更好地建设中国特色社会主义，所以我们不能把最终目标当成现行政策，也不能把现行政策当成最终目标。我们共产党人的最大理想、最终目标是要建设没有私有制的、发展成果由全体成员共同享有的社会。

总之，完成社会主义改造，确立社会主义制度，其伟大的意义就在于完成了中华民族有史以来最为广泛而深刻的社会变革，为当代中国一切发展进程奠定了根本政策前提和制度基础，实现了中华民族由近代不断衰落到根本扭转的命运，持续走向繁荣富强的伟大飞跃。

第二，关于“文化大革命”和“文化大革命”时期的问题。如何评价“文化

大革命”和“文化大革命”时期，是评价改革开放以前的新中国历史绕也绕不过去的问题。历史虚无主义否定改革开放前新中国的历史，一个突出的表现就是将“文化大革命”和“文化大革命”时期相等同，借对“文化大革命”运动的彻底否定来彻底否定“文化大革命”时期，直至彻底否定改革开放前新中国的整个历史。我们党在1981年十一届六中全会通过的《关于建国以来党的若干历史问题的决议》（以下简称《决议》）中已经对“文化大革命”做出了科学结论，明确指出其理论和实践都是错误的，必须彻底否定。正如习总书记所说，我们党对自己包括领袖人物的失误和错误历来采取郑重的态度，一是敢于承认，二是正确分析，三是坚决纠正，从而使失误和错误连同党的成功经验一起成为宝贵的历史教材。我们不能因为“文化大革命”的错误而彻底否定“文化大革命”时期，更不能因此而彻底否定改革开放前新中国的历史。“文化大革命”和“文化大革命”时期是两个不同的概念，“文化大革命”时期是一个时间概念，指的是从1966年到1976年发生“文化大革命”的这段时间，而“文化大革命”则是指一场政治运动，所以两者是有区别的。

一方面，“文化大革命”时期除了有“文化大革命”的错误外，还有党和人民同“左”倾错误、同反革命集团的斗争。正如1981年通过的《决议》指出的那样，中央领导同志当时绝大多数都站在斗争的正确方面，党的干部绝大多数是忠于党和人民的。那么正是由于全党和人民解放军指战员、知识分子和干部的共同斗争，使“文化大革命”的破坏受到了一定程度的限制，也正是这种斗争才使“文化大革命”最终得以结束。另一方面，在“文化大革命”时期，我国虽然遭到巨大损失，但是仍然取得了重要成就。粮食生产保持了比较稳定的增长，工业交通基本建设和科学技术方面取得了一些重要成就。其中包括一些新铁路和南京长江大桥的建成，一些技术先进的大型企业的投产，氢弹实验和人造卫星发射回收的成功，杂交水稻的育成和推广；在国家动乱的情况下，人民解放军仍然英勇地保卫着祖国的安全；对外工作也打开了新的局面；等等。党、人民政府、人民军队和整个社会的性质都没有改变，因此，我们要客观评价“文化大革命”的历史时期，不能无视这一时期所取得的重要成就。如果借“文化大革命”的错误而彻底否定“文化大革命”时期，甚至彻底否定改革开放前的新中国历史，这不是对待历史的实事求是的态度，这是对待历史的一种不负责、不公正的态度。

第三，关于毛泽东同志晚年错误的问题。改革开放前的历史时期是同开国领袖毛泽东同志紧密联系在一起的，历史虚无主义否定改革开放前的历史时期，集中表现为肆意渲染、夸大毛泽东同志的晚年错误，并制造种种谣言对毛泽东同志进行诋毁，这种诋毁超越了一个民族应有的理智界限。毛泽东同志是和党的历史、新中国的历史融为一体的，给毛泽东同志抹黑也就是给我们的党和国家抹黑，丑化了毛泽东同志就意味着打开了丑化党的历史和新中国历史的突破口，意味着打开了弄垮国家政权的突破口。历史虚无主义无论是借毛泽东同志晚年的错误来全盘否定毛泽东同志，还是肆意造谣抹黑毛泽东同志，都是为了通过丑化毛泽东同志来丑化党史、国史。

关于毛泽东同志的晚年错误我们党早就做出了实事求是的评价，1981 年的《决议》就指出无论是对于全面建设社会主义十年期间工作中的错误还是“文化大革命”中的错误，毛泽东同志都负有主要责任。同时也强调由于党中央未能及时地纠正这些错误，因此不能把所有错误归咎于毛泽东同志个人。毛泽东同志虽然在“文化大革命”中犯了严重的错误，但是就他的一生来看，他对中国革命的功绩远远大于他的过失，他的功绩是第一位的，错误是第二位的。我们党、我们国家对毛泽东同志的晚年错误是从来没有回避的，而且是敢于承认，并且进行了正确的分析和坚决的纠正。

列宁曾经强调：在分析任何一个社会问题时，马克思主义理论的绝对要求，就是要把问题提到一定的历史范围之内。对于改革开放前的历史时期我们应当立足当时国际国内的社会条件，具体分析历史发展的内在逻辑，把握历史的本质和主流，敢于承认在道路探索过程中出现的挫折和失误，同时也不能片面放大失误，进而全面否定取得的重大成就。作为中国特色社会主义的根本保证，社会主义制度是党领导人民在这一时期取得的根本成就，否定这一时期不仅抽掉了中国特色社会主义的历史根基，也必然导致对社会主义制度的否定。

改革开放后的社会性质不容歪曲

改革开放是党在新的历史条件下领导人民进行的新的伟大革命，是决定当代中国命运的关键决策，是坚持和发展中国特色社会主义的必由之路。中国特色社会主义之所以具有蓬勃生命力，就在于是实行了改革开放的社会主义。历史虚无主义却将改革开放歪曲为走资本主义道路，具体表现为两种情况：一种是以貌似认可、貌似高度评价的态度将改革开放视为幡然改悔走向资本主义道路。另一种是将当前出现的贫富悬殊等社会问题归咎于改革开放，以全然否定的态度将改革开放视为走上了资本主义的邪路，背离了社会主义方向。对这两种观点认识是否清醒，直接关系到我们改革开放还要不要改、怎么改、往哪个方向改的问题，下面对这两种观点进行分析。

第一，关于改革开放是幡然改悔走向资本主义道路的观点。这种观点明确将社会主义初级阶段与资本主义道路相等同，貌似对改革开放的高度评价，但是实质上是对改革开放性质的肆意歪曲。作为改革开放的总设计师邓小平，他始终强调改革的社会主义性质，强调改革必须坚持社会主义的根本制度。他说：“我们建立的社会主义制度是个好制度，必须坚持。我们马克思主义者过去闹革命，就是为社会主义、共产主义的崇高理想而奋斗。现在我们搞经济改革，仍然要坚持社会主义道路，坚持共产主义的远大理想。我们实行改革开放这是怎么搞社会主义的问题，作为制度来说，没有社会主义这个前提，改革开放就会走向资本主义，在整个改革开放过程中必须始终注意坚持这个原则。”邓小平始终强调改革开放的社会主义的方向，并且强调以四项基本原则来保证改革开放的方向。

在新的历史条件下，习近平总书记也反复强调性质和方向问题，他强调面对复杂形势和各种风险考验，应该改又能够改的坚决改，不应该改的坚决守住，不应该改的就是我们社会主义的基本制度，我们社会主义的性质，这就是不应该改的，这个就应该坚决守住，要用四项基本原则来保证改革的正确方向，同时他又强调要通过改革开放赋予四项基本原则新的时代内涵。改革开放的当代中国是中国特色的社会主义首先体现在所有制关系上，公有制仍然是我国的经济基础，并处于主体地位。国有经济仍然控制着国民经济命脉，在抗震救灾、金融危机、国防安全、社会保障等方面发挥重大的作用，这是不同于资本主义的本质特征。在分配关系上，坚持共同富裕的价值追求，目前虽然存在贫富悬殊、区域发展不平衡、城乡发展不平衡的问题，但共同富裕是我们前进的目标，2020 年要全面脱贫、建成全面小康，2050 年全体人民共同富裕基本实现，就是最有力的誓言。在国家制度方面，坚持工人阶级领导的以工农联盟为基础的人民民主专政，坚持人民代表大会制度。在政党制度方面，坚持中国共产党领导的多党合作和政治协商制度。在指导思想方面，坚持马克思主义。这些都是在新的历史条件下体现科学社会主义基本原则的内容。

第二，关于以全然否定的态度将改革开放视为走上了资本主义邪路、背离了社会主义方向的观点。这是对改革开放予以彻底的否定，其突出的表现就是把当前存在的贫富悬殊、两极分化等社会问题都归咎于改革开放，认为我们的改革背离了社会主义方向，不符合邓小平提出的消灭剥削、消灭两极分化，最终达到共同富裕的本质，从而认为改革搞过头了，走上了资本主义道路。这就关系到我们的改革开放还要不要继续的问题。当前，我国确实既存在剥削现象也存在贫富悬殊、两极分化等社会问题，但这些问题的存在不应该归咎于改革开放。

首先，我国现在仍然处于社会主义初级阶段，历史起点低，生产力在过去几十年总体上处于落后状态，经过几十年的发展仍然发展不平衡、不充分。初级阶段生产力的这种现状，客观上需要多种所有制形式与之相适应。

其次，我们的社会主义和共产主义一样，不是一个静止的状态，而是一种消灭现存状况的现实的运动，其本质的体现是一个动态的过程。邓小平曾对社会主义说了五句话：解放生产力，发展生产力，消灭剥削，消除两极分化，最终达到共同富裕。其中用了五个动词：解放、发展、消灭、消除、达到，还都是延续性、动态性、过程性的概念，说明我们要实现消灭剥削，消除两极分化，最终达到共同富裕这样一个目标，要随着生产力的不断解放和发展，随着社会主义由初级阶段向高级阶段，由逐步完善到足够完善才会逐步实现。邓小平在讲社会主义本质，强调消灭剥削，消除两极分化，最终达到共同富裕的时候，首先提到要解放生产力、发展生产力，这是达到目标的前提条件，要随着社会主义制度的逐步完善而逐步地实现。

最后，共同富裕作为社会主义的本质要求一直是我们党的奋斗目标。我国相继实施的西部大开发战略，取消农业税，实行免费义务教育，经济较发达地区对民族地区、经济欠发达地方的对口支援等一系列的战略举措都足以说明我们正走在共同富裕的路上，这也是社会主义本质的体现。党的十九大宣告，经过长期努力，中国特色社会主义进入了新时代。新时代具有丰富的内涵，有五层含义，其中之一就是逐步实现全体人民共同富裕的时代。对实现共同富裕的这个目标，党的十九大做出了两个阶段的战略安排：第一个阶段是从 2020 年到 2035 年，用 15 年的时间，全体人民向共同富裕迈出坚实的步伐。第二个阶段是从 2035 年到 21 世纪中叶，再用 15 年的时间，全体人民共同富裕基本实现。

那种把当前存在的社会问题归咎于改革开放，认为改革开放背离了社会主义方向的言论不仅歪曲了改革开放的性质，未能够理解社会主义本质的体现是一个动态的过程，同时还放大了改革开放的问题，无视改革开放以来我国取得的巨大的成就。改革开放以来，我国的成就是举世瞩目的。习近平总书记在 2018 年博鳌论坛上对改革开放 40 年的成就进行了概括，40 年的改革开放我们国家的社会生产力得到极大的解放和发展，“今天，中国已经成为世界第二大经济体、第一大工业国、第一大货物贸易国、第一大外汇储备国。40 年来，按照可比价格计算，中国国内生产总值年均增长约 9.5%……”这是一个非常了不起的数据，在日本、韩国经济腾飞阶段，他们的经济增长速度跟我们这个数据相比都显得逊色。日本经济腾飞阶段是年均增长 9.2%，韩国经济腾飞阶段年均增长是 8.5%，都没有我们高。所以，改革开放以来我国在经济发展方面是创造了无与伦比的经济奇迹。此外我们的人民生活物资也从短缺走向充裕，从贫困走向小康，在现行联合国标准下 7 亿多贫困人口成功脱贫，占同期全球减贫人口总数 70%以上。也就是说，我们国家在改革开放以来为世界的减贫事业做出了重大的贡献，这也得到国际社会的高度评价。习近平总书记还讲道：改革开放不仅深刻改变了中国，也深刻影响了世界。在对外开放中，我国展现了大国担当，为应对亚洲金融

危机和国际金融危机做出了重大贡献，连续多年对世界经济增长贡献率超过30%，成为世界经济增长的主要稳定性和动力源，促进了人类和平与发展的崇高事业的发展。

总之，改革开放作为党领导人民做出的又一个伟大历史贡献，它开辟了中国特色社会主义道路，形成了中国特色社会主义理论体系，确立了中国特色社会主义制度，还发展了中国特色社会主义文化，使中国赶上了时代，实现了中国人民从站起来到富起来、强起来的飞跃。习近平总书记指出，如果没有1978年我们党果断决定实行改革开放，并坚定不移推进改革开放，坚定不移把握改革开放的正确方向，社会主义中国就不可能有今天这样的大好局面，就可能遇到像苏联、东欧国家那样的亡党亡国的危机。没有改革开放，就没有中国的今天，离开改革开放也没有中国的明天，因此改革开放的性质和成就我们有理由理直气壮地肯定。

两个时期本质上都是党领导人民
进行社会主义建设的实践探索

改革开放前和改革开放后两个历史时期，虽然在社会主义建设的思想指导、方针政策、实际工作上有很大差别，但两者绝不是彼此割裂，更不是根本对立的。两者在本质上都是党领导人民进行社会主义建设的实践探索。

一方面，改革开放前的社会主义实践探索为改革开放后积累了重要条件。马克思曾说：人们自己创造自己的历史，但是他们并不是随心所欲地创造，并不是在他们自己选定的条件下创造，而是在直接碰到的、既定的、从过去承继下来的条件下创造。十一届三中全会以来，我国的改革开放之所以能够顺利推进，一个重要原因就在于改革开放前新中国的社会主义革命和建设为改革开放后积累了重要的思想、物质、制度条件，积累了正反两方面的经验。

首先，改革开放前为改革开放后积累了重要的思想条件。改革开放前，我们党领导人民在制度初步探索的过程中形成了一系列重要思想的成果，比如调动一切积极因素为社会主义事业服务的思想，正确处理社会主义社会建设中的十个重大关系思想，正确认识和处理社会主义社会的基本矛盾、主要矛盾两类矛盾的思想，把正确处理人民内部矛盾作为国家政治生活主题的思想，坚持走中国工业化道路的思想，社会主义可以分为不发达的社会主义和比较发达的社会主义两个阶段的思想，把中国建设成为一个具有现代农业、现代工业、现代国防和现代科学技术强国的思想，等等。这些都为我们今天的改革开放坚持和发展中国特色社会主义积累了重要的思想条件。

其次，改革开放前为改革开放后积累了重要的物质条件。新中国成立之初，我国的经济文化十分落后，毛泽东同志用四个字加以了概括：一穷二白。穷就是没有工业；白就是一张白纸，文化水平、科学水平都不高。新中国成立之初，我们的工业情况是非常糟糕的，在发电量、石油产量等方面都落后西方国家几十年甚至上百年。1949 年我们的铁路还不及印度的一半，我们的拖拉机也只是印度的一个零头，这就是新中国建设起步的一个基础。我们如果不深刻了解当时面临的这种巨大困难，就不可能真正体会到改革开放前取得的成就是何等的难能可贵，是何等的不容易。经过 20 多年对社会主义建设的探索实践，我国经济实力、国防实力、科技实力显著增强，经济发展保持较快增长速度：从 1953 年到 1976 年国内生产总值年均增长 5.9%，其中工业年均增长 11.1%，建立了独立的、比较完整的工业体系和国民经济体系，从根本上解决了工业化从无到有的问题；尤其是在国防尖端技术方面取得重大突破，成功爆炸了原子弹、氢弹，成功发射了中远程导弹和人造卫星，不仅增强了我国的国防战略能力而且具有重大的政治意义。邓小平强调：如果二十世纪六十年代以来中国没有原子弹、氢弹，没有发射卫星，中国就不能叫有重要影响的大国，就没有现在这样的国际地位。这些成就为今天的中国特色社会主义提供了物质条件。

第三，改革开放前为改革开放后积累了重要的制度条件。在新民主主义革命胜利的基础之上，我们党领导人民确立了新中国的国家制度和政党制度，即工人阶级领导的以工农联盟为基础的人民民主专政的国体，人民代表大会制度这一根本性的政治制度，通过共产党领导的多党合作和政治协商制度、民族区域自治制度等基本政治制度，通过社会主义改造我们又确定了以公有制为基础的社会主义经济制度。这些都为改革开放后的当代中国奠定了根本的政治前提和制度基础。

第四，改革开放前为改革开放后积累了正反两方面的经验。我们党领导人民对社会主义建设道路的艰辛探索取得了巨大的成就，积累了丰富的经验，同时也遭受了严重的挫折，留下了深刻的教训。这些经验教训主要有：社会主义建设要把马克思主义与中国实际相结合，探索符合中国特点的社会主义建设道路；要从国情出发，量力而行，不能急于求成；要认真认识社会主义社会的主要矛盾和根本任务，集中力量发展生产力；要加强党的建设，坚持党的民主集中制和集体领导制度；要坚持对外开放，借鉴和吸收人类文明成果；等等。无论是成功的经验还是失误的教训，都是党的宝贵财富，都为改革开放后开创和发展中国特色社会主义提供了重要的借鉴。

另一方面，改革开放后的社会主义实践探索是对改革开放前的坚持、改革和发展。新中国的历史发展具有连续性和阶段性相统一的特征，改革开放前后两个

时期的历史进程表明，两者之间本质上是继承和发展的关系，改革开放后的社会主义实践探索是对改革开放前的坚持、改革和发展。

第一，在指导思想方面，改革开放前我们以马克思列宁主义、毛泽东同志思想作为指导思想，改革开放后我们既坚持了马克思主义又发展了马克思主义。邓小平强调：我们搞改革开放，把工作中心放在经济建设上，没有丢马克思，没有丢列宁，也没有丢毛泽东同志。老祖宗不能丢啊！与此同时，我们党在开创和发展中国特色社会主义过程中又在不断推进马克思主义中国化，与时俱进地发展马克思主义，形成了当代中国的马克思主义，也就是中国特色社会主义的理论体系。作为中国特色社会主义理论体系的最新成果的习近平新时代中国特色社会主义思想，与马克思列宁主义、毛泽东同志思想、邓小平理论、“三个代表”重要思想、科学发展观是一脉相承的，是对上述思想的继承和发展。

第二，在根本制度方面，改革开放后既坚持了新中国确立的经济、政治制度的社会主义性质，同时又通过改革对其进行了发展。在经济制度方面，改革开放以来我们从社会主义初级阶段的基本国情出发，实行以公有制为主体，多种所有制共同发展的基本经济制度；以按劳分配为主体，多种分配方式并存的分配制度。在经济运行方面，实行社会主义市场经济体制，这是对改革开放前我国经济制度的改革，也是对我国社会主义初级阶段基本经济制度的完善，并没有根本改变其社会主义性质。在政治制度方面，改革开放前确立的国体、政体、国家结构、政党制度这些根本的、重要的政治制度，改革开放以来从未动摇过。但在坚持这些基本制度的基础之上，改革开放后我们又进行了发展，比如修订宪法，将基层群众自治制度作为我国的一项基本政治制度，深化国家机构改革，推进国家治理体系和治理能力现代化等。这些都使我国政治制度发展得以大大向前推进。

第三，在基本路线方面，作为党和国家的生命线，党的基本路线是在总结改革开放前后两个时期经验教训的基础上形成并发展的。我们的基本路线是社会主义初级阶段的基本路线，它确立的前提和基础就是我国现在处于社会主义初级阶段。而社会主义初级阶段理论是对毛泽东同志关于社会主义可以分为不发达的、比较发达的社会主义这两个阶段的观点的运用和发展。初级阶段基本路线的核心内容是一个中心，两个基本点。一个中心就是以经济建设为中心，早在党的七届二中全会上我们党就提出了工作重心由乡村转移到城市后要以生产建设作为中心工作；1956 年党的八大明确提出党和国家的根本任务是保护和发展生产力，强调党和国家要把工作重点转移到技术革命和社会主义建设上来。两个基本点是坚持四项基本原则和坚持改革开放：四项基本原则的最初形态可以追溯到 1957 年毛泽东同志提出的辨别香花和毒草的六条标准；从改革开放来看，对内改革是对毛泽东同志关于对社会主义社会基本矛盾理论的运用和发展，关于对外开放也是对毛泽东同志思想的运用。例如，毛泽东同志在《论十大关系》中提出要调动国内外一切积极因素为社会主义服务，提出向外国学习，一切民族、一切国家的长处都要学习，一切真正好的东西都要学。这为我们改革开放后的对外开放提供了思想资源。在我们的基本路线中还确定了社会主义初级阶段的奋斗目标，就是要把我国建设成为一个社会主义现代化强国。毛泽东同志提出要把我国建设成为一个具有现代农业、现代工业、现代国防和现代科学技术的强国，这些都是基本路线中奋斗目标的思想来源。我们的基本路线也是对毛泽东同志思想的具体运用和发展，1987 年党的十三大形成了党在社会主义初级阶段的基本路线，即要把我国建设成为富强、民主、文明的社会主义现代化国家，党的十七大在这个基础之上加了一个新的目标——和谐，党的十九大又加了一个新的目标——美丽，同时还将社会主义现代化国家改成社会主义现代化强国，进一步将我们党的基本路线予以丰富和发展。所以，改革开放后的社会主义探索是对改革开放前的坚持和发展。

总之，正确认识改革开放前后两个时期这些相互关系不只是一个历史问题，更主要的是一个政治问题。而否定其中任何一个时期就意味着否定了中国特色社会主义。古人说："灭人之国，必先去其史。"历史虚无主义拿新中国历史、改革开放史做文章，他们竭尽攻击、丑化、诬蔑之能事，根本目的就是要搞乱人心，煽动推翻中国共产党的领导和我国社会主义制度。因此，在新时代坚持和发展中国特色社会主义，必须旗帜鲜明地反对历史虚无主义，既不封闭僵化，也不改旗易帜，要坚持党在社会主义初级阶段的基本路线不动摇，将以经济建设为中心同四项基本原则和改革开放统一于新时代中国特色社会主义的伟大实践中，不断夺取新时代中国特色社会主义的伟大胜利。

谢谢大家！

聚焦改革开放四十年——毫不动摇地坚持和发展中国特色社会主义

◎秦　刚

秦刚，中共中央党校科学社会主义教研部主任、教授、博士生导师，兼中国科学社会主义学会常务副会长，《科学社会主义》杂志执行总编。马克思主义理论研究和建设工程专家委员会委员，国家社会科学基金学科评审专家。2014 年入选国家“万人计划”第一批哲学社会科学领军人才，获政府特殊津贴。已出版《马克思主义在中国的创新和发展》《中国特色社会主义理论体系研究》《中国特色社会主义道路研究》等专著，发表学术论文及理论文章百余篇。

中国特色社会主义的开创与发展

改革开放以后，邓小平带着我们党进行新的探索，成功地开创了中国特色社会主义。我们要把握两个时间节点，一个就是 1978 年党的十一届三中全会，这是我们党探索中国特色社会主义的新起点。当时做了最重要的两件事：一件是确定了改革，确定了解放思想，确定了实事求是的思想路线；还有一件就是推动了改革开放的历史进程。中国特色社会主义就是我们在不断解放思想、不断推进改革开放的进程中形成和发展起来的。第二个时间节点就是党的十二大，当时邓小平提出了建设中国特色社会主义的重要的命题，之后，党的全部理论和实践探索都围绕着中国特色社会主义展开，从来没有偏移过。

在这种探索过程中，我认为最成功的地方是三个结合：一是我们把社会主义与市场经济结合在一起了，更新了现代化的建设方式。过去我们主要靠计划经济，现在让市场在资源配置中起决定作用，然后再发挥政府的宏观调控，再由体制去解决难题，去解决大事。这样的结合，无论从理论和实践上看，都是一个重大的创新。二是我们把社会主义和法制结合在一起了，这其实是我们创新了国家治理和社会治理的方式，也创新了我们国家和社会治理体制。三是我们把社会主义与全球化经济结合在一起了，实际上是把中国的发展跟世界的发展联系在一起了，我们拓展了发展空间，利用两个市场、两种资源来解决我们现代化进程中的问题。正是有了这样的结合，我们逐步实现了理论创新、道路创新、制度创新，使我们中国特色社会主义有了鲜明的特色。

中国特色社会主义开创以后，经过几十年的发展，我国进入了新时代，这是我们社会主义发展的新进程，是我们事业发展的新坐标，是我们事业发展的新要求。中国特色社会主义新时代意味着我们的国家发展已经站到了一个新的历史起点上，很重要的体现就是实现了三个重大的转变。

第一，我们的国家正在由一个农业社会转向一个工业化、信息化社会。这是中国社会发展的一个重大的历史性变迁，使我们的社会结构、人口结构、经济结构，包括我们的需求结构都在发生着变化。其实我们只要每天仔细观察一下我们的社会生活，都会感受到这种变化的存在。第二，中国已经由一个世界大国开始转变为一个世界强国，中国现在对世界经济发展的影响越来越大，我们现在对世界经济增长的贡献率已经达到了 30%，中国的经济发展对世界经济发展产生着积极的影响。第三，中国由世界边缘开始走向世界中央，由学习和遵循别人的规则开始走向倡导规则的制定。世界的格局早就发生了变化，但是规则没有变，发达国家定的规则轻易改变不了。我们进入规则中，通过把自身做大做强，开始倡导新规则，如亚洲银行的倡导建立、金砖五国机制的形成、上合组织的建立、一带一路倡议的推进，这些新的规则在发挥作用，在不断地促进着世界的共同发展，又在完善老的规则，有一天也可能会取代一些陈旧的规则。40 年前邓小平说，我们中国要追赶时代，40 年后的今天，我们在方方面面看到了我们的发展与时代同步。

中国特色社会主义在新时代的新发展

中国共产党自从成立以后到今天，做了两件事，一件事是用社会主义去拯救中国，还有一件事是用社会主义去发展中国。先后经历了四个时期：新民主主义革命时期，社会主义改造时期，全面建设社会主义时期，社会主义改革开放时期，最终创立了中国特色社会主义。中国特色社会主义进入新时代，是我们国家和人民从站起来、富起来开始的。中国特色社会主义进入新时代，是我们发展的一个新起点，国家的发展面临一些新的要求，要从新的要求来看中国特色社会主义在新时代的新发展。

第一，进入新时代要求我们要把握社会主要矛盾的新变化。我们强调社会主义主要矛盾的变化，主要考虑的是我们下一步应该怎么去发展。我们讲社会主义

初级阶段，强调的是发展，发展是党执政兴国的第一要务。过去我们讲主要矛盾，强调的是人民日益增长的文化需要与落后生产力之间的矛盾，我们的发展要解决人民吃饱、吃好的问题；经过几十年的发展，人民已经吃饱、吃好了，现在人民要蓝天，要碧水，要有更方便的保障，要有更安稳的社会生活。这种需求发生的变化，使我们的发展要着眼于新的变化。我们用恩格尔系数来分析一个国家的发展变化更有说服力，因为恩格尔系数就是讲一个国家的需求变化：一个国家在发展过程中，如果家庭收入的60%以上用于解决吃饭问题时，社会发展就处于一种贫困状态；如果家庭收入的50%～60%用于解决吃饭问题时，意味着社会发展处于一种温饱状态；如果家庭收入的40%～50%用于解决吃饭问题时，意味着社会发展处于一种小康状态；一旦到了家庭收入的30%～40%用于解决吃饭问题，就是社会发展处于相对富足的状态；那么到了家庭收入的20%～30%用于解决吃饭问题时候，按照联合国的标准，这个国家的社会发展就进入了富足状态。按照我国统计的恩格尔系数，2015年是30.1%，2017年是29.3%，这意味着我国已经进入富足和相对富足的状态。所以，党的十九大报告对我国社会主要矛盾做出了一个新的判断，强调人民日益增长的美好生活需要与不平衡、不充分发展之间的矛盾，提出发展依然是我们解决一切问题的关键，经济建设依然是中心任务，它是现代化的基础工程。但是在发展过程中，我们要贯彻落实新的发展理念，用新的发展理念来解决发展过程中不平衡、不充分的问题，就是要着眼于人民的需要，关注人民的新期待。

发展过程中那么多的问题怎么去解决？习近平总书记特别强调要抓重点、强弱项、补短板。短板在不同的领域、不同的地方有不同的体现。从国家整体来看，我认为有三个方面体现得非常明显：一是农村问题。农民收入的提高，农村生产方式、生活方式的根本改变，是我们全面建成小康社会、实现现代化的机缘。中国的贫困人口还有3000万，还有不到3年的时间，我们就要完成集中扶贫任务，任务很艰巨。但是集中扶贫任务完成了，并不意味着中国农民都富起来了，也不意味着中国都发展起来了，这只是一个阶段性的目标，对我国来说，农民、农业、农村问题在整个现代化进程中都是重点中的重点问题。只有中国的农民都富起来了，中国的老百姓才能叫富起来了；只有中国的农村都发展起来了，中国才算真的发展起来了。二是缩小差距问题。到中国的东西南北走一走，我们就会感觉到各个城市之间明显的差距，城市和农村的差距很大，群体之间的差距也很大。基尼系数就是衡量群体之间差距的，0.4是国际上公认的警戒线，我国的统计数据显示2017年是0.465，在警戒线很高的一个位置上。我们现代化的目标是共同富裕，全面建设小康社会就应该是共同富裕的趋势。三是保护生态问题。这是我们发展到今天需要格外重视的一件事，我们必须在发展过程中保护好生态环境。

第二，进入新时代要明确建设社会主义现代化国家的新目标。用社会主义去实现中国的现代化，这是中国共产党对历史、对人民做出的承诺。社会主义在中国一开始发展，就与现代化、与民族复兴相联系。毛泽东同志当年经常用工业化、现代化来讲中国社会主义的前景，并给中国的现代化做了两步走的规划。1964 年周恩来总理把它明确了，第一步是用 15 年时间建成比较完备的国民经济体系和工业体系，即从 1964 年到 1981 年。尽管在建设中有曲折，但是到 1980 年，我国的工业体系、国民经济体系比较完备地建立起来了，这为我们后来的现代化打下了非常好的基础。第二步是用 20 年时间实现我国的四个现代化，即工业、农业、国防和科学技术现代化，就是从 1980 年到 2000 年完成。“文化大革命”结束后，邓小平同志提出到 2000 年实现中国式的现代化，即达到小康，就是摆脱贫困、解决温饱，这是中国共产党人和中国人民的雄心壮志。中国社会发展达到小康这一种程度也是一个了不起的成就，因为几千年来，中国老百姓能填饱肚子，过上安居乐业的小康日子一直是我们的追求。当时明确了这样的目标以后，就为现代化的发展做出了新设计，就是提出了三步走的目标，前两步各 10 年，这 20 年为全面建设小康社会，后 30 年基本实现现代化。前 20 年正好跟建党 100 周年相结合，后 30 年跟新中国成立 100 周年相结合。从党的十五大开始，我们确立了两个 100 年的奋斗目标，实际上把邓小平同志提出的第三步目标做了一个具体的划分。

党的十九大的两步走的安排，接受了建成社会主义现代化强国这个目标，把它依然纳入了邓小平同志提出的三步走的战略目标内。在实施两步走的时候，我们把基本实现现代化提前了 15 年，之后就需要明确新的目标。习近平总书记强调过，一个是我们的发展超出了预期，我们的发展潜力很大；另外一个是明确了这样的目标，全党上下可以团结民众，埋头苦干，尽早尽快实现中华民族的复兴。这就是中国特色社会主义进入新时代以后，我们现在明确的新目标。

第三，进入新时代要继续深化改革、扩大开放。中国特色社会主义最大的特点就是改革开放，改革开放给中国社会的发展进步提供了活力支援。通过改革开放，最重要的是要完善我们的制度，推进国家治理体系现代化。在整个改革开放进程中，我们始终坚持的就是以问题为导向，着眼实际问题的解决，我们 40 年来的进步就是在不断地解决问题的过程中，不断推进国家实际问题解决过程中，使我们国家有这样的进步，使我们的社会有了这样的发展。习近平总书记特别强调，我们的改革开放没有完成，我们的改革开放要伴随着社会发展不断地向前推进。

在改革开放过程中，我们始终考虑怎么去把握方向，总是担心改革开放会不

会使我们的国家发生了方向性的偏移。习近平总书记特别强调，用“两个不走”来把握我们的社会、我们改革开放的方向。一个就是不走封闭僵化的老路，市场经济改革的趋势不可逆转，所以我们的改革开放要把握住市场经济改革这样一种方向。第二个就是不走改旗易帜的邪路，中国特色社会主义就是我们党改造中国、发展中国的一套新主张、一套新方式，这个新主张、新方式最大的特点是坚持共产党的领导。一旦失去了共产党的领导，中国特色的一切都不存在了。这里我特别提出，坚持中国特色社会主义其实就是坚持中国共产党的领导，中国的民主推进也要在中国共产党的领导下向前推进。

第四，进入新时代要促进经济社会整体发展、协调发展，就要按照现在的五位一体和四个全面这两个布局推进社会发展。首先，从经济建设角度来看，要推进供给侧改革，优化经济结构，提高经济效益。我们经常把经济发展和社会发展看成是财富的积累，其实发展体现了结构的变化，科学发展是结构的优化。我们推进一体化发展的意义，其实就是优化中国的社会结构。其次，从政治发展、政治建设的意义来看，就是优化权力结构。我们要坚持一个统一，就是党的领导、人民当家做主、依法治国的统一，这是原则问题。要在坚持党的领导这个前提下，通过推进依法治国，做好两件事：一是保障权益，二是约束权力，完善我们的治理。习近平总书记多次强调，让权力在阳光下运行，把权力关到制度的笼子里。党的十八大以来，我们感受到党的建设有两个最大的特点，即政治建设和制度建设。从国家建设来说，强调依法治国也是制度建设，通过一系列的制度推出，实现重大的体制创新，例如，我们设立了国家监察委员会，对权力的约束已经产生了明显的作用。最后，我们的社会发展还要建设文化强国。文化的建设要做的事情就是两件事，一是思想引领，二是价值观的践行。中国共产党对国家、对社会的领导，首先就是政治领导，然后是组织领导，还有就是思想领导。我们加强意识形态建设其实就是加强思想的社会引领，用价值观来规范人民的行为。在社会发展过程中，如果我们的思想引领跟不上，外来的思想就很容易进来，如果我们的价值观跟不上，我们原本的价值观就会被影响。所以，建设文化强国不仅是建设物质性的东西，更重要的是思想建设，要用先进文化来对人产生影响。

第五，进入新时代要求我们给未来世界提供一个和谐有序、稳定安全的样本。中国人口这么多，有今天这样的稳定安全很不容易。走向和谐，我们有这种文化和制度优势，这不仅仅是中国人的追求，也是人类的追求。我们应该通过体制创新，创造出一个和谐有序的社会。还有一个方面就是绿色发展，美丽中国建设。党的十八大以来，我们围绕绿色发展的要求，从源头治理、过程控制、损害赔偿、责任追究等方面不断在完善我们的治理，完善现有的法制法规。通过我们的不断努力，在生态文化建设方面已经有了明显的向好趋势。

第六，进入新时代还要求我们推动共建人类命运共同体。这是中国特色社会主义进入新时代的新要求，就是要建设一个持久和平、共同繁荣、开放、清洁、美丽的新世纪。这样一种倡导超越了国别，超越了党派，超越了社会制度，符合人类社会发展的共同的进步要求，也符合人类社会发展的未来走向。构建人类命运共同体，总体是一个理念，是一种思想，我们还有一个实践平台，就是一带一路倡议，随着一带一路倡议的推进，我们提出的构建人类命运共同体的影响也越来越强烈了。

中国特色社会主义的坚持与超越

中国特色社会主义在开创过程中，坚持科学社会主义，对传统模式有更新，对资本主义有超越。

第一，中国特色社会主义对科学社会主义的坚持和发展。科学社会主义就是马克思、恩格斯的社会主张，这是中国特色社会主义理论研究的思想起点。中国特色社会主义从哪里来，到哪里去，要坚持什么原则，都要从科学社会主义说起。科学社会主义强调立足现实，立足实践，但并不意味着胜券在握，也不意味着社会主义会搞得一顺百顺。中国特色社会主义就是马克思、恩格斯提出的原则在中国现实基础上的实践。这种现实基础，决定了我们的社会主义有一个从不发达往发达，不成熟向成熟发展的进程。我们今天在推进社会主义建设过程中，要把远大的理想、远大的追求现实化，把宏大的目标具体化，着眼于中国社会发展过程中的问题和人民的需要来体现我们的发展进程。中国特色社会主义的发展，始终着眼于现代化建设这样一个目标，去体现科学性在中国的实践。中国特色社会主义始终要把科学社会主义的原则与中国国情相结合。

第二，中国特色社会主义发展已经完成了对传统社会主义模式的更新。传统社会主义模式是从斯大林开始的，最大的特点就是经济、政治体制高度集中。这种高度集中的经济体制，在特定的时期有它的作用，但是问题也非常明显：高度集中肯定排挤市场，政治上则缺少民主，思想文化上没有制约，社会文化中没有法制。这些问题，时间久了不仅抑制了社会国力，也给制度造成了扭曲。中国的改革开放，不断地去更新过去的体制。今天，中国特色社会主义出现了新的特点、新的走向，我们是经济发展市场，给社会带来了巨大的福利，然后给民主法治推进带来了强大的动力。当大家意见一致的时候，我们强调统一，现在不一样的时候，我们强调和谐，意味着求同存异，意味着在社会矛盾多的情况下，我们通过化解矛盾走向和谐。在发展过程中，我们还加强生态文明建设。这样一些新

特点、新走向，反映了中国社会发展的进程，也反映了人类社会发展的进程，体现了现代化的进程。

第三，中国特色主义社会主义与现代化贯通在一起，中国特色式的发展就体现了一种现代化的新途径，实现了对资本主义现代化路径的超越。这种超越体现在两个方面：

一是中国特色社会主义坚持整体利益至上，超越了个人主义，避免了由于个人主义至上造成的社会利益对抗。资本主义的本质核心就是个人主义，所以资本主义制度就围绕着保护个人权利，维护个人利益，体现个人价值建立起来。这种个人主义进步意义很大，但是一个社会把个人权利、个人利益放在至高无上的位置的时候，跟私有制一结合，再跟商品经济一结合，这种个人主义很容易导致利己主义，利己主义很容易造成社会的矛盾。当每个社会成员都可以为了自己的利益不顾一切的时候，这个社会的关系就会发生扭曲。而马克思、恩格斯则把社会主义整体利益要求跟无产阶级、劳动群众的利益要求联系在一起。马克思首先强调，无产阶级先解放，无产阶级解放以后社会才能真正谈得上维护好利益。接下来马克思谈这种维护的整体性，在实现每个人自由权利主张的时候，条件是什么？靠什么力量去推动？马克思、恩格斯在共产党宣言中讲的就是这个问题。2018 年是《共产党宣言》发表 170 年，是马克思 200 周年诞辰，法国、德国、比利时三国合拍了一部电影《年轻的卡尔·马克思》来纪念马克思，这部电影先在德国 270 家影院同时上映，很快就进入了电影排行榜的前十名。为什么马克思还受到那么多人的敬仰？主要不是马克思的人格魅力，而是人民认为马克思的思想影响了这个世界，改造了这个世界。马克思强调的解放，生产力的解放，人的解放，社会的解放，依然是人类社会追求的发展方向。在中国，我们强调整体利益至上，表达为人民利益至高无上。中国不走保护个人权利、维护个人利益的路，绝对不会把个人利益放在社会首位，我们的大政方针，我国的法律法规，我们的生活准则都是为整体利益，避免了个人利益至上造成的社会利益冲突。中国是发展中国家，有利益矛盾，也有利益冲突，但是我们没有阶级、阶层利益对抗。正是这样，社会发展才有了相对平稳的条件，我们在这个相对平稳中，才实现了发展的巨变，稳定中有巨变，巨变中保持着稳定。

二是我们还超越了霸权主义。我国的发展超越了霸权主义，超越了殖民主义，避免了外部造成的那种战争式的利益对抗。我们跟一些国家有矛盾又有冲突，但是没有带来战争式的对抗。西方的现代化进程中，尤其西方国家在走向世界的过程中，利用霸权主义、殖民主义造成了战争式的对抗，留给世界的痕迹到现在都没有消除。正是因为有了这两个超越，超越了个人主义，超越了殖民主义及霸权主义，我们才能走出一套不同于资本主义现代化的新路径。

聚焦改革开放四十年
——坚持绿色发展的中国道路

◎邓　玲

邓玲，四川大学经济学院教授、博士生导师，四川大学区域规划研究所所长，享受国务院特殊津贴专家，四川省学术和技术带头人，四川省决策咨询委员会委员，四川省人才工作领导小组专家组成员，四川省区域经济学会副会长、中国区域经济学会常务理事。主持完成国家、省部级课题40余项，出版了《我国生态文明发展战略及其区域实现》《中国七大经济区产业结构研究》《国土开发与城镇建设》《攀西新跨越》等专著多部。

绿色发展是中国道路理念的一个特点，我们国家是全世界第一个提出建设生态文明的国家。我们国家在可持续发展、绿色发展和精神文明建设上现正在引领世界。

绿色发展的内涵

习近平总书记说，绿色发展就是要解决好人与自然和谐共生的问题，人的发展活动必须尊重自然、顺应自然和保护自然，否则就会遭到大自然的报复。但是，我们是怎样和自然变成了对立面，现在我们又该怎样去调整和自然的关系？在刚刚结束的贵阳生态文明国际论坛上，各国科学家们对于现代世界的前途非常担忧，有的科学家认为，如果人类再这样肆无忌惮地追求高碳的生活方式和生产方式，那人类可能就只有两千年左右的时间了；有的科学家说人与自然的矛盾已经到了非常尖锐的时候，因为全世界的人都在追求高碳的、舒适的、享受的生活，这种生活已经变成了全人类的生存方式，要去改变这种生产方式会非常困难；有的科学家提出，如果在近10年以内我们的生产方式和生活方式不能得到根本转变，那以后根本就没有办法控制；有的科学家指出，如果我们再坚持这种高碳的生产方式和生活方式，如果地球的温度上升2度，海平面将上升2米，将有很多国家和城市被淹没。所以，全世界的生态环境并不像我们平常生活

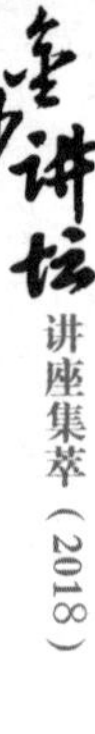

在这种比较舒适的环境里面那么好，如果我们再不重视绿色发展，再不改变我们的生产方式和生活方式，人类就只有一条毁灭的道路。人类，特别是我们这样每一个项目实施的人员，在工作和生活中都必须把绿色发展、把可持续发展的因素考虑进去。

什么叫生态？就是生物生存和发展良性循环的一个状态。在生态里，生物是主体，生物是植物、动物和微生物，而人类是属于动物中的高级动物。植物是一个生态营养的创造者，它是最无私的，它从地下获取了营养、水、有机物、无机物，通过光合作用制造了营养，所以需要空气、能源。植物提供营养给动物，植物和动物的废弃物由微生物分解，微生物分解成有机物和部分的无机物。但是我们考虑问题的时候往往没有从生态圈的角度考虑。

生态圈必须是循环的，人类在发展过程中从原始社会就是这样的，首先是人的粮食不够了，就开始有了农耕文明，有了农耕文明开始开发土地，这对自然还没有多大影响。紧接着开始工业革命，把地下的矿物质挖出来，通过冶炼变成了钢铁，做成了机械，这些机械让我们的体能、让我们四肢的能力更加延伸了，但是这样一来，原来矿物质在地下我们看不到它对整个自然有什么破坏，可一旦被挖出来，尤其是我们粗犷式、野蛮地开采，就把它对自然的破坏一面激发出来了。例如，煤里面有一种氟，在挖煤的过程中氟出来了，而氟又污染了水，人吃了这种水牙齿就是黄的。于是在一些地方，整个村镇的人的牙齿都是黄的。所以，当我们把矿产从地下挖出来的时候，我们就破坏了自然生态。

微生物，包括人类的粪便、动物的粪便都是通过微生物变成肥料，然后来营养我们的土地。但是现在不是这样了，我们直接使用化肥，我们的粪便没有再变成营养。全世界70多亿人口应该有70%的人住在城市里，这些人的粪便是全部浪费了的。而我们的古人不是这样的，皇帝、妃子的粪便都要还田的。建筑学家们为了方便我们的生活，将厕所修进了房间，为了房子里面不要有臭气，科学家们发明了马桶。发明马桶主要是考虑卫生，但忽略了循环，于是马桶的发明者无意中就犯了一个错误，让全世界每一天损失了很多粪便，致使我们的土地沙化和板结，缺乏营养。因为微生物没有粮食，微生物就死掉了，微生物死掉了我们就用化肥去代替它。不要小看这个生态圈，我们自己丢了很多有用的东西。我们现在处在一个高碳的、非常浪费资源的时代，生产上就更不要说了。

我们在追求现代化生活的过程中开始加剧了和自然的矛盾。开始时我们是敬畏自然、利用自然，后来慢慢变成人类凌驾于自然之上。我们成为世界的君主，我们可以霸占一切，而我们没有给其他的动物和植物更好的生存空间，我们大量地占用了它们的资源，人和自然就开始对立了，对立的结果就是自然要报复我们，如非典这种来无影去无踪的细菌等。所以，自然界在保护我们的时候，我们根本不知道是怎么回事，在对自然了解非常少的情况下我们把自己封为世界的主人，这是极大的错误，反过来自然又伤害了人类。今天，自然和我们的矛盾仍然非常尖锐，当人们认识到这个问题的时候，开始协调人与自然的关系，提出了要尊重自然、顺应自然和保护自然，这就是我们要的绿色发展。绿色发展的核心就是要解决好人与自然和谐共生的问题。

中国的绿色发展最早是 2001 年联合国开发计划署提出来的，要求中国走绿色发展道路。因为我们人多，我们的生产方式比较落后，我们是全世界排污最大的国家，所以很多人指责我们影响了全世界的气候。2003 年，我们就提出了以人为本、人与自然和谐发展为目标的科学发展观。2010 年习近平总书记提出我们要把绿色发展作为最终、最重要的目标来践行。2011 年，在我国十二五规划中明确提出要积极探索改变我国传统经济增长模式的路径和方向，以实现国家经济和社会的绿色转型，所以我们讲转型，城市转型、经济转型，其中很重要的一点是绿色转型。2012 年，习近平总书记在党的十八大报告中明确提出要把生态文明作为五位一体中间的一员，这是一个里程碑的决定，为我国后来把绿色发展作为我们的五大理念之一奠定了坚实的基础。2015 年 3 月 24 日，习总书记主持组织中共中央政治局会议，提出要把生态文明融入经济、政治、文化、社会建设各个方面当中。但是现在我们有的地方还把绿色发展孤立起来发展，没有融合在一起，而国家要求是将生态文明建设融入进去，融入经济建设中去起导向作用、提升作用、管控作用、净化作用。所以，我们要发展，尤其是要转型发展，必须把绿色发展放在优先的位置。

2015 年 10 月，党的十八届五中全会提出了新发展理念，将绿色发展纳入五大发展理念中，即创新发展、协调发展、绿色发展、开放发展、共享发展，五大发展理念成为指导和引领我国社会主义现代化建设的最高的理念和行动指南。绿色发展和生态文明建设在中国特色社会主义道路里面的表述为：经济建设、政治建设、文化建设、社会建设和生态文明建设五位一体中国特色社会主义总布局。所以，生态文明建设是总布局中的一个很重要的方面，而绿色发展是新发展理念中的一个重要的组成部分。

从世界各国对绿色发展的认识来看，它和我们传统的天人合一主张是一致的：主张把人类世界放在整个大生态中加以考虑，强调人与自然共生、并存、和谐相处。20 世纪 80 年代末，中国就出现了中国环保现状和政策分析的报告和理论文章，从环境科学和经济学角度指出了我国严重的环境污染对经济社会可持续发展带来的严重危害。90 年代，我国诞生了生态学学科，它作为一门独立学科开始进入大学讲坛，而且国内学者对绿色发展进行了一系列研究，形成了绿色发展理念。2015 年 12 月，党的十八届五中全会把绿色发展纳入五大发展理念及新

发展理念中，这样阐述道：坚持绿色发展，必须坚持先有资源和保护环境的基本国策，坚持可持续发展，坚定走生产发展、生活富裕、生态良好的文明发展道路。我们的绿色发展和生态文明建设不是一般的环境保护道路，它是人类文明走到一个非常危险的时期提出来的，是人类文明的发展。要加快建设资源环境友好型城市，形成人与自然和谐发展现代化建设新格局。人与自然和谐发展现代化中更加强调，推进美丽中国建设，为全球生态安全做出新贡献。

绿色发展的道路

中国的绿色发展道路或者是绿色发展的中国道路，我们走了一条从可持续发展到生态文明建设的道路，我们是世界上最早提出可持续发展理念并积极实施可持续发展战略的国家。从 1972 年开始，我们就参加了国际上关于可持续发展的讨论，1992 年我们出席了联合国在巴西召开的环境与发展大会，表示要和全世界一起共同推进全世界可持续发展，并做出了实施可持续发展战略的庄严承诺。之后，我们一直用可持续发展来作为我们绿色发展的一个主要的方向，和世界上是同步的。

我国对环境保护的工作非常重视，一共开了 8 次全国环境保护大会，它是我们实施可持续发展的一个标志性承载。2018 年 5 月 18 日至 19 日召开的第八次全国环境保护大会上，习近平总书记做报告，会议上建立了中国特色生态文明的总体框架，完成了新一轮生态文明思想体系的构建。2007 年以前，我们都以可持续发展作为绿色发展的主要目标来表述，而党的十七大正式提出了生态文明建设。为什么要改变提法呢？主要是因为可持续发展是一个舶来品，它受到一些限制，还是以人类中心主义来设计的。可持续发展的定义是既要满足当代人的需求，又不能以牺牲后代人来满足其需求的发展模式，因此它还是以人为中心。要满足当代人需求，就是全世界普遍追求西方的生活方式，而那种方式地球是没有办法承载的，所以可持续发展实施 20 年后，联合国自己都承认实际上没有真正实施。

中国提出生态文明建设一开始就是一个文明发展战略，建设生态文明，基本形成节约能源资源和保护生态环境的产业结构、增长方式、消费模式。循环经济形成较大规模，可再生能源显著上升，主要污染物得到有效控制，生态环境质量明显改善，生态文明观念在全社会牢固树立。这是十七大提出来生态文明建设的内容，它指出了我们现在要改变的是什么？怎么样去解决这个问题？党的十八大是我们生态文明建设的一个里程碑，生态文明建设进入五位一体总体布局中，进入中国特色的总体布局中。它的突出贡献在于：一是把生态文明建设纳入五位一体的中国特色社会主义建设的总布局里，而且写进了党章；二是提出生态文明新理念——尊重自然、顺应自然和保护自然。这要求人要反思自己的行为，重新去调整人和自然的关系，把人放在更加平等的地位。什么是生态文明？生态文明是人与自然和谐共生的进步过程和积极承诺，它是人类文明和自然文明的总和，是一种地球文明。

党的十八大把生态文明提到了很高层面，而且提出了三个方面：一是努力建设美丽中国，二是实现中华民族的永续发展，三是走向社会主义生态文明新时代。它的路径是推进绿色发展、循环发展和低碳发展，还要把生态文明融入经济建设、文化建设和社会建设各方面和全过程，这是它的两条路径。绿色发展在党的十八届五中全会的时候作为一个更高的理念提出来了，因此，这五大理念经常互为理念，又互为路径。党的十八大还提出要进一步强调基本国策的地位和内容，要坚持节约资源和保护环境的基本政策，要坚持节约优先、保护优先、自然恢复为主的方针；进一步明确了建设目标，提出了四个非常具体的工作部署，就是要优化国土空间开发格局，全面推进资源型，要加大自然生态系统环境保护力度，加强生态文明制度建设。与可持续发展相同，在资源节约上生态文明建设提得更重一些。在这种布局下，我们生态文明的体系逐渐构成，到目前为止有了10个重要文件，生态文明制度有100多项。

党的十九大提出的习近平新时代中国特色社会主义思想，对绿色发展的认识又上了一个台阶，明确提出了要建设人与自然和谐共生的现代化。习近平总书记已经给成都定位了，就是在人与自然和谐共生上要走在全国前列，要建设公园城市，实质是要实现人与自然和谐共生的现代化，要去创造绿色价值，要在成都这个地方将绿水青山变成金山银山。党的十九大关于人与自然和谐共生现代化建设的论述主要有三个方面：一是强调建设生态文明是中华民族永续发展的千年大计，必须树立践行绿水青山就是金山银山的理念。二是将人与自然和谐共生作为新时代现代化的主要特征，提出了我们要建设现代化是人与自然和谐共生的现代化，强调了人与自然是生命共同体，人类必须尊重自然、顺应自然和保护自然。现代化不是追求更多的物质资源，不是让我们去造更多没有用的机器，而是要实现人与自然的和谐共生。三是要将优美生态环境作为人类美好生活需要的重点。美好生活需要的是优美的生态环境，能不能提供优美生态环境是衡量一个地方政府最重要的标志。我们既要创造更多的物质财富和精神财富，以满足人民日益增长的美好生活需要，也要创造更多优质生态产品以满足人民日益增长的优美生态环境的需求。

人与自然和谐共生现代化的提出，首先体现了党对生态文明本身的特定的新

认识，把生态文明视为人与自然两个主体和谐发展的进步过程，既重视发展文明的生态，又重视发展生态的文明。同时反映了党对生态文明经济价值的一种新认识，强调走绿色发展就是金山银山的生态产业之路，把绿色低碳循环发展纳入了现代化发展体系中，明确提出建立健全绿色低碳循环发展经济体系，强化和提升了生态文明建设在五位一体总布局和建设现代化强国中的地位和作用。强调中国特色社会主义现代化是人与自然和谐共生的现代化，也就是说社会主义现代化的基本特征就是人与自然的和谐。

绿色发展的成都事件

习近平总书记来川视察时指出："天府新区是'一带一路'建设和长江经济带建设和发展的重要节点，一定要规划好建设好，特别是要突出公园城市特点，把生态价值考虑进去，努力打造新的增长极，建设内陆开放经济高地。"习近平总书记说的"绿水青山就是金山银山"是一个价值创造，但是绿水青山怎么样变成金山银山呢？它有两个概念，绿水青山是资源的概念，而金山银山是财富的概念。绿水青山要变成金山银山必须要通过一系列的经济价值的创造，最后绿水青山就是金山银山。所以他提出要把生态价值考虑进去，大家要深挖这个生态价值。努力打造新的经济增长点，建设内陆开放经济新高地，这既是对高质量推动天府新区建设的殷切希望，也是对成都加快建设全面体现新发展理念城市的重大要求。成都市积极落实，做出决定，全面分析了成都市建设美丽宜居公园城市的重大意义，深刻诠释了公园城市的丰富内涵和本质要求，明确了公园城市建设的目标与步骤，凝聚共识、积极作为、落实规划、久久为功。

成都的公园城市建设与习近平总书记的绿色价值观是一脉相承的。习近平总书记的绿色价值观涉及全方位、多维度的价值构成，尊重自然、顺应自然、保护自然，绿水青山就是金山银山、自然价值和自然资本，山、水、林、田、湖、草是一个生命共同体等这些理念，都充分展现了习近平总书记的绿色价值观。绿色价值包括：自然与宁静、和谐、美丽的美学价值；宁要绿水青山不要金山银山的生态价值；生态兴则文明兴，生态衰则文明衰的人文价值；保护生态环境就是保护生产力，改善生态环境就是发展生产力的新型价值；良好的生态环境是最公平的公共产品，是最普惠的民生福祉的生活价值。成都的公园城市建设不是单纯从表面上反映公园应该具有什么特征，它是从绿色价值创造方面来规划的，非常新颖。绿色发展的本质是发展，绿色发展不是只强调绿颜色，只是强调种树，绿色发展的本质是发展，发展的特质是绿色。绿色价值创造是绿色发展的核心和目标，不能创造价值说明绿色不是绿色发展。例如，我们有些绿色活动，像在选树种的时候不考虑它所带来的变化，在花粉季节就有大批的市民要患国民性哮喘和过敏性鼻炎，我们本来是好意，没有考虑它所创造的价值，只是说要栽树。绿色发展的理念在新发展理念中是基础性的发展理念，是一切发展的方向、目标和基本遵循。也就是说，在新发展理念中，所有的发展都必须是绿色的，绿色价值的创造一方面靠推动环境治理和生态建设来实现，另一方面也是更重要的方面是通过生态文明建设融入经济建设、政治建设、文化建设、社会建设中来实现，不要把它们孤立起来，它们是五位一体的。生态文明建设也会改变原来的资源配置方式和功能结构，对其他建设系统起导向、管控、宣扬和提升的作用，从而创造新的价值，形成新的增长点。成都建设公园城市的本质是在原有的生态本底的基础上按照美丽中国的建设要求，促进人与自然和谐共生，推进绿色发展和社会经济系统深度的融合，从而产生一种全新的资源配置，创造新的绿色价值，培育新的功能，驱动新的绿色产业、绿色模式，打造新的增长极，为建设内陆开放高地提供有力支撑。

创新驱动美丽宜居公园城市的建设，首先要适应创新创造示范引领共建共享的推进机制，强调创新驱动；其次要加强公园城市的理论研究，要构建生态价值的转换机制。这个提得特别好，构建生态价值转换机制是成都提升公园城市建设能力的又一个创新，要建立治理体系和治理能力现代化为保障的生态文明制度体系，去打通生态价值的实现通道。

我们每一个人都应该绿色发展，关键我们是不是用人与自然和谐的关系来指导我们的生活和工作。我们要知道环境是怎么被破坏的？人和自然的关系是怎么恶化的？所以我们提出要在全世界推动绿色民生活动，建议将绿色人生规划作为一个重大的民生工程，包括绿色生命、绿色生活。13 亿人口是最大的资源，我们有全世界 1/5 的人口，拥有全世界 1/5 的时间，拥有全世界 1/5 的生命活动空间和思维空间，这么大的生态资源我们应该去把它用好。如果让每一个人都能够了解自己的生命、人类和自然的关系，就能让我们的生命更加绿色，让我们的生活更加绿色，让我们的职业更加绿色。

最后我希望大家建设生态文明，拥有绿色人生，谢谢大家。

聚焦改革开放四十年——从社会热点问题看精神文明建设

◎吴少柏

吴少柏，中共四川省委党校、四川行政学院教授，硕士生导师。任四川省委党校副教育长、进修部主任，兼任中国社会科学情报学会常务理事，全国党校文献信息学会副理事长，四川省人才研究会副会长，四川省灾后重建专家服务团成员，四川省委宣讲团成员，四川省机关文化建设顾问，系中国科协人才库专家，入编《中国世纪专家》。

精神文明就在我们的身边。例如，今天大家坐在这里听讲座，满足的已经不仅是吃穿了，它是我们精神的需要，是文化的需要，随着社会发展，物质到达一定水平以后，我们需要精神文明建设。40 年改革开放，我们的经济总量已经是世界第二，但是我们与发达国家相比，差距比较大的还是精神层面，而这 40 年我们已经取得了巨大的进步。

深刻认识精神文明

长春长生问题疫苗是最近最大的热点，表面看是经济问题，但它的实质是道德问题，正好说明了这个问题的矛盾，经济与道德的冲突。这个矛盾不仅存在于我国，在人类发展过程当中是普遍存在的矛盾，特别是我国正处于发展的初级阶段，有的人为了钱可以不要道德甚至不要良心，这反映了我们精神文明建设中需要诚信和道德的培养。我们必须深刻认识精神文明的重要性。

精神文明的含义比较大，相对于物质文明，我们称精神文明；相对于经济，我们可以说精神文明就是文化。它的内涵分成两个方面：首先是社科文化，社会的文化、智慧的状况，教育、科学、文化、艺术、卫生、体育等各项事业的发展水平。其次是思想道德。道德是一个很大的层面，道德还关系到人的思想，社会的政治思想、道德面貌、社会风尚，人们的世界观、理想、情操、觉悟、信念以及组织性、纪律性的状况。

我们是社会主义国家，40 年改革开放最大成就就是建设了中国特色社会主义。社会主义文明从两个方面来讲文化建设：一个是提高全民族科学文化素质和现代化智力支持。我们现在尽管还存在一些问题，但是整体素质还是提高了。例如，现在中国人一共有至少 8 亿部手机，这体现的一方面是物质文明，另一方面是手机的运用。二是中华民族五千年历史，靠的是精神文明的支撑，所以我们要普及理想教育、道德教育，尤其是爱的教育，要爱劳动，爱科学，爱祖国，爱社会主义。今天社会主义思想和共产主义思想是我国的主流思想，不管什么思想都要爱国，一个国家稳定才是最基本的，爱国才是基础。我国精神文明建设的根本任务是满足社会主义现代化建设的需要，培养有理想、有道德、有文化、有纪律的社会主义公民，提高整个中华民族思想道德素质和科学文化素质。

改革开放与精神文明建设

精神文明建设的进步是改革开放的必然要求与坚持和发展中国特色社会主义事业的题中之义。改革开放我们首先解决的是吃饭、穿衣问题，但是后来发现，只解决吃饭、穿衣问题不行。现在有人开着宝马，但是他的素质还不如野马，这就必然会引起矛盾冲突。我们要发展社会主义事业，必然要重视和发展精神文明建设，因为我们的事业不仅仅是物质文明，现在提出五大文明、五位一体，这就是全面发展。

今天我们回顾改革开放 40 年，第一年就是安徽小岗村的 18 个农民把土地分了，启动了改革开放。经过 40 年，我们在党的领导下寻找到了中国特色的社会主义道路，认识了我们自己的国情，走了自己的路，实现了整个事业发展的历史性跨越，经济总量已经达到了世界第二，这仅仅是一个方面。同时，我们提出全面发展五大文明，这是巨大的进步，这是我们探寻道路的成功之处。

新中国成立以后，1956 年我们开始了社会主义建设的探索，两弹一星都是在 20 世纪五六十年代搞出来的。1978 年召开的中国共产党十一届三中全会，出现了一个重大转折，全面改革开放开始了。这 40 年，整个中国发生了历史性变化，包括今天我们的经济总量达到世界第二，每一个人手里都有智能手机，有条件坐在博物馆听论坛，这些都是改革开放 40 年的成果。改革开放后我国开始恢复高校招生，40 年来为国家培养了一大批人才，今天我们和发达国家特别是美国还是有较大差距，但是毕竟我们才发展了 40 年，新中国成立也才 60 多年。我们现在的科技水平是在呈井喷式地爆发，它的底蕴是人才，是教育。例如，西南

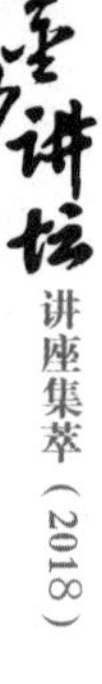

交通大学现在正在承担空中悬浮式列车研究项目，总负责人是28岁的博导；神舟飞船上天了，指挥的年轻人平均年龄不到30岁，这是我国教育发展的骄傲。

改革开放的意义很重大，它开拓了一个新时期。这个新时期至少有三个内涵：一是从1978年开始，以十一届三中全会为重要标志。十一届三中全会中我们实现了拨乱反正，走向了现代化改革开放的道路。二是确立了新路线。新时期确立了基本路线是以经济建设为中心，坚持四项基本原则，坚持改革开放即一个中心两个基本点。改革开放是一个基本点，没有改革开放就不会有40年的大发展；第二个基本点就是坚持四项基本原则，一定要坚持马列主义、毛泽东思想，要坚持共产党领导，坚持社会主义道路，坚持人民民主专政，这四项基本原则就是我们精神文明的核心内容。三是实现了新跨越。第一个是物质层面的跨越，中国已经成功开辟出了一条现代化的道路，中国的现代化发展得太快、太好，使得美国、日本害怕了。跨越式发展使中国国力增强了，经济保持中高速增长，几十年来中国的增长最高，这是外国人的评价。我国国内生产总值年均增长7.2%，世界平均值是2.5%，2016年我们提前实现了GDP翻两番。同时，我国经济结构调整取得重大进展，产业结构优化，第三产业发展；经济结构优化，高新技术产业规模世界第三；工业企业结构优化。所以，改革开放是历史的必然选择。

改革开放40年的重大意义还体现于中国人从站起来到富起来了。现在我们正在实施精准扶贫，解决最后几千万人的贫困问题。我们国家已经整体上达到了小康，现在最后解决的是全面小康，我们叫作富起来。中国人现在不仅能够玩手机，还能够出去旅游，很多国家的经济都要靠中国的旅游带动，这就是富起来了。至于中国的强起来我们也有体会。例如，《战狼2》卖了56亿票房，是我们精神文明建设发展的缩影；当中国公民在国外遇到难处，我国政府动用军舰和飞机去救他们回家，连日本和美国都没有这么去做，而中国做了。这就是中国强起来的表现。党的十九大以后我国进入了新时代，新时代最大的特征是中国要强起来，现在已经规划了，要实现中国梦，有两个百年目标，它的根本目的是中国要真正强大起来，要实现国强民富、人民友好，这才是它的本质意义。

40年的改革开放推进了中国特色社会主义事业全面发展，也是精神文明建设的要求。精神文明建设也反映了我国的发展过程。精神文明首先是我们的思想解放。从邓小平同志的讲话中我们认识到，实现改革进步首先是思想的进步，而思想属于精神文明。思想的解放会带来现实的巨大发展。在改革开放初期，随着经济的发展，在新中国几乎绝迹的一些不良现象复燃了，如卖淫、嫖娼、吸毒、坑蒙拐骗等，于是1986年党的十二届六中全会中第一次提出加强精神文明建设；邓小平同志也提出来著名的“两手抓”思想，即社会主义第一是抓发展，第二是社会主义一定要追求共同发展，一定要抓好精神文明建设。

在改革开放和市场经济下，人们思想多元化发展，思想文化交融、交锋下呈现价值观的较量和文明的冲突。文明在发展过程中不可能是整整齐齐的，首先是物质文明发展得较快，但是人的文明还包括道德文明、生态文明等，需要随后跟上。例如，中国人多，斑马线意识还要慢慢培养；中国有优秀的传统文化，中国古人最看重的是君子，就是重品行，但是现在有些人品行缺失了，德治短缺就要抓道德，就要靠精神文明；另外还有道德危机，包括现在的消极现象、腐败现象都是道德危机的表现；还有环境危机和转型陷阱，我们现在初级阶段要向现代化的国家转型，四个现代化的核心是人的现代化。我们在社会主义初级阶段的发展中必然接受四大考验：第一是长期执政带来的权力影响；第二是市场经济，市场经济就是求利，必然使人们的价值观比较看重钱；第三是改革开放，改革开放必然有利益重组；第四是外部环境。改革是动力，推进了发展，但是改革中必然有一些风险，这就会影响我们的思想，这都给我们的精神文明建设提出了更高的要求。

中国特色社会主义精神文明建设

从精神和道德层面看40年我们的基本成就：培育和践行了社会主义核心价值观；推动了全社会树立文明观念，大家都当文明公民，展示文明的形象，中国人不仅有钱而且有精神；强化了主流价值，一个社会的价值是多元的，但是我们一定要有主流价值。我们要高扬道德旗帜，净化风气，凝聚力量，形成我们中国的力量、中国的道路。在精神文明方面，我们的科技能力、创新能力明显提升，科技实力大上台阶，中国正在成为社会主义文化强国。我们还需要从以下方面加强精神文明建设。

第一，助力价值观自信，构筑共同的思想道德基础。作为社会主义核心价值观建设极为重要的一项任务，就是要弘扬伟大的爱国主义精神，构筑共同的思想道德基础。大家都知道，富强、民主、文明、和谐，这是我们国家的核心价值观系统。自由、平等、公正、法治是社会价值，大家要增强法制观念。爱国、敬业、诚信、友善是公民的价值准则，这是基本内容和基本遵循。要做一个中华人民共和国文明的公民，就应该遵守我国的社会价值观，践行社会主义核心价值观的总体要求，坚持党的基本路线；强化自由、平等、公平、法治，构建一个和谐的社会；强化爱国、敬业、诚信、友善，要强调做四自、四有的新人。

我们现在要努力实现中华民族伟大复兴的中国梦。从1840年开始，一代又一代中国的仁人志士复兴中国，林则徐在虎门销烟，第一个举起了这面大旗，经

过 100 年，直到 1949 年建立了新中国，才奠定了实现中华民族复兴的基础。我们现在越来越接近这个目标。

第二，推进文明创建。全国文明城市评选和文明构建的全面推进，农村文明也开始推进，实施乡村振兴战略，建设美丽新农村。这些年成都物质文明发展了，城市形象也提升了，我们就有了获得感。同时，成都的建设要与生态文明结合起来，重视实际的建设，推进文明的创建，让农村向着美丽进发。这就是一个历史发展过程。

第三，弘扬优秀传统文化，把传统文化发扬光大。五千年的中华文化中最重要的是自强不息。中国人看重和谐，崇尚中庸，讲厚德载物，经济要发展，物质要发展，同时要靠厚德，崇德重义。儒家思想就是三纲八目、三立、四为、五之，它的核心价值就是为人。人本来就是动物，一定要后天修炼，要修身养性，才能成为一个真正的人、一个高尚的人、一个有道德的人、一个有精神的人，这就是精神文明。

第四，发展志愿服务，凝聚公益友爱正能量。特别典型的就是 2008 年“5·12 地震”后的志愿服务，它是社会文明的标志。我国的志愿服务活动积极健康发展，如北京奥运会的志愿服务，很多年轻人成为志愿者，他们每天训练，就是要给外国人树立一个中国人良好的形象。

第五，高扬道德旗帜，发挥榜样模范和先进文化引领作用。每一年都有道德评选活动，最美的人物，包括最美的医生、最美的教师等，它实际上不仅仅是道德评选，而是最美的交响曲，带动践行好人精神。前些年钱学森去世的时候，有很多人都主张对钱老进行国葬，不仅是因为钱老是两弹一星之父，而是因为钱老发自内心的爱国爱民的情怀。美国不惜用一个军的军力来阻挡钱学森回国，他们说钱学森一个人相当于他们五个海军战士。钱学森的导师很喜欢年轻的钱学森，他跟国会议员说，绝对不能放钱学森回中国，他回到中国不是种红薯的。钱学森就是这样的民族脊梁，他爱国，这是道德，是精神。这就是榜样的引领作用。我们要广泛开展道德实践活动，要以诚信为核心，进行四德建设，还有修身律己，从根本上促进人们树立正确的世界观、价值观、人生观，以德润心，以文化人。

第六，加强精神文明制度建设。长久的发展要靠制度，我们出台了第一个社会信用体系建设规划纲要，这是首部国家级的纲要，以及一些行业文明规矩。按照新时代新要求着力推进社会主义精神文明获取更大进步。

党的十九大标志着我们进入了新时代，新时代对我们精神文明建设要求就更高了，要强化意识形态，践行社会主义核心价值观，要培养担当民族复兴大任的时代新人。中国需要有人来担当，人民要有信仰，国家才有力量，民族有希望。这是我们精神文明建设的方向。习近平总书记说，经济建设是党的中心工作，但是意识形态和精神文明建设是极端重要的工作，所以提出我们要增强四个自信：道路自信、理论自信、制度自信、文化自信。中国五千年文化在全世界是独一无二的。民族的复兴、我们的复兴是文明型崛起，我们不靠战争，我们靠的是中华民族的伟大精神。

谢谢大家！

聚焦改革开放四十年
——经济发展面临的机遇与挑战

◎盛 毅

盛毅，四川省社科院原副院长。四川省有突出贡献的优秀专家，四川省科技顾问团顾问，获省哲学社会科学一等奖1次，三等奖3次。主要从事产业经济、企业管理的研究与教学工作，先后承担国家社会科学基金课题3项，出版《企业经营状况自我诊断》《现代企业组织与经营》《地方国有资产管理体制改革与创新》等专著，在《中国工业经济》《经济学家》等刊物发表论文100多篇。

首先谢谢大家，今天下午我们一起来分享这么大的一个问题，因为它是非常重要的，就是党的十九大确定的、到2050年我们要建成社会主义现代化强国。这样一个大的任务，意味着我们所有的工作，所有的生活，以及各个方面都要围绕这个目标来进行。我从两个方面展开这个演讲题目：一个方面是简要把过去40年中取得的成就介绍一下。另一方面是最关键的，就是我们怎么来看未来发展的机遇和挑战？看这个问题的基点在哪里？看这个问题的视角、范围、标准在哪里？

改革开放40年，中国经历了翻天覆地的变化，确实是创造了人类发展史上的一次奇迹。习近平总书记在党的十九大报告中指出，经过长期努力，中国特色社会主义进入了新时代，这是我们国家新的历史方位，表现为我们国家的经济实力、科技实力、国防实力、综合国力进入了世界前列，我国国际地位实现了前所未有的提升，党的面貌、国家的面貌、人民的面貌、军队的面貌、中华民族的面貌发生了前所未有的变化，中华民族正以崭新姿态屹立于世界的东方。同时我们也要看到，我国是一个最大的发展中国家这一点没有变，它会体现在经济、社会、文化、政治各个方面，所以我们看问题如果只看巨大成就而没有做横向比较，那我们的判断就会有失误。党的十九大基于这一基础，提出到2050年实现中华民族伟大复兴。我们为何能在国际局势如此复杂多变、国内矛盾不断转化中取得如此巨大成就，是哪些因素导致了这些成功？我简单做一个梳理。

忽如一夜春风来，千树万树梨花开

以下数据呈现了巨大的变化。1978年中国GDP占世界的5%，人均GDP排全球倒数第几位，我们仅仅是印度人均GDP的2/3。近两年我去了印度，现在印度跟我们的差距还是比较明显的，印度过去讲“我们要注意中国赶上我们”，现在讲“要防止中国把我们抛得越来越远”。2017年中国GDP占世界的15%左右，人均GDP进入全球70位，这是一个非常了不起的成绩，因为中国是一个有十几亿人口，在近代相当贫穷落后的国家，走到这一步应该说发展是非常迅猛的。现在我们人均GDP是印度的4.6倍。2001年，中国GDP总量超过意大利，成为世界第六；2005年超过法国，成为世界第五；2006年超过英国，成为世界第四；2007年超过德国，成为世界第三；2010年超过日本，成为世界第二；2017年已是日本的近3倍。

有预计说，2025年左右，中国的GDP总量要成为世界第一，这样我们就可以在经济、社会、文化、政治、军事、外交方面做很多事情。2010年中国成为全球制造业第一大国，产值约占世界1/5，几乎为美国、日本、德国之和。在世界500种主要工业品中，中国有220种产品产量位居全球第一位。世界500强企业名单中，中国公司有115家，占了全球20%以上。2013年以来，中国货物贸易总量已跃升为全球第一，约130个国家的第一贸易伙伴国是中国。2018年中国社会消费品零售总额超过美国，我们的一部分产品产量已经居世界首位。从量来看，从一些重点产品来看，我们在世界上应该是非常有影响的。

横看成岭侧成峰，远近高低各不同

支撑我们发展的条件和因素发生了很大变化，现在我们应该怎么来应对未来的机遇和挑战呢？我选了几个点与大家分享。

首先，要站在两步走的现代化目标上来看机遇和挑战。党的十九大提出的两步走的现代化目标，我大概算了一下，到2050年中国的人均GDP应该接近发达国家的水平，5万美元左右，至少要达到3万美元或是4万美元的水平。按照现在的人均GDP来计算，我们还要翻两番。1980年我们提出了全面建设小康社会的目标，提了一个指标叫翻两番，到2020年可以全面完成任务甚至可以提前完

成任务。

这只是一个经济指标，但是人均 GDP 的经济指标间接地反映了国家的经济实力。要达到这样一个经济水平，文化建设、社会建设、政治建设、生态建设都会达到一个相应的水平。我们经济增长速度就要按照这个目标来安排，我们各个部门、各个地区发展的目标、发展的任务也要按照这个标准来安排。我们大致算了一下，到 2035 年，如果中国经济能够保持 5%左右的增长速度，是有可能完成任务的，现在我们还有 6.9%的增长速度，但是往后走增长速度压力会越来越大。大家已经注意到，中央政治局工作会议讲了六个稳：稳就业、稳金融、稳外资、稳外贸、稳投资、稳预期，说明我们的经济发展面临很大的压力。

虽然我们也形成了世界上人口最多的中等收入群，总数已经超过 4 亿人，但总体来讲，我们国家还会比较长期处于社会主义初期阶段，基本国情没有改变，我国是世界上最大的发展中国家的国际地位没有改变。这个话我们还要讲十年，讲二十年，哪怕我们成为社会主义现代化强国，但我们的人均指标还是偏低，我们在科技实力上真正要赶上发达国家，任务还非常重。如果我们始终保持这个基调，我们就是发展中国家，我们就要努力去追赶，那么我们发展的前景会好一些，发展过程中所遇到的阻力会更小一些，发展的路会走得更顺一些，我们的制度优势会体现得更充分一些。因为从长远来看，我们的产业体系不优、市场机制不活、协调发展不足、开放程度不深等问题仍然突出。

同时，我们要立足现阶段的主要任务来看机遇和挑战。我们国家经济已由高速增长阶段转向高质量发展阶段，这是党的十九大一个非常鲜明的基调，而且也只有高质量发展才能够支撑人均 GDP 从 1 万美元到 3 万美元或者 4 万美元的跨越，因为数量型增加只要投入劳动力、投入资源、投入土地就能够解决问题。但是老百姓的生活已经发生了很大变化，人民群众对美好生活的向往已经成了新的主流。我们的经济总量上了一定水平、人均工资已经达到一定程度以后，不能再和劳动力密集型、资源密集型国家来拼成本、拼增长、拼产品的竞争力，必须要转型。我们现在的任务就是钻研向高质量发展，怎么来优化经济结构，怎么来转换增长的动力。在此期间，建设现代化经济体系是我们跨越关口的迫切要求和我国发展的战略目标。党的十九大提出了很高的要求，我们的产业要进入国际产业链中的高端，建设国际一流企业。

四川产业结构很大一部分是围绕资源加工或者是劳动力密集型这样一些优势建立起来的，现在这个转型的任务就非常重。从成都市来看，过去几年我们重点培育的包括电子信息、汽车生产这样一些产业，进入新时期以后也面临着挑战。如果说汽车还是靠数量，电子信息还是靠一般产品，支撑未来发展的动力就远远不足，所以，汽车要做新能源汽车，要做人工智能汽车，要做档次更高的汽车，才能在汽车产业中站住脚，才能进入国际产业的中高端。习近平总书记讲，要形成产业结构优化、创新活力旺盛、区域布局协调、城乡发展融合、生态环境优美、人民生活幸福的发展新格局。

其次，我们要从国内外因素、当前和未来变化的联动性来看机遇和挑战。现在经济形势越来越复杂，我们和世界文化联系非常密切，从一个单方面看起来是机遇，但是如果联系起来看，可能就不是机遇甚至是问题，并且可能成为面临的巨大挑战。

我们现在的外汇储备相对宽余，最高的是接近 4 万亿美元，所以为什么 2008 年国际金融危机发生以后我国这么有底气，而发达国家也对中国重拳出手应对国际金融危机的举措给予了很高的期望。实践证明，有了这些国家的联手，尤其是中国应对国际金融危机的重大举措，使得整个国际金融危机在很短的时间内得到了化解。而且我们在发展当中还要应对各种各样难以预料的考验。但是我们也要看到受汇率顺差缩小的影响，我们现在进口的增长速度越来越大，国际贸易摩擦也要求我们更多地购买外国的商品，让其他国家购买我们商品的增长速度放慢。但是每一个国家的购买力不一样，例如，我们和美国的货物贸易是顺差，但是在服务贸易上是逆差，我们进口美国的服务比他购买我们的服务要多得多，尤其是一些技术和专利等，但美国却在货物贸易上不断给我们施加压力。总的来说，外汇存比跟进出口情况，跟汇率，跟人民币利息，跟美元的利息，跟人民币货币发行的数量，跟国内各种主体负债的程度都密切相关，它是联动性的。我们看到创新能力的变化、技术结构的变化、区域发展的变化、人口年龄结构的变化等都是在相互作用。例如，现在人口老龄化是一个很大的挑战，但是随着人工智能，随着机器人出现，人口老龄化所产生的影响过去和现在就不一样，科学技术弥补了一些负面影响，因此我们不能用过去的眼光来看缺少年轻劳动力的问题。

长风破浪会有时，直挂云帆济沧海

首先，体制机制创新带来制度红利机遇。改革开放以来我们一直享受着体制机制带来的红利。计划经济 30 年，我们建了很多水利基础设施，搞了很多科技研发，建了很多工程，投入了很多国防工业，当时由于体制不行，它的能力没有得到充分发挥。以农村为例，1978 年农村实行联产承包责任制，解放了生产力，粮食产量大幅度增加，农民的收入快速度增长。我们的资源也是，过去几十年开采了大量资源，对经济增长贡献很大。另外还有土地的红利。我们有的方面发展是基于这个阶段发展的条件，但没有同步开发、同步治理，有很多东西都留到了

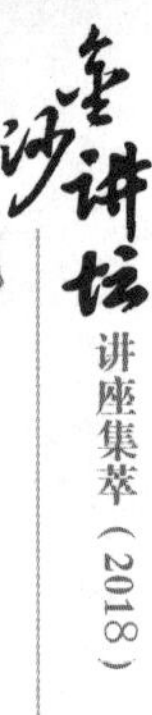

现在。现在我们的环境问题变得很突出，国家花很大力气来治理，实际上就是我们过去透支了我们的环境，这几年赶紧来补这个课。所以，改革的红利确实是我们最大的机遇。例如，国有企业改革，一旦扩权，企业的积极性就明显提高，我们的生产力就得到了很大发展。现在我们仍然存在着很多体制机制障碍，通过完善体制机制我们就可以解放已有的生产力，解放被束缚的生产能力。

党的十一届三中全会决定改革，经过 40 年，我们的治理能力大大提高了，通过改革，我们减少了很多无效的管理、无效的浪费，最后的结果是生产力更加优化，管理成本更加先进，社会运行效率更高。所以有人认为，大改革和大调整是带给中国经济下一轮发展的最大礼物，在世界性结构改革的大浪潮中给予了中国良好的机遇期。但是，抓改革机遇的难度实际上很大，不能太乐观。一是改革对象更复杂了，不仅要继续改革尚未改完的计划经济体制，还要改革过去改革过程中形成的过度扭曲的体制。二是改革协调难度增加了，不仅要协调经济改革内部的各项改革，而是要政治、经济、文化、社会、生态、党建六位一体的改革全面协调发展。一边发展一边要解决环境问题，不仅要解决过去的欠账，而且要有更高的要求。成都提出要建公园城市，公园城市的核心就是生态环境要好。三是改革的阻力增加了，改革到了必须动既得利益集团奶酪的时候会遇到极大的阻力。比如说国企改革，经营者保守，不愿意冒险，不愿意继续创新。四是观念障碍增加了，不少人将贫富差距大、腐败问题等归结为市场化改革，因而对部分改革产生了怀疑。我们站在长远看这不是问题，但是站在近期来看可能会成为阻力。在科技创新、要素供给、经营环境、区域联动、国有企业、人才管理等方面，目前我们还存在着许多体制机制障碍，有的方面还比较突出。一旦改革取得突破，会带来许多新的发展机会。

同时，经济结构调整带来要素优化配置机遇。经济结构调整，高质量发展，建设现代化经济体系是未来 30 年我们最重要的任务。如果说以经济建设为中心，那么核心就是要形成现代化经济体系，现代化经济体系就是支撑现代化国家的经济基础。这种调整就要求我们要从技术、区域生产布局等大的方面推进，新技术带来了新兴产业发展的机遇，这个方面大家都已经看到了。其实中国基础很好，市场很好，而且我们人均的教育水平应该说在发展中国家是非常好的。中国人重教育，这是我们一个非常好的基础，所以我们在进入转向技术革命或者创新驱动的阶段，有一个很好的基础。国家在重大领域早就在做战略布局了，就是抢占未来制高点，就像我们定了几个国家中心城市，今后就是在国际舞台上竞争。我们也在关系到未来能不能站在更高层次上的领域进行了布局，如太空、海洋、极地、网络，这些都是瞄准未来的技术，只有在这些方面取得领地才能取得主动权。

成都市这两年抓一些技术抓得很好：一个是成都市抓新经济发展，专门成立了城市经济群，确立了新经济的几个方面。因为成都市以后会成为世界城市，会进入世界产业高端，那就发展最能够支撑进入高端的产业。二是成都抓了生态廊道和绿道建设。例如，我们现在抓的公园城市建设是一个非常长远的考虑，成都市要靠现有的生产要素去构建世界城市的产业结构，受到的局限很大。我们现在建设宜居的环境，创造良好的生态环境，就会更好地吸引先进技术、先进项目，尤其是吸引人才来这个地方发展。成都市现在还在进一步聚集更多的人口，这就是很大的人口红利，成都在未来很长时间都会享受到人口红利。所以成都这些年采取的措施正好是适应了成都要去抢占产业发展的制高点，要建世界性城市的目标。

国内生产力布局优化带来了机遇。中国产业的梯度大，转移不仅大大延缓了中国工业化红利消退的速度，同时通过构建多元化增长极使中国空间布局更加科学。都市圈是代表国家参与全球竞争的重要单元，也是加速提升综合国力的巨型引擎，决定着我国未来区域经济与新型城镇化基本形态和总体走向。四川的机遇主要是承接东部产业转移，推进成渝城市群建设，加强与长江经济带合作，优化区域空间布局，使新的区域战略特点更鲜明，走出单体城市的发展模式，避免无序扩张发展成为寡头城市。要在2050年建设成社会主义现代化强国，有的区域根本不可能有条件达到这样一个要求，当然我们到2050年区域之间差异很大，但是人均水平不能差异这么大，我们整个生产力布局还需要有一个很大的调整。

其次，深度融入世界经济带来的分工协作机遇。一带一路倡议提出以来，我国推出了“1+3+7”的概念。四川将南向开放作为重点，成都将分三步走，进行大通道建设，包括“中国—中南半岛经济走廊”“孟中印缅经济走廊”“中巴经济走廊”。

最后，城镇化持续推进基础设施投资机遇。中国的城镇化估计能达到75%，到不了发达国家80%到90%的水平。要达到70%以上，还有很多的路要走，其间所带来的基础设施建设，如城市各种各样的道路建设都是非常明显的。这是一个中长期的状况，至少还有10年以上，它是对中国经济做出很大贡献的一个机遇。

随着新型城镇化进程的不断推进，我国已进入大城市向都市圈发展的新阶段，到2030年，2亿新增城镇人口约80%分布在19个城市群，这是有关专家做出的判断。欧洲1000多万平方公里的地方，有7亿多人，中国960万平方公里的地域，有13亿人口，我们怎么和人家相比！而且，中国有很多不宜居的地方，如青藏高原等，真正能够开发的地方更多集中在长江、黄河沿海这一带区域。所以，今后围绕城市群来建设是我们人口分布的大方向。小城镇建设是有条件的，如果有旅游资源、有交通优势、有特殊的资源优势是可以做小城镇建设的。但是如果没有这些条件，这些城镇集聚不了人口，最后都是呈萎缩的趋势。很多人讲欧洲的小镇多么好，多么宜居，多么方便，实际上欧洲小镇面临的问题也非常严

峻，人口留不住，有的小镇也是采取各种优惠政策才留住人。我看了欧洲小镇布局，就是围绕大城市形成了星罗棋布的格局，我认为这些小镇都应该进一步优化，该合并就合并，该撤就撤掉。欧洲国家是经过几百年历史从农村工业化到小城镇化，中国没有从农村工业化慢慢发展起来，我们一开始就是利用外汇资金，首先发展大城市，再进一步发展为大城市配套的中小城市，再进一步发展宜居的城镇，通过这样来改进它的设施。我们的城镇化建设是以城市群为主体的发展格局，这就是我们的后发优势，我们没有包袱。当然我们也有问题，如四川的城镇化刚过50%，比中东部潜力更大，但是机会更多集中在条件比较好的区域。

千岩万壑不辞劳，远看方知出处高

首先，经济转型发展面临着全方位挑战。为什么这么多国家进入中等化以后很难进入高收入行业，说明转型非常困难，尤其是产业转型，因为经济是基础，产业转型不能提供这种支撑，就实现不了向高速阶段的跨越。我们现在就是面临这个问题，所以党中央抓高质量，就是抓住了最要害的东西。例如，如果产业转不了型，就没有新兴产业来吸纳被淘汰的传统产业中溢出的劳动力，解决不了这个问题就解决不了就业，解决不了就业就会引发社会矛盾，搞经济建设就不可能全力进行。我们现在努力在做这个事情，准备通过10年至20年把安全网建立起来，一旦出了问题没有关系，短期就不了业有社会保障，有就业基金，通过这样的安全网来保障社会稳定。

第二，协调稳增长、调结构、控风险面对的挑战。这个问题比较大一些，既有短期的也有长远的问题。我们现在要把增长速度稳定在5%到6%，光靠我们的消费只能贡献3%到4%，所以必须要有投资。现在投资体量已经很大了，要维持一个较高速度增长很难，于是投资的增长速度在下降，而且下降的幅度比较大；现在政府的负债也比较高，基建投资是稳增长的主力，现在要保持这种增长也比较困难；民间资本又大量过剩，要做新产业又没有技术储备，同时还要面临很大风险。因此投资也是我们现在面临的很大问题，当然我们的投资空间很大，如前不久我们的川藏铁路投资2700亿，这对四川是非常有好处的。由此可见，一些区域性的投资机会是很大的，关键是这样一些重大项目的投入，如资金来源、投资主体，这些对我们来讲是很大的挑战。我们必须要稳增长，只有稳增长才能更好调结构，如果说增长速度下来了信心便会不足，很多资金就会跑，资金都是流入热点区域。例如，四川这次抓高铁建设，提出我们砸锅卖铁也要把几条重要的高铁建起来，因为四川的高铁建设落后了。四川目前如果没有10%左右的投资，我们就没有办法保证7%以上的增长，这对政府来讲是一个很大的挑战。这是投资的情况。

还有金融的问题也是我们面对的一个大的挑战，现在一方面要降杠杆，另一方面要稳投资，这两者很难协调。投资总得有主体来投，希望能拉动更多资金投入，但是项目建设周期很长，怎么去吸引民间资金？如果在短期内民间资金起不到作用，政府投资资金杠杆还降不下来，更多是优化杠杆的问题。所以这些都是矛盾，这几年我们政府三大攻坚战，关键就是精准扶贫还有就是风险集中。金融风险是目前比较强烈的，这些问题都是很难的问题。

第三，以国际贸易争端为代表带来不确定性挑战。美国特朗普对我们发动了贸易战，而且力度很大。有专家测算，目前大概影响我们0.2%到0.3%，关键我们要有打赢这场仗的信心。另外中国的外贸还是有很大弹性的，美国市场不行我们可以到欧洲市场，欧洲市场不行可以到非洲市场，但是美国毕竟占了全球1/3的市场。有一点是肯定的，中国的崛起对美国来说确实是一个很大的挑战，美国认为我们在和平崛起，而美国是在和平衰落，它肯定会用各种各样的措施来抑制中国的发展。所以党中央提出要和美国建设新型的大国关系，就是我们共同发展，但是真正要做到肯定是很难的，我们要谨慎，要有韬略来处理好这一问题。

第四，科技创新能力提升面临挑战。科技创新要投入技术，要去研发，而研发就有周期，就有很大投入，而且科技创新跟增长速度不是直接相关的。我们现在要稳增长不是靠创新就马上能增长的，美国、日本科技创新能力最强，但仍然遇到了经济萎缩，遇到了衰退，遇到了低速增长。我们可以关注另一个指标，就是日本在海外的资产，他的海外的收益产值规模不小，如果按照国民生产总值来讲，日本人经济规模显然比它现在的水平大得多。中国主要集中在国内，我们才开始走出去，我们在国外规模还比较小。所以，我们的科技创新难度确实比较大。

第五，人口老龄化长期影响劳动力成本的挑战。老龄化肯定是一个问题，当我们建成社会主义现代化强国的时候，我们65岁以上人口将达到3.6亿，约占人口总数的25%。年轻人是人才红利，而老年人更多是消费，还有更大的问题是社会养老等，要分担或者分散很多年轻人的精力。当然我们也看到智能化发展，养老更多是靠机器人，靠人工智能这些方面来解决，这个矛盾会有明显的缓解，会让更多年轻人安心干好自己的工作，更好地为社会创造财富。我们现在也在加快人工智能布局。我们也要看到这些挑战：我们的劳动力素质还跟不上要求，我们的产业要走出去，劳动力要走出去；人口老龄化使得我们劳动力紧张，劳动力成本上升，更多劳动密集型企业走出去，就业矛盾会日益突出，引发社会问题；乡村振兴也遇到制约，中西部人口回流是普遍现象。

谢谢大家！

纪念改革开放四十年
——改革开放的新思想新举措

◎冯颜利

冯颜利，中国社会科学院马克思主义研究院国外马克思主义研究部副主任（主持工作），研究员，博士生导师。中央马克思主义理论研究与建设工程专家、中共中央宣传部第四批马工程教程《马克思主义哲学经典著作导读》编写组主要成员，重庆市第二届马克思主义基本原理学术带头人，国家科学名词审定委员会马克思主义名词审定委员会委员。

我今天结合改革开放的内容来谈为什么要加强党内政治文化建设，净化政治生态。文化的形式主要表现为观念、制度，在它们的形成过程中，政治文化起着很大的作用。

中华文明历时五千余年，是唯一没有中断的文明。这么悠久的历史文化，是对人类文明的重大贡献。这种贡献不仅我们认同，全世界也认同。但是近代以来，我们落后了，原因有很多。首先最直观的可能是武器没有西方的好，所以武器方面要发展，也说明科技要发展。只是武器好了也不行，后来讲到了制度。在制度方面经过探索，我们找到了自己的发展道路，就树立了民族发展的理念和信念，也架构起新时代的政治文化。党的十八大以来，我们党和政府更加重视政治文化建设，并以此进一步推进中国特色社会主义文化建设。政治文化会影响整个社会的文化，所以习总书记多次强调政治文化和政治生态。

政治文化、政治生态的重要性

2012 年党的十八届六中全会上，习近平总书记第一次提到政治文化，提倡要忠贞老实、光明坦荡、公道正派、实事求是、艰苦奋斗、清正廉洁等，要反对并抵制我国改革开放以来的腐败现象，尤其是一些腐朽的政治文化。到 2017 年党的十八届七中全会，政治文化的概念更清晰了。这其中涉及几个方面：

马克思主义为指导，中华悠久的历史文化为基础，革命文化为源头，社会主义先进文化为主体，充分体现中国共产党党性。政治文化是社会文化的一个子系统，它是作用于政治治理的，可以帮助党员干部和广大人民群众明辨是非。

早在 2004 年，中央政治局在第十六次集体学习时就提出要加强党的建设，营造一个好的从政环境，也就是说要有一个好的政治生态。党的一大时只有 50 多名党员，现在有了 8900 余万名党员，有 450 多万个党的基层组织。改革开放取得成绩是因为党紧紧依靠了人民，有严密的组织和铁的纪律，形成了实事求是、理论联系实际、批评与自我批评、民主集中制、严明党的纪律的政治文化。党内政治生态好转会带来社会生态的好转。政治文化与政治生态的关系是，政治文化是政治生态的文化基础，政治生态好是政治文化的目标指向，它们相互影响。

为什么要重视这两个概念？重视政治文化主要因为它是全面从严治党的政治基础、思想基础。习近平总书记多次讲到政治文化建设，就是针对改革开放以来政治生活中的不良现象，这些不良现象一方面是封建社会的思想残余，另一方面是改革开放后国外不好的“苍蝇”“蚊子”进来了，给我们的社会风气和政治生态带来了不好的影响。党的十八大以来反腐和加强党风廉政建设是一大亮点。每个国家都有腐败，只是程度不同，也都在反腐。党的十八大以前我们党也在反腐，但是大家都认为，党的十八大以来反腐效果最为显著。

一个党腐败了，群众基础没有了，则执政能力就没有了，理想信念也没有了。所以政治生态是否好，是检验党管党治党是否有力的重要标杆。习近平总书记把严肃党的政治生活，净化党的政治生态看作一场伟大斗争，是自我净化、自我完善、自我革新甚至自我革命的重要形式，这是党的宗旨所决定的。党的十八大以前“革命”二字提得很少，党的十九大则多次提到自我革命甚至社会革命。为什么改革是一场革命？为什么社会主义建设也是一场革命？对此很多人不理解。这是因为在建设社会主义的过程中，中国共产党代表着人民群众，其本身是革命的主力，是身怀大无畏精神的，以一种自我革命来推进整个社会的革命。

政治文化、政治生态是政治建设的前提和基础。前面讲政治建设、思想建设，特别强调政治建设，是因为党的十九大在党的建设方面重点突出了政治建设。一个党如果政治生活不好，政治文化不好，那么政治生态肯定也不好，所以要全面从严治党，加强党的建设，首先要强调政治建设。

政治文化、政治生态建设的成绩

党的十八大以来之所以能在政治文化建设和政治生态建设方面取得明显成效，与以下三个方面的创新是密切相关的。

首先是理念创新。一是思想建党与法制反腐结合起来两手抓，二是把思想建党和政治建设与进一步反腐败结合起来等，这些都是理念创新。习近平总书记多次讲到反腐，反复强调，腐败问题如果愈演愈烈，必然亡党亡国，要警醒；苏联、东欧剧变有很多原因，腐败是其中最重要的因素。

现实中我们总结出腐败的一些形式，如塌方式腐败、系统式腐败、家族式腐败。塌方式腐败就是主要人物一旦被抓以后，整个政治生态都塌陷了，使一定时期内、一定范围内出现了集体性腐败问题。比较典型的塌方式腐败发生在山西、江西，还有四川。党的十八大以来，对于这种现象坚决查处，很多塌方式腐败现象出来，警醒作用是很大的。另外风险最大的一些系统，如涉及能源、价格等部门，因为权力滋生了腐败，于是出现了系统式腐败。家族式腐败就是任人唯亲。党的十八大以来，由于反腐的力度空前，不管是塌方式腐败、系统式腐败，还是家族式腐败，都被反复彻查，并且反复曝光。

习近平总书记多次讲到，出现腐败的原因是人的理想信念出了问题。反腐首先要从政治上、思想上进行。理想信念是共产党员精神上的钙，没有这个钙就像人缺钙一样会得软骨病，精神缺钙的话，理想信念就塌陷了，人就直不起来了。如果没有好的理想信念，不信仰马克思主义，不信仰共产主义，坚持关系学、厚黑学甚至封建迷信那一套，还是想着升官发财，就容易出问题。做官就不要想发财，要想发财就不要做领导干部，这就是共产党员的理想信念。党和政府反复强调，做领导干部要为人民服务，强调的是名。这个“名”是老百姓给你留下的好的名声，如果想要挣大钱、发大财，在中国特色社会主义现代化建设的新时代就不要去当领导，就可以去办企业，创新创业，只要是合法的，也会得到政府的鼓励。我们讲政治文化建设和政治生态建设，作为学生、作为研究者或者老师可以解放思想，积极思考，既在马克思主义经典著作里面找到依据，又结合中国特色社会主义现实进行思考。社会主义现代化建设是以人民为中心的，人民就是人民群众，包括民营企业家在内的社会主义建设者。

党的十八大以来的反腐败斗争，在理念创新方面讲到了理想信念建设，讲到了要抵制什么，讲到了要打虎拍蝇。苏联解体的时间是 1991 年 8 月 19 日，所以习近平总书记在 2013 年 8 月 19 日的讲话中提出要加强意识形态建设，其中特别强调马克思主义为指导的意识形态建设。因为如果意识形态塌陷了，群众不维护这个党了，这个党肯定会完蛋，国家就要解体。因此我们有案必查，任何人触犯了党纪都要查。

党的十八大以后很长时间没有得到解决的问题，在中央八项规定出来以后都解决了，八项规定着眼很细，从中共中央政治局委员、政治局常委开始都严格要求自己，把这些规定贯彻下去，所以也自上而下地把全国的很多腐败问题堵住了，政治风气、政治文化慢慢就好转了。

习近平总书记反复讲反腐败斗争的长期性、复杂性、艰巨性，讲要以零容忍的态度来惩治腐败，也讲全面从严治党永远在路上，尽管反腐取得了压倒性态势的巩固发展，但是离压倒性胜利还有很长的路。压倒性胜利就是政治生态要好转，就像自然生态一样山清水秀。习近平总书记讲，人人都希望生活在一个好的生态环境当中，都希望政治生态环境山清水秀，带来社会风气的山清水秀，这样人的心情也会好一些。

第二是制度创新。制度才是最根本性的，制度创新主要反映在制定了一系列加强政治生态建设、政治文化建设的制度。强调要把制度的笼子做得越来越密，反腐败的一些法律法规要形成一系列制度。

2018年修订的《中国共产党纪律处分条例》，尽管它是针对党员，主要是针对党员干部的，其实对于不是党员的公职人员也有规定。处分的种类有警告、严重警告、撤销党内职务、开除党籍。司法处理首先是开除党籍，这是对党员最严重的处分。新条例增加了9条，其中主要是在政治纪律方面有所强调，特别是党员和宗教的关系。改革开放以后，不管是基督教还是其他宗教在我国都有发展，新的条例明确共产党员只能信仰马克思主义，不能信仰其他宗教，如果有利用宗教活动的行为则要被开除党籍。

第三是方法创新。加强政治文化建设，净化政治生态，党的十九大特别强调党委主体责任，纪委是监督责任，党委和纪委是合作关系，共抓共管。对于纪委工作，一个是同级监督，再一个上级监督，对此都有明确的规定。那么，应该怎么监督党委的工作呢？方法主要是抓早抓小，要经常出出汗，就是要把苗头化解在平时，当有腐败苗头的时候就先提醒他、帮助他。如果因为事小不抓，就会酿成大错。

加强党的政治建设，净化政治生态

政治文化和政治生态是人文生态形成的一个重要的标识，怎样通过加强党的政治建设进一步净化政治生态呢？解决这个问题很重要，因为政治文化好了，政治生态就会得到净化，政治生态净化了，社会风气就会更好，因此要把政治建设摆在首位。习近平总书记在十九大报告中讲，要勇于自我革命，从严管党治党。我们应该如何加强政治建设呢？

首先要强调四个意识，突出四个意识，即政治意识、大局意识、核心意识、看齐意识。

其次要讲理想信念。其他的政党都不讲政治，怕讲政治，只有马克思主义政党讲鲜明的党性原则，讲党性原则就是讲政治，讲政治也就是讲人民。政治建设是党的根本性原则，决定了党建的方向和效果。政治建设就是全党要服从中央，特别是以习近平同志为核心的党中央的权威和集中统一领导，这是政治建设的首要任务。要提高理想信念，就要多阅读马克思的经典著作。学习马克思主义，实际上也就是掌握发现问题、分析问题的方法，也就是说掌握解决问题、解决矛盾的方法。学习马克思主义，形成好的理想信念后，也要反思自己，由此共同营造风清气正的政治生态。

学习马克思主义要与学习习近平总书记系列重要讲话精神结合起来，也就是学习习近平新时代中国特色社会主义思想。通过学马克思主义端正学风，树立正确的价值观。习近平总书记在讲端正价值观时提到，要把核心价值观和核心价值体系联系起来；核心价值体系里面特别强调马克思主义指导，同时又强调中国特色社会主义共同理想和社会主义的人民观。核心价值观是对核心价值体系里面的东西进行凝练，所以，培养和践行核心价值观要推动中国优秀传统文化创新性发展，以此凝聚人心。

最后加强政治文化建设要坚持民主集中制。民主集中制是中国共产党执政的独特的、优秀的制度。如果民主集中制发挥得好，政治生态就会好；如果政治生态不好，民主集中制可能就出现问题了，要么没有民主只有集中，要么只讲民主没有集中，两者分开了。民主和集中要结合起来，因为领导干部要抓关键少数，这样才能够加强政治文化建设，净化政治生态。要抓好关键少数，就要用好领导干部，发挥领导干部在人民大众心目中好的形象，推动形成好的政治文化。选好领导干部，有一些基本的要求，我们讲德才兼备，以德为先，德就是马克思主义信仰。党的十八大以后特别强调 450 多万个基层党组织要面对着群众，若有一个好的政治生态，群众肯定是拥护政府的；政治生态不好，那政府跟群众的关系肯定很紧张。我们强调马克思主义世界观，也就是辩证唯物主义和历史唯物主义，讲世界观就是人生观，人生观就是树立价值观。要有正确的群众观，强调党员干部特别是党员与群众的关系，领导干部要勤政，要有责任心，这样自然会时刻心系群众。

推行政治文化建设、净化政治生态是一个长期的过程，只有不断推进才能终有所成。加强党内政治文化建设、净化政治生态主要是针对党员干部的，同时对于共产党员，对于社会风气的形成都有好的影响。自党的十八大以来特别是党的十九大以后，我们不断强调抓政治生态建设，就跟抓自然生态建设一样。实际上，在老百姓对美好生活的向往和追求中，与政治生态联系紧密的文化生态也是一个很重要的方面。人人都希望生活在自然生态很好的环境里面，也希望生活在文化生态很好的环境里面，所以政治文化建设和政治生态净化跟我们每一个人息息相关，也需要我们每一个人的努力。

从绿皮车到复兴号——改革开放四十年的铁路故事

◎张雪永

张雪永，历史学博士，教授，西南交通大学文科处处长，兼任历史文化研究院副院长，兼任《西南交通大学学报（社会科学版）》编委会副主任，日本庆应义塾大学访问教授。主要研究中国铁路史、四川保路运动史。

各位朋友们好，非常高兴来到金沙讲坛。我今天给大家报告的题目是：从绿皮车到复兴号——改革开放 40 年的铁路故事。

中国铁路的发展历程

自古以来我们就知道，衣食住行是我们的基本需要，没有吃的我们会挨饿，没有穿的、没有房子住我们会挨冻，如果出行不方便文明就不会发展，所以四通八达一直是中国人的梦想。

《山海经》里有夸父逐日、愚公移山这样的故事，表达的都是对于便捷交通的一种向往。但是在人类历史的大部分时间里，出行难是一种常态。美国有位历史学者 1948 年在成都搞了一个实地调查，回去就写了一本书，有一个结论：大多数传统的中国人一辈子的行动轨迹大概有五公里左右，就在这样一个小圈子内度过一生。但是也有少数人不甘心生活被这样一个狭小的空间所束缚。例如李白，他从四川出发，周游了全国的山川，但这个过程他是很艰辛的，从他的诗《行路难》里就能够感受到：“欲渡黄河冰塞川，将登太行雪满山。”更有著名的：“噫吁嚱，危乎高哉！蜀道难，难于上青天！”不仅仅是中国如此，世界上其他的地方和民族也面临着同样的困境，这种情形一直到 19 世纪才开始得到解决。

1825 年英国人斯蒂芬孙发明了火车，大大提高了人类出行的速度。当时的速度在今天看来微不足道，火车的时速也就是 20～30 公里，当然比起传统的马车确实是快得多了，而且马会累，火车不会累。如果以时速 30 公里的速度不停地开上十几个小时，大体上也实现了日行千里的古老梦想。因为铁路的便捷，所以很快其他国家就开始仿效，到 19 世纪 70 年代，中国的土地上也终于出现了第一条铁路，就是 1876 年的吴淞铁路，在今天的上海，这条铁路是由英国人偷偷修建的。当时中国人是抵制铁路、排斥铁路的，他们认为铁路不是一个好东西，火车一走起来就冒着黑烟，轰隆轰隆的，像怪物一样，我们的列祖列宗在地下肯定睡得不安宁，尤其是皇帝更是不准在东陵附近修铁路，他觉得会切断大清的龙脉。为此，在 19 世纪的七八十年代，清政府搞了三次关于是不是修铁路的大辩论，这在今天听起来是匪夷所思的。鉴于此，英国人告诉清政府要修一条寻常的马路，偷偷地把铁轨等东西运过来，修成通车时，很多当地老百姓围观，有两个人被挤到铁轨上并被火车撞死。于是清政府坚决不准这条铁路再运行，但又惹不起洋人，就花了 28.5 万两银子把这条路买过来并把它拆了，千里迢迢地把拆下来的铁轨、枕木运到台湾扔到了日月潭里，中国的第一条铁路就是这样一个结局。

1881 年清政府在唐山设立了开平煤矿，为了将煤运出去，李鸿章写奏折说修铁路。铁路修成了，但是皇帝还是担心龙脉被震坏，于是不准用机车拉，而用马车拉。所以中国的第一条铁路说起来还是不完整的，虽然是有了路轨，有了车厢，但是没有机械动力，是靠传统的畜力来牵引的。后来皇帝、太后都想通了，在皇宫里也修了一条铁路，但这条路同样不准用机车来牵引，用马拉也显得不严肃，就由太监来拉。中国铁路的诞生真是有一个很悲惨的历史，马拉过，太监拉过。1895 年中日甲午战争爆发，战后中国签订了丧权辱国的《马关条约》，清政府在反思战败的原因中，将我们没有铁路，不能快速地把后方的兵和给养运上去列为一个原因，于是终于定下了一个基本国策：大兴铁路。由谁来修铁路呢？要办一所学校来培养修铁路的人，于是 1896 年就在山海关办了中国第一所专门培养铁路人才的山海关北洋铁路官学堂，这所学校历经辗转，最后还是落户到了成都，也就是西南交通大学。修铁路是需要巨额资金的，从清政府到以后的民国时期，中国都是内忧外患、战乱不断，到 1949 年，修了快 70 年，中国大地上也不过 13000 公里铁路，而且技术等级很低。1949 年以后，我国铁路事业得到了长足发展，但是限于国家总体的经济发展水平，到 1978 年，也就是在中国铁路出现了差不多 100 年之后，我国的铁路发展水平仍然不能满足人民群众的出行需要。

经过了 40 年的改革开放，我国的铁路现代化水平终于突飞猛进，尤其是我们在高速铁路技术上已经达到了世界领先水平。我们建设了世界上最大的高速铁

路网，到 2017 年底，我国运营的高速铁路已经达到了 25000 公里，现在已经差不多 30000 公里了。当高速铁路达到 25000 公里的时候，我们占世界高速铁路的里程就达到三分之二，未来我们的高速铁路有可能不是时速三四百公里，有可能是 1000 公里。四川也会因此结束蜀道难的历史。

关于高铁的故事

川渝地区铁路的十三五规划，已经完工的有西成高铁。现在四川已经有好几条通道经西安、重庆可以到达全国各地，尤其是在成都和重庆之间除了老的成渝铁路之外，还有两条准高速铁路和高速铁路在提供服务。成渝高铁不但拉动了两地的经济，而且也演绎了诸多老百姓的生活故事。从我搜集的几个故事中可以看出，这条高铁不仅是一条经济高铁，还是一条亲情高铁、爱情高铁、麻辣高铁。

第一个故事。这个故事的主人公叫何欣，她的父母八十几岁了，住在重庆，儿子住在成都，一头要照顾父母，一头又想见儿子，所以每周她就往返于成渝两地，见证了两地的交通从原来的十多个小时到四个小时，到两个小时，再到现在的不足两个小时。2013 年，她在成都的儿媳妇怀孕了，何欣往返于成渝两地的时间就变得很规律，周一到周五在成都，周末两天到重庆去照顾父母，每年的动车票要花两万多。因为她经常走这条线，很规律，所以车上的列车员都认识她了，她就特别期盼着高铁的到来。2015 年成渝高铁一开通，她就迫不及待地买了高铁票进行体验。当时有报道说："越来越快的列车串起的不只是她对父母的孝顺，对子孙的宠溺，也串起了她成渝两地的朋友圈。"她在重庆买一些土特产，比如说土鸡、猪肉带到成都来，然后到成都买菜带回重庆，把高铁票也差不多省出来了。

第二个故事。成渝高铁串起的不仅是亲情还有爱情。这个故事的主人公是个叫丁维山的小伙子，是中交集团的员工，在重庆读的大学，毕业之后在上海工作，因为坐飞机太贵了，所以每年只能回来两次。后来有机会到重庆工作，他毫不犹豫地就回来了，但是女友在成都，还是不能每天见面，因此他几乎每个周末都往返于成渝之间，家中近百张火车票成了两人爱情的最佳见证。他说，以前坐火车要好几个小时，现在坐成渝高铁在车上打个盹就到成都了，每周五下班后就赶紧坐高铁，火车一发动女友就开始做饭、烧菜，回到家就可以吃上香喷喷的饭菜。他说："高铁把成渝连成了一个整体，也把我俩连在一起了，过年我俩就要见家长了，希望能顺利。"

成渝高铁还是一条美食高铁。成渝高铁的开通使成都人有机会在周末就赶到重庆吃正宗的重庆火锅，重庆还专门在重庆北站附近开设了火锅一条街，方便成都人吃完了就可以马上心满意足地回成都。

铁路不仅仅使成都克服了艰难的古蜀道，连接了全国，还把成都连接到了世界。传统上中国和欧洲有一个通道是从北京出发，通过俄罗斯到达欧洲，这条路要走 22 天，是货运。但是有了蓉欧快铁之后，这条 9826 公里的铁路使得货物运输的时间缩短到了 14 天，未来的目标是 10 天。缩短到 10 天之后就和飞机就有竞争力了，事实上成都出产的手机就是通过这条铁路远赴欧洲到达了波兰的罗兹，然后在 3 天之内就可以转运到欧洲各地。亚洲最大的集装箱周转中心车站就在成都的青白江，整个作业区都是自动化的，火车来了就扫码，自动装卸自己的货物。

第三个故事。这个故事的主人公叫刘琼英，她是成都艾民儿皮制品有限责任公司的董事长，她从 1996 年就开始做鞋，艾民儿就是她创立的品牌。一开始鞋卖得很好，但是后来国内做鞋的多了，卖不出去了，她就想能不能开拓海外市场。但是 1999 年她到意大利参加一个鞋展时，一个欧洲品牌把她赶出了会场，理由是中国人只会复制没有创造，这让她下决心一定要开发出自己的品牌来。于是她聘请了国际设计师，终于打造出一款从设计到制造都是四川造的女性鞋，从容地进入了米兰的高端市场。以前她的鞋出口到欧洲都是传统的海运，2013 年蓉欧快铁开通了，她因为一次意外发货延迟而尝试了蓉欧快铁。2013 年的 7 月 12 日，第十班蓉欧快铁按时到达波兰的罗兹，罗兹的客户迅速将货物接到拉脱维亚转包发往欧洲各地。也就是说，蓉欧快铁已经把成都和欧洲紧密地联系在了一起。

中国铁路发展的艰难历程

我们回过头来再看一看，中国铁路 40 年的变化还是非常让人感慨的。这 40 年大致分为三个阶段：第一阶段就是从改革开放初到 1992 年的负重前行时期，当时的铁路动脉真是不堪重负；第二阶段就是从 1990 年到 2008 年的一波三折建设高速铁路的时期；第三段就是最近的 10 年，高铁成为国家的黄金名片，我们进入了高铁时代。

从 1949 年到 1978 年，经过 30 年的建设，我国的铁路发展比较快，总里程有 5 万公里，当时排在世界上第三位，仅次于美国和苏联，但是如果摊到国土和人均上，还是处于落后的地位。按土地面积来说，每千平方公里美国是 36.2 公里，英国是 78.5 公里，法国是 60 公里，当时的西德是 119.5 公里，日本是

57.5 公里，甚至印度也有 19.8 公里，苏联的国土面积是我国的将近两倍，每千平方公里都有 6 公里铁路，而我国只有 5 公里。按人均计算，美国 1.66 公里，日本 0.21 公里，苏联 0.56 公里，印度 0.1 公里，我们只有 0.05 公里。当时有一个非常形象的说法：中国铁路摊到每个人头上不过一根烟长。这就是 1978 年中国铁路的现实。

但是，当时我们有一个认识认为铁路够用了，之所以运力显得比较紧张，主要是铁路的能力没有发挥出来。改革开放以后各行各业都大刀阔斧地迈进，唯独铁路在整个 20 世纪 80 年代实行了挖潜扩能的政策。我们对发达国家了解后发现他们在过去的 30 年里，在对待铁路的问题上与我们走的是完全相反的路。第二次世界大战之后，发达国家不发展铁路，有的国家不但不发展反而在拆铁路，他们发展的一个是高速公路，也就是汽车，第二个是航空，就是飞机。所以我们的基调也是只修必要的新线，将就着我们原来的用，就是不发展铁路了。结果就是铁路的投资在全国总投资中的比重逐年下降：1949 年到 1952 年经济恢复时期铁路投资占全国总投资的 14.5%，一五时期为 10.7%，二五时期为 9%，三五时期为 12.3%，四五时期为 10.5%，五五时期为 6.4%，六五时期为 7%，七五时期为 6.6%，而 1991 年降到了最低点 5%。如果把范围缩小一点，铁路投资在交通投资中的比例也从一五时期、二五时期的 70%下降到六五时期的不足一半。这个时候铁老大就不是老大了。

我们看 1975 年到 1985 年铁路发展客运量、客运周转量、货运量和货运周转量等指标的数值，从绝对值来看 1985 年比 1978 年是上涨的，这是挖潜的结果。但是铁路在综合交通运输体系中所占的份额在下降，客运从 32%下降到了 18%，货运从 45%下降到了 18%。而从实际情况来看，铁路的运力非常紧张，当时乘坐火车排队买票拥挤，上火车也很困难，有时要从窗户爬上去。好不容易爬上车了，车里的情况是座位上坐着人，过道上站着人，厕所里都要挤好几个人，还要把货车拿过来当客车用。1992 年以后开始实行市场经济，农民工大规模地涌现，春节的时候返乡根本就走不了，这种情况在那个时候是一种常态。而且挖潜扩能必然导致事故，超载运行，司机、列车员也是超负荷地工作，肯定是会出问题的，那段时间铁路运输事故也特别多。

这种情况中央开始注意到了，认为铁路不能再这样下去。1993 年国家领导人在不同场合讲话，强调铁路要发展，一定要把铁路建设抓上去，抓住了这个环节就能带动全局，提出决战三年，加快铁路建设。当时正要修京九铁路，京九铁路就是代表，这是战略性步骤。《人民日报》等中央媒体也开始了配合，从 1993 年 2 月开始发表了一系列报道，如《经济上台阶，交通怎么办?》引起了社会各界的热议。1993 年全国的两会上铁路所获得的提案是排在第二位的，排第一位的是农业；1997 年的全国两会上有关铁路发展和建设的议案达到了 32 件，比上一年增长了 50%，其中 26 件是要求加快铁路建设，这已经成为共识。

从第二段高铁建设时期来看，首先要解决如何建设铁路的问题。当时已经进入 20 世纪 90 年代了，国际形势也变了，修什么样的铁路成了摆在铁路部门面前的一个问题。第二次世界大战后发达国家放弃发展铁路去发展高速公路、航空业，但是使污染严重了，交通拥堵了，城市的生活更不方便了，他们开始后悔，但是传统的铁路又太落后，跑得太慢，于是他们就想办法用现代的技术来改造铁路，就出现了高速铁路。高速铁路是从日本开始的，1964 年日本要办奥运会，在东京和大阪之间需要修一条铁路，日本就决定要修一条高速铁路，从 1959 年着手这个事情。1964 年东京奥运会开幕前夕，连接东京和大阪，全长 515 公里的东海道新干线就通车了，最高时速 210 公里，500 多公里只需要跑 3 小时 10 分钟，的确实现了日行千里。高速铁路的好处是显而易见的，速度快，运能大，当然，高速铁路的技术不仅是车要好，轨道还要有高平顺性，不能沉降，除此之外还要有供电技术、列控技术等，每一项都是一个高新技术。高速铁路就是一个系统工程，它会拉动相关的上下游的产业链，如材料、钢铁等各个方面。因此，它能把上下游都带起来，拉动区域经济发展，于是各国纷纷开始仿效。1981 年法国开通了高速铁路，联通了巴黎和里昂，1992 年德国的高速铁路也开通运营。到 1990 年，日本的高速铁路已经达到了 1900 公里，形成了纵贯日本国土的新干线网。到 1999 年，德国投入运营的高速铁路达到了 2380 公里。法国也完成了纵贯法国的高速铁路。德国、法国和日本是三个高速铁路技术的原创国。

其他国家已经开始修高速铁路了，我们要不要跟上？面对到底该不该修高速铁路这个问题，从 1990 年提出来就决策了 18 年，确实是一波三折。决策主要围绕两个大的问题展开：一个是到底要不要修？这个问题争论了 10 年。第二个是要修的话，修什么样的？1990 年铁道部就组织力量搞了一个建设北京到上海高速铁路的构想，然后就开始按程序一步一步地论证、上报，当时反对最激烈的是两位老先生，他们代表了一个群体，认为当时修高铁为时过早了，中国太穷了，有限的钱应该多修一些普通铁路，这是一个普遍的态度。这个争论实际围绕几个问题：第一是对铁路运力现状的一个判断的意见，第二就是对于替代方案的选择不一样，第三就是对于高速铁路技术的成熟度判断不一样，第四就是对于资金筹措的判断不一样，最后就是对市场的消费能力判断不一样。

对现状的判断就是围绕我们现在的运力是否已经饱和到无法再挖潜扩能的时候了的问题，反对者认为铁道部低估了现在的铁路运能，高估了未来高速铁路的运能；还有就是我们是否具有修建高速铁路的技术；再有就是钱，预算经费每次都在涨，1997 年测算的建设京沪高速铁路需要 523 亿元，2000 年变成了 980 亿

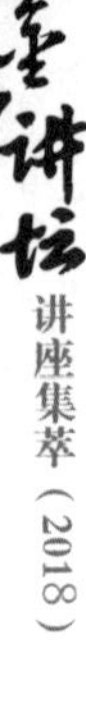

元，到 2007 年变成了 1680 亿元，最终通过国家验收的时候是 2209 亿元；还有老百姓买不买票的问题，现在没有人问这个问题了，它是一个靠时间来解决的问题。讨论进入到 21 世纪，我们的国力增强了，政府有钱了，财政有钱了，融资手段多了，要不要建高速铁路的问题就自然而然地解决了。然后出现了修什么样的高速铁路的问题。在 21 世纪初，轮轨方案的可行性是显而易见的，当时的轮轨技术已经非常成熟了，日本、法国、德国都已经在运用了，而且都运营了很多年，没问题。然而有一些人想采纳磁悬浮技术。但是，第一，磁悬浮方案在世界上还没有商业运营的线路。第二，就是轮轨的技术和既有的路网是兼容的，铁路网必须成一张网才有作用，孤零零的一条路就没什么用，成网就是说既有的铁路在经过一定的改造提升之后它就和高铁的火车连着跑，不用老换线。但是磁悬浮列车就不一样了，它的轨是独立的，换乘车不方便，因为不兼容。第三，是磁悬浮的造价很高。京沪高铁最终采纳的就是轮轨技术，是经过了非常复杂的一个决策过程的。

一般的铁道工程经过两步：第一步是给国家发改委上报一个可行性研究报告，立了项之后就写可行性研究报告，就是怎么建。第二步是可行性研究做完了一批准就开工。但是京沪高速铁路是经过了四个步骤的：第一步叫批准开展预可行性研究，由国务院批准；第二步是批准了就开始研究，一直等到 2006 年 2 月才批准立项；第三步是做可行性研究；第四步是有一个开工报告，由政治局常委会批准，最后才正式决定建设京沪高速铁路。

经常有人问我一个问题，说中国的铁路怎么有那么多名称啊？城际铁路、客运专线、动车组，等等。为什么会出现这些五花八门的名称呢？例如客运专线，我们传统的铁路是既跑货运又跑客运的，而我国的高速铁路只有客运没有货运。又如动车组，它是高速铁路的一种，我们常常讲：火车跑得快，全靠车头带，但动车就不是这样了，动车可能在 8 节编组的车厢里就有 4 节车厢是有动力的，叫作四动四拖，相当于有四个车头，动力多了当然就跑得快了。当然不是所有的高速列车都是动车组，但现在都统一叫高速铁路了。高速铁路的标准是：新建高速铁路时速 250 公里，旧线改造达到时速 200 公里就可以称为高速铁路了，这是国际铁路联盟的标准。

从第三阶段来看，2008 年以后这 10 年高速铁路的建设总体上是顺利了，当然也有低谷。2013 年，李克强总理到了泰国推介我国的高速铁路建设：质量先进、安全可靠、性价比高。同年，习近平总书记提出“一带一路”倡议，把设施连通作为首要的基础，我国高速铁路开始加速发展了。到 2016 年，中央做出了一个判断：总体上说我国铁路运能紧张状况基本缓解，瓶颈制约基本消除，基本适应经济社会发展了。同时还提出了未来庞大的计划：2020 年我国高速铁网要达到 3 万公里；到 2025 年高速铁路网规模要达到 3.8 万公里左右；到 2030 年建成现代高速铁路网，连接主要城市群，基本连接省会城市和其他 50 万人口以上的大中城市，形成以特大城市为中心、覆盖全国，以省会城市为支点、覆盖中间的高速铁路网，实现相邻大中城市 1 至 4 小时交通圈，城市群内 1.5 到 2 小时交通圈。这是非常美好的前景。

四川在高速铁路建设时期结束了蜀道难的历史，但是前些年在高速铁路建设大潮中落后了，尤其是高速列车恢复为时速 350 公里之后，四川的落后就更明显了。2018 年 9 月 28 日四川省委出台了《关于畅通南向通道，深化南向开发合作的实施意见》，提出要修几条高速铁路：第一条就是加快兴建成南达 350 公里时速的高铁，打通成都经达州和万州至武汉，通往长三角沿江高速铁路的大通道；第二条是加快建设成自宜 350 公里时速的高速铁路；第三条是建成成都至贵阳的高速铁路，打通成都经宜宾至贵阳，连接贵广高铁通往粤港澳大湾区，连接贵南高铁通往北部湾经济区的高速大通道；第四条是同步推进渝昆高速铁路建设，建成成都通往昆明的高速铁路。那样的话，成都就有了多条出川大通道：可以从西安走，可以从重庆走，可以从宜宾经贵阳走，可以从达州到西安走，可以从万州到郑州走，可以从贵阳到广州走，实现 5～6 个小时到广州。那时，成都也有了一个“148”概念：1 个小时到周边的几个小城市，4 个小时到西安、武汉、贵阳、昆明，8 个小时就到北京、上海了。那时我们才可以说蜀道难的历史结束了。

谢谢大家！

纪念改革开放四十年
——中国共产党廉政建设历程

◎薛一飞

薛一飞，四川大学马克思主义学院副教授、硕士生导师，四川省学术和技术带头人后备人选，四川省青年思想政治宣讲团成员，四川省马克思主义中国化学会秘书长，四川省网络文化研究中心研究员。研究方向为马克思主义中国化、党史党建。已承担完成教育部人文社会科学项目、四川省社科规划重点理论项目、四川省社科规划青年项目、青年学术人才项目多项。

中国共产党十九大其中一个重要的议题就是对《中国共产党章程》做了修订。党章的变化涉及具体条文，目的是进一步推动中国共产党全面从严治党，推进自身的先进性建设。我们提出要进行伟大斗争，建设伟大工程，推进伟大事业，实现伟大梦想，最终实现中华民族伟大复兴，关键还要看执政党——中国共产党自身是不是过硬。要完成这四个伟大作为，根本点和主要责任在中国共产党身上，从这个角度而言，加强党的自身建设是新时代的重要议题。

为什么要修订党章？

首先，从中国共产党党章的渊源讲起。2018 年上半年中国很热闹，有一件盛事就是马克思 200 周年诞辰、《共产党宣言》发表 170 周年纪念，世界范围内主要的社会主义性质的政党都来中国参加了纪念盛会。现在能够看到的、世界范围内所有以实现共产主义为目标的政党，其党章的蓝本都是最初马克思和恩格斯所发表的《共产党宣言》。自 1848 年《共产党宣言》发表一直到 1895 年恩格斯去世，马克思、恩格斯对《共产党宣言》的序言做了 7 次修改。在此想说明的是，既然中国共产党党章蓝本《共产党宣言》都是与时俱进的，有一个不断修订的过程，那么我们党章的修订也就是历史必然了。2016 年，在中国共产党成立 95 周年纪念大会上，习近平总书记说，党和人民事业发展到什么阶段，党的建设就要推进到什么阶段，这是加强党的建设必须把握的基本规律，而这个基本规律经过升华以后就是我们党的指导精神的创新和发展。反映在十九大政治报告和新修订党章中，就是在我们党的行动指南中新增了习近平新时代中国特色社会主义思想。

党章对于中国共产党而言，相当于宪法对于国家的意义。党章的重要作用是保证全党在思想、政治、组织、作风、行动上的一致性，为我们指明了最终的奋斗目标，确定了纲领和路线。

第二，从现时代下的挑战和新要求来看为什么要修订党章。不同的时代，中国共产党几代中央领导集体所要完成的历史任务是不同的，但都是紧紧围绕着中国特色社会主义这条主线展开的。自改革开放以来，从党的十三大一直到十九大，每一次党的政治报告主题都离不开一个核心词汇——中国特色社会主义，这是贯穿始终的。关于中国到底处于什么时代，中美两国的判断是一致，虽然从2016年开始中美之间的冲突逐渐升级，一名美国的中国问题专家写了一本书，认为中国现在就是习近平时代。新时代对我们党加强自身建设提出了新的要求，党的建设要走向何方是目前摆在中国共产党面前的严峻考验。

当前，国内外形势正在发生深刻且复杂的变化，我国发展仍处于战略机遇期，前景十分光明，挑战也十分严峻。因为在美国人的思维习惯里，二号强国永远是一号的对手。特朗普自执政以来，签署的最早的总统令是禁止穆斯林移民，退出巴黎环保协定，等等，颇有武断和任性的意味。这是我们竞争地缘上一个新出现的不稳定因素。来自外部的挑战影响到我们推进中国特色社会主义建设的和平环境，直接考验中国共产党的执政能力。

第三，当前党加强自身建设面临着严峻考验。我们反腐卓有成效，但是反腐之路依然严峻，中国共产党加强自身建设所面临的是生死存亡的考验。因为历史的教训太深刻了。当年叶利钦对苏共最后一任总书记戈尔巴乔夫逼宫，要求以他为代表的苏联共产党放弃执政地位，推进西方所谓的民主选举，这是一场政治激进的改革。在苏联解体之前叶利钦的政治身份是什么？他就是苏共党员。所以苏联共产党是在面临巨大的外来军事威胁和政治压力下垮掉的吗？不是的，它是从内部瓦解的。所以，在和平时期执政党加强自身建设的考验依然严峻，我们面临的是生死存亡的考验。

对于中国共产党加强自身建设，不只党员关注，全社会都关注。直接对比很难发现，间接对比就可见一斑了。有两部几乎同时播出的热播电视剧，一部是《三生三世十里桃花》，另一部是《人民的名义》，我们把它们的收视率做一个对比。《三生三世十里桃花》播出以来的收视率是从第四第三慢慢升至第二。而《人民的名义》从播出开始到结束一直都是排名第一。由此可以看出，中国共产

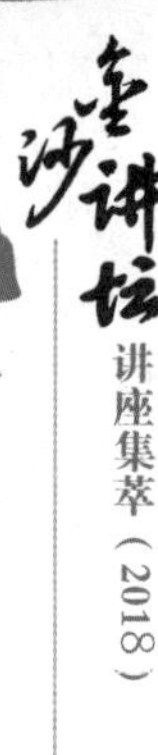

党加强自身建设不仅是自身高度关注的问题，而且全社会对于中国共产党加强自身建设、保证自己的先进性都寄予了厚望。

不过，虽然党的十八大以来我们党加强自身建设、反腐倡廉取得了喜人的战果，让人民群众对于我们党加强自身先进性建设信心十足。但是习近平总书记对于我们党加强自身建设的严峻性仍然保持有清醒客观的认识，在党的十九大政治报告中，他说反腐倡廉已经取得了压倒性态势，夺取压倒性胜利的决心必须坚如磐石，并且要警惕尚未被查处的贪污腐败分子伺机以报复性的方式反弹。

《中国共产党章程》（修订案）包含的内容

党章分为两部分，前面是纲领，后面是具体行为规范。纲领的变化体现了这一届中央领导集体到底要带领政党，带领这个国家和民族走向何方，解决哪些路线、纲领和理想、信念上的问题。而这些问题在中国的现实社会中是有深刻所指的。

其一，实现“两个百年”奋斗目标，实现中华民族伟大复兴，需要总结曾经的教训和明确现实的条件。

伟大的中国梦最终目标是实现中华民族的伟大复兴，但是有一个前提：如果我们不对近现代那一次失败的经验和教训做出总结的话，就算有一天我们再次走向复兴也很有可能重蹈覆辙。2016 年，在中国共产党成立 95 周年纪念大会上，习近平总书记提出文化自信这个命题，由之前的三个自信增加为现在的四个自信，其中承载着深厚的历史意义。

首先是道路自信。改革开放 40 年的成就证明，邓小平同志当年的决策是正确的，没有问题。但是邓小平同志刚刚突破阻力推动和开启改革开放历程的时候是面临考验的，其中至少有 6 次比较集中的争论，本质仍然是走资本主义道路还是社会主义道路的问题。当年邓小平同志以极大的政治勇气和魄力对“姓资”还是“姓社”的问题做出了回应，并以实际行动告诉全党我们要将改革进行到底。

所以一直到今天，改革都是我们时代不变的主题。有一个问题我们要注意：我们推动改革开放，推动经济社会发展，需要勇于担当的政治勇气和魄力，但是这个政治勇气和魄力不等于是权力的任性，两者之间有根本区别。区别的标准就是要看我们这个政党、我们的领导干部是不是以人民为中心。

其次是制度自信，中国未来到底走什么路的问题，习近平总书记也交代过。中国在近现代探索国家出路的时候最初就是想向西方学习，走他们的路，试了两次，一次是建立资本主义君主立宪制，一次是建立资本主义民主共和制，这两种制度都没有建立起来，所以我们才走了今天这条适合于中国国情的、独具中国特色的社会主义道路。这从史实的角度向我们说明了中国今天的道路选择的必然性。为什么西方的路在中国走不通？从 1840 年到 1949 的转折过程中，如果说有谁真正能够带领中国走资本主义道路，应该就是民族资产阶级。但是大家看中国的民族资产阶级是什么状况？电视剧《橘子红了》中的老爷就是那个时代中国民族资本家浓缩的身影。这个人的特征是什么？在城里他有工厂，在农村他还有一片橘子园。如果他是真正意义上的资本家，工厂有了利润赚了钱他应该拿来扩大再生产，雇佣更多劳动工人，购买更多原料，按照马克思说的榨取更多剩余价值，这才是资本家。但是他没有，他回到农村去继续买地了，所以骨子里他仍然是地主。然而到今天我们很多人有了钱以后还是去买房子。所以，到现在为止，中国人的经济心态没有变化过，我们安身立命的根本仍然是土地，只不过以前是耕地，现在是房产而已。我个人认为，中国近现代历史上就没有出现过独立的能够带领我们走上西方一样的资本主义道路的阶级，何谈成功走上那条路呢？

再次是理论自信，这个问题也很严峻。历史教训很深刻，现实教训很尖锐。我没有想到在理论自信这个问题上居然让美国人给我上了一课，让我很是汗颜。有一次一个美国军校教官来四川大学交流，私下里打听哪里可以买到毛泽东选集和文集。他问了我一个问题，你知道为什么美国不敢轻易跟中国开战吗？他说，一个重要的原因和理由是，一直到现在美国军方都怀疑中国人没有把毛泽东军事思想拿出来给世界人民共享，所以美国人感到恐惧。凝聚着毛泽东思想的毛泽东选集和文集是我们党最为宝贵的理论财富，是马克思主义中国化的第一理论成果，我们还运用得不够，研究得不够。理论自信这个命题对于中国共产党而言，对于现在的中国而言任重道远。

最后是文化自信。我认为，习近平总书记提出文化自信这个命题，证明了这一代中央领导集体是能够带领中华民族真正走向振兴，至少能够给我们打下坚实、雄厚的基础。这个命题跟我们老百姓的生活直接相关，就发生在我们身边。从浅层次来看，几乎所有流行的海外品牌在国内都有山寨产品，说明浅层次的文化自立我们都还没有完成。我一直说，文化自信之前有两个基础，第一个是文化自立，第二个是文化自强，最后才是文化自信。

2017 年 6 月有一则新闻，说北京和上海有一些家长以每小时 1000 元的学费标准把自己的小孩送到英国餐厅里去学英国贵族用餐礼仪。对此，我觉得一是可笑，二是悲哀。我们的老祖宗是给我们留下了用餐礼仪的。按照中国古代标准，金属性刀叉甚至不应该出现在餐桌上，这是对对方极大的礼仪上的不尊重。如果说中国是一个吃的国度，我们的文化起源于餐桌上，起源于嘴边，是舌尖上的中国，我觉得不过分，因为中国人的文化根源就在这里。例如，标准筷子为何做成

七寸六分长？这是告诉我们每一个人都是吃五谷杂粮、有七情六欲的；为何筷子前面是圆的后面是方的？前为乾，后为坤，天圆地方；中国哲学思想的精华也浓缩在一双筷子里：筷子用的时候两根都动或者都不动永远夹不起菜来，能夹起菜来得一根动一根不动才行；中国本土宗教道教的标志阴阳鱼告诉我们，一动一静、一阴一阳方为和谐，不可谓不精深。但是从现实来看，我们的文化自信被冲击得很严重，从学校就开始流失了文化自信。

为什么中国近代会衰落下去？因为我们做了一件事——闭关锁国。康熙皇帝的确是中国古代封建王朝发展到政治巅峰时出现的一名杰出的政治家。但是整个清王朝包括中国近代历史成也在此人，败也在此人，成败都在这个人在文化上的认知。所谓“成”，是因为康熙皇帝在对待中华民族内部多民族文化关系上表现出了充分自信。历史学家发现了一个二律背反定律，一些少数民族通过暴力和军事手段建立起中央政权以后，如果不主动向汉族文化靠拢，这个政权很快就会垮下去。而真正开启了实践层面的汉化历程的就是康熙皇帝，也由此开启了康雍乾盛世。所谓“败”，是指闭关锁国这个决定就是他做出的。越是英明的、越具有政治智慧的政治家，所面临的考验也更为严峻，面临的困惑也更多。其实康熙皇帝还是有很开放的政治心态的，比如治疗疟疾的特效药金鸡纳霜，就是在康熙那个时代引进到中国来的。但是他后期为什么要决定闭关锁国呢？主要是应对传教士的挑战。

中国的封建社会实际上分为家、国和天下三层。“天下”是虚的概念，边界在哪里都不知道；国在封建王朝时也是虚的概念，老百姓只知道一个国家的象征性元首是皇帝，主权边界概念、国家安全概念都没有；最实在的统治单元是家，是指封建社会的家族。家族宗法制度能够维系下来靠的是血缘，那么血缘宗法制度背后又是以什么为精神纽带呢？信仰。中国人的信仰就是祭祀每一个家族自己的祖先。对中国人这种独特的信仰方式，社会学家给了一个词，叫作弥散性的天命信仰，没有一个统一的神。这种弥散性天命信仰对于血缘宗法制度来说，就是最有利的精神纽带。在康熙时期传入中国的天主教有极强的排他性，使康熙皇帝认识到：西方宗教意识形态的渗透对于清王朝基层统治基础单位的血缘宗法制度有极强的摧毁力和解构力。面对这种挑战，他有两个选择，第一是找到能够有效对抗的、更为先进的社会核心价值观；第二就是闭关锁国。探索和总结出一个新的、更为先进的社会核心价值观对于一个封建帝王要求太高了，他无法完成，所以只能走第二条饮鸩止渴的路——闭关锁国。所以，习近平总书记提的文化自信这个命题是有深刻历史意义和承载的价值、教训在里面的，是有历史和现实所指的。

中国共产党善于汲取历史经验和教训，邓小平同志当年就以极大的政治勇气、魄力、文化自信推动改革开放，甚至在改革开放之前做的头一个开放工作就是文化层次的开放，允许中国高校研究人员到美国的大学去交流，学习美国人先进的技术，并且有自信随着中国的改革开放推进，随着国家迅速地发展起来，能够为这些有才华的青年人提供实现价值抱负机会的时候，他们将来会愿意回到祖国来做贡献。现在看来，邓小平同志当年的预言已经成为现实。习近平总书记曾在博鳌论坛上向世界承诺：中国开放的大门不会关闭，只会越开越大。这就是最深层次文化自信的反映。但是在谈文化自信这个命题的时候，必须同时强调要提高文化软实力，要掌握意识形态工作的领导权，开放不是没有原则的，是要掌握领导权的。

现实不是没有问题，很多情况下在我们不经意间文化都在被渗透。例如，《功夫熊猫》拍了很多部，功夫、熊猫、刀、筷子、太极……这些都是中国传统文化元素，通过中国人熟悉的自己的传统文化元素做出来的电影，传递给我们的核心价值观却是典型的西方个人英雄自由主义。《复仇者联盟》系列电影中有一段，当团队遇到困难的时候，是急流勇退还是迎难而上，所有的人都向美国队长表态，听美国队长的，这无外乎就是暗示我们，一旦世界遇到了危难，需要听美国的。美国人时时刻刻都在做意识形态的渗透。他们做任何一个对外输出产品时，都会考虑到输出地的民族、宗教、文化、传统、习惯上的细微差别，继而做出调整。在这方面我们做得还不够好，我们面临的文化自信领域的挑战很严峻，民族复兴最后的根基和真正的突破就在文化自信上。

其二，实现“两个百年”奋斗目标，实现民族伟大复兴，要以人民为中心，不要偏离了这个根本的原则。

以人民为中心的发展思想是有深刻历史根据和理论依据的，就是马克思、恩格斯唯物史观所说的，人民群众是历史的创造者。反映在中国共产党执政的政治实践上就是走好群众路线。能否走好群众路线，能否坚持以人民为中心，直接关系到中国共产党执政地位的合法性。从社会历史发展来看，政党政治集团存在的权威或者权力的合法性有三种类型：第一个是传统型，第二个是超凡魅力型，第三个是法理型。

从第一个传统型权威来看，中国古代皇帝的统治基本上都是此类型。例如，唐朝皇氏姓李，李氏皇朝取代杨氏政权，没有权力继承的危机感，因为李氏说自己是老子李耳的后代，中国整个文化的根就在老祖宗这里，所以他有权力继承这种天然的自信。中国历史上平民出身的皇帝只有两位，一个是刘邦，第二个就是朱元璋。为了赋予自己权力合法性，朱元璋就在给别人下命令的时候加了一句话——“奉天承运皇帝诏曰”。注意他的断句，奉天承运，我的权力是上天赋予的，君权神命，这个东西不需要证明，也无法证明。

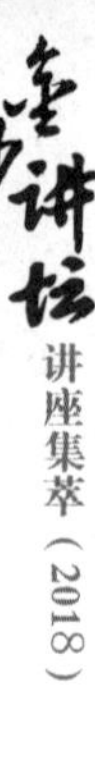

从第二个超凡魅力型权威来看，一些杰出的历史人物，凭借他们在历史特定条件下为国家、民族的解放和发展做出了杰出贡献而赢得了人民群众对他个人权威的高度认可。这种权威类型有好处，也有问题。

历史发展已经进入到第三个法理型权威。法理型权威的执政，就是看老百姓的选票是不是能够投给我们，看我们是否代表了他们的根本利益，所以走好群众路线直接关系到中国共产党执政地位的合法性。因此新的党章里面写到要不断增强人民群众的获得感，解决发展不平衡、不充分的矛盾。习近平总书记在强调走好群众路线时也提出，要有共建、共治、共享的理念。

其三，实现“两个百年”奋斗目标，实现民族伟大复兴，关键还是在党，制度建设要贯穿始终。

加强制度建设最集中的反映一个是党章，另一个是新的《中国共产党纪律处分条例》。政党加强自身建设靠的就是制度。这次党章上最新的变化不是在制度建设上，而是在贯穿始终上。习近平总书记说要零容忍态度惩治腐败，构建不敢腐、不能腐、不想腐的有效机制。先将不敢腐的底线前提确定在制度建设上、在贯穿始终上，全力接受制度的监督，立好规矩和底线最重要。当然，制度应该充满人性的关怀，要有最基本的法治精神以及法治精神背后应该有的人文关怀，要掌握好两者之间的平衡点和合理的张力。制度的设定和解释要承载社会核心价值，不能违背常理，不能违反基本人格尊严。

同时，对年轻干部的培养是重点，制度建设最终还要靠人来完成。历史的教训、共产党发展经验以及习近平总书记的个人经历决定了这一代中央领导集体必然高度重视年轻领导干部的培养和选拔工作。党的十九大报告里也提及选拔领导干部的要求和标准。中国科举制度存在时最大的作用就是保证了那个王朝的智力资源供给。1906 年废除科举制度后，那个时代杰出的历史人物无法找到一条将自身的价值与国家民族振兴相统一的、合法化的制度途径与通道时，像蔡元培、陈独秀先生就走上革命之路了。休戚相关呀，这就是历史的教训。中国共产党的经验我们也还记得。十一届三中全会之前，邓小平同志做了一项重要的工作，就是恢复高考，重新开始选拔人才。当时一批优秀的年轻人抓住了时代赋予他们的机遇，成长为今天能够决定中国乃至世界命运的核心精英人物。所以，历史的教训、中国共产党的经验以及这一代中央领导集体的个人经历决定了他们必然高度重视年轻领导干部和人才的培养与选拔。

不忘初心，砥砺前行，践行党章新要求

实实在在走好群众路线，老百姓就能看得到。实践工作中，习近平总书记要求党员在学思践悟上下足功夫，全心全意为人民服务，走好群众路线。所以，对所有党员干部而言，都要经营好自己，什么都可以破产，但信誉不能破产。政党不能保证自己的先进性的话，就会陷入“塔西佗陷阱”，最后无论你做什么好事人民群众也不会相信你，也认为你是在做坏事，那真的就是覆水难收了。

最后提一点希望，希望所有的同志们，相信我们这个政党能够保持它的先进性，希望人民群众愿意跟我们这个政党一起去实现我们对美好生活的向往，实现我们伟大民族振兴的目标。

纪念改革开放四十年
——城市化专题

◎刘　磊

刘磊，电子科技大学教授，北京大学国家发展研究院管理学硕士。研究方向：宏观经济、经济学原理、宏观经济与政策环境、创业管理，发表的论文有《中国服务外包业的经济学解析》《温州民间借贷探析》，主持参与的“统筹城乡试验区设立后四川金融市场创新探索”项目获民进四川省委2008年参政议政优秀成果奖特等奖。

谢谢主办方给我这个机会向伟大的中国改革开放40周年致敬，也向我们四川老乡，中国人民的儿子邓小平同志致敬。40年前我们的城市化率是19%，今天已经上升到了56%。

我曾看到一篇文章这样说：中国的领袖们正在采取措施防止悲剧的重演。与中国过去的改革家们相比，中国领导人是否能够获得更大成功，人们将拭目以待，但至少他们目前行动的魄力便是一个良好的征兆。如果中国人真正从中国的历史错误中吸取教训，如果他们成功地从这种错误的循环中解脱出来，那他们就完成了一项伟业，这不仅对于他们自己的国家，而且对处于深浅莫测的人类历史长河关键阶段的全人类来说，都是一项伟业。这段话是20世纪最伟大的历史学家汤因比在1973年写的一本书《人类与大地母亲》中说的。1973年3月10日，中共中央根据毛泽东批示决定恢复邓小平党的组织生活和国务院副总理职务。汤因比在那个时候说出这段话让我们钦佩又让我们汗颜，这就是真正的大家。他从非常细小的一些现象、一些征兆去预测了未来，他有一种历史穿破力。这篇文章对我的启发包括对我决定到电子科技大学做一个专职经济学老师都有影响。

40年前开始这场改革的时候，我们当时是一个什么样的状况呢？用世界银行的一些数据来看，1977年改革开放前夕，中国的人均GDP大约是155美元，印度是255美元，朝鲜是300多美元，是我们的一倍。改革开放的结果有多伟大呢？2017年我国的人均 GDP 是 8500 美元，印度是 1800 美元，不到我们的 1/5。这个变化太巨大了，40 年里显然我们做得更优秀，改革开放是空前伟大的。

邓小平同志著名的论断“不管黑猫白猫，捉到老鼠就是好猫”，体现了邓小平同志的智慧，那就是，规避了一些意识形态没有办法说清楚的、暂时争论不清楚的事，使改革开放能够在 40 年的时间里面不断地往前推进。邓小平同志还有另外一个理论，即所谓的摸论，“摸着石头过河”。在我们这样一个大国，在我们的城市化率只有 19%的一个农业大国，面临种种的约束条件，怎么样实现我们现代化的目标？怎么样进行改革？我们没有什么现成的经验，更没有现成的理论，都是靠自己摸索。当然这个摸索的过程是悲壮的。

我们的改革开放既有自下而上的部分也有自上而下的部分，自上而下的部分是在以邓小平同志为首的党中央的指导下。这种指导更核心的意义在于 40 年前我们展开的一场非常有意义的讨论，“实践是检验真理唯一标准”的那场讨论，那场讨论在今天仍然有非常高的价值，所有人不唯上，不唯书，只唯实。这对于今天我们面临的新的难题的解决同样具有指导意义。

我有这样一个认识：我们的繁荣让我瞠目，我们的幸福开始让我焦虑。这也就是说，经过了 40 年的改革开放，我们今天又站在了一个同样关键的历史节点上，国际国内很多情况都出现了重大的变化。认真总结和回顾改革开放 40 年我们的经验及教训，对于我们看清楚以后的方向，对于重新开始出发具有非常重要的意义。

中国改革开放的逻辑演变

中国改革开放的逻辑也是我们城市化的逻辑。20 世纪 70 年代的中国是一个计划经济且贫穷落后的农业国。我们的改革开放是从农村开始的，当时我们在城市实行计划经济，买什么东西都要用票证，吃豆腐要豆腐票，抽烟要烟票，喝酒要酒票，穿衣服要布票，但是没能全面覆盖，就是在农村始终有一些“资本主义的尾巴”不时会跳出来。所以我们的改革开放是从农村开始的，而且这一段历史发人深省，我们可以找苏联做一个参照物。1992 年苏联解体后，他们也开始搞改革开放，但是他们没有搞好，我推算他们 2017 年总产值大概与我国广东省差不多。苏联欧亚大陆，有一大片领土，几乎所有的自然资源都是世界第一，历史上又出了很多科学家、文学家、艺术家，为什么它的经济改革搞得不好呢？原因很多，历史原因是其中之一。我国上海 1949 年已经是全亚洲最大的工商业城市，到 1978 年时过了 29 年，一批老同志还健在，尽管年纪大一点，但是他们还可以

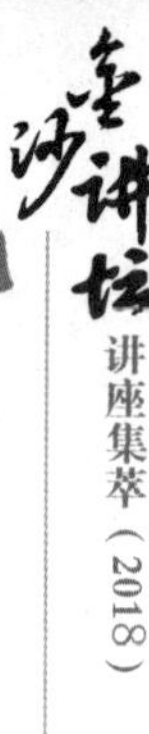

出来做事，我们这个民族对市场经济的记忆没有消失。但是苏联就不一样了，1992年离1917年十月革命相差了75年，一代自然人都不在了，那个民族对于市场经济的记忆已经消失了。从这个意义上来讲，真是天佑中华，我们有运气，我们碰上了好时候。1992年邓小平同志在发现改革开放出现一些问题的关键时候，以88岁高龄发表了南方谈话，深化改革开放，确定市场经济。2001年我们加入了WTO，我们收获和贡献了全球化红利，加入了整个世界大的经济循环，使中国的改革开放融入全人类的发展，变成不可逆的。2010年我们成为全球第二大经济体，2017年美国的经济总量大概是19万亿美元，中国大概是13万亿美元，第3名是日本，只有5万亿美元。中国和美国在全球经济中所占的举足轻重的比重确实非常特殊。2013年11月，党的十八届三中全会确定了市场在资源配置中的决定性作用，也就是否定了计划经济，2018年就有了中美贸易战。

我们讲城市化是绕不开农村的，改革开放的起点就是小岗村，类似于小岗村包产到户的做法不仅有安徽省，还有四川省、河南省。1978年党的十一届三中全会的文件里明确写了不需要包产到户，到了1981年全国96%的农村都变成包产到户，这是自下而上的探索，农村改革从此开始。小岗村的成功解决了中国人吃饭的问题，还有一个非常大的贡献就是使农村的剩余劳动力解放了出来，为下一步城市化提供了最重要的生产要素，那就是大量的劳动力。那么城市怎么改革呢？

从20世纪50年代开始，因为广东毗邻香港，就有了大量人逃入港的现象。罗芳村本来在广东界内，因为和香港新界只隔一张铁丝网，出现了大量偷渡到港的居民，在香港靠打工生活。他们就在靠近罗芳村的铁丝网的香港新界一边搭建房屋，形成村落，也叫罗芳村。当时两个村的规模差不多，广东省的领导了解到广东的罗芳村比香港的罗芳村人均收入少很多的真实情况，没有办法再用传统的社会主义就是好的理论来解释，于是开始“摸石头”了。他们分析，同样的人在香港收入就多，就是因为香港有工厂而广东省没有，可不可以引进一些爱国港商，请他们来办一个厂，于是一个生产手袋的厂就这样办起来了，也就是说，罗芳村的村民只去赚点加工费。这也就是后来我们熟悉的来料加工、来料定制、来件装配，补偿贸易“三来一补”的最初试验。这一试，就发现了村民们去手袋厂打工，他们的收入一下就翻了十多倍，尽管和在香港打工还是有差距，但是变化非常大。这才有了后来我们首批成立四个特区，然后是沿海几个开放城市，再后是海南、上海，最后是只要特区享有的政策每个城市都可以享有，中国的改革开放就是这样走出来了。

很多经济学理论其实和一些历史家的理论一样，具有极强的穿透力、极强的生命力。例如胡焕庸线，胡焕庸是20世纪30年代国立中央大学的教授，他画出了一条线大概是类 45 度线。他在画这条线的时候发现了一个现象：这条线右边的经济和人口这两个指标的总量是占 95%以上，而它的左边只占 5%，差距非常悬殊。胡焕庸画出这条线以后，我们经过了抗日战争时期、解放战争时期、新中国成立后 60 多年，大的比例到今天都没有变化，还是这个比例。这给我们带来了一些启示，就是我们现在的基本国情是发展不平衡。但是这种不平衡是为我们下一步城市化的发展提供了很多机遇的。

美国人均收入已超过了 5 万美元，后面紧跟的是加拿大、日本、中国香港、中国台湾、韩国。收入水平比较平稳的是智利、阿根廷和墨西哥，他们在 20 世纪 50 年代就进入了当时的中等收入，但是一直不能够突破，因为中等收入的标准数字在调整。我们现在人均有 8500 美元，属于中等收入中上线，但是离 12000 美元的高收入标准还有差距。我们的担忧是能不能突破所谓中等收入陷阱，成功迈入高收入群体，这是我们现在以及未来十多年的重要的使命和任务。我们只要继续解放思想，改革开放，我们一定能够冲破中等收入陷阱，进入高收入团队。聚焦我们现在所面临的问题，有人说中国现在面临三个陷阱：第一是中等收入陷阱。第二是修昔底德陷阱，现在西方思维类推我们和美国正在进行的贸易战是不是也意味着我们将没有时间。不敢妄言，但是我认为，我们现在所处工业化时代始于 1700 年，工业化时代和过往的时代没有可比性，凭我们的智慧，我认为我们能够跳出修昔底德陷阱。第三是塔西佗陷阱。

城市化的三项主要任务

聚焦城市化，我们要完成三项最主要的任务：防范系统性的金融风险，精准扶贫，防治污染，这和城市化息息相关。在经济学里，对于 GDP 的计算有许多的方式，我国统计部门所用的是这个方式，就是第一产业指的是农业和畜牧业，第二产业指的是工业特别是制造业，第三产业主要是指的服务业。三大产业现在的比重是：第一产业只有 8%，第二产业有 38%，第三产业是 54%。中国城市化率占 56%。56%的城市化率意味着还有 44%的人口在农村，简单对比，44%的人口所对应的第一产业只有 8%的产值，这个匹配吗？不匹配。所以说如果不改变这个比例，我们所谓的三农问题，农村、农业、农民问题就根本解决不了，我们精准扶贫的目标就达不到。从这个意义上来讲，我们的城市化进程远未完成。我们所要追赶的是高收入国家，他们的农村人口和农业总产值是相当的，如美国的农民占总人口不到 2%。从严格意义上来讲，美国农业效率很高。美国的土地比我国的好种，我国尽管总面积和美国差不多，但是美国耕地比我们多很

多，它的农产品几乎可以养活全世界。那么，我国的城市化还有多少潜力？我国农村生产率的提高还有多少潜力？

我们有18亿亩耕地的红线。生产粮食主要需要大量的水和土地，这两项都是我国的劣势，因为我们少土缺水。我们有44%的人口还在农村，即6亿多人在农村，其中只有2亿是农村的劳动力，每一个农民只耕种了大概不到9亩的土地。而美国一个农民要耕作8000亩土地，这就是我们在农业上的差距。所以我们经常说要解决三农问题，我们要真正实现精准扶贫。请注意，我不讲城镇化，只讲城市化，城镇化提出要发展中小城市，城市化是指发展大城市。以成都为例，成都2017年GDP突破1万亿元，四川省为3万多亿元，成都的人口1600万，四川省的人口9000万，即成都人口只是四川省的1/5不到，但是GDP占了四川省的1/3还多，也就是说，成都的收入水平普遍高于四川省其他地方。我们都知道，水往低处流、人往高处走的道理，从经济密度来讲，大城市有越来越强大的集聚作用。

2018年还有防治污染的问题。大城市的污染问题是全世界的问题。原来我们习惯于把特大型城市上千万人口的城市建在沿海边，这有利于污染扩散。后来内陆城市像我国的成都、重庆、武汉、西安、兰州，国外的像新德里等也在建设大型城市，当然我们不能回避污染问题——环境差，甚至法国的巴黎也一样有雾霾，这是一个非常复杂的问题。还有一个堵车问题，全世界都有这个问题，我们更严重。从经济学的理论来讲，我非常支持精准扶贫，包括振兴乡村计划。我觉得要从另外角度考虑，追求形式化的村村通我很反对，因为经济资源始终是稀缺的，少部分村落是文化历史遗迹的要留下来，而大部分村落要消失。

从这个意义上来讲，我一直在强调一定要搞好城市。例如，韩国首尔的GDP就占韩国的60%，日本的东京圈GDP和人口比重占日本的70%以上。美国的那几个城市圈，如大西洋沿岸和波士顿城市圈，主要人口和GDP就集中在这些圈中，而美国的其他地方就是以农业为主，是一望无际的庄稼地。但是我们缺乏这种认识，我们要从制度方面、文化方面给予重视，城市一定要善于吸纳人口。

怎么样提高我们城市的经济力，怎样真正发挥这些城市的集聚作用？这些年我们看到了很多好现象。例如，原来的北京、上海、深圳、广州四个一线城市，现在广州有些岌岌可危，杭州铆足了劲想挤进去，它在电子商务方面有实力，但同时成都、重庆、武汉，甚至南京也在与杭州竞争，这是城市发展的好事。原来我们讲家电下乡、汽车下乡都没有问题。但是建材下乡是有问题的，我国的农村土地比较复杂，有建设用地，有农耕地，耕地里基本农田85%谁都不能动，建设用地又分成集体建设用地和老百姓的宅基地，宅基地建筑如果地面全是硬化钢筋水泥，地就不能复垦，这会大大增加以后搞城市化的成本，于是叫停了。

我们搞经济扶贫一定要科学化。全球主要经济体里贫富差距最大的也正好是中国和美国。贫富差距最小的是日本这个国家，日本很多东西值得我们学习。从最新地图胡焕庸线来看，中国最亮的地方，南面是珠三角，东面是长三角，两个亮点就是京津环渤海，还有西安、成都、重庆也非常明显。我们讲城市化，如果要提到房地产，只能说越是中心地区全世界标准一样，地铁周边、高校周边相对来讲房地产是最安全的。当年上海世博会时江苏的滕头村就提出了一个口号：乡村让城市更向往。我去调查过，他们已经不是传统意义上的乡村，他们在走另外的城市化路径，他们经营乡村旅游，利用他们的环境以及完全五星级标准设计的民宿吸引上海人住宿。今天，我认为最核心的就是要相信，只要我们继续坚持改革开放，解放思想，坚定不移地走现代化的城市化道路，我们的前途一片光明。

谢谢大家！

国际关系

历史文明

中美关系的再认识

◎倪　峰

中美贸易战或者贸易摩擦是当下最抓眼球的事态，因为在世界上 GDP 超过 10 万亿的国家只有两个，一个是美国，2017 年是 19 万亿，一个是中国，2017 年是 11 万亿。两个加起来近 30 万亿，两个国家的经济规模占整个世界 GDP 总量的近 40%，这两个大国爆发空前的贸易战对世界经济影响很大。为什么说空前？一次对中国货物出口增收 25%的关税，这在世界贸易史上从来没有过。而且这 500 亿只是一个开始，贸易战从 2018 年的 7 月 6 日以后迅速升级，仅仅过了 2 个月，9 月 18 日美国又宣布对 2000 亿中国出口产品增加 10%的关税，12 月 31 日对 2000 亿产品增收 25%的关税。中美之间可能还有 2700 多亿的货物要增加关税，就是说中国对美出口的商品几乎要全部加税，贸易战的升级速度非常快。现在中美之间的矛盾或者摩擦其实应该说不只是在经贸方面，2018 年国庆节期间美国的副总统彭斯在华盛顿智库哈德逊研究所发表了一个非常引人关注的关于对华政策的演讲，对中国实施全面抨击，从上到下，从里到外。我研究中美关系已将近 30 年了，从 1972 年尼克松访华以来，应该说在美国政府的高官里还没有出现过一人这样对中国进行全面攻击的。这让全世界人民感觉中美之间将发生一场新的冷战，并且会向各个方面蔓延。中美贸易战关系着我们每个人，尤其是每个中国人，我从两个方面来谈谈看法。

倪峰，中国社会科学院美国研究所副所长、研究员、博士生导师，中国社会科学院第八届国际研究学部研究系列正高级专业技术资格评审委员会委员，中国社会科学院世界政治研究中心副主任，中国社会科学院廉政研究中心特约研究员，新华社特约评论员，中国国际问题研究基金会研究员。主要研究方向为美国对外政策、东亚安全事务。

如何看待当前中美关系

中美关系是当今世界上最重要的也是最复杂的双边关系，美国是关系到中国改革开放发展稳定包括祖国统一的最大的外部因素。如果没有美国在背后支持岛内的“台独”，按照今天海峡两岸的力量，统一的问题早就应该不是问题。2018年对中美关系来说是一个非常特殊的年份，是中美发表建交联合公报40周年，中国有一句老话叫作四十不惑，但是从目前来看，中美关系不是一个不惑的问题，而是有很多的困惑，尤其是到了2017年年底，中美关系进入了一个关键的节点或者说拐点。为什么中美关系出现了这么一个拐点？其中一个最重要的变量，就是特朗普政府的对华政策正在发生着最深刻的变化。2017年12月18日是特朗普发表了他上任以来第一份所谓的国家安全战略报告，在这份报告里，他对中国有三个定位或者三个认识。

第一，他认为中国是美国的战略竞争对手。在这份报告里，他列出了美国在当今世界上的两个战略竞争对手，一个是中国，一个是俄罗斯，这两个对手谁重要谁次要一点，报告中没有说，但在这个报告里面中国提了33次，俄罗斯提了22次，提中国的次数超过了俄罗斯。特朗普把大量的篇幅放在中国，显然他把中国放在了更突出的位置，隐含的意义：中国就是美国首要的战略竞争对手。

第二，他的报告说中国是一个修正主义国家。美国的修正主义主要是针对美国主导世界秩序的态度来定的。他的观点认为，中国的发展、中国的崛起，对美国主导的世界体系构成了挑战。中国想要改变这种体系，就是修正主义国家。

第三，更重要是一个认识和判断。这个报告认为，自1972年以来，美国历届政府奉行的以接触为主的对华政策失败了，对以前的美国对华政策做了一个否定的判断。

这是他报告对华政策中的三个定位。美国政府关于中国的三个认识在美国社会里一直有议论。例如，小布什在2000年竞选美国总统的时候也说过中国是美国的战略竞争对手，但是他当了总统以后，尤其是发生“9·11”事件以后他就不再说了。说中国是修正主义国家，美国的学界也有很多人一直有这样的观点，但是只是学者的一面之词，说对华政策失败也有一些争论。但是这三个判断以白纸黑字形式进入美国政府文件，这在美国对华历史上应该是第一次，尤其认为中国是美国首要的竞争对手，说明美国的对华政策定位发生了变化。同时，美国政府在政策层面的行动随即跟上，其中一个最大的行动就是对华开启贸易战。中美关系重要的就是经贸关系，它是中美关系的压舱石。中美关系以前也出现过很多问题，但是我们评价中美关系的时候有一句话一直是管用的，就是中美关系好也好不到哪里去，坏也坏不到哪里去。因为中美之间有着非常紧密的经贸关系，两国互为最大的贸易伙伴，两国都从中获得很多利益。

中美关系的经贸关系从客观理性的角度来讲，为两个国家都带来了巨大的利益。这是一个客观事实。

第一，1979 年中美建交时，中美两国的贸易额只有 29 亿美元，非常少，而 2017 年两国货物贸易额达到 5800 亿美元，服务贸易还有 1000 多亿美元。贸易简单来说就是两国之间做生意，如果双方都没有从中获得利益的话，能从 29 亿美元做到 7000 多亿美元吗？美国从中获得了很多利润。美国从 20 世纪 90 年代到现在几乎没有通货膨胀，中国制造发挥了非常关键的作用，中国制造有一个特点是价廉物美。20 多年没有通货膨胀，与中美贸易中大量的中国货品出口到美国有很大关系，尤其是沃尔玛每年进口中国货物就有 300 亿美元，使所有的美国人受益。没有大量价廉物美的中国产品出口到美国，美国不可能在这么长的时间保持这么低的通货膨胀率。

第二，苹果手机是当今世界上市值最大的科技上市公司，它一个公司的市值相当于我们 A 股的 1/3。苹果公司能发展得这么好，跟中美之间经济的互补有着紧密关联，就是美国的科技加美国设计加中国的产业集成加中国廉价高输出的劳动力，这四个要素使苹果能够成为市值最大的公司。如果没有中国的产业集群，没有中国廉价的劳动力，苹果手机一部能卖到 500～600 美元吗，不可能。如果成本高了，卖 2000 或者 3000 美元一部的话，有这么大销量吗？肯定没有。没有这么大销量它怎么能够成为世界上最大的一家科技公司呢？当然中国也获益了，大量的出口也使中国强大了工业制造，解决了我们的就业问题。总的来说，中美经贸关系是一个互赢互利的关系。

但是美国总统特朗普不这样认为。他认为第一要看有没有顺差，有没有逆差，如果美国逆差，那美国人就吃亏了，他是看数字。中美两国产业结构不一样，美国基本上进入了后工业化时代，有一些军工和科技企业，已经没有其他产业了；而中国正在实现工业化，产品制造工业化，处于工业化时代。两国做贸易的时候，可能美国更多是向中国出口服务，中国更多向美国出口货物，所以大量的中国制造进入了美国，从货物贸易来看，显然美国进口多出口少，于是他认为只要美国是逆差，那美国就吃亏了。而且特朗普说中国基本上占到美国每年贸易逆差的 50%左右，认为中国占了大便宜，过去 20 年美国跟中国做生意一直是吃亏，所以这次贸易战一定要赢一次。

特朗普代表共和党选上了总统，一个非常重要的原因就是冷战以后全世界包括美国都在经历着经济全球化。冷战结束以后，苏联解体，两个大国变成了一

个，对资本来说，原来只在西方流动，可以到没有去过的地方去流动。资本的最大属性叫作资本逐利，就是资本要流动到更能挣钱的地方，那些尚未开发的市场可能是利润最高的市场。我们改革开放之时就是美国的资本开始大量向有发展潜力的发展中国家转移之时。以前美国有非常强大的制造力，当时美国是制造中心，那时候美国一个高中毕业生到福特公司当普通工人可能年薪有 3～4 万美元，可以过着非常体面的生活。但是经济全球化后，他们发现在美国雇一个高中毕业生要花的钱，到发展中国家包括中国投资，可以雇 10～20 个大学毕业的工程师，那得有多少利润啊！于是冷战结束后，美国大量企业向发展中国家外迁。而在美国大量的工厂倒闭了，那些工人就失业了。美国的蓝领工人情况出现了非常大的变化，而且这部分人在美国有一个词被称为白垃圾，这些人基本上都是白人，高中毕业，男性。美国在全球化当中有一个利益受损的阶层，特朗普看到了这样一个问题，在经济方面美国总体受益，而纯蓝领工人受损。2016 年特朗普参加美国大选，这些蓝领工人发挥了最关键的作用，他们是把他送进白宫最主要的一股力量。特朗普说他们失业是因为英国、日本、中国抢走了他们的利益，他当了总统会把这些利益重新为他们夺回来。

第三，地缘战争。虽然说特朗普是一个商人，但他看地缘的时候有特殊的视角，与美国传统精英是不一样的。进入 21 世纪以后，中国快速崛起，美国的一些政客早就看到中国崛起对美国构成的挑战，尤其是金融危机以后，中国的国内生产总值第一次超过了日本，成为世界第二大经济体。其实在十年前，美国的政治精英已经看到了中国的崛起，而且想遏制中国崛起的势头并付诸了行动。例如，美国总统奥巴马在 2012 年推出了一个非常有名的地缘战略设计应对中国的崛起，叫作亚太再平衡战略。它有一套非常完整的设计：一是在军事上加强美国在亚太地区和同盟国的关系，加强与日本、韩国、菲律宾及泰国的关系。二是在军事上实行空海一体战。三是经济战，就是把中国排除在外经济圈，叫作跨太平洋合作关系。还有积极介入中国和周边国家的关系，在钓鱼岛问题上鼓动日本，在南海问题上鼓动越南和菲律宾跟中国叫板。结果怎样？我们在钓鱼岛问题上取得了重大进展，南海地区我们的进展就更大。以前我们在南沙地区就只有几个吊脚屋，现在南沙地区最大的岛屿已经不是太平岛，而是我们建成的，我们也彻底改变了南沙地区的地域战略结构。地缘战的设计确实很精妙，但是国家最终的影响力还是经济实力。

特朗普政府认为中国的崛起，关键原因是经济的崛起，现在中国成了美国的首要的战略竞争对手，要想打掉首要的战略竞争对手，他选择以经贸行业作为对华战略的主战场，就是要动中美关系的根本。中国有一句老话叫基础不牢、地动山摇，他现在动中美关系的根本，对中美关系产生的冲击就比以往更直接、更强烈。他定了两个目标：第一，要扭转纠正中美贸易的不平衡，你出口 1 美元我也要出口 1 美元。第二，要改变对中国的政策。特朗普政府总统贸易委员会主席纳瓦罗十年前写过一本书《致命的中国》，说中国和美国做贸易美国吃亏，跟中国做贸易美国必然被中国打败。因为有一个非常重要的问题是制度，中美两国经济制度不一样，在美国企业是市场主体，有无本事主要靠自己。他给中国贴了一个非常恶劣的标签，说中国是国家资本主义，它的市场主体不是一个，是两个，它前面一个是企业，后面还有一个政府，有这么强大的政府，美国再牛的企业也赢不了，所以说美国老吃亏。中国有这么多产业政策，还有中国制造 2025，现在的贸易逆差把我们未来的饭碗都统抢了。特朗普听从了他的分析，要改变对中国的政策，要让我们废掉中国制造 2025，他要改变中国的一些政策和政府的制度，让我们按照他的规则而不是按照我们的规则贸易。

美国还出了一个非常险恶的招，让中国的经济和美国主导的西方经济分开，美国和墨西哥、加拿大签了墨加自由贸易协议，美国还要同日本和欧洲签自由贸易协议，把中国从里面排除出去。我们看这些自由贸易协议都挺诡异的，因为以前所有自由贸易协议都有一个基本前提，就是贸易发起方都是在遇到严重的经济问题的时候试图转嫁给其他国家而挑起贸易战，但是这次贸易战跟以前都不一样，美国经济处在一个非常严峻的时期吗？出现了严重的危机吗？显然不是，现在美国的经济形势是相当好的，有几个数据可以说明：美国 2018 年一季度就业率 3.9%，二季度就业率是 3.8%；2018 年二季度美国经济增长是 4.1%。在过去的 20 年美国从来没有出现过这么高的增长率。为什么经济增长非常好还要打贸易战？因为美国是想把中国从当今世界贸易体系中排除出去，美国自建一套新的贸易体系，这对中国来说风险特别大。

贸易是中美矛盾的最主要方面，是中美对话博弈的主战场。但美国这次是把中国列为战略竞争对手，考虑的不只是一个方面，应该是全面的，还有一个副攻方向，就是台湾问题。台湾问题是中美关系最重要、最敏感的问题。1972 年尼克松访华的时候中美关系第一次突破，当时我们就提出了条件：必须断绝和台湾的官方关系，必须废除美台共同防御的条约，必须从台湾撤出美国的军队。当时尼克松说做不出第三点，所以中美之间没有建交。到了 1978 年的时候美国答应了这三条，与台湾断交，然后中美正式建立外交关系。所以说一个中国的政策是中美关系的政治基础。但是最近这段时间美国在台湾问题上动作频频，已经触碰了我们的底线了。2018 年年初，美国立法机构国会、众议院和参议院通过了“与台湾交往法案”，就是变相地承认美国的各级政府机构和台湾发展官方关系。原来美国向中国承诺，美国与台湾关系是非官方性质的，这次立法却鼓励美国的各级机构与台湾发展官方关系，这就触碰了中国的底线。而且 2018 年 5 月美国

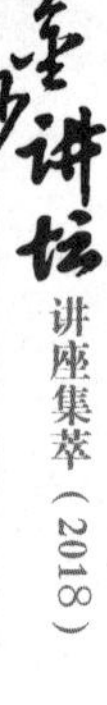

的海军陆战队要去守卫刚刚落成的美国在台协会台北办事处的新馆。这意味着美军又回到了台湾。最近还有一件事情，美国的一艘海军科考船停泊在高雄港。现美国特朗普政府国家安全事务所博尔顿写过文章，他说美军要重新驻台。我们知道，经贸关系是物质利益的关系，这种关系有些问题是可以谈的，但是台湾问题涉及中国的主权、领土问题，这没有任何可谈判的，如果美国方面再一意孤行，不断地刺探、触碰我们的底线的话，带来的风险可能比经贸战还要大，因为这是我们的核心利益，是我们不惜为此一战的利益。

在南海，美国显然也不断挑衅。2018 年 4 月，美国一架 B52 空军战略轰炸机到了靠近我们广东海岸线 250 海里的地方，而且它还做了一个动作，就是模拟发射巡航导弹，这是恐吓，在美国军事术语里叫攻击航线。原来美国飞机也来，但主要是侦查。以前在奥巴马时代美国派军舰来巡航，虽然也是挑衅，但是那种挑衅还是有所收敛，叫无害通过，即进入岛礁 12 海里的时候，把雷达全关了，把装备全罩上，表示没有什么恶意。但是特朗普上台以后，挑衅不断升级，军舰过来了，过来时炮火也打开了，还要进行军事演习。显然在南海问题上对我们的挑衅也在升级。

还有一个领域，就是中美之间不断扩大的人文教育领域。互相交流，搞文艺演出，互派留学生，都是加强两国相互了解，原来只有好消息没有坏消息，但是最近美国把这些领域搞成了中美关系新的战场。孔子学院教美国学生学汉语，美国的政客说孔子学院是中国政府的间谍机构。特朗普在 8 月的一次集会上说来美国的每一个中国留学生都是间谍。不仅如此，现在美国的很多专业已经限制中国留学生了。还有我们实行的千人计划，他们的 FBA 对着找，谁要是参加了我们的千人计划，就把谁开除了。所以，中美经贸关系是中美关系的主要矛盾，但是中美关系不仅限于经贸关系，几乎所有的领域都出了问题。我认为中美关系走势要开始下行，这是美国对中国的防范加强必然会有的问题，是迟早要来的问题。这是我对中美关系的一个总体的判断。

面对中美关系应该怎么办

第一，中美关系目前面临的形势挺严峻的，从广度和深度上是最严峻的一次，烈度上可能还不见得。怎么看这个严峻的形势？毛主席说过，战略上要藐视敌人，战术上要重视敌人。从战术的角度看，要从全局考量最严峻的形势。从战略角度来看，虽然特朗普气势汹汹对中国发难，但今天的中国早已不是过去的中国了，在中美关系中我们尚且弱小的时候都挺过来了，何况今天已经比以前强大得多。中国的经济总量达到美国的63%，美国想要把中国从国际贸易体系中排挤走，想得挺美。况且当今世界贸易格局中，最大的贸易国不是美国而是中国，中国的贸易伙伴数量远远超过美国。特朗普想让我们断掉和世界贸易关系，这怎么可能呢？别说和我们友好的国家，就是美国小兄弟又如何呢？安倍不是也到北京来了吗？这么大的经贸往来离不开中国，中国融入了世界，世界也离不开中国，不是谁想把中国排除就能排除的，这个形势，凭中国的实力，我们有充分的底气来应对。

第二，再看我们的对手，对华发动贸易战，不按常理出牌。而我们则要集中兵力打歼灭战，这是我们制胜的法宝。特朗普做法恰恰跟我们相反，他是两个拳头十面出击，打法很怪，他不仅跟中国打，跟加拿大、日本、澳大利亚，跟德国都要打，还跟俄罗斯叫板，跟伊朗叫板，跟沙特叫板，跟土耳其也叫板。这种情况下他一心想遏制中国，能行吗？

第三，针对这样的形势我们要有战略对策。2014年习近平总书记就提出，我们一方面要和西方发展贸易关系，另一方面要开拓自己的空间。“一带一路”倡议提出快5年了，我们在周边搞互联互通来加强和其他国家的关系，还有金砖会议的召开、上海合作组织的建立等，也在拓宽我们的朋友圈。针对美国对中国的这种战略和挑衅，我们也在行动。

第四，我们看美国的政治。美国现在的状态应该说是自内战爆发以来国内政府最分裂的时候，简直是一锅粥。美国内部也因为特朗普存在隐性内战，一部分人天天弹劾他。我去年去美国碰到了一个智库的老教授，他说想离开华盛顿，因为很讨厌特朗普。美国经销商从2018年上半年就在囤积货物，囤积从中国进口的货物。我们可以看到最近的数字，中国对美国的出口还在高速增长，订单也在加速，中美贸易是你中有我，我中有你，贸易战肯定是杀敌一千自损八百的效果，这是客观事实，这个事实一定会作用于美国政府。

所以说，对于中美贸易战，我们该斗争就斗争，该合作就合作，该谈就谈，我们有我们的立场，我们要实现中华民族的伟大复兴，为了这个目标我们要创造一个有利的外部环境，为了有利的外部环境我们要斗争、合作、周旋，在斗争、合作、周旋的过程中为中华民族的伟大复兴争取更多的时间和空间。

谢谢大家！

用眼看世界，用心看世界

◎张罗平

张罗平，毕业于北京电影学院导演进修班，有丰富的导演和摄影经验，多次为国内顶级时尚杂志拍摄大片，曾与众多明星合作拍摄，作品风格极具特色。代表作品有：自编自导电影《梦后》，电影短片《笙长》获得G客盛典最佳摄影同时入围金鸡百花电影节、第四届导演奖、金驹奖、北京国际电影节，电影短片《岛》获得索尼超级视频大赛最佳短片。

2003年，我刚刚从美术学院毕业，和一个同学一起开画廊，那个时候的生活条件比较艰苦。有一次看电视，看到一个年轻人创业在跌到谷底的时候柳暗花明，我就想，我的绘画生涯会不会也有这种惊喜呢？正好那天我的同学说一个酒店要开业，向我们订了几幅画，我们把单子签了以后顺便买了大米回来，当时特别高兴，觉得自己不会饿死了。但是我们把那批画卖完以后情况依然没有改变。后来实在支撑不下去了，我们就约定用半年时间去赚钱，赚到钱以后再画画。当时非常天真，觉得不管有多难都要朝着自己的梦想努力。

进入摄影行业

我开始喜欢摄影以后，总有一种自己移情别恋的感觉，于是我认真地思考自己为什么要从事摄影。当时我想，要么能挣得更多的工资，要么能学到更多的东西。我记得很清楚，前两年我进步得很快，第三年就好像没有突破了，纠结了很久之后我还是辞职了。那时拍人像摄影，我每天都在想怎么把人拍得生动又自然，有电影感又有情节感，而不单纯是一张美的照片。我想，边走边拍可能比较好，于是我租了一个小车子，让助理拉着我，那个人跑，我就开始拍，这样能够创造瞬间，拍到更生动的东西。

有一次跟一个朋友在一所大学的草坪上聊天，他问我有什么梦想。我好像没有刻意去想过这个问题，就问他什么是梦想。他说就是有什么目标，我突然想起，这么多年我一直在努力地往前走，但并没有设定明确的目标，当时我突然觉得，如果这辈子我的作品能挂在哪个博物馆里就好了，不行的话，挂在别人家里也行。于是我说："三年时间，希望我能得到摄影行业的认同；五年内，我想让摄影行业里的人对我的认可度较高；十年内，我希望自己成为一线的时尚摄影师。"这是我对自己的一个设想，后来我就按照这个设想开始努力。之后的三年、五年、十年我都按照心里设定的目标去完成，然后不停翻越目标，继续向前走。

从事摄影三年后我去了北京，想专攻时尚摄影，但当时圈外人把时尚摄影说得异常黑暗和复杂。我到北京的前半个月被人用负面情绪拼命轰炸，感觉北京厉害的人太多了，自己根本没办法待下去。当时我心里很难受，转念一想又觉得别人说的可能不对，我还没有经历，怎么知道这个世界是美好还是黑暗的呢？现实中会有很多难题，但如果我们浪漫地面对难题，难题就不叫难题了。我就在北京创作，自己找模特，找服装，然后把作品投稿，在杂志上发表。当时，我跟同事的关系都很好，他们愿意给我找模特，愿意给我借服装，都愿意帮我，跟我合作，我也很感激他们。

一年后，我觉得我能融入北京了，只要留下来，就一定能走得更远。于是我找人一起创作，找杂志社合作。朋友说杂志社很难进，时尚圈很难进，我就用最土的方法挤进去，我在一个报亭把所有的杂志的地址、联系人和电话都抄了下来，然后开始打电话、发邮件。我把作品洗成照片，到邮局寄出去，我想，只要有一个人看上我的作品，我的本钱就能赚回来。之后果然有人打电话来找我拍照，我无比兴奋，坐着地铁、扛着机器从西跑到东。万事开头难，后来我做电影也是如此，不过，我始终坚持自己的信念和原则：用眼看世界，用心看世界。

有朋友问为什么我的风景照拍得这么好，好像跟别人的不一样。我说，拍照时，构好图后，停下来，想想你周围的风景、环境，以及空气、风向、阳光给你什么样的感觉，然后再拍，自然而然就会有这种感觉。朋友说我镜头下的人特别有神，其实我构图的外在形式跟别人没有什么区别，只是我拍人物的时候，他瞬间的样态呈现在我心里，我的灵魂跟他的灵魂产生共鸣，把他调动到我认同的节点上再拍。别人认为拍照只是按一下就完了，而我每次拍完照都很累，饭也不想吃，话也不想说，瘫在那里，仿佛耗尽了所有的心力。看我的作品时，人们会被吸引住，但去分析技术和形式，好像又没什么特别的，这种微妙的形式恰恰是我用心去思考、创造的。例如，一张照片左边留多少，右边留多少，上面留多少，其实都是感知感受后用技术完成的。也就是说，我很多时候会用理性的方式去处理问题，其实有时理性就像枷锁一样，会绑架你，感性的直觉往往是最精准的。

我做时尚摄影以后，找我拍摄的人很多。当时男人装挺火的，所有的杂志都围绕男人装，拍的都是大美女大长腿。一开始我乐此不疲，后来我觉得这种风格跟我想拍的不一样，可能有很多人觉得这样挺好的，别人都找你摄影，你能赚很多钱，也能增大名气。但是我觉得必须放弃，因为我心里最想拍的不是这种片子，如果天天拍这种，很快就会被人定位，然后你想拍的片子没有办法拍。所以别人再找我的时候，我全部推掉了，甚至把之前拍的片子也删掉了，因为我不想用这种信息影响我的思维。我发现人的思维非常可怕，如果一个人没有自制力，就会被身边的人影响，或者被一个群体影响，我们要时刻明白自己到底要追求什么，才能不被左右。

转入电影行业

老天把一扇门关掉以后一定会给你开一扇窗户。丢掉了一些东西才有时间去追求最想要的。我主动去找合作者，之后就全部拍人物肖像，拍时装大片，这时拍杂志封面的又找我了。有的时候敢于放弃才会获取更多，我放弃摄影去做电影时是找我拍摄人最多的时候，我突然觉得十年前抛出去的包在墙那边，我得去捡那个包了。2014 年我开车回家，突然想起我已经 32 岁了，21 岁的时候我说十年之后做电影，已经超过一年了。我回去以后立刻上网搜索，发现电影学院刚好可以报名考试。我身边的人包括我的家人都气疯了，说摄影做得好好的，干吗把它扔掉做电影，谁愿意跟你一起从头再来呢，去学电影就意味着你三五年时间是没有收入的，没有收入的话你的生活怎么办？我从 2014 年到现在是没有收入的。我的同事还有同行觉得好不容易做摄影做成这个样子，把它扔掉去做电影，不可惜吗？我说不可惜，别人觉得这个人太狂了，太洒脱了。其实我并没有这么洒脱，我也顾及着生活怎么办，有人说你可以两者兼顾，我说不能这样，人的时间是有限的，就像撒网一样，撒在哪里，哪里才有收获，我只能把时间花在电影上面。

我做电影的时候也有顾虑，也犹豫过是否要两者兼顾，我觉得即使兼顾最后还是会被淘汰，与其让别人淘汰还不如自己放弃，专一做事，这样反而更加潇洒。很多人问我做电影会遇到很多困难吗，当然会。做任何事情都会遇到很多困难，既然都会遇到困难，我干吗要先想它呢。其实真正面对困难并没有那么可怕，就像我的电影《向阳的日子》里，一个人生活在这种环境中，遇见这样一个家境或者问题，已经这么惨了，还有什么东西可以阻挡他呢？他已经走过沼泽地了，还怕雪地吗？可能有人想，我绕个弯过去是否就可以避过这个坑呢，绕个弯还是有坑，既然是沼泽地，那么到处都有坑，你只能往前走。

如果让我再走一遍摄影路，我可能还是会这样走，因为走过之后才能真正明白这个道理。有一天我在院子里面看见一棵樱桃树，我从春天到冬天每天观察它，这棵树已经种了 7 年了，它还是这么高。它旁边的草从春天发了芽，秋天的时候就长到它头顶上了。我就想，我是愿意做这棵树还是这棵草，我觉得我愿意做这棵树，我愿意旁边这根草因为我而爬得更高。如果我是一根草的话我只有一年寿命，而如果我是这棵树的话我可能有几百年的寿命。为什么树能够活这么久？因为它根扎得很深呀，上面长多高下面就扎多深，这也是我对工作的思考。我觉得我这次出来挺有收获的，每一个城市都有值得人留恋的地方。同时我在想，拍每一部电影时，都一定要有值得人回味的情景。这次路演的时候，有人说你为什么可以把农村拍得这么美，我说不美的我也看不到呀，为什么要去看不美的呢？跟人相处要看优点，缺点可以忽略。当然这些道理大家都懂，但是保持这个心态，真正做到才是最难的。这些都是我对摄影和电影的思考，只能这样我才能把摄影和电影做得更好。

可能大家对怎么用手机把照片拍好更感兴趣。每个人的脸都是一边大一边小，都是 3/4 的角度最好看，拍照用主观视角就可以了。再是选择光线，逆光的时候面部更为柔和，顺光的时候结构更立体，其实拍外景的时候可能大家都会选择顺光，但是顺光的时候眼睛就不好看，因为顺光眼睛里面的神就没有了，我们拍照拍得好看一定是借助了某种光线，有的时候发现自己那么好看，是因为此刻光线很好。同一天的不同时刻和不同环境下，你会发现效果不一，其实就是光线的原因。

手机拍照有人像模式。人像模式的时候后面是虚的，既然是虚的就不能有白的地方，一旦有白的地方你的头发跟边缘就联结不起来，看上去不舒服。有的时候你眯着眼睛去看景感觉很美，瞪大眼睛又发现没有那么好看，就是现实好像没有那么美，想象的时候会更浪漫。所以要把写实变成写意，怎么用照片把写实变得写意，我觉得这个可以研究一下。我拍照的时候全神贯注，已经忘记了自己在做什么事情，运用了什么技术和灯光。我觉得，一个新摄影师可能更想展现技术，用技术为核心主体服务。如果只是展现技术有多么好，拍的画面有多么漂亮，其实还没有真正悟到其中的精髓，所拍画面乍看上去很抢眼，但是仔细一看便不想看了。我拍片子和拍电影一样，要把技术背后的付出全部隐藏起来，只表现我想表现的东西，就是说要形与神相结合，二者缺一不可。

摄影其实应注重影像艺术，这个影像艺术其实是影像的韵味。你即使没有看到里面任何的东西，也会因它的影像层次和丰富质感感受到一些情绪或一些记忆中的画面。我的电影画面很美，但是它除了美之外，还能让人感受其中的空气、

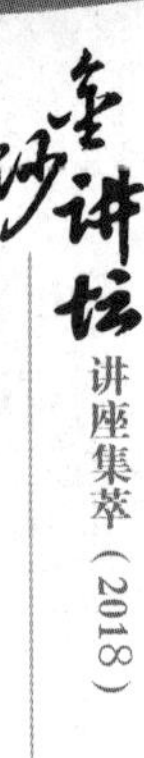

天气和温度还有气味。我拍的照片让人觉得想流泪，流泪是因为感动而不是伤心。所以我们在创作艺术作品时要创作更多的感动，而不是刻意地让人悲伤和欢笑。大家可能在最孤独最悲伤的时候想得最多，此刻你最想的，就是最能唤醒你思考的东西。比如说我以前上摄影课的时候，我没有讲技术，就是传递一种感觉，可能今天聊完以后大家认为我说的一句话或者某一个点是最有意义的。其实做摄影做电影就是在唤醒体内的所有的细胞，去爱这份职业。

摄影和电影是我表达内心的一种形式。很多人觉得做事业要有野心，野心分很多种，看你是急于求成还是想走得更远，或者是包容或承载更多。我觉得电影可以承载我的艺术，所以我对电影的野心是它可以表达更多，如果说一个画面没有声音、没有音乐，你可能觉得它没有那么好看，但是只有音乐没有画面，你便会有很多想象、很多情绪。这其中审美是最重要的，你的审美观决定了你片子的基调。我个人认为，审美是内在的，审美是可以相互影响的，一群人在一起，对待这个世界的态度就会形成一定的审美趋势，这个审美趋势会影响你的艺术选择。

拍《向阳的日子》

毕业后大家都在想着做什么样的电影，自己没有创作的就找人合作。我当时想，大家都在跑，都想做大片子、大形式、大事件，我应该做一个安静的东西。我总是会特别浪漫地去幻想，其实有时候感觉怎样，就怎样做了。我拍《向阳的日子》，是因为我去欧洲觉得欧洲的乡村好美，后来回到国内的时候，我看到中国的农村也好美，只是建筑和空气不一样，我就觉得我应该拍最美的中国农村。这个片子是把写实的故事加以浪漫的手法和魔法色彩，我认为生活当中可以浪漫一点，包括镜头里面也是一样。浪漫让我们拥有更多诗意，更多享受。你要追求浪漫，追求写意，才能够在现实里面去实现它。中国电影应该是百花齐放的，各种风格都有的。其实现实是残酷的，所以我们把残酷变得平淡，把平淡变得浪漫，也就是说我的眼睛里面只看到浪漫美好的，把残酷的东西变得浪漫化。

其实做摄影也好，做电影也好，更多的是把心里的浪漫、心里的感受通过一种形式表达出来。我说我一辈子可能只做三件事情，摄影、电影和画画，因为这三件事最容易表达我的心思。别人说你肯定有什么技巧，可以一下子就把照片变得很美，其实我没有什么技巧，photoshop 那么多工具我只会三个，其他我都不用，就把一张照片修好了。他们说不可能，因为我用这几个就可以做所有的东西，一个剑客一定要对自己的剑最熟悉才能做到人剑合一，其实就是身心合一，行思合一。比如说我用手机拍照，手机拉焦距只能放大缩小，有的时候旁边有很多不好看的但是我拍出来就好看，因为我只关注好的，把旁边的全部去掉，只呈现美的。所以最重要的一点就是专注，我专注发现一个最美的地方，马上就会有一个画面跳到我脑袋里，而这个画面就是我的意念，我就会朝着这个意念去拍。每个人拍照的时候都会有设想，结果跟设想不一样，是因为没有用心去想，想象的画面要通过技术去完成。所以第一感觉的这个画面就是你的意念，拍照时把别人拉到你的心里来。做电影也是这样，比如选角色，我认为，没有不好的演员，只有不好的导演。选角色首先是选一个合适的形象，具体怎么演可以通过摄影语言和镜头语言来给他设置，包括让他的频率与你的频率同步。比如我拍电影的时候，别人在现场一直在想着创造，想着思考，我觉得这些是必然的，但是更重要的是我需要一个让人舒服、能释放能量的场域。只有在这样的场合下，演员在里面才更有创作欲望，摄影师和灯光师等也才更有追求极致的激情。而这个场怎么建？我觉得真诚的力量最强大，你用最自然、最真实的创作欲望来感染他们，他们就会和你同心协力。

《向阳的日子》选演员的时候很难。演员的形象只能打 6 分，那你是要找 10 分的还是用 6 分的，如果说一定要找 10 分的，可能比较难；如果把 6 分的角色变成 10 分，就要考虑怎么塑造他，用发型改变他还是用服装，是让他去健身还是让他去做美容，还有他讲话的语气怎么达到你心里面的感觉，使其变成你心里的角色。即使这样也只能做到 8 分，那还差的 2 分从哪里来？就要考虑灯光怎么打，用什么焦距、什么镜头。

除了镜头和灯光，还要考虑剧本的构架，包括里面的台词、整体结构和戏份情节的推动、剧本的格调，还有音乐的方向，它传递什么样的情感，包括某一种乐器带来的感受。还有电影美术，电影美术涉及很多方面，并不是说完成场面的布置就好了，还包括演员的服装、发型，还有场景的层次和空间，这些是基本的。还有对每个画面的思考，里面放什么样的东西，寓意是什么，隐喻着什么情绪，但电影里面所有的细节都是有意设置的，它们都围绕着导演的要求去表达。我不知道别人是怎么想的，对电影我有两个看法：一个是用电影讲故事，一个是用故事讲电影。我那个片子就是用故事讲电影，故事强还是弱，是因电影核心区而定的，故事是为电影服务的。我觉得电影不是现实，它是踮着脚能够得着，比如说电影里面的浪漫场景和设置就是你可以有的。如果我用电影的形式来讲一个故事，电影是形式，故事是核心，所有的技术都围绕这个故事。其实两种概念不一样，《向阳的日子》用故事来讲电影，我想传递的感觉是通过摄影语言来讲述故事。而且一部电影应该是整个团队的梦想，而不只是导演的梦想。我当时跟大家说，我希望这个片子获最佳影片、最佳摄影、最佳演员奖，能否获最佳导演无

所谓，因为这是大家共同努力的成果。我们那个组拍完以后大家舍不得离开，工作人员觉得是最开心也是最累的，当一个人开心兴奋的时候累就不算事了。

我不知道台下面有没有人看过电影，我语言表达能力不强，但我觉得我用镜头语言或者其他语言表达得会更好。我做电影比较慢，我很慢地钻研一个东西，才能做得更好，所以我后来放弃了摄影，做电影。摄影做得很好，于我来说是很大的障碍，也是很大的优势。优势就是即使用最少的钱、最差的机器，也能拍摄最美的画面，同时，因为接触过这么多人，把自己的信念传递给别人，或者把别人拉到自己的磁场里面来也更容易一些。其实语言表达的信息你听到的只有7%，肢体语言传递的信息会更多，所以拍照或者做电影都是靠肢体语言去表达。我以前摄影的时候，经常一边走一边在想，跑着拍出来的效果会怎么样，当别人这样跑过来的时候，我那一瞬间按下快门会怎么样，我经常会做很多表情，用什么样的眼神去看镜子才更有状态，我每天都会思考。

《向阳的日子》核心为什么叫向阳？是因为心要向阳，而不是很欢乐才向阳，心里向阳才是最重要的。我们生活当中有很多负面的能量，但只要我们心向阳光就好了。就像我构图一样，看到美的地方就会把旁边的东西删掉，只拍美的地方就好了。我们有一场要拍雨戏，而且是在河边，转景要花两个小时，两个小时以后天黑了，即使转景也拍不了。我叫几个场工挖个两三米的坑，让摄影师把机器架在水面上拍，前面放一棵干的树，拍出来就跟在河里一样。这就是运用一个镜头，巧妙地把一个小坑拍成了大河，同时也节省了时间。我思考如何就地取材拍出我想要的画面，才可以既节省时间，又创造出不一样的东西。生活中无非就是观察，你拿你的心感应这个世界，世界就会给你所有你想要的。

我今天就讲到这里，谢谢大家！

溢彩流光：黄金制品反映的古代中西文化交流

◎赵德云

赵德云，四川大学历史文化学院考古系教授，主要研究领域是汉唐考古、西南考古、中西文化交流的考古学研究。出版《战国秦汉时期中国西南的对外文化交流》（与霍巍先生合著）、《西周至汉晋时期中国外来珠饰研究》等专著，主持国家社科基金两项。

非常高兴有机会和大家交流。今天为什么要讲金呢？在我读研究生的时候就知道20世纪70年代发掘了著名的“黄金之丘”，六个墓葬里面发现了2万多个金器，鉴于条件限制，我最早看到了关于“黄金之丘”的器物介绍和年代研究，但是一件器物的照片都没见过；2016年，我有机会在香港看到了图录，由于很贵买不起，就用相机把整本书拍下来了。当时我完全没有想到自己能够有机会亲眼看到这批东西，还是在自己家门口。这是我们国家国力强盛的表现，因为这样一些珍贵的东西过去往往只在欧美国家和日本展出，而这次阿富汗的珍宝展在中国有四站：北京、敦煌、成都、郑州。我们能在成都看到这些黄金制品，这是我们国家经济进步和文化事业繁荣的表现。

关于黄金

金器从出现一直到近现代，在中国绵延不绝，具有中国风格。古代金银器有很多相通的地方，所以金银器往往放在一起说。

黄金的基本情况。黄金很珍贵，在世界上分布极广，世界各地都发现有黄金、矿床。中国的金矿有绿岩带型，主要分布在山上。第二种是沉积岩型，主要分布在河床上。四川盛产金沙，今天阿坝州、松潘、南坪等地就是重要的黄金产地。第三种是火山岩型，目前台湾比较多。

中国古代没有现代地质学、物理学和化学知识，人们如何找黄金？古人经过长期摸索，有一些经验总结。如《管子》上记载：上有丹沙者，下有黄金。当时中国采矿成风，人们在找矿的时候发现有丹沙，就认为这是有金矿的苗头。唐代文献《酉阳杂俎》中说：山上有葱，下有银；山上有薤，下有金。去年刚刚公布的信息说，中国的黄金资源储量位居世界第二，第一是南非。

黄金在古代的称谓。古代文献中提到的赏金或者掳获了多少金并不全是今天所指的黄金，古时尤其是春秋以前主要是指青铜。《尔雅》中讲：黄金谓之璗，其美者谓之镠。战国时期出现黄金之名。

中国金器的发现及发展

中国最早的黄金制品出现在夏商时期，见于今天的河西走廊地区。它的出现可能受到了安德罗诺沃文化的影响，这个地方有五个文化分支，安德罗诺沃文化是其中最大的一支。我国最早的黄金制品出现在河西走廊中西部的四坝文化，大约在公元前 1600 到 1400 年间，较有名的有玉门火烧沟、酒泉干骨崖、民乐的东灰山等。这些地区出土的青铜制品往往是小件的装饰品，如耳环等，其中有特点的就是喇叭型的耳坠，往往与小麦、砷铜器等伴出。有学者认为砷铜是人类历史上第一种合金，在中国也有发现，大概在公元前 2000 年前后，其中比较有名的是齿轮仪器。

商代的金器主要集中在三个区域，一是河南安阳殷墟、河南辉县琉璃阁、河北嵩城台西商代中期墓等，出土有金箔、金叶、金块等。二是北京平谷刘家河、昌平雪山村，出土了耳环。三是成都三星堆，发现了大批的金箔饰。中原地区主要是金箔，靠北的地区有一些小装饰品；成都是在祭祀坑里面出土，北方一般是墓葬中发现；成都出土的金箔上有非常精美的文饰，北方的金箔往往是素面没有装饰，所以四川的学者说中国商代金器有两大系统，即南方系统和北方系统。

西周时期金箔和金的装饰品都有发现，最引人注目的就是出现了一批铸造的金器。国君的墓葬中出现了一批铸造金器，它用青铜器的制作方法铸造，即先把黄金熔融，倒到器皿里面之后做出来。用铸造工艺制作的黄金制品主要为装饰品，是贴付在其他器物上做出来的。这是中国的一个创造，西方很少看到，西方制造金银器主要是用捶叠的方法，慢慢敲打而成。

西方的金器发现的比中国早。法罗尔丘地出土的三件金器装饰纹样非常清晰，比中国的金银器早很多年。英国的乌尔王陵出土了很多印章，经考古学家确认是王陵，大约在公元前 2550 至 2400 年前后，其中发现有金剑、牛头形装饰和金饰等器皿，这些比我们的早了 1000 多年。北高加索地区的石堆目也有金器，属于新石器时代。

中国到东周时期，也就是春秋战国阶段，金器有了进一步的发展。这是中国社会的大变动时期，人们有了新的追求，于是影响了器物的制作，反过来，器物又反映和折射了一个时代人们的思想。这个阶段较为重要的发现就是宝鸡的益门村墓出土了大量的金器，总重量达 3 公斤，这是过去从来没有过的。于是，很多著名学者认为，中国的金器制造就是从宝鸡益门村开始的，这一观点虽不正确，但是金器到了春秋时期数量和种类增多却是事实。

战国时期铸造的金器发展为器皿，人们日常餐饮使用的器具开始用黄金制作。其中较为有名的就是湖北随县曾侯乙墓出土的金盏、浙江绍兴的玉耳金杯。但这种金器比较厚重，很多都没有纹饰，因为金银熔融以后是黏糊的状态，流动性不强，不适合用铸造的方式来制作。

战国时期发现的金器不多，影响也不大，但是这时中国却出现了一种装饰性工艺，对后世影响深远，如我们熟知的金错、嵌金、鎏金、包金等。关于错金工艺有两种说法，一种认为它是在青铜器表面勾丝，复杂处需要用笔画出，用工具做出凹槽，嵌黄金，然后抹平，错就是抹平的意思。另一种认为是将黄金熔融以后倒到凹槽里面去，就可以填充平整。这种制作工艺到了汉代发展很快，在汉代，金器错金、错银的工艺品非常多，尤其是供上层社会使用的器物，如成都有一个著名的公馆蜀西厅，秦代以后在成都曾设东宫和西宫两个官府。东宫到了汉代就慢慢衰落了，但是西宫仍有若干青铜器，其中就有采用金错工艺的，同时也有大量漆器。《盐铁论》中也提到金错蜀杯，显然就是四川生产的。西宫主要是生产皇帝使用的东西，而皇帝的赏赐又流传到各地，故金错工艺在汉代得以发扬光大。鎏金工艺是先把黄金敲打成金箔，把金箔剪碎并熔融，然后加入水凝，使之变成黏糊的状态，再用特制的工具抹到装饰的器物上，弄均匀，再加热，里面的汞便很快挥发，黄金附着在器物表面上比较牢固，这样就形成了鎏金器物。关于贴金工艺或者包金工艺，在商代，中原地区就有贴金的器物，战国时期又发现了很多。大家要注意，金制作工艺在当时尽管很辉煌，但是最初还是作为青铜手工业的一个附属，是装饰青铜器的一种手段，还没有形成独立的手工业部门。

战国时期金器流行，对原材料的需求很大。仅仅依靠外来金银是不够的，需要在本土进行开采。韩非子讲的一个故事，表明当时的黄金开采业已经非常发达。他说："荆南之地，丽水生金"，荆南就是今天的湖南，至于丽水在哪里，则有不同的说法，有人说是今天浙江的丽水，有人认为指的是今天四川雅砻江和西昌之间的地区，也有人说是丽江。"采金之禁，得而辄辜磔于市。"就是说当时楚国禁止人们采金，一经发现就要被处以酷刑。但是，"大罪莫重辜磔于市，犹不

止者，不必得也。故今有于此，曰：‘予汝天下而杀汝身。’庸人不为也。”“故不必得也，则虽辜磔，窃金不止；知必死，则有天下不为也。”这个故事告诉我们，战国时期很多人开采黄金，甚至在水中采金，把江水都堵断了。战国晚期有一种包金饼的金，另外，在楚墓当中发现了大量的天平和砝码。有数据显示，10 套天平和砝码才有一斤重，显然就是拿来称这种贵重金属的，所以说黄金到战国以后有可能进入了市场流通。

东周时期是中国金器制造发展的一个重要阶段，之前主要受外来影响，很多外来金器进入中国，战国晚期，中国甚至有可能生产出口产品，这是过去所没有想到的，也是最近的一些新发现给我们带来的启发。如牌示，在草原上非常受欢迎，很多是青铜做的，但也有金做的。它的背面有汉字，并标示重量。最近有一个很重要的发现，西安北郊的一座墓葬中发掘了几十件模具，这些模具不完全是用来做金器的，因为上面没有痕迹，但普遍认为当时西安地区已经开始生产这种金制器物出口以换取北方游牧民族的特产，如马、牛、羊，尤其是马，因为中原地区马比较缺乏。当然这种交易可能不是民间贸易，而是官府行为。另外，在甘肃发现的一批墓葬里出土了大量的金制品，主要是一些装饰品。

进入汉代，金银器皿有了非常重要的发展。文献记载中多处提到汉代金银器皿的生产和制造。《史记》曾载，秦始皇葬骊山，以黄金为凫雁。《史记·孝武本纪》记载，李少君向汉武帝进言：“祠灶则致物，致物而丹砂可化为黄金，黄金成以为饮食器则益寿，益寿而海中蓬莱仙者可见，见之以封禅则不死，黄帝是也。”显然，这种说法会影响人们用黄金来制作器皿。《太平广记》里面讲，东汉刘秀的妻弟郭况，“累金数亿，……以金为器皿，铸冶之声，彻于都鄙”。可见汉代黄金铸造器皿在上层人士中相当流行。曹操在《上杂物疏》中曾提到纯银粉铫，纯金香炉、纯银香炉、纯银盘等，可见那时已经开始强调纯金纯银。由此看出，两汉时期的黄金器皿制造应该非常发达，但是目前考古发现的不多，主要是银器。

我们发现有西汉早期的银盒，我认为这个银盒从整体上看是中国的，但是制作过程中借鉴了西方尤其是波斯的装饰，这有可能是外来工匠在中国制作的。这样的盒子在中国有很多。在汉代的诸侯王一级墓葬，比较有名的刘胜的墓葬当中有银盒的发现，这是西汉时期为数不多的金银器皿的发现。装饰品不多，主要是外来的，就是进口的奢侈品，如多面金珠，它是先用很细的金丝做成一个个的环，再焊接成 12 个免提，在每一个定点上面再焊一个小金珠。最早出现在地中海地区，这不仅是金银手工业的问题，还涉及几何学知识，要做出 12 面体，这与数学、哲学、天文学都有关系。在南方沿海地区发现，表明最初是从海路传进来的。还有一种装金的玻璃珠，有三种做法：一种做法西方学者称之为三明治珠，就是在中间先有一个小玻璃球，外面包一层金箔，再罩一层玻璃液。第二种做法简化了，直接在玻璃珠上包上金箔层，但是很容易剥落。第三种做法就是在里面放一个鎏金的铜珠，外面拿一层玻璃液罩起。这三种做法在中国都有。另外还有辟邪形珠，是一个小狮子，体形不大，最早出现在印度，是用来辟邪的。这类东西从印度传到东南亚，再传到中国，造型上可能有一些差别，开始可能跟佛教有关，进入中国的就主要用来辟邪，这与东汉时期开始的陵前大型石兽辟邪也有关系。

还有一个值得注意的情况，到了汉代，黄金储备大量增加。如王莽即将败亡时，文献记载府库中还有 60 万斤黄金。这些黄金除了中国自产，可能也来源于草原地区，如有人认为在与马萨革泰人密切交往，或是跟匈奴打仗时，大量的黄金作为战利品流入中原。另外，也可能跟与西方的丝绸贸易有关。

从考古学上来看，汉代的黄金制品没有用来做器皿，主要用来做各种装饰品，如马蹄金、麟趾金、金饼等，主要用于赏赐，作为财富储存，不会进入市场。鲜卑金银器中系统出现了步摇，步摇影响了中国和朝鲜半岛，这在朝鲜半岛和中国都有文献记载和实物发现，但是在中原地区还没有发现。在制作工艺上，有一些器物上焊接有小珠子，这种焊珠工艺一定是受西方影响的结果，西方公元前 3 千多年就出现了这种焊接工艺，埃及要晚一些，希腊更晚，印度最晚。中国最早出现是在战国晚期，一出现就是一种很成熟的工艺，极有可能是外来的，不是我们自己发展的。

魏晋南北朝到唐初。乔梁先生认为，魏晋以后北方少数民族入主中原，本土的金银手工业由于受战乱影响，发展得比较缓慢。江苏出土的鎏金银盘显然是西方的；甘肃靖远发现的银盘，中间刻着酒神，周围刻画了一圈希腊的 12 主神；李贤墓出土的胡瓶，壶身上 6 个人物展现的故事源于古希腊神话传说，这显然也是西方传进来的。新疆焉耆出土的七驼纹银盘非常精美，盘子不大，上面刻画了七只鸵鸟相互追逐的场景，紧密又整齐有致，很有美感，工艺高超。唐早期的金银器都不是中国的传统器形，受外来影响比较多，采用垂叠技术，纹饰跟西方有联系。唐代中期以后，唐玄宗开元至宪宗以前，前期的主要器形已不常见，新出现了各式壶，葵花形盘流行。器物种类，唐代如茶具、香宝子、羹碗子等，这些东西慢慢世俗化，从上层进入寻常百姓家，一般官员甚至一些富裕的百姓也开始使用这些器物。所以，到了 8 世纪中期，中国的金银器就形成了一定的风格，这经历了漫长的时间，到了宋代，金银器使用非常普遍，有记载说，东京一些高档的酒楼中所用的餐具全都是金银器，即日常生活中都在使用金银器具了。

总　结

第一，中国的黄金制品出现在夏商时期，中原地区要比西方晚两千多年。

第二，中国黄金制品的早期发展一直与北方的游牧文化关系密切，战国晚期以后，如银盒、汉珠工艺等开始进入中国。汉代的金饰也受西方影响较大，甚至有可能有外来工匠进入中国生产金银制品。战国晚期草原地区也在制作一些器物进行交换，这是更深层次的区域间文化交流。

第三，金银器皿的制造，最初是青铜制造业的附属，从西周晚期采用铸造更高等级的、墓葬当中出土的铸造东西，使用垂叠的东西应该是受外来影响，汉珠工艺及金银焊接有可能也是受到外来文化影响。

第四，错金、鎏金、嵌金、沾金这些工艺伴随着青铜工艺的发展以及社会思想、礼制思想的变化在中国独立发展起来。

第五，在装饰品生产中，中国重玉，从汉代到现在，玉珠在中国都是渊远流长、占有重要地位的。黄金就不一样，自然界就有纯度比较高的黄金，它可能是我们更早认识到的一种东西，但是没有形成发展，与我们的思想、审美密切相关，黄金受西方人和游牧民族的喜爱，游牧民族喜欢黄金已久，因为游牧民族经常迁徙，土地和房子对于他们而言甚至是一种累赘，大量黄金又小又轻，便于携带。

第六，唐代中期以后，金银器制造才形成规模，有了所谓的中国风格。这是一个研究中国金银器的瑞典专家的提法，是 8 世纪以后，中国的风格进入普及和多样化时期，成为手工业生产的重要部门。

我今天就讲到这里，谢谢大家！

阿富汗与希腊—罗马文明

◎周繁文

周繁文，中山大学社会学与人类学学院考古系副教授，毕业于北京大学考古文博学院，获历史学博士学位。研究方向为战国秦汉考古、古罗马考古和比较考古，撰有《长安城与罗马城——东西方两大文明都城模式的比较研究》《长安与罗马——公元前后三世纪欧亚大陆东西帝国的双城记》等著作和论文。

大家好！我受成都博物馆和金沙讲坛的邀请来到成都，跟大家分享我所掌握的一些知识。阿富汗被称为文明的十字路口，因为它处于一个文化单元的交汇场所，今天主要与大家一道，从地中海向东来看一看阿富汗和它周边古希腊文明的一些交融和影响。

希腊－罗马文明的背景

古希腊、古罗马文明在人类的文明发展史上有着非常重要的作用，就像爱伦·坡在他的诗里面写道：光荣属于希腊，伟大属于罗马。希腊文明是欧洲文明的基石，它对当时、对今天的社会都有着非常深远的影响。

我们最熟悉的影响就是建筑元素。广场的中轴线的布局和广场里面的纪念碑、纪念堂、博物馆以及会堂布局，都是由古希腊、古罗马的元素延续下来的。生活方面，体育场最早也发源于希腊，公元 1 世纪，一个希腊文化爱好者将希腊的体育场带到了罗马，然后经罗马传到世界各地。今天的体育场也是这种阶梯式座席的形式，还有剧场，也起源于古希腊、古罗马。大家休闲时很爱去的商场，其概念早在公元 2 世纪的古希腊就已经有了，古罗马时代的遗迹图拉真市场，按照今天的标准，它就是卖高档奢侈品、装饰非常华美的商场。所以，古希腊、古罗马的影响无所不在，跨越了时空，一直投射到当今现代社会中。要理

解阿富汗，理解阿富汗与希腊、罗马文明有关的展品，首先要对希腊、罗马历史有一个大致的了解。我们就从古希腊、古罗马的角度，看看它是怎样从地中海一个非常小的城邦，一步一步地慢慢逐渐扩大影响范围，最后一直影响到离它遥远的阿富汗地区，我们通过展品的回想能看到古文明的影响。

古希腊最早开始有文明迹象，大概是在公元前3000年左右，它记录了爱琴文明，也就是所谓的青铜文明时代，之后经历了黑暗时期或者说英雄时期，然后迎来了古风时代，这个时代受到东方文明的影响，也叫东方化时代，之后进入古典时代，再到希腊化时代，对阿富汗产生影响就是从希腊化时代开始的。古罗马最开始远远比不上古希腊，它只是一个非常小的部落，经历了青铜器时代、铁器时代后，它被埃特鲁利亚文化攻占，之后通过跟埃特鲁利亚文化交融进入了王政时代，王政时代就是混合时代，然后是帝国时代，从帝国时代开始，古希腊、古罗马文明出现互融的趋势。

希腊—罗马文明毕竟离我们非常遥远，我们需要从地理上、时间上来看一下当时的环境。地中海地区是希腊—罗马文化发源的区域，它与中国大陆有着不同的地理景观和天然景观，是一个开放的地理环境，它四周除了阿尔卑斯山比较绵长以外，没有其他的阻隔，不像中国，西边的喜马拉雅山使中国大陆成为一个隔绝的地理单元。阿尔卑斯山不像喜马拉雅山那样难以逾越，所以它并未形成一个绝对的屏障，欧洲北部还有亚细亚地区都是可以自由交流的。但是在地中海内部，由于地中海的分割，有很多丘陵地形，形成了相互独立的地理单元，这些地理单元都背山面海，一个个相互隔绝，这也是城邦产生的基础，所以希腊都是一个个小国家。

地中海气候是大家比较喜欢的，尤其到了夏天，一点云彩都没有，然而这对于古人来说是非常痛苦的，因为它是半年旱季，半年雨季。旱季几乎没有一点水资源可以利用，雨季则是连日的滂沱大雨，几乎没有物产。这一气候导致整个地中海地区物产非常不均衡，如当时西班牙和埃及大量出产小麦，而其他地区则仅能满足温饱，所以一旦人口增多，很多地区如意大利半岛等都无法满足自己的需求，只能依靠进口。另一个特点是，地中海地区的自然灾害非常多，火山、地震连绵不绝。

首先看看爱琴文明。爱琴文明主要分布在爱琴海周围，主要有三支：第一支是基克拉迪文化，第二是米诺斯文明，第三是迈锡尼文明。基克拉迪文化主要分布在基克拉迪群岛，我们对这个文化的了解非常少，只知道他们沿海而居，靠农业和渔业为生，已经存在早期的航海和物品交易。建筑从土屋向石屋过渡，墓葬一般在居民点附近，随葬品有陶器、石器、青铜剑、大理石人像等。社会形态与制度尚不清楚。基克拉迪文化中出现了大量的大理石人像雕塑，其中已经可以看到为后世所熟知的雕塑的雏形，包括我们非常熟悉的艺术大家毕加索画人物时的倒三角构体，它的灵感就是来自基克拉迪人像。米诺斯文明与希腊文明中的希腊神话有关，如希腊神话中便有米诺斯国王。早期米诺斯文明时期就有贸易的迹象，埃及时出现了青铜工具和武器，陶器以彩绘黑陶为主，图案主题为螺旋纹、三角纹、曲线、十字纹、鱼骨纹，也出现了一些比较粗陋的人物雕塑或“偶像”。米诺斯文明中期出现了象形文字，但是我们现在还识别不了。陶器以彩绘黑陶为主，图案主题为山羊、甲虫、鸟类以及海洋生物等，也出现了人物、雕塑。米诺斯文明晚期，希腊人开始大张旗鼓地扩展，米诺斯在周围的岛屿开拓了殖民地，这也是最早的殖民活动，这时有了线性文字 A，现在同样也难以识别。陶瓷与中期米诺斯文明一样，也是以海洋生物占多数的图案彩陶为主。宫殿遗址现在保存得非常好，建筑群平面很复杂，有各种各样的天井、楼梯、斗牛场、摔跤场、武器库、储藏室、厕所、水池、下水道等。米诺斯文明还存在很多谜题，需要进一步研究。米诺斯文明在晚期突然衰落，考察其原因，一种说法是迈锡尼文明的入侵。迈锡尼文明与特洛伊战争有关，它比米诺斯文明的活动范围要大得多。迈锡尼人使用一种线性文字，考古发现时，它的地层刚好叠加在线性文字 A 下面，它是希腊最古老的文字，记载内容非常丰富，为研究提供了丰富的资料，包括王国的政治架构、土地分配制度，还出现了很多神的名字，如希腊的神阿弗洛狄忒、哈迪斯、雅典娜等。迈锡尼文明中还可以看到小型雕塑，包括早期的宙斯和赫拉像。迈锡尼文明的建筑都采用巨石修建，工程浩大，直到今天都保存得完好。

经迈锡尼文明以后，希腊文明进入了黑暗时期或者是英雄时期。学者们发现，到了公元前 1200 年时，迈锡尼文明和米诺斯文明突然衰落，整个希腊范围内的城池都受到了不同程度的损毁，进入了更加萧条的时期。其实黑暗时期并不黑暗，它是很多文明元素的孕育时期，我们从这个时代可以看到，它从中央集权的王制向地方贵族割据的局面转变，首领、长老会议、民众大会，最原始的三权分立形式成型，实际上就是后来古风、古典时代城邦民主生活的基础。黑暗时代希腊本岛的建筑主要是砖石混合结构，雕塑上主要是铸造青铜小塑像。黑暗时代末期，希腊人借助腓尼基的音标系统创造出标音文字。彩陶图案中出现了人物肖像、叙事场景以及作者标记。另外也出现有几何纹陶器。

公元前 750 年左右，希腊进入了古风时代。从地方贵族割据开始逐渐形成了建筑政治，所谓的建筑政治，就是一些出身较低的贵族团结了很多中下层贫民的力量，为他们做一些公共事务，包括修建公共建筑、举行一些公众的活动等，使这些贵族在夺权过程中顺利地取得胜利。底层贵族的夺权活动导致了希腊民主制度的发育，这时开始形成了城邦制度，即形成了一个一个小城邦，然后进行立法

运动，就是民主化改革。同时也开始了希腊的殖民运动，由于当时希腊人的殖民运动与近东文明产生了更多的接触，近东文明也对希腊产生了很大影响，所以也称为东方化时代。从古风时代开始，希腊进入了黄金时代，大型公墓建筑群兴起，也出现了大量的神庙、剧场和大型公共建筑，还发展出多立安柱式、爱奥尼柱式风格。雕塑的风格也开始成熟，出现了第一种真正的希腊雕刻风格，这种风格也体现在如陶器图画上及其他的一些浮雕、首饰上。公元 7 世纪时，雕像的材质开始发生变化，从原来比较软的材质向硬的材质转化，尺寸也开始变化，从小尺寸变为大尺寸。但是古风时代的雕像大多数是正面、直立的僵硬的造型，人物的脸部、发型都比较僵硬、雷同。当时彩陶盛行，图案题材有神话传说，生活、战斗等场景，现实中的狮子、山羊、公牛、公猪等动物，还有想象中的斯芬克斯和女海妖等。基本上是黑绘式陶器，造型非常一致，都是在绘式技法上采取不同的方式，由于绘式陶器采用绘画，所以比较生动，在公元前 8 世纪末起源于科林斯地区，公元前 7 世纪中期达到希腊艺术的一个高峰。

古典时代开始，雅典成为希腊城邦的领导者，一个非常小的小城邦，后来慢慢控制了其他成员国，这引发了其他同盟国的不满，导致了战争爆发。最终雅典成为希腊城邦的领导者，对内推行民主制，对外推行霸权，逐渐控制了提洛同盟的成员国，引发两次伯罗奔尼撒战争。后伯罗奔尼撒战争时代，希腊各城邦逐渐陷入混战，北方的马其顿崛起，在公元前 337 年成为希腊的统治者。古典时代真正成为希腊文明的成熟期，这时青铜器成为雕塑材料，人像开始接近完美的人体，它动静结合，不再是非常僵硬的形象。这时，涌现了一批雕塑名家，如菲迪亚斯、米隆等。红绘式彩陶继续流行。公元前 520 年以来，出现了白绘式彩陶，主要用于丧葬，图像场景往往与丧葬有关。建筑师的技艺在公元前 5 世纪和前 4 世纪进一步提高和成熟。

希腊化时代是伴随着亚历山大开疆辟土而产生的，虽然亚历山大很早便过世，帝国也很快崩溃，但是他在东征过程中采用了殖民的方式，建立了一系列希腊式城市，推动了这些地方的希腊化，将希腊文化从叙利亚扩大到中亚的广大地区，因此这个时代也叫作西历化时代。从字面上理解，希腊化文化可能是一个周边地区受到希腊文化影响的时代，但是其实它是一种复合型文化。希腊化时代，希腊文化的扩张与传播赋予希腊化世界趋于同一的文化面貌，尤其是在社会上层；同时，被征服地区原有的文化传统仍然继续保存，尤其是在社会下层，于是这时希腊文化与被征服地区的本土文化又存在相互融合的趋势，所以是复合型的文化。这个时代宗教繁荣，延续了前一阶段的景象，宗教建筑盛行，世俗建筑如剧场、体育场、纪念建筑等都很兴盛。希腊化时代有许多为人所熟知的雕像，如卢浮宫的二宝、萨摩色雷斯的胜利女神、米洛斯的维纳斯以及卢浮宫米诺斯的维纳斯，都是这个时代的作品，它们在材质和表现人体状态方面都达到了登峰造极的地步。这个时期除了反映理想中的完美神或者人的形象之外，还出现了反映人间悲苦和丑陋的作品，如市场老妇和拉奥孔。这一时代与古典时代最大区别在于有了真人大小的裸体女性雕塑，第一个裸体女性雕塑是为维纳斯而做的。

从城市理解阿富汗展览

希腊—罗马城邦之前，早期的部落大多在丘陵上，后来随着人口增多逐渐扩展到丘陵周围的平原地区。进入城邦时代以后，城市周围有城墙环卫，布局一般分为上城和下城。上城即卫城，卫城是重要的神庙所在，也有军事防御功能。下城就是行政机构、公共建筑、居住区及商业区所在地。我们来看几个著名的城市。首先是雅典城，它在迈锡尼时代是作为一个王宫的宫廷修建的，后来才开始慢慢向外扩散，但是后来因为土耳其的破坏保存得并不好，只有卫城和周围的一些区域保存了下来。第二是罗马城，被称为七天之城，它最开始是帕拉蒂尼山的一个小部落，后来慢慢扩散，罗马帝国时期仍然保持着这个布局形式，它最重要的部分集中在帕拉蒂尼山上，是王宫、宗庙和神庙之所在。第三是那不勒斯库玛古城，它采取卫城和下城的形式修建的希腊式布局形式的城市，是希腊人最早在亚平宁半岛建立的殖民地之一，后来对整个亚平宁半岛和罗马城具有很大影响。

另外一个布局特征是，从古典时代开始，希腊的一些城市采用了几何规则式的布局，就是垂直相加的格状网与轴线大道。公元前 5 世纪（古风—古典时代），希腊的一些城市，如阿格里真托采用了几何规则的布局，道路网呈垂直相交的格状网。罗马时期，南北中轴路和东西中轴路成为城市的一般特征。

希腊—罗马的城邦特征包括：统一性。城市是统一的整体，城内除私人空间外，既无封闭的区域也无独立的区域。开放性。对外，有些城市用城墙与周围分隔开；城内，不设区界，不存在只有某个阶级或阶层才能进入的区域。公共性，城内有大量进行宗教、政治、商业、戏剧和运动会等公共活动的区域，公共空间可供全体或大部分居民进入和使用。平衡性。城市中，景观与自然环境达成了平衡，注意用建筑搭配景观。自限性。城市的空地饱和后便趋于稳定，人口增长不会导致城市的不断扩展，而是在附近新建一个类似的，甚至更大的城市，原来的城市被称为旧城，新建的为新城。如不在附近建新城，则一部分居民就要到很远的地方去建立殖民地。欧洲很多地方古迹保存得很好，也是这种文明的特征。

据记载，希腊化时代亚历山大及其后继者在东方建城（包括殖民地）至少 300 个，其中确定名称的约有 275 个，主要分布在东地中海沿岸、幼发拉底河及

以东地区。阿富汗的东北部，也就是巴克特里亚及周边有名可考者有 19 个，其中 8 个为亚历山大时期，另外 11 个则为塞琉古时期。希腊人在本土以外地区建城的方式有三种：第一种是对当地既有老城进行更名并实施管理制度的希腊化变革。第二种是在先前城市化程度并不高的地区新建一座城市。第三种是在传统的中心城市如孟菲斯、巴比伦等附近建造旨在取代前者的新城。这些新城市虽然规模不一样，但是在体制上严格仿效希腊城邦，设有希腊管理制度中的财务官和执政官，公共职位也是由议事会提议和审查，可以说完全复制了希腊本土的政治制度。后两种方式建成的城市在布局上更是与希腊本土的城市模式一致。它们成为希腊文化对外辐射到从叙利亚直到中亚的广大地区的据点。

阿伊·哈努姆城是这次阿富汗展里的一座古城，它距离希腊非常遥远。一般都认为它建立于希腊化时代，分为上城和下城。上城主要是军械库、神庙、要塞和剧场，剧场在早期的时候其实跟神庙是息息相关的。下城主要是市民化部分，有神庙、体育场、宫殿、贵族宅邸。从这里看出来，它的布局也完全仿照了希腊、罗马的布局形式，有中轴线大道，也是上城下城的形式，上城具有宗教和军事功能，下城具有市民的生活功能。

从建筑理解阿富汗展览

阿伊·哈努姆城的宫殿建筑，平面比较复杂，但是总体以平面为中心，庭院里面有房间，这是希腊—罗马比较复杂的建筑。在室内装饰上，宫殿浴室里发现了马赛克地板，即用带釉小砖块拼砌起来的，最早是在公元前 3000 年后半期美索不达米亚平原兴起的。公元前 4 世纪，马其顿王国的埃迦伊开始出现马赛克镶嵌画。公元前 3 世纪形成希腊的图像风格，以模仿绘画、神话、狩猎或其他表现财富的主题最为常见。罗马时期非常流行。

更加典型的建筑风格是科林斯式柱头。古希腊建筑中的灵魂和最重要的特征就是它的柱式。主要有三种类型：多立克柱式，公元前 7 世纪出现；爱奥尼柱式，公元前 6 世纪出现；科林斯柱式，公元前 5 世纪出现。区分柱式有很多标准，最容易的是看它的柱头，公元前 1 世纪，建筑大家维特鲁威在《建筑十书》中提道：多立克柱式仿照男性身材，即裸体没有装饰的男性的脚的长度和他的身高比例来设计的；爱奥尼柱式的设计理念是表现女子穿着高跟鞋的样式，按照穿着靴子女性的身材比例设计，涡卷像是女性的卷发；科林斯式柱式是由爱奥尼柱式发展而来的，它的来源是一个动人的传说：一个建筑大师路过一个少女的墓，看见墓上长出了很多美丽的梗条叶子，就把这个运用于建筑风格，形成了科林斯式柱式。具体来看这三种柱式的特点有以下三个。

多立克柱式。它的台基是三层阶座，没有柱础，柱身造型粗壮，收分明显，有 20 道槽沟，槽沟相交成锋利的棱角。柱身加柱头在内的高度为柱底径的 6～7 倍。柱头无装饰，早期如浅碗，侧面轮廓弯曲而柔软；古典时期如倒置的圆锥台，侧面轮廓都是直线。檐部的檐口底部有珠状饰；檐壁由三陇板分隔开。柱间壁大致呈正方形，内刻高浮雕。柱开间较小，大约是 1.2～1.5 个柱底径，从下至上形成 1∶2∶4 的比例。线脚少且为方棱方脚，没有曲面线脚，也没有经过雕饰。雅典卫城帕提农神庙和雅典古代广场、火神神庙等建筑都是多立克柱式。

爱奥尼柱式。它的台基是三层阶座，柱础由两或三层的凸圆盘和凹圆槽组成。柱身纤细修长，有 24 道槽沟，槽与槽之间不相交，保留一小道圆形柱身外廓的弧面，因此柱身上的线条细密柔和。柱身加柱头的高度是柱底径的 8 或 9 倍。柱头左右各一涡状卷，涡卷下的颈部箍一道雕饰精致的线脚，典型的雕饰题材是盾和剑或草叶。檐壁不分隔，是完整的一长条，通常浅浮雕是内容连续的故事场景。柱开间较大，一般是柱底径的两倍。线脚比较多，而且是复合的曲面线脚，有华丽的雕饰。雅典卫城伊瑞克提翁神庙和雅典卫城、胜利女神雅典娜神庙采用的就是爱奥尼柱式。

科林斯式柱式。柱身比例较爱奥尼柱式更为纤细修长。柱头的装饰像莨苕叶，并以卷须花蕾夹杂其间。四面皆有涡卷。爱奥尼柱式注重正面效果，科林斯柱式则注重立体效果。

从宗教理解阿富汗展览

对于希腊神话我们听过很多，希腊—罗马神话里面有一些主要的神，希腊和罗马的神在很多方面相近，但是具体特征不同。希腊—罗马有 12 主神，其中两位不太固定：据说灶神为了去跟凡人一起生活，把位置让给了酒神，公元前 7 世纪，酒神崇拜流行；农神有半年时间要与女儿冥后生活在一起，便将主神位置让给了冥王。另外还有小爱神、大力神、胜利女神这样一些神。每一个神都有自己的来历、神职，有许许多多的故事。下面我们看看两位典型的神的故事。

智慧女神雅典娜，罗马称之为密涅瓦。雅典娜信仰最早起源于希腊中东部的皮奥夏，后来由米尼安人传到阿提卡半岛，也就是雅典所在的地方，还传到利比亚和其他城市，成为雅典的保护神。据说雅典娜是宙斯和第一任妻子墨提斯的女儿，墨提斯是智慧女神，她怀孕时有人传言她生下来的孩子会非常厉害，甚至可能会超越宙斯，于是宙斯非常生气，最后竟然把妻子吃了。后来火神用斧头把宙

斯的脑袋劈开，雅典娜由此诞生。雅典娜掌管着智慧和战争，手上托有胜利女神。除此之外，雅典娜还是智慧、战争、农业、园艺、手工业、医疗之神，是雕刻家、音乐家和诗人的保护神。雅典娜通常身着无袖的斯巴达短袍，外罩披风、女式长衣，极少数情况下穿着男式外套，椭圆脸，头发通常全部梳到脑后，身材接近男性，健壮、臀部小、宽肩。头盔通常戴在头上，少数时候拿在手中，一般装饰有公羊头、马和斯芬克斯盾牌，中央饰以美杜莎头像。有时她会手持橄榄枝、蛇、猫头鹰、公鸡等祭物和长矛，有时则手托胜利女神尼姬的小雕像。

美神阿弗洛狄忒，罗马人称维纳斯。阿弗洛狄忒信仰大概在古风时代由叙利亚引入塞浦路斯、塞西拉等岛，随后传遍希腊，跻身奥林匹斯主神之列，成为雕塑家热爱的品牌之一。关于阿弗洛狄忒的诞生有很多种说法，一种说法是其为宙斯与海洋女神狄俄涅之女，另一说是其为海水泡沫所生，也有说她是火神赫菲斯托斯的妻子、战神阿瑞斯和商神赫尔墨斯的情人、小爱神厄洛斯的母亲。她曾为丰收之神、海神、春神、战神，奥林匹斯神系形成后作为爱神、美神。阿弗洛狄忒的一种造型是裸体站立型，即尼达斯城的阿弗洛狄忒，原作诞生于公元前 4 世纪，展览的为罗马时期的复制品，现藏于罗马阿尔滕国家考古博物馆。二是半裸站立型，即阿尔勒城的维纳斯，原作诞生于公元前 4 世纪，展览的为罗马时期的复制品，现藏于卢浮宫。三是洗浴姿势型，原作诞生于希腊化时代，展览的为公元 2 世纪的复制品，现藏于卢浮宫。四是铠甲型、丘比特伴随型，即带盔甲的维纳斯，来源为公元 2 世纪的意大利，现藏于卢浮宫。五是无袖外袍型、丘比特伴随型，即维纳斯与丘比特，来源为公元 1 或 2 世纪的罗马，现藏于卢浮宫。

希腊—罗马文明向外传播的主要途径。爱琴文明早期主要是航海贸易，中晚期有航海贸易和爱琴海内部的殖民。从黑暗时期到古典时期，有航海贸易以及地中海的殖民活动。希腊化时代亚历山大东征，以“新城”为据点，将希腊文化向外推行。罗马帝国时期势力回缩至地中海，贸易繁荣。可以看到，希腊文明本身的外向性造成对外传播的延续性。希腊文明是一以贯之地、非常主动地向外传播，当时是集中据点式传播，有别于华夏文明的前进波式、分散式传播。殖民传播对当地的影响深切，在阿富汗展览里面，从阿伊·哈努姆城市来看，希腊文明主要影响到了当地的城市布局和城市生活，影响它的政治、经济甚至是宗教、文化等。不同类型的对外活动会使殖民、城市、政治制度甚至宗教方面都与希腊本土保持一致，而民间贸易或者是官方贸易带来的则主要是奢侈品，或者是金饰、砝码、钱币等交换物，或者是度量衡，所以后来在阿富汗展品当中出现的主要是砝码和钱币。

谢谢大家！

英雄史观

◎梅 毅

梅毅，国家一级作家，曾著有《生命的伤口》《赫尔辛基的逃亡》《表层》等多部中篇小说，多次获国家、省、市等多项文学奖项。2004年起，梅毅以“赫连勃勃大王”为笔名开始了“中国历史大散文”的写作，相继出版有长篇历史散文集《隐蔽的历史》《历史的人性》《华丽血时代》《帝国的正午》《刀锋上的文明》《帝国如风》《大明朝的另类史》《历史总是叫人惦记》。

我是属于2003年左右在中国互联网上写历史的第一批人，那时候上网的人不多，历史电视剧也不怎么畅销，在互联网上写作是一种交流式的，写完了东西发出来有人附和。我就是从那个时候开始写作并出版历史书的，我的第一本书《华丽血时代》是近十几年来中国第一本真正的历史畅销书，写两晋南北朝的。我今天主要和大家分享的题目是英雄史观。

我为什么要写英雄？

回望中国历史数千年进程，特别是在朝代更迭之时，各类英雄横空出世，即使到了今天，历史上无数激动人心、令人肝肠寸断的瞬间，那些用泪和汗倾泻而成的故事依旧深藏在我们心间。一个没有英雄的民族是不可想象的。在物质高度发达的时代，对我们来讲，英雄崇拜可以抵消拜金主义的软骨症，可以治愈蝇营狗苟的精神瘫痪，可以让我们在平常生活中重新体味诗性的崇高和人性的大美，可以让我们在对英雄人物感同身受的遭遇中细细咀嚼，诗性、生而永恒、苦难、孤独以及崇高，可以进一步提升和重塑我们伟大民族的精神风骨。

我在写历史上的英雄时，不赞同现在流行的搞笑、戏说这样的历史写作方式，我提倡正统的历史写作。我按照历史逻辑，依照历史的纵轴和横轴来构建情节结构，我主要是写人，以人代史，以史扬人。为

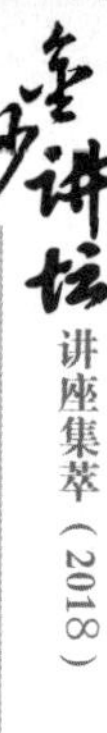

什么这样写？就是出于对中华民族英雄的崇拜。我们对英雄要心怀崇敬，让英雄精神在文艺作品中得到传扬，从而展现我们的国家观、文化观。

关于对英雄的定义，不少人存有疑问。在历史的宏大进程中，什么样的人才是真正的中华英雄？昔日的所谓异族，如，契丹族、女真族、蒙古族、满族等，不是已经融入中华民族大家庭中，就是现在已经成为中国大家庭中的一员，是汉族的兄弟民族，因此岳飞也好，文天祥也好，再称他们为民族英雄是否还恰当？一些地方课本要把关于岳飞的内容删掉，理由是女真族已经融入中华民族中了，元朝以后它已经归为汉族了。明末清初是中国历史上地动山摇的大动荡时期，从1618年到1664年的46年间里，有名有姓降清者136人，但是死于抗清保明的忠臣则多达3787人。有些人特别愤激，一说起元朝的历史、清朝的历史、抗日战争的历史，就说中国汉奸多，其实中国的仁人志士更多。例如，抗清保明的忠臣的人数是乾隆时期清政府统计的，当时乾隆皇帝认为清朝的江山已经坐稳了，能够尊崇礼、义、廉、耻、忠、孝、仁、义的人值得表彰，于是他们将从前与清朝对着干而被杀掉的这些人全部封为忠臣烈士，这些人在国难之时临危不惧、百折不挠、杀身成仁，通过他们的人生轨迹，我们能够看到中华民族英雄的本质信仰。

而对那些贪求荣华富贵、偷活苟生的人，有人说他们是弃暗投明，是个人生存权的选择，是顺应历史潮流的明智之举，如此解析人性是价值观的本末倒置。历史是用来提高价值认识的，而不是拿来低级超越的，国家、疆域、民族概念因时而异，王朝更迭、政权对峙前沿后继，但是正义价值、道德标准、纲常伦理应该是千年不变，而且是历久弥新的。

如果认为历史上的女真族、契丹族都是少数民族，都是中国人，而岳飞、文天祥就是狭隘的民族主义者，这个说法大谬特谬。今天的中华民族统一体中，满族、蒙古族等各民族确实是携手共进，但是在中国历史上，汉族作为主体民族，我们这些民族英雄在特定历史时期有感而发、保家卫国的呼声是不能被故意忘记或者被歪曲的，而且历史上的忠奸、善恶、是非绝对不能因为民族大熔炉的烈火完全消融殆尽，这不是民族偏见问题，而是民族大义和道德价值观的问题。如果我们回避历史问题不谈，不分青红皂白，陶醉于虚幻的今日大一统，把历史上发生过的民族正义抗争当成民族内斗，就一定会堕入忠奸不分、是非颠倒的谬误之中。因此，历史上汉奸就是汉奸，历史上英雄就是英雄，如果是非不分，不恰当进行历史类比，历史上一切反抗强暴和保家卫国的伟大斗争都将成为阻挡历史潮流的无所谓的反抗，这才是民族虚无主义。如果对此思想不拨乱反正的话，就会污染年青一代。

四川人民对辛亥革命的贡献

说起辛亥革命，大家可能认为应该在武昌讲，因为武昌起义打响了反清的第一枪。其实武昌起义的导火索就是四川的保路运动，导致最终埋葬了存在200多年、腐朽没落的清王朝。1911年5月9日宣布皇族内阁的第二天，盛宣怀撺掇清政府颁布圣旨，宣布了中国铁路干线国有；5月20日朝廷又批准建立邮传部，盛宣怀为大臣，主张粤汉和川汉铁路可以借用英德美法款来修建。从当时清政府的主观意图来看，首先还是要加快铁路建设和巩固边防，中国从19世纪60年代开始提出建设铁路，争辩了将近30年，直到1889年，清政府才认定铁路非修不可。当时修建铁路可以获取暴利，利润高达40%～70%，最初基本依靠以外国投资和借外债而修建。

1903年开始，为维护主权和分享利润，中国人就极力要挤进这个领域，掀起收回铁路主权的运动，尤其是湖南、湖北、广东三省，要求收回粤汉铁路主权，经过抗争，终于废除了与外国签订的修建合同。在这一斗争的鼓舞下，浙江、江苏、吉林、云南收回路权自办铁路的要求一度风起云涌，事实上，确实收回了不少路权。1903年到1907年间，全国有15个省创办了18个铁路公司，其中17个是官督商办，规模最大的是岳汉铁路和川汉铁路两家公司。川汉铁路公司创办于1904年1月，1907年转为商办，它的主要资金来源是租股，成为当时整个四川，从士绅还到广大的平民都积极参与投资的公司，如果川汉铁路权被收归国有，四川人民绝对无法容忍。但是，川汉铁路公司成立以来，由官办转为商办，各级官吏包括地方士绅都有进入，已造成两个严重的效果：贪污和浪费，而且铁路修得特别慢，因此，从当时清政府铁路收归国有的举动来讲，是有它一定的道理的，川汉铁路公司的混乱引得当时朝野议论纷纷、民怨沸腾。按理说，彻底查清楚账目，保存资产，然后整改和重组是最好的办法。可当时清政府不遵循公司法和市场经济法，愚蠢地下令将川汉铁路收归国有，触犯了众怒。

当时，四川股民认为自己没有得到应有的补偿，便想通过法制和宪制来保护自己的财产，而且那个时候各省都有自己的谘议局，谘议局可以以和平的方式与朝廷对话，所以最初示威者都头顶光绪皇帝的圣旨和牌位，四川总督赵尔丰在开始的时候也在替股民说话。但是，清政府没有重视这件事，置之不理，失去了最好的化解危机的机会。同时，赵尔丰听到有人说，四川的革命党想革命，想造反，计于当月16日刺杀官吏，于是赵尔丰急了，1919年9月7日便发生了赵尔丰在都督府开枪打死26人的事件。当时手无寸铁的四川人和平请愿示威，赵尔

丰居然下令开枪，鲜血染红了成都街头，7000 万四川人忍无可忍，拿起刀枪反抗，当时他们与会党、袍哥等骨干组成同志军，摆开战场，一个月以后武昌起义爆发。所以说四川确实开了辛亥革命的先河。四川的保路运动一兴起，清朝从各地调兵到四川，也从武昌新兵中调兵，革命党在新军中的各级组织面临被破坏的危害，当时在武汉坐镇的清朝总督开始抓人杀人，由此引起革命军的军变。四川人民，尤其是成都人民在辛亥革命中所做出的贡献，是首发一呼，全国响应，这一点的意义尚待挖掘。

历史对我们有什么作用

第一，读史可以明智。我们通过读历史，知道了我们是谁，我们从哪里来，我们的文化到底有多么灿烂，历史能解读人的基本问题，如果我们不懂得历史，就会闹出许多笑话。例如，在街面上看见“沐足”这两个字，可能会觉得是有文化的表达，但是在古代，沐是洗头的意思，“沐足”看似文雅，却把洗头和洗脚混在一起，这就是不懂历史造成的。又例如，有些教授、学者读错字，乱解释历史典故，惹出了很多笑话。包括杨家将的故事，几代人与辽国抗争 100 多年，但它不是历史事实，是演义。我们的领导干部也需要学习历史知识，否则就会出现一些不合历史事实的宣传。

第二，读史可以提高人的精神境界。陆游说学诗工夫在诗外，就是说学写诗不要死记硬背，要通过事件，通过观察，通过体味，通过诗以外的东西才能真正掌握写诗的真谛。学文史哲方面的知识也是如此，它可以帮助我们提高精神判断能力，提升我们的精神境界，这些上层建筑的知识对我们有指导性的意义，无论我们做什么，学习历史，可以以人为鉴，以史为鉴，可以从历史中看到未来，判断未来的历史走向。

第三，读史可以丰富我们的人生。我曾经给理工科的学生讲课，说理工科学生更要学习历史、文学、诗歌等，这样才能使生活更具风采，头脑也才会更加灵活。人生需要审美人，用历史、用文学、用诗歌来陶冶自己，人生的境界就完全不一样。

第四，历史可以改变人。以我为例，我 1988 年本科毕业，1991 年研究生毕业，学的都是英美语言文学，当时崇洋媚外的风气特别浓，我开始读李敖，读所谓的健康文学，之后开始学习历史，写历史剧，在学习的过程中，我对待中华文化，从完全排斥到现在由衷崇拜，这就是我个人的变化。2006 年我正在写宋史，读到文天祥的诗时我非常感慨，热泪盈眶，于是我就自己开车从深圳到江西吉安的富田县去纪念文天祥。我在写文天祥，写这些英雄仁人志士的时候，感觉自己的担子更重了，我要把真正的历史、正统的历史，把历史上被掩盖的东西呈现给大家，这样才最终能让历史照亮未来。

谢谢大家！

跨越千年与杜甫唱和

◎彭志强

彭志强，男，当代诗人、作家。中国作家协会会员，成都文学院签约作家，《火车》杂志专栏作家，成都地铁传媒《诗圣在成都》系列电视访谈节目主讲人，成都市锦江区作家协会副主席，著有成都文博地理三部曲《金沙物语》《草堂物语》《武侯物语》，被誉为“文物诗人”。2015 年 3 月，从成都杜甫草堂出发，历时两年、横跨十省、万里追寻诗圣杜甫从生到死踪迹，创作出版个人代表作《秋风破》，成为中国第一位系统性行走考察研究杜甫踪迹的当代诗人。

各位观众朋友大家好！

我从 2012 年杜甫诞辰 1300 周年开始就研读杜甫的诗歌，包括他的生平、踪迹，杜甫云：“读书破万卷，下笔如有神。”读书可以帮助增长知识，提高待人接物的水平。我认为，人要多走走看看，在边走边看的过程中可以弥补书本上看不到的东西，例如，杜甫出生和去世的地方。我今天要跟大家分享杜甫的诗歌和他的精神，并探讨我们当下应该如何看杜甫，如何看待杜甫的诗歌？难道我们就只是说他是一个伟大的现实主义诗人、诗圣，或者一个忧国忧民的人？其实当你真正把杜甫的诗歌读完，看尽他的一生，得出的结论会有很多种。

我曾写作《秋风破》和《草堂物语》二首与杜甫应和。《草堂物语》是我的文物诗歌中很重要的一部，它与《秋风破》是姐妹篇，都是向杜甫致敬，只是致敬的角度不一样。

与杜甫有关的两个地方

第一个是巩义和洛阳。杜甫出生于巩县，即今河南省郑州市巩义市，唐朝时巩义的行政版图属于洛阳，所以洛阳也可以说是杜甫的出生地。洛阳是杜甫娶妻生子的地方，他在洛阳待了很多年。早期对杜甫产生重大影响的有三个人：杜预、杜审言、他的夫人杨婉。杜甫不是出生于贫穷人家，而是盘踞北方的大士族家庭。杜预和杜审言是杜甫一生最崇拜的人。杜预是西晋大将军，是司马懿政治集团的核心成员之一，他文武双全，不仅打仗很厉害，而且文章写得也很好，甚至可以说是学者，他著有《春秋左氏经传集解》，这本书对中国儒学有很大的贡献。他是杜甫的第 13 世祖，杜甫最崇拜他。李峤、崔融、苏味道、杜审言被誉为初唐的文章四友，他们以诗会友，而杜审言是这四个人中成就最高的，而且是唐朝先锋诗的奠基人之一。杜甫从小受家族的影响，有“致君尧舜上”的梦想，认为要考取功名才有出路。杜甫的母氏家族背景显赫，他的母亲姓崔，山东人，也是北方大士族家族出身，还是皇亲国戚，崔氏的祖母为唐高祖李渊第十八子舒王李元名的女儿，崔氏的祖父李忠是唐太宗李世民的嫡生，但是杜甫出生时杜氏家族落没了，他的母氏家族也落没了。杜甫的遗愿是：我没有办法和杜预、杜审言生活在一个时代，但是我可以和他们埋葬在同一个地方。所以，现在杜预墓、杜审言墓和杜甫的墓都位于偃师，可见这两个人对他的影响有多大。

杜甫有着洛阳情结。他小时候妈妈就去世了，跟着姑妈生活。杜甫在他姑妈去世以后曾经专门写了一篇悼念文章说：杜甫在和姑妈及表弟生活时，姑妈把平安的地方给了他，而将自己的儿子放在了危险的地方，结果杜甫活了下来，姑妈的亲生儿子却死了。杜甫一辈子感念姑妈。另外，他的姑妈对杜甫不仅有养育之恩和救命之情，而且还向善信佛，她在杜甫小时就带他去了龙门石窟，使得他深受影响，杜甫一辈子写了 1000 多首诗，至少有 50 首是与佛教有关的。

另外一个影响杜甫的女人就是他的夫人杨婉。杨氏比杜甫小 5 岁，她是司农少卿杨怡之女，她一辈子对杜甫不离不弃，跟杜甫吃了很多苦，无怨无悔，杜甫对杨婉也是一心一意。她至少给杜甫生了三个儿子，其中一个饿死了，进入杜甫家谱的只有杜宗文和杜宗武。

第二个地方就是偃师，是杜甫的埋葬地，即今河南省洛阳市偃师市。杜甫写故乡的诗句有：“露从今夜白，月是故乡明。”另外一句是：“秋风楚竹冷，夜雪巩梅春。”这个地方很重要，杜甫之所以能成为一个诗人，和郾城的公孙大娘息息相关，如果没有她，杜甫可能就是一个官员，而不是一个诗人。开元五年（717 年），杜甫随家人寄居郾城（今河南省漯河市），得缘在郾城彼岸寺街头看过一次公孙大娘的剑器浑脱舞，第二年（7 岁）他便开始学写诗。他写的是凤凰，其丰富的想象力可见一斑，而凤凰就是形容他眼中的公孙大娘，这是他写诗的开始。公孙大娘是唐玄宗时代最受宠爱的舞蹈家，她催生了唐朝三圣：诗圣杜甫、草圣张旭和画圣吴道子。画圣吴道子本身和公孙大娘的师傅剑圣裴旻是好朋友，所以说他的画也受到了公孙大娘的影响。50 年后的杜甫已经年老，离开四川去了夔州，在官府里面看到公孙大娘的弟子临颍李十二娘也是舞剑，杜甫又想起了公孙大娘，于是写了一首颇有想象力的诗歌《观公孙大娘弟子舞剑器行》。

杜甫是一个伟大的现实主义者，但从这首诗里可以看到杜甫是一个伟大的魔幻主义诗人，他把公孙大娘写成了女神。

杜甫成长为诗人最重要的历程

杜甫的诗歌不像唐朝初年诗歌那样歌功颂德，而是针砭时弊，成了一个伟大的现实主义诗人。杜甫的梦想就是十个字："致君尧舜上，再使风俗淳。"他在长安考取功名之前先在洛阳考过，没有中，于是他去散心，结识了李白和高适，他和李白告别就是在山东兖州石门，在这之前杜甫写了一首《望月》，这是表现他梦想的第一首诗："会当凌绝顶，一览众山小。"

从 746 年到 755 年是杜甫一生最痛苦的十年，父亲去世，家里失去了经济来源，他到长安后又没有考上功名，他给唐玄宗写了三大赋，唐玄宗认为他写得不错，答应给他安排差事，但杜甫久等无望，又没有经济来源，就到山上采草制成药在长安街头卖，卖了以后再去买米。在这样一种背景下，要实现"致君尧舜上，再使风俗淳"的梦想实在是太奢侈了。因为他虽然是大家族出生，但没有当朝官位。杜甫 35 岁从东都洛阳来到首都长安求官十年，他到长安的第二年机会来了，唐玄宗对宰相李林甫说，要开办科举考试，但把持朝政的李林甫向唐玄宗上表说，野无遗贤，一个人都没有考上。杜甫伤心、难过，他通过诗歌表达了自己的现状："朝扣富儿门，暮随肥马尘。残杯与冷炙，到处潜悲辛。"人走投无路的时候难免生出许多无奈，于是他开始向权贵低头，写投名状，去讴歌可能会帮他的官员，但是都石沉大海，包括当时河南的行政长官韦济，他非常欣赏杜甫的诗歌，他在河南任官时还专门拜访过杜甫，杜甫心存感激，写下了很多诗篇。《奉赠韦左丞丈二十二韵》这首传世诗篇中就有杜甫最著名的佳句"读书破万卷，下笔如有神"。杜甫在长安十年里多次给京兆尹、翰林学士、驸马、王爷、太常卿、谏议大夫等赠诗，均石沉大海、杳无音讯，可以看出当时的人情冷暖。

经历无数次打击，杜甫的梦想依然很坚定，他把希望寄托在了唐玄宗身上。他得到一个消息，唐玄宗要祭天地祖先，于是他靠自己的才华，洋洋洒洒地为唐玄宗写了一首《雕赋》投石问路，随后又拿出家学秘籍精心创作了《朝献太清宫赋》《朝享太庙赋》《有事于南郊赋》，歌咏大唐江山，并写了《进三大礼赋表》敬献李隆基。尽管唐玄宗也被杜甫的文采打动，甚至亲自召见，命他待制集贤院，让宰相考他文章："忆献三赋蓬莱宫，自怪一日声辉赫。集贤学士如堵墙，观我落笔中书堂。"可是希望刚刚悬浮脑门，很快又无声无息，杜甫终究没有被封官，他失望之极，诗歌风格也开始转变。43 岁那年，杜甫又做了一个决定，唐玄宗封西岳华山，杜甫就写了《封西乐赋》，包括一个表，唐玄宗给杜甫封了河西尉的官，但是杜甫不愿意，后来又改封右卫率府兵曹参军，看守兵器，杜甫只有接受现实，还写了一首《官定后戏赠》自我解嘲。

这是杜甫求官的过程，这十年让杜甫看淡了很多，他不再对皇帝歌功颂德，开始忧国忧民，转变为现实主义诗人。他的《兵车行》，讽刺了唐玄宗对少数民族发动战争。之后杜甫的政治讽刺一发不可收拾。天宝十二年（753），杜甫又写了一首《丽人行》，讽刺杨氏兄妹荒淫腐化；天宝十四年（755），揭露安禄山蓄谋叛乱《后初赛》五首，初显诗圣光芒。

但是杜甫真正成为现实主义诗人在于他写出了长诗《自京赴奉先献咏怀五百字》。当时杜甫从长安出发去奉先县探亲，刚刚走进家门就遭遇了一个残酷的现实，小儿子饿死了，全家人都在放声大哭。这一刻，杜甫内心跌宕起伏，这一夜他悲愤难当，内心无法平静。这一年，杜甫内心困守长安十年的求官悲苦、政治总结，此次回家探亲的沿途见闻，以及骨子里的忧国忧民情怀彻底爆发，于是，名垂千古的“朱门酒肉臭，路有冻死骨”诞生了。对此，总结了 16 个字“长安十年功名未成，师生杜甫之路铺就”。在安史之乱中，杜甫被抓了，一同被抓的还有唐朝大诗人、贵为宰相的王维。杜甫被抓以后，由于官职比较小所以不被重视，值此期间，他写下了《春望》：“国破山河在，城春草木深。感时花溅泪，恨别鸟惊心。”之后又写了《三吏》《三别》，这些都可以说是杜甫对统治阶级和叛军的“血泪控诉诗篇”。

我为了追寻杜甫的足迹，还专门自驾去了一趟芦子关。这一段被俘的经历，不仅让杜甫写出了伟大诗篇《春望》，身陷叛军的途中，杜甫还反思筹边策略，写了一首《塞芦子》：“延州秦北户，关防犹可倚。焉得一万人，疾驱塞芦子?”可惜从延安城区北上安塞寻找芦子关，这个先秦时期的北门关口已关在古书里，被浩大的历史吞没。我只能在延安市宝塔区七里铺东的杜公祠，传说杜甫北上灵武路过延安时的枕鞋夜息处，咏今抚古，并且写了另一首应和杜甫的新诗《在杜公祠：爬坡水》。756 年，杜甫从安史叛军中逃出，投奔在凤翔行宫的唐肃宗，获封左拾遗。杜甫曾因为这个知遇之恩创作了《述怀》，留下了名句：“麻鞋见天子，衣袖露两肘。”显然，唐肃宗用“左拾遗”这个官职点燃了杜甫的从官梦。可是，天子一怒，言官无路。杜甫就是因为替打了败仗的时任宰相房琯进谏求情，而被贬为华州司功参军，去做一个县管教育、管礼仪的小官。也就这次贬官，再加上唐军打败仗到处征人，杜甫眼见战乱给百姓带来的无穷灾难和人民忍辱负重参战的爱国行为，边走边写“三吏三别”，“满目悲生事，因人作远游”，毅然辞官，远赴秦州（今甘肃天水），甘愿做大漠里一缕飘荡的孤烟。759 年冬月，在秦州、同古一路避乱挨饿，杜甫选择到天府之国成都定居，于是有了如今

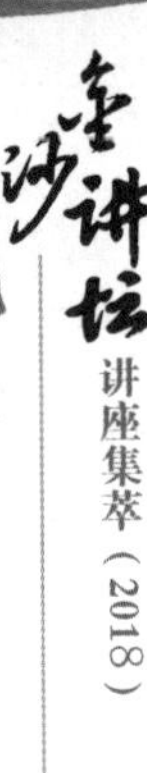

海内外游人争相追踪的成都杜甫草堂博物馆。

杜甫的成都诗篇

成都是杜甫生平最快活之地，古称益州。三台是杜甫再度流亡之地，古称梓州。岳阳是杜甫尸骨首个葬地，古称岳州。杜甫从成都返乡走的是水路，他辞官入蜀也是走的水路。为什么？杜甫有一首诗："两个黄鹂鸣翠柳，一行白鹭上青天。窗含西岭千秋雪，门泊东吴万里船。"他写的是浣花溪，成都锦江上游，可见当时水势有多大，河道有多宽，船才能从他的家茅屋一直开到东吴。成都对于杜甫来说是一块福地，杜甫的人生中最后一个官职就在成都。杜甫的好友严武再次来到成都，担任剑南西川节度使，他推荐杜甫担任检校工部员外郎一职。得知严武到成都，当时在阆州（今四川阆中）为房琯奔丧兼躲避战乱的杜甫立即重返成都草堂。这一路上他喊出"新松恨不高千尺，恶竹应须斩万竿"。可是这个蜀官他也当得不长久。杜甫在担任严武参谋期间一直受幕僚排挤，不久便又辞官。

杜甫在成都草堂时期，虽然当官不如意，生活也很贫寒，但是总算有了比较安定的一亩三分地，可以种菜、种药、养花、养草，加上有蜀中官员和亲戚朋友的救济，可谓"日子一安逸，随口出绝句"。今天，我要推荐的杜甫成都九首，则是我认为最好的杜甫成都诗篇。

第一首《春夜喜雨》。"好雨知时节，当春乃发生。随风潜入夜，润物细无声。野径云俱黑，江船火独明。晓看红湿处，花重锦官城。"

第二首《蜀相》。"丞相祠堂何处寻，锦官城外柏森森。映阶碧草自春色，隔叶黄鹂空好音。三顾频烦天下计，两朝开济老臣心。出师未捷身先死，长使英雄泪满襟。"

第三首《绝句》。"两个黄鹂鸣翠柳，一行白鹭上青天。窗含西岭千秋雪，门泊东吴万里船。"

第四首《客至》。"舍南舍北皆春水，但见群鸥日日来。花径不曾缘客扫，蓬门今始为君开。"

第五首《赠花卿》。"锦城丝管日纷纷，半入江风半入云。此曲只应天上有，人间能得几回闻？"

第六首《江上值水如海势聊短述》。"为人性僻耽佳句，语不惊人死不休。老去诗篇浑漫与，春来花鸟莫深愁。新添水槛供垂钓，故着浮槎替入舟。焉得思如陶谢手，令渠述作与同游。"

第七首《江村》。"清江一曲抱村流，长夏江村事事幽。自去自来梁上燕，相亲相近水中鸥。老妻画纸为棋局，稚子敲针作钓钩。但有故人供禄米，微躯此外更何求？”

第八首《又于韦处乞大邑瓷碗》。“大邑烧瓷轻且坚，扣如哀玉锦城传。君家白碗胜霜雪，急送茅斋也可怜。”

第九首《茅屋为秋风所破歌》。“八月秋高风怒号，卷我屋上三重茅。茅飞渡江洒江郊，高者挂罥长林梢，下者飘转沉塘坳。南村群童欺我老无力，忍能对面为盗贼。公然抱茅入竹去，唇焦口燥呼不得，归来倚杖自叹息。俄顷风定云墨色，秋天漠漠向昏黑。布衾多年冷似铁，娇儿恶卧踏里裂。床头屋漏无干处，雨脚如麻未断绝。自经丧乱少睡眠，长夜沾湿何由彻！安得广厦千万间，大庇天下寒士俱欢颜，风雨不动安如山。呜呼！何时眼前突兀见此屋，吾庐独破受冻死亦足！”

近现代人冯至对杜甫有这么一个评价：人们提到杜甫可以忽略他的出生地，可以忽略他的死亡地，但是不会忘记成都草堂。杜甫的诗歌《茅屋为秋风所破歌》，使杜甫草堂名垂千古。

2015 年 8 月，我在成都杜甫草堂博物馆的茅屋故居闲走，考察杜甫当年生活所用的茅草。一双身着古装的美女，正在茅屋前拍古装照，让我恍若隔世。仿佛一个踉跄，我就跌入唐朝。突然，一阵秋风把茅草吹了起来，正在杜甫诗句里走神的我惊醒。我的又一部诗集名被这场秋风刮了出来——《秋风破》。“故乡远离心脏。多事的蜜蜂坠入花的悬崖。墓碑上溅起的泪花在呐喊：每一朵花都应留下可以托付终身的名字和住址。”我几乎是以吟诵的方式一气呵成，创作出了这首《秋风破》。其实，故乡的茅草房这些年已日渐消失，砖瓦结构的楼房取而代之，茅屋瘦得只剩童年的记忆。定居成都二十年，我曾写过一篇文章，也是另一部向杜甫致敬的诗集《草堂物语》的自序：《草堂茅屋，我的精神故乡》。从 1998 年第一次游草堂，至今我每年都坚持去草堂茅屋看一看，因为这里是我回不去的故乡。好在这五年研究杜甫诗歌和他的生平、遗迹，我可以通过诗歌的方式返回语言的故乡。

杜甫最后的流亡之地

杜甫一生漂泊，难以归乡，主要原因就是安史之乱持续多年，阻断了他回乡的路。杜甫第一次决心返乡，就是他旅居梓州（今四川省绵阳市三台县）之时。763 年春，杜甫在梓州躲避成都战乱时听闻唐官军彻底消灭了安史叛军，收复了河南河北，想到终于可以终结漂泊，携眷还乡，他喜极而泣，写下了一首《闻官

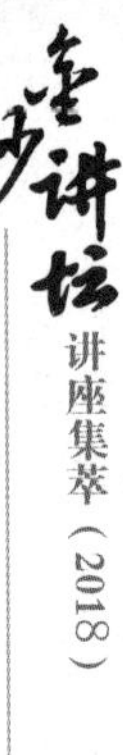

军收河南河北》：“剑外忽传收蓟北，初闻涕泪满衣裳。却看妻子愁何在，漫卷诗书喜欲狂。白日放歌须纵酒，青春作伴好还乡。即从巴峡穿巫峡，便下襄阳向洛阳。”浦起龙在《读杜心解》中称赞它是杜甫“生平第一首快诗”。

我去三台中学考察过杜甫在梓州的居住地，但是没有保存下来，走进校园，也只能看到学校为了纪念杜甫而修建的杜甫诗歌碑林。我上下左右居中从这里追到涪江边，失望之余，又写了一首与杜甫千古唱和的新诗，叫《在梓州：押运眼泪》。

在历时两年万里追寻杜甫踪迹的途中，我曾多次追问自己：杜甫一生最绝望的是什么？是怀才不遇、未当高官？是母亲早死、父亲病死、幼子饿死？追踪杜甫足迹，我最想说的是：百年歌自苦，未见有知音。杜甫最后客死湘江，可以说是他把一生的苦药倒进了湘江。在岳阳洞庭湖畔的岳阳楼读《杜诗全集》，读到“百年歌自苦，未见有知音”这个诗句时，窗外的闪电显得格外悲凉。相比在世时就声震长安的李白，杜甫生前在大唐的声名宛如凡·高，知音实在太少。庆幸的是，杜甫一生向外奔走的诗歌辗转流传到了宋朝，得到了陆游、黄庭坚等千古知音的力挺，灿如皎月、光芒万丈。在那个没有媒体传播的时代，杜甫最终只能靠诗歌文本照亮自己，相当不易，令人高山仰止。

杜甫怀着极度矛盾的心情，挥泪离开岳阳楼。此时，春水初生，春风浩荡，桃花夹岸，锦浪翻滚，云帆济海，枫树成林，如此良辰美景，本当是佳人在侧、呼朋唤友、端杯豪饮、吟诗作画的，可杜甫却无心看风景。想起晚年偷生，老病奔波，无力还朝，归乡路远，杜甫一时英雄无为泪满襟。北归长安无望，只得南征颠沛流离，杜甫脱口而出“老病南征日，君恩北望心”的流水对，把自己欲求不得、欲达难往的矛盾心情展露得十分充分。壮志未酬坎坷的“致君尧舜上”仕途，未被诗坛重视的“诗是吾家事”诗路，都是“百年歌自苦，未见有知音”。饱蘸泪水的诗句从杜甫的喉咙管迸发而出。为此，我面朝岳阳楼和岳阳楼外的洞庭湖，大脑闪现着两岸盛开的桃花，写了一首《知音》。

杜甫就像凡·高一样，生前小有名气，死后才广为人知。杜甫去世了 43 年之后，其孙杜嗣业才把他迁葬回河南老家。杜嗣业运送杜甫尸骨的途中遇到一个贵人，就是当时的宰相元稹。元稹为杜甫写了墓志铭，说他是《诗经》和《离骚》的直接继承人，隋唐以来，乃至魏晋以来，有很多诗坛奇人，诸如唐初的沈佺期、宋之问，魏晋才高八斗的曹植以及刘祯，南朝的颜延之和东晋的谢灵运等，这些在某一时期执文坛牛耳的大人物，一旦和杜甫比起来，就略显弱势，杜甫一出，从气势上便有压倒之势，同时吸取了他们的长处。可以说，这个墓志铭成就了杜甫。他死后，元稹、王安石、苏东坡、陆游、黄庭坚，包括近代的鲁迅，都是杜甫的知音。

今天就讲到这里，谢谢大家！

沟通历史——今天——未来的桥梁

◎安来顺

安来顺，历史学博士，研究馆员，享受国务院政府特殊津贴专家，全国政协委员。国际博物馆协会（ICOM）副主席，中国博物馆协会副理事长兼秘书长，北京鲁迅博物馆（北京新文化运动纪念馆）副馆长。复旦大学、浙江大学、中央民族大学兼职教授，《中国博物馆》杂志主编。

非常感动，今天是周末，大家从成都各个地方来到成都博物馆参加今天的讲座。再过两周就是5月18日，我们将迎来国际博物馆日，我今天想和大家分享的题目就是，博物馆连接历史、连接今天、连接未来。在绝大多数人的印象中，博物馆往往都象征着过去某一个时期被冻结了的历史，我们可以在博物馆感受、感知、认识这段历史。经过了大约250年的发展进程之后，现代博物馆开始认识到，博物馆不仅仅是关于过去的，也确实应是关于今天，甚至是关于未来的，社会也有了这样的预期，希望当代社会生活的方方面面都能够在博物馆找到它的关联，这也是时代带给博物馆的新变化和趋势。

国际博物馆日是1977年由国际博物馆协会发起的，以期在博物馆专业和社会公众之间建立一个桥梁。所以从1992年开始，每一届博物馆日都会选择一个主题，以表现博物馆领域专业人员的认知，也代表社会公众对博物馆的预期。我们先回顾一下近年的主题，2007年是博物馆和共同的遗产；2008年是博物馆：促进社会发展与变革的动力；2009年是博物馆与旅游；2010年是博物馆致力社会和谐；2011年是博物馆与记忆；2012年是处于变革世界中的博物馆：新挑战、新启示；2013年是博物馆（记忆＋创造力）＝社会变革；2014年是博物馆藏品架起沟通的桥梁；2015年是博物馆致力于可持续发展的社会；2016年是博物馆与文化景观；2017年是博物馆讲述不可言说的历史。今年又是一个意味深长的题目，超

级连通的博物馆：新方法、新公众。从以上 10 年主题的变化我们发现，仅仅关注过去的非常少，往往都和今天社会的方方面面，甚至和未来社会的发展有非常紧密的联系。

今天，博物馆的理念、类型、功能、方法都和 19 世纪末的经典博物馆有很大的差别，其中最明显的一个特点就是博物馆在当代社会中越来越活跃，发挥着越来越独特的作用。也就是说，今天的博物馆不仅仅关于过去，也关于今天和未来；不仅仅关于物，更关注人，这是一个基本的趋势。我们可以从以下三种坐标来考察。

变革中的博物馆

第一，博物馆是收藏、保存、研究、传播、展示有关人类和自然历史文化的场所。博物馆最经典的功能就是记忆功能，就是要留下过去的记忆。无论是平时生活中能够满足我们基本生活需求的水、空气、粮食、土地这些物质文化，还是人类追求更好的生活品质的精神文化，到我们共同遵守的社会政治文化，再到追求美的审美文化，都是博物馆追求和保存的对象。从广义的文化来说，物质的、审美的、健康的、社会政治经济的这些文化交织在一起，而并非单纯的线性发展。

第二，从参与型社会的角度看，当今社会特别强调公众参与，如成都市要出台涉及民生的政策，如车辆限行，水、电的价格变动等，一定有听证、有征求意见等环节。公众的参与也直接影响了博物馆，博物馆日益建立起了公开、共享的理念，认为公众有权利享受博物馆的资源，博物馆归根到底是一个托管机构，它是代表人民群众进行管理。从主体性参与来看，公众之于博物馆，不是可有可无的，他和博物馆之间利益攸关。还有一个理念就是开放包容，过去象牙塔的阶段，博物馆发出的声音都是权威的、不可置疑的、唯一的。但现在情况发生了变化，博物馆变得越来越开放、越来越包容，甚至可以包容不同的观点。参与性社会对博物馆形成了巨大的挑战，博物馆走到今天，经历了一个漫长的过程：世界上最早的博物馆出现在公元前 5 世纪希腊雅典的奥林巴斯神殿，主要用于祭祀、供奉，当然也保存受科学和艺术女神引导创作出来的作品。19 世纪末左右，博物馆开始向社会逐步、有限地开放，接受公众到这里来学习、欣赏。今天，博物馆一直在发展，在这里，我与大家分享一个例子，就是前不久在巴黎工艺博物馆的展览——法国著名工匠。我被这个展览震撼了，展览故意设计了一个看起来挺黑的通道，地上还安装了钢板，走在上面好像进入了一个非常平常的劳动环境，耳朵里听到各种不同工作车间的声音。所有这些作品、这些声音，都是法国很牛的录音师录的，而且标明了由谁所录制，进入了这样的空间，仿佛进入了一个劳动车间。1968 年法国举行了一次最有创造性的工具的评议，一些代表性的工具就进入了博物馆，成为博物馆的收藏品。过了这个展厅之后，就是一个宽敞的影视厅，大家围着坐在那里，它是六块屏幕同时放，六块屏幕里有两块镜头是固定的，一是他们的手，二是他们的脸。其余四块屏幕显示作品形成的过程，包括工人们工作、生活的环境。这双手给我们的警示是，整个工艺作品是如何完成的，而我们看到的一张张的脸，是这么普通，又是这么伟大，画面生动地再现了一些既平凡又伟大的人生活状态，人们既彷徨又无奈。最后展厅还有一个告示：博物馆有哪些活动，策展人定期讲解项目的背景和想法、预期，定期邀请展览中所涉及的工匠来博物馆现身说法，讲述生活中的真实故事，这些工匠为当地的设计学院、研究生开设的课程、通告等一系列活动。我们总结到，现在的这种展览，光靠博物馆自己的力量是不可能做成的，还有社会学家、人类学家、摄影师、录音师等的参与。二是这些项目有一个非常重要的指标，就是要有比较大的市场和贸易潜力，一方面希望人们去认识它，另一方面也希望把这个产业带动起来，不要让这样的记忆消失，挖掘其中的市场潜力，然后去推广它，希望借助这样的历史、这样的传统，把今天和未来联系起来。这就是我们博物馆的今天，从奥林巴斯神殿，一直到有限开放的象牙之塔，再到今天呈现在我们面前的博物馆，这就是发展和演变，博物馆成为越来越受关注的机构。

第三，博物馆联系过去、今天和未来。原来我们的休闲选择是有限的，现在休闲产业为我们提供了太多的选择，可以看电影，可以听歌剧，可以去郊游，可以聊天，当然也可以去博物馆。但是我们休闲的时间没有变化，要让人们选择去博物馆，博物馆就要给人们提供条件，所以现在 90%的公共博物馆是免费开放的。所以，休闲产业的发展，人们多重的选择，迫使博物馆发生变化。又如信息技术进入了社会各领域，今天处于数字时代，博物馆如果没有变化，远离数字时代的话，就可能会失去一大批人，特别是年轻人。信息技术进入博物馆给博物馆带来了新的挑战，促使博物馆必须发生变化。再如文化旅游业成为收益最高的一个产业，也给博物馆带来了变化。一是博物馆接待的游客越来越多，二是博物馆参观者的需求层次增多，上到七八十岁的老人，下到四五岁的小孩。这种新情况需要博物馆提供各种水平的信息，一个家庭一起来博物馆，要让孩子、成年人、老人都有去处，那么博物馆在服务管理、设备、设施、观众安全等方面也要跟上。因此，博物馆一步一步发展到现在的状况，外界环境的影响也是重要的因素，博物馆必须变化。

全新的博物馆文化观

当前，一种全新的博物馆文化正在形成。2007年，博物馆协会提出了博物馆的定义：博物馆是一个不以营利为目的的、为社会和社会发展服务的、向公众开放的永久性机构，它为了教育、研究和欣赏的目的而收集、保存、研究、传播和展示人类及其环境的物质和非物质遗产。大的方向是服务于社会和社会发展，小的目标是提供教育、研究和欣赏的场所，教育、研究和欣赏是博物馆的最终目的，收集、研究、保存只是一种手段。与此同时，从1986年以后，有一个非常重要的博物馆职业道德伦理的国际标准，就是博物馆对藏品承担着社会责任，对社会公众承担着社会责任。以前的博物馆职业道德更多讲的是藏品怎么样，研究怎么样，现在的博物馆国际职业道德更注重调整博物馆的外部关系，博物馆怎么处理和社会公众的关系，怎么处理和社区的关系，怎么处理和赞助人的关系等，渐渐形成了一套价值体系。这样就逐渐形成了一种符合时代要求的、新型的博物馆文化观，包括：博物馆不仅仅要保存过去的痕迹，还要保留对于当代社会、对国家和民族都具有重要意义的文化灵魂。博物馆受托于世世代代。我们受托于祖先，受托于当代，也受托于子孙后代。博物馆还有特殊的身份，即通过其功能的实现，成为一个国家和民族良知的代表者。下面我们来分析一下，在今天的形势下，博物馆到底选择了哪些？博物馆在实现连接过去、今天和未来的桥梁过程中进行了哪些探讨？

第一，博物馆承担了多元文化记忆库的职责。以前的博物馆，往往是对一个类型文化的记忆，有的甚至与馆长个人的喜好有关，博物馆馆长是研究瓷器的，博物馆的瓷器收藏就会好，博物馆馆长是研究字画的，博物馆的字画收藏就会好，有人说它所收集和保存的只是某些冻结了的历史中的某些历史碎片，这个记忆是不完整的。而且博物馆更多把自己的注意力、关注力放在那些辉煌的、金光灿灿的、经济价值极高的区域。其实博物馆绝不应该仅仅是那样，人类历史中，可能更大量的是汗水、眼泪、鲜血甚至生命，博物馆应该保存的是尽可能多元领域的文化记忆。所以，文化记忆仍然是今天博物馆最经典的一个功能，但我们必须对博物馆的记忆功能有一个新的认识。作为一种文化记忆，同时也要考虑对于今天有什么昭示意义，我们甚至可以从博物馆的建筑开始。如王澍先生设计的宁波博物馆，从2008年开始设计和建设，2012年成为中国建筑学唯一获得普林斯顿建筑大奖的作品。宁波博物馆用几百万块老城砖，融合现代化的建筑理念，从远处看，像一艘即将扬帆启航的船，折射出宁波人敢于冒险、敢于创新、不怕失败的精神。台湾历史博物馆举办了一个非常有意思的展览——百年生活记忆，不仅仅让人们怀旧，而且能够感悟在传统的记忆中找到今天生活的源泉。这个展览专门设计了一个很私密的、怀旧的电话亭，观众在那里可以讲一个主要题目，也可以讲个人生活的记忆，观众只要告诉了自己的年龄、职业，从人口统计学来看，就可以知道这个人生活在什么时代，就可以有代表性地随机采访这些人都关注了哪些问题，历史上的问题和今天的问题，这样留下来的记忆不是博物馆单方面采集的，而是老百姓自己的。现在各博物馆，包括成都博物馆也围绕陈列展览开展了教育活动。2013 年，美国洛杉矶博物馆有一个展览，让我很感动。他们以一种全景式的、立体的、有温度的、接地气的方式给人们展现美国的西部大开发，他们选了一个典型的地方，就是著名的 66 号高速公路，围绕 66 号高速公路做了一个有关 66 号公路的展览，成为西部大开发的标识。在展览中，我们看到西部大开发特别是围绕着 66 号公路沿线地方文化的方方面面，比如小说、戏剧、电影、西部牛仔等，观众看到的西部大开发的相关历史，而不仅仅是博物馆历史学家眼中的历史。英国大英博物馆 2014 年拿出几百英镑，收藏了一位女诗人 2004 年以来的几万封电子邮件，其中包括她和亲友之间的邮件往来，因为很多创作灵感是跟亲友之间沟通出来的。也就是说，今天的博物馆在逐渐地变化，它要成为多元文化记忆的一个记忆库。

第二，博物馆积极调整社会角色，就是让历史能够为今人所理解，并且和博物馆的遗产资源进行互动，在互动过程中，遗产资源和观者之间建立了一种联系，能够增强个人的幸福感。成都博物馆关于张大千的那个展览产生了较大的影响，我因为喜欢张大千的画，就能够从和张大千画的交流中将它与我的生活联系在一起，从而让历史文化更好地为今天的人理解。又如，南京博物院举办了一个展览——温婉，主要讲江南的女性，整个展览都是女性同志完成的，将男同志排除在外，只有在最后一个环节，男人眼中的女人中会问问男人，就和以往介绍中国传统女性，仅仅展示男人世界中的女人不同。再分享一个巴黎极美博物馆的例子。这个博物馆给我的感觉就是充满了发霉的气味，它收藏东方的东西，有日本的，还有韩国的，瓷器、字画、文书等，东方的东西收藏得非常多。2012 年 12 月我去博物馆看了一个关于茶的展览，茶毫无疑问具有极强的东方、中国特色，又是在中国年之前举办，进入展厅前，博物馆的教育工作者或者志愿者就会泡好两种茶，一种红茶，一种绿茶，笑容可掬地等着你来品尝，此时观众已又渴又热，就会先把这四小杯茶喝透，进入展厅后就会看到各种各样的茶叶，配上照片，介绍茶是哪年哪月、几点几分几秒，在东经多少度、北纬多少度采摘的，非常有心。通过这次展览，我对这个博物馆的印象有了改变，它为了让历史文化能够更好地、更全面地为人所理解，花了不少心思。

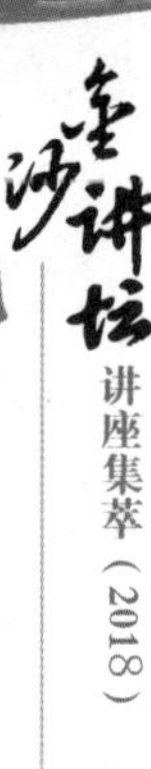

博物馆的战略选择

博物馆的战略调整就是要反映当今社会的关注，要呼吁为社会进步做出贡献，博物馆本来就是呼吁社会进步的渠道和场所，它要对社会问题保持足够的敏感，发出自己的声音。如，中国农业博物馆，我认为就可以举办一个关于转基因的展览，从技术、文化、社会层面帮助老百姓了解转基因是怎么回事；也可以举办一个关于禽流感的展览，做成四五百平方米的科普展览。国外比较注重对社会问题的敏感和关注。如，一个人类学方面的博物馆，在从这个展厅到另外一个展厅的公共空间中，就布置有一个人口变化展览，主要展示从 1991 年到 2050 年，整个世界人口变化的趋势。这个博物馆虽然讲人类学，讲人类文化，讲人类进化，但是又不忘提示人口问题。我们一些主流博物馆可能也需要做一些事情，如农民工问题，这个非常现实。据官方统计，2016 年我国有 2.8 亿农民工，他们离开了自己的家乡，来到了城市，如北京、上海、成都等，他们在物质生活上有一定困难，更重要的是在精神层面，他们有时会感觉到城市中的人不接纳他们，跟他们有隔阂，于是很多部门都在发出警示，这些农民工为城市发展做出了很大贡献，是我们生活中不可缺少的社会群体。可以设想一下，当他们在别的地方感受不到与自己有关的文化，自己被社会尊重、理解甚至欣赏的时候，博物馆如果可以做一个临时展览，就有可能给他们带来一些宽慰。博物馆应当变成一个有温度的文化空间，让各种各样的文化在这里面能够找到他们的位置，使人们感到，博物馆不仅仅关心那些金光灿灿的东西，更希望让所有群体都在这里面找到他们的位置。农民工下班之后，如果能在博物馆里看到有专门展示农民工与城市发展关系的展览，对他们来说应该是一种安慰。所以应当从社会和谐的角度，让博物馆成为一个能安慰人的场所，进而反映社会问题。下面看两个事例。

荷兰一个关于移民的展览。这是一个露天展，2007 年、2008 年的时候，欧洲一个特别突出的问题就是移民和当地居民矛盾的激化，当地人不接受这些外来人员，出现了被偷、被抢，甚至兵戎相见的事情，于是欧洲一些国家、政府收紧移民政策，博物馆不能改变政府的政策，但是可以展览，有写着中国标签的旅行箱，有“再见”“欢迎再来”等字样。说明牌上可以写明这个族群最基本的情况，他们什么时候来到欧洲，他们为欧洲做出了哪些贡献，这些民族、这些族群在文化和宗教上有哪些特别的禁忌，有哪些和别人不一样的地方。博物馆可以通过举办这样的展览，让不同的文化之间更好地沟通交流，以弥合文化之间的冲突。

2012 年 12 月 2 日关于世界末日的话题很受社会的关注，当时台湾地区有一个展览——浩劫与重生。这个展览从天文历法，特别是玛雅人的文化，告诉人们这个话题是怎么回事，顺便复制了玛雅人的神殿，放一些片子，最后告诉大家没有什么危险。这是博物馆回应社会问题应该有的态度。

博物馆社会角色的调整，在社区公共文化体系当中，要发挥融合不同文化的作用，使之成为社区文化的重要组成部分。2012 年，卢浮宫曾经在朗斯市建立了一个分馆，朗斯在欧洲工业革命时做出了巨大贡献，后来城市慢慢衰落，法国政府就决定，在卢浮宫的绘画中挑一百幅，在朗斯建立分馆，通过卢浮宫分馆来复兴当地的社会经济。2012 年 12 月 6 日分馆开馆，仪式很隆重，当时的总统奥朗德都去了，一批退休的老矿工，他们戴着矿帽迎接总统的到来，老矿工代表站在总统和部长中间照了相。这说明，博物馆正在成为社区整个文化体系中一个重要的组成部分。在博物馆里对青少年进行艺术教育，特别是经典的艺术教育，难度特别大，一是你给他讲技法、讲透视，他听不进去，因为他没有这样的知识积累。二是孩子们天性好动。博物馆要解决孩子这两方面的需求，就必须要给孩子做一些活动，让他们喜欢上博物馆，让他们喜欢上经典的艺术。台湾历史博物馆张馆长就做了小卢浮宫、金字塔、蒙娜丽莎等，让孩子们可以感受和触摸。澳大利亚的博物馆为了华人社区春节前的展览，给孩子们准备了十二生肖的项目，给成年人准备了毛笔，各个社区都准备了这样或那样的节目。澳大利亚的布里斯潘也是在快到春节的时候给华人社区准备项目，这些都是博物馆为贴近社区所做的活动。法国一个小的博物馆有一个展览的标识是雨靴，展的时间是 1975 年到 2009 年，雨靴代表的是劳动者。一个 11 岁的女孩有两种爱好，跳舞和读童话书，于是她跳舞的舞蹈鞋和童话书便进入了博物馆，当地独特的动植物作为工艺品也进入了博物馆的基本陈列。老年人都怀旧，希望博物馆成为他们怀旧生活的一部分，所以博物馆提供了这样的需求，让他们看看自己年轻的时候这个城市怎么样。博物馆还要为社区里的下一代着想，所以每周指导孩子们做一个自己的像。

再来分享一个例子。美国洛杉矶盖蒂博物馆建在一个山上，山下就是西部最繁忙的高速公路，需要坐火车上去，上去之后就好像进入了一个世外桃源。离开博物馆的基本陈列参观之后，人们会看到这样一个问卷调查，只要三四分钟就填完，问题很简单：你从哪里知道这个博物馆的？你对博物馆的意见怎么样？你还有哪些不满意？你会不会把博物馆介绍给你的亲戚朋友？填完后，会送你一张明信片。下山的小火车也是一个真正的博物馆，它需要你在互联网上实名注册，进行提交，大概花 15 分钟时间完成一份调查问卷，你花 15 分钟提交了，就能以自己的名义向当地的艺术机构、公益机构捐款 5 美元，你只需要用 15 分钟就能实现自己的慈善愿望。这就使博物馆成为社区生活的一部分，也使人感觉到今天的

博物馆是有温度的地方，能够真正地融入社区生活。我在 2016 年的 1 月 9 日给深圳博物馆论坛发的贺信中说：博物馆不仅仅是历史的记录者和保存者，而且是联系过去、今天、未来的桥梁，是实现中华民族伟大复兴的见证者和参与者。

今天就跟大家分享到这儿。谢谢大家！

国学建设与文化自信

◎孟宪实

孟宪实，北京大学史学博士、南开大学历史系博士后，《百家讲坛》主讲嘉宾。主要从事隋唐史、敦煌吐鲁番学研究，现任中国人民大学教授，国学院副院长，博士生导师。近期的主要学术成就有：《试论唐代西域的民间结社》《传统史学、新史学和公共史学的“三国鼎立”——以武则天研究为例》《成熟的敦煌民间结社》《汉唐盛世的历史解读》《论唐朝的佛教管理——以僧籍的编造为中心》《魏晋南北朝隋唐史》《论敦煌民间结社内部的转帖》《新发现的寺院手实研究》。

国学是什么？

国学这个概念从出现到现在也有近百年的历史了，所谓国学就是中国文化，传统文化是根，是国学的基本内容。国学这个词最早是从日本传过来的，大约在 17 世纪，日本和西方就有了很广泛的接触，日本当时就在讨论如何面对日本传统和西方文化，他们用兰学来代表西方文化，把日本自己的文化称为国学。国学概念用日语表达就是“我之学”。这个概念在辛亥革命期间传到了中国，章炳麟先生比较早地使用了这个概念并著书立说，他在用国学这个词汇的时候其实也集成了日本的感情色彩，就是想表达“我国之学”，它和中国文化的区别就是这一词是有主观感情贯彻其中的，如果只说中国文化，中国人可以说这是中国文化，美国人也可以说那是中国文化，但是国学是“我国之学”，有主观感情贯穿其中，外国人就没法说了。

近代兴起这样一个概念是有一个重大的历史背景，那就是西方进入近代以来，列强凭借自身强大的经济力量，强势进入世界各个角落，非西方世界在近代都遭受了西方的侵入。西方军事侵入的同时，还有文化侵入的问题，西方文化所到之处不得不让非西方世界认真对待，包括中国人、日本人，都要考虑一个基本问题，就是各国自身的文化系统和西方的强势文

化在未来的历史和社会发展中应该如何共处。

近代中国在两次鸦片战争、中法战争、甲午战争、八国联军侵华战争等一系列战争中的失败，以及外交和军事上的失败，令人反思中国文化和西方文化到底怎么相处。后来学者们总结不过是三条路：第一是拒绝学习西方，这叫顽固派，鸦片战争期间还能听到他们的声音，再后来就找不到了。第二是主张全面学习西方，放弃自我，这叫全盘西化。第三是主张中西合璧，把中国的优秀传统和优秀文化与西方文化结合起来，都要学习，都要发展。这种派别的文化主张其实都关系到中国未来到底应该如何发展，各种学说都事关中国文化的发展大局。

国学强调中国文化传统，强调在近代这个背景下，在西方强势文化的背景下应该努力发掘中国的优秀传统，从而完成中西文化的合璧，因为近代以后西方文化的优点、西方文化的强势已经是有目共睹，没有人否认这一点。核心是中国文化要不要发展，中国文化中到底有没有优秀的部分。这是一种观念，主张全盘西化的人认为中国文化一无是处，而主张中西合璧的人则强调中国文化也有优长，在这个背景下，讲国学是有主观感情存在的，前提就包含了承认国学里面有优秀部分，国学是值得发扬的。没有人既主张国学又认为国学一无是处，所以国学的内涵等于中国文化，但是它的感情含义与中国文化大不相同。我们主要强调国学的感情，讲中国的学问，讲中国的传统，所以，我们今天在这里讲国学建设与文化自信，确实可以找到逻辑相通之处，我们希望中国的优秀文化在未来中国的建设中能够发扬光大。

国学在中国近代的历程

中国人对国学和中国文化的认识可以分两个时段来看。第一，西方没有进入中国之前即鸦片战争之前，中国人怎么看待中国文化？第二，鸦片战争之后，中国人怎么样一步一步地在中国传统文化这个问题上发生了认识上的变化。

第一个阶段，鸦片战争以前，中国人怎么认识中国文化？从文化自信这个角度讲，鸦片战争之前中国人没有文化自信问题，当时中国是文化自信满满的国家，而且持续了很久。春秋战国时就有华夷之辨的讨论，主要是讨论文化关系问题，当时学者们已经得出结论：中国文化是发达的，要以华夏文化来引导夷狄文化的变迁，那时已经有了文化自信的概念。那时，中国对周边国家和地区来讲确实是一个强大的文化中心，日本学者总结古代的东亚地区有一个汉字文化圈，就是以中国为中心，周边都接受中国文化的影响，其中最突出的标志就是接受汉字，古代日本、朝鲜、越南各国都是用汉字，中国北方的少数民族契丹族、西夏族、女真族也受汉字的影响，利用汉字创造发明了自己民族的文字，这就是汉字文化圈。在文化上，中国的主导地位和强大影响是毫无疑问的。

第二个阶段，近代以来，西方有一整套的自身文化，中国人的自信心及文化自信受到了第一次冲击。鸦片战争之后，林则徐这些睁眼看世界的人第一次承认了中国文化有不足的部分，即船坚炮利不如人，科技不如人，于是他们提出要向西方学习，中国开始了洋务运动，中国的近代企业起步，到甲午战争时期已经取得了长足的进步，中国海军已成为世界上第五大海军，水平很高。但是在甲午海战中，朝廷的战和政策一直摇摆不定，中国应有的实力根本没有发挥出来。甲午战争让中国人有了第二次思想上的认识，就是以康有为、梁启超为代表的变法派的出现，他们主张甲午战争的失败不是单纯的军事问题，败就败在中国的制度不行，所以要改革中国的制度，全面向日本、英国学习，搞君主立宪制，这就出现了戊戌变法运动。甲午海战和戊戌变法这些事件是中国近代思想上的第二次转变。就是不仅承认中国船坚炮利不如人，而且承认中国的制度不如人。

戊戌变法没有取得成功，康有为、梁启超都逃到日本，当时以孙中山为首的革命派也在日本活动，于是中国两派政治家发生了大辩论。这是一个重大的转变，如果说船坚炮利不如人，只是否定了中国传统文化中一个很小的部分的话，那么到戊戌变法的时候，就相当于承认中国文化制度层面的结构和设计全都是有问题的，鸦片战争的时候否定了中国的科技，戊戌变法的时候否定了中国的制度。在东京讨论时，康、梁改良派还主张像日本和英国那样有君主，有议会；但是革命派主张不要君主，直接进入民主，直接选总统，实行总统制，两派观念不一样。梁启超认为中国不能直接搞总统制，因为中国有两千年的封建君主制，人民已经习惯了，必须对人民进行教育后才能搞民主选举那一套，否则人民不知道怎么行使国家主权，主权在民得不到落实，即民智未开是不能搞民主制的。孙中山意气昂扬，认为革命和教育是两件事，两个战役一起搞，一边革命一边对人民进行民主共和教育，后来，孙中山在他的建国大纲中提出了三个阶段的说法：第一个阶段是军政时期，要用军事力量推翻清朝的统治。第二个阶段是训政时期，即军政之后不能直接选举总统，而是要经过一个教育阶段，之后才进入第三个阶段。第三个阶段是宪政时期。可见，孙中山还是接受了康、梁的部分主张。

1911 年辛亥革命发生，它不是革命家计划好的，而是突然发生的。辛亥革命成功后孙中山当了临时大总统，后来又把这个位置让给了袁世凯，袁世凯又搞复辟，中国乱成一团。辛亥革命以后中国状况整体上没有什么大的改进，人们进入了苦闷和彷徨时期，鲁迅说：原来以为革命成功了，一切问题就会迎刃而解，没有想到现在革命成功了，一切还乱得一塌糊涂，这叫醒来无路可走。原本想得很好，结果真正醒来一看，不知道未来怎么办。于是 1915 年到 1919 年，从新文

化运动到五四运动期间，中国的读书人开始思考：到底哪个地方出了问题？为什么革命之后还这么乱？到五四时人们开始有所认识。

西方传来了民主，我们是专制；西方传来了科学，我们是迷信。这是五四时期中国人的看法。凡是说到文化一定是中国文化有问题，只要举出一个西方文化的好处就能对应找到中国文化的坏处，但是认为中国文化没有好处也是对的，那么大的文化体系一点好处都没有吗？如，有人给陈独秀写信说：温良恭俭让有什么不好？做人不就应该温良恭俭让吗？陈独秀说：温良恭俭让很好，做人就应该温良恭俭让，但是温良恭俭让是全世界伦理学家的共同主张，是全人类共有的。什么是中国特有的呢？三纲：君为臣纲、夫为妻纲、父为子纲，这是中国特有的。当时的逻辑就是强调中国文化负面的存在，不好的东西才是中国的，如果好的就不算是中国的，至少不是中国独有的。我们看到，五四运动是一个关键期，全面否定了中国文化本身。

所以，从鸦片战争到五四运动一次一次地否定了中国的传统，认为中国科技不如人，制度不如人，文化不如人，中国文化被全面否定，这个历史过程已经完成。五四以后要把五四思想运用到中国建设的实际中去，那么这时，中国的文化自信心就无从说起了。所以，中国两千年的文化自信经过近代百年的过程受到了极大的打击。

国学的现状

我们把五四运动看作中国现代化的起点，100 年来，中国的现代化取得了长足的进步：第一，五四运动为中国现代化的发展提供了基本的路径，我认为它的现代化路径就是全盘西化，这个路径后来基本上没有被否定。第二，五四运动创建了新型的中国政党——中国共产党，领导中国现代化的政党出现了，五四运动使中国在现代化进程中取得了一系列重大成绩，也为中国现代化事业的发展做出了巨大的贡献。五四时期的精神领袖们，如鲁迅、陈独秀、胡适，他们的出发点绝对是爱国主义的，不必质疑。但是，100 年后的今天，要完全继承五四时期的所有一切，也不是科学的。任何事物发展了这么多年，它的弊端也显现出来了，历史的环境也已经变迁，我们有条件更客观地面对。我们今天要强调的是在这个过程中，有意无意打击了中国人民的文化自信，这是我们今天需要认真对待的问题，树立文化自信必须重新面对我们的文化，包括传统文化。

文化作为一个国家、一个民族的文明成果是任何民族都具备的，每个民族都有自己的文化传统，至于应该怎么看待传统文化，实际上我们还面临着强大的理论压力，一种理论是进化论。进化论是达尔文提出来的，它研究生物进化，在进化过程中坚持优胜劣汰的原则，把它运用到社会中，中国人就全盘接受了这个观点，认为弱了就要被吃掉，必须奋起直追向西方学习。但是这个观点背后隐藏着另外一种理论，就叫欧洲中心论，在这个理论中，进化论为欧洲中心论服务，在具体的文化对照中，欧洲控制了全世界，五四时期人们的主张无一不来自欧洲，甚至在中国的两派不同观点，都来自欧洲。实际上，欧洲跟中国的关系也是有一个变化的过程的。最早传教士把中国的文化介绍到欧洲，如伏尔泰等还是很热衷中国文化的，他们到处宣传中国文化。所以欧洲出现了特别赞赏中国文化的一派。后来随着欧洲的发展，赞赏中国的这一派人开始少了，否定中国的人更多了，如康德、黑格尔、孟德斯鸠等，黑格尔就说过中国没有哲学。说中国文化一无是处，我们自己好像也无力反驳。

这一理论使中国文化完全成为一个负面的存在，好像只要它存在一天，中国的现代化事业就不会顺利发展。于是，我们一方面要全面向西方学习，另一方面要努力改变自己，解决中国文化存在的问题。有人认为解决中国文化必须从汉字入手，这就是著名的汉字改革。汉字改革表面的原因是汉字三难：难认，难写，难记。其实没有哪一种语言是好学的，所以说汉字三难是一个伪问题，最早这个说法是传教士提出的，主要是对中国山村里的方言无法掌握。汉字改革分三步走，第一步是给汉语加拼音，民国的时候加过一次拼音。第二步是简化汉字，新中国刚刚成立不久，就公布了第一次汉字简化方案，就是我们现在学的简化字。第三步是汉字的拉丁化，也叫汉字拼音化。现在有人提出要恢复繁体字，因为汉字简化虽然没有彻底消灭汉字，但是它成功地阻断了中国人读古书的能力。现在还有人主张汉字改革，因为他们从来不认为文字本身是文明成果的一部分，是文化最重要的载体。我们的教育系统其实也是在这种思想的指导下完成近现代化的。清末我们向西方学习了很多近代学科，只保留了一个中国传统学科经学。辛亥革命第二年就取消了经学，从此中国的学校教育已经全面西化，就没有中国的独立学科了，我们受教育的科目都来自西方。当然，我们的学校教育中有两门课与中国文化有关，第一是中国历史课，第二是语文课，但是其中文化的内涵较少，很难提高我们的民族文化自信心，让人没有自豪感，最近我们在努力改进这种状况。

随着中国经济的发展，中国俨然已经成为世界经济大国，中国必须要建设自己的文化。我们在日常生活中也发现，没有传统文化的中国会有很多问题，所以国学在社会上受到重视，两类人成为推动民间国学发展的主要力量。一是成功人士、企业老板，他们要补传统文化这一课。二是母亲们，她们希望自己的孩子能早点了解并掌握传统文化。党的十八大以来，强调优秀传统文化教育的力度前所未有，党中央也看到了中国未来的发展离不开传统文化。总之，五四以来我们的国学现状是什么？第一，边缘化，如以教育为主，国学在我们的教育中不重要。第二，碎片化，传统文化还是有的，还是存在的，如书法爱好者、国画爱好者还一直在坚持战斗。应该认识到，我们今天的文化主体其实是西方文化，中国传统文化尚未成为核心和主力。

国学的未来

中国已成为一个经济大国，还不是强国，但是中国的强大是不可阻拦的。未来中国的发展需要文化补强，最核心的问题是如何发扬传统文化，如现在的科技，现在的教育学习如何把大家的文化自信心提上来呢？这是很重要的。

党中央提出文化自信、道路自信、理论自信，随着社会发展把这些自信建立起来，但是道路自信、理论自信以及军事发展都不能替代文化自信。文化也需要建设，核心的问题就是国学建设，就是要对传统文化的优秀面多加研究，努力发扬。学者应该把需要发扬的地方研究出来，对此我们责任重大。

例一，中国有一个旅游品牌叫深圳华侨城，他们办了很多游乐项目，其中一个是欢乐谷，就是跟美国学，人家有什么，我们就有什么，它叫过山车，我们也叫过山车，那么问题就出现了：一个是知识产权，二个是真正的国际品牌进入国内市场。那么，如何在本土抗击外来的国际大品牌，这是企业经营的问题。我曾经给他们建议，要国学化，就是中国化，可以改头换面，加上中国文化元素，对中国孩子的吸引力一定会增强。如，过山车改一个中国名字，可以叫夸父追日，在火车头前加一个太阳，中国文化的意味就出来了。又如，海盗船可以改名为郑和下西洋。用中国的传统直接射击就行了。我们的故事太多了，这其实就是中国企业或者中国现代经济发展需要中国文化，尤其是传统文化提供助力的一个很重要的方式，文化味道一下子就重了，中国的味道就足了。

例二，世界珠宝分为三个系统，一个是西方的钻石类，再一个是阿拉伯的，第三个就是中国珠宝。中国珠宝在古代世界三大系列中占 1/3 的天下，新中国成立后的 60 多年，这个行业基本上荒废了，改革开放以后这个行业在我国重新兴起，但是主要就是来料加工，我们给法国、意大利品牌做订货，人家挣大钱，我们只挣了加工费。但是现在我们的技工把所有的设计都学会了，能力已经很强了，恢复中国的珠宝设计是当务之急，这也是在恢复中国的传统。我就给珠宝商提建议，先做学术工作，把中国古代的珠宝重新找出来，进行分类，研究他们的美学原理，从而设计出中国式样的珠宝。

总之，就是要在传统文化中寻找新的资源，如，我们的服装设计不能只跟着法国、意大利的品牌跑，要寻找中国的传统资源，像旗袍、唐装等。我认为国学的未来是一个很具体的问题，各行各业其实都应该有这个思路，就是到中国传统文化中去寻找自己的资源，中国传统文化底蕴太丰厚了，资源太多了，一旦找到了这个资源，就找到了法宝和秘籍。

我们今天讲爱国主义，不讲传统文化就是沙上建塔，没有基础。其实如果详细了解中国的历史就会发现，那就是爱国主义的基础。我们丢掉了这么久的全民族的文化自信心现在要从头建立，甚至从负面的起点开始建立，显然是不容易的。那要怎么做呢？应该真正使传统文化变成国民的基本素养，正规的中小学国学教育要全面铺开，以真正解决国民的基本素养问题。国学是一个很浩瀚的资源，但是长期闲置，能够利用国学资源的人少之又少，所以国学就成了一个稀缺资源。所以核心是教育的主力部队，靠业余爱好班解决不了问题。但是在国学教育没有普遍展开之前，我们只能靠个人努力解决一些问题。

例一，古代启蒙之物用在孩子身上就可以。第一是《论语》，第二是《孝经》，如《孝经》讲各类人都有自己尽孝的方式。天子尽孝就是对天下所有老人都好，诸侯尽孝就是要对国内的老人都好，普通人对自己的老人好也是尽孝。小孩子孝的教育应该从哪里开始呢？孝经开篇就讲："身体发肤，受之父母，不敢毁伤，孝之始也。"也就是说，要保证自己的身体安全，这就是孝的开始。这就是安全教育，多重要呀。又如，《弟子规》说："宽转弯，勿触棱。"这都是在要求保护身体安全，安全教育属于生命教育的一部分。中国的小学生自杀率最高，因为我们的生命教育没有跟上，小孩子搞不懂这些事情，莫名其妙就出了问题。

例二，我们过去有一个误解，以为孝就是围着父母转，父母说的话不违背就行了。《孝经》的说法是："立身行道，扬名于后世，以显父母，孝之终也。"就是要按照正确、合法的道路完成人的生命，不仅自己扬名了，父母也因此获得好的名声，这才叫完成了孝道。孝之忠也，这是孔子说的。

其实文化自信最终也依赖于我们现实社会的长足进步，我们现在提文化自信，也是因为我们各个方面都发展了，但是文化方面的进步有限，我们需要文化自信来帮助文化发展。基辛格曾说，中国不是一个新崛起的国家，而是一个老牌的领先者。在人类2000年的历史中，中国有长达1800年都是世界的领先者，只在近的200年被西方反超，现在是中国又赶超上来，王者归来。所以，随着自身的发展，我们开始研究，为什么是中国，怎么又是中国，只有这个问题得到了解答，我们的文化自信才能更好地建立。那么，为什么在中国可以2000年中长期领先？那不是一个偶然因素，最初的国家都是比较相像的，都是贵族社会、贵族政治，古希腊，古罗马，俄罗斯和中国夏、商、周朝一样都是贵族社会和贵族政

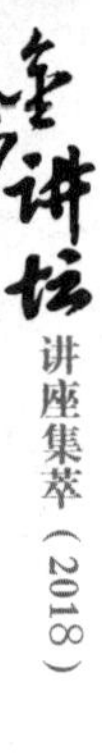

治。但是中国后来率先发生了变化，春秋战国 550 年前后，中国发生了惊天动地的变化，其中最大的变化就是贵族被消灭了，而西方和世界的主要国家长期以来一直保持着贵族政治和贵族社会，他们在近代资产阶级革命的时候才消灭了贵族。这是中国社会与他们最大的不同。如，中国汉代有民间选拔干部，隋唐以后有科举考试选拔国家的干部。近代以后中国确实向西方学习了许多东西，科技、管理等，但是有一条是不用学的，就是中国是平民社会，考试制度是中国对世界最大的贡献，是中国的一大发明。

现在全世界都跟着西方学，未来应该能证明中国学得最好。为什么中国学得最好？因为中国社会结构先进，先进性体现于一平等，二开放。平等开放决定了人员的流动相对自由，尽管今天现状还有很多不如意的地方，最重要就是对传统文化和教育的重视程度还不够，所以资源利用还不够，但是这在未来会成为中国人重要的发展动力，而且是中国所特有的。所以，国学是重要的，国学中的糟粕很多已经被淘汰了，我们只要学习优秀的东西就好。

春秋名相管仲

◎李任飞

李任飞，毕业于北京交通大学，硕士学位。现为西南交通大学公共管理学院副教授，山东齐文化研究院兼职教授，管仲纪念馆名誉馆长。在大学主讲“齐国盛世与社会管理创新”“管仲管理思想”“晏婴领导智慧”等讲座和课程，并常年为国内多家党政机关、党校、高等学府、国营大企业巡回授课。

我今天给大家分享一位历史名人，春秋名相管仲。

2011年4月5日，北京中华世纪坛举行了一次40位文化先贤的雕像揭幕以及相关活动。当步入大厅时，就会惊奇地发现排在第一位的既不是老子，也不是孔子，而是管子。但是到了第二天，当你打开电视，翻开报纸，浏览网站时候你又会惊奇地发现，几乎所有媒体把“管子”两个字删掉了。为什么呢？我认为，在中国人头脑中，老子的名字很熟悉，他有一句话“上善若水，无微不至”。但是管子，很多中国人都不熟悉。

这种现象其实由来已久。20世纪80年代，山东有一家文化公司做了一个管子文化研讨会，去机场去接人时，有人就问：“你们研究什么管子？”活动结束以后，还有人写信给他们说：“不知道你们研究的是钢管、铝管还是塑料管？我们依据地理位置推测你们可能研究的是陶瓷管，如果是的话，我们想跟你们做生意。”2000年以后，这家机构又搞了一次国际管子文化研讨会，又发生一件事情：从韩国来了100多位专家参加这次研讨会。主办方说怎么来了这么多人，韩国会长说，他们的总统金大中先生在读书的时候读到《管子》，读完以后掩卷长叹：中国人说半部《论语》治天下，依他看是半部《管子》治天下！后来金大中先生投资5000万美元在韩国成立研究机构，招募本国研究专家专门研究管子。

管仲给我们留下了很多的思想，百年树人是他的

思想之一。管仲到底是什么样的人，值得金大中这样仰慕他，投资来学习他？要对管仲这个人进行说明，内容太多了，管仲的管理思想要讲两天，还有其他的很多思想。我今天就给大家传递以下基本信息。

成功逆袭的寒士

管仲，名夷吾，字仲，颍上（今安徽颍上县）人。管仲是中国第一位社会改革家。他是贵族出身，但他三岁的时候父亲就去世了，家道中落，是母亲一手把他拉扯大的，因此管仲对母亲非常孝顺。

管仲有一个好朋友鲍叔牙，比他大两三岁，两人一起长大。他们一起做生意，因为管仲家里穷，鲍叔牙就出了做生意的本钱，但是分钱的时候管仲就提出能不能多分一点，鲍叔牙就说好。他们一起服兵役，战场上冲锋的时候，管仲说哥哥先冲，鲍叔牙说好。这两人都是聪明人，乡亲们有什么疑难问题都向两人请教，鲍叔牙出的主意往往很管用，而管仲出的全是馊主意。有人看不下去了，就跟鲍叔牙说："你怎么这么对管仲呢？管仲贪财、胆小又无谋……"但鲍叔牙说：一个人面对的机会总有好与不好的，如果管仲遇到了好机会，那他做起事情来就会百无一失。后来这个说法慢慢传到管仲耳朵里了，管仲长叹一声说："生我的是父母，了解我的是鲍叔牙呀。"这个故事后来演变成了成语"管鲍之交"，用来形容两个人关系比较好。

鲍叔牙到了齐国，齐襄公接见他，觉得他很了不起，请他教导自己的儿子。鲍叔牙说："我还有一个兄弟比我强百倍。"齐襄公一听，急忙去寻找管仲。管仲此时在哪里？他生意做不下去了，就去考公职，他很聪明，每一次都能考上，但考进去没几天就被赶出来了。因为管仲总觉得规矩不好，要重新定，而这些规矩都是传下来的，他最后只能沦为杂役。齐襄公比小官吏高明多了，他见管仲果然要比鲍叔牙高明，于是委派他去教二公子纠，鲍叔牙教三公子小白。鲍叔牙接到任命以后心里不太高兴，称病不出，管仲和另外一个同事去看他。管仲分析说：公子纠虽然排序在前，但他的母亲不招大臣们喜欢，很有可能会迁怒于公子纠。而公子小白头脑清醒，有大格局，很有前途。因此管仲建议："你教导公子小白，而我教导公子纠，将来这两位必然有一位成为国君。"

后来齐国发生内乱，管仲和公子纠到鲁国避难，鲍叔牙和公子小白到莒国避难。齐国国君死了后，公子纠和公子小白都想回国奔丧。鲍叔牙和公子小白离齐国近，因此走得比较快。管仲和公子纠在鲁国本来距离比较远，但是管仲先行，把小白拦在路上，说自古长幼有序，让公子小白先退回去，等公子纠回国主持大事。当时鲍叔牙不同意，于是管仲对着公子小白射了一箭，公子小白当即口吐鲜血，而管仲则带着人马回鲁国接公子纠。管仲走了以后，鲍叔牙抱着公子小白哭，一会儿，公子小白慢慢地睁开了眼睛，管仲的箭射中的是带钩，公子小白当时咬破了舌头装死骗过了他。

公子小白先回到齐国当了国君，就是齐桓公。齐桓公和鲍叔牙都想把管仲弄到齐国，但是他们的目的不一样：鲍叔牙想让管仲回来当宰相，而公子小白想要亲手杀了管仲。经过鲍叔牙的劝解，齐桓公接受了鲍叔牙的建议。桓公践位二年，召管仲。管仲至，公问曰："社稷可定乎?"管仲对曰："君霸王，社稷定；君不霸王，社稷不定。"齐桓公说："吾不敢至于此其大也，定社稷而已。"齐桓公说他只要江山安定就行了，而管仲反复劝齐桓公称霸，齐桓公都说不能。于是管仲请辞，曰："君免臣于死，臣之幸也；然臣之不死纠也，为欲定社稷也。社稷不定，臣禄齐国之政而不死纠也，臣不敢。"管仲说他没有为公子纠而死是为了齐国，如今拿着齐国的俸禄而不为公子纠殉节，可不敢。"至门，公召管仲，管仲反。"这九个字，把君臣二人的较量过程写得栩栩如生。于是，"公汗出，曰：'勿已，其勉霸乎。'"齐桓公终于同意称霸了，其实他之所以不同意管仲的称霸方案，是担心管仲借鲍叔牙之力回齐国安享晚年，而管仲用必死的决心让他放心了。管仲当时已经是公认的大才、天才，这种天才可遇而不可求。

这个故事很重要。这件事情看起来持续的时间不太长，现场没有发生激烈的冲突，没有互相对骂，也没有拔刀相向，但是这件事为齐桓公确定了目标，就是要成为春秋霸主。这个目标给齐国带来了40年的繁荣，也为齐国400年的富强奠定了基础，春秋五霸、战国七雄，排在第一的是齐国。在战国七雄当中齐国的经济状况是最好的。而这一次管仲所总结出来的很多经验也必然会影响中国4000年乃至更久。

管仲是一个成功逆袭的寒士。他逆袭在哪里？我们思考一下：一个贫寒之士如何能当大国宰相？一个战场逃兵怎样指挥军队？一个经营不善的商人如何带领百姓发家致富？一个遭到多次解聘的公差怎样开创了争霸天下的千秋伟业？

洞察人性的先哲

管仲要想齐国称霸，齐国称霸的支撑点在哪里？我分析了管仲的经历，认为其中非常重要的一点是管仲善于洞察人性。以人为本在今天非常流行，这是管仲的思想，他说："人不可不务也，此天下之极也。"人要重视工作，这是最重要的事情。那怎样重视人？当然要尊重人性，满足其合理需求。对于人性，中国古代

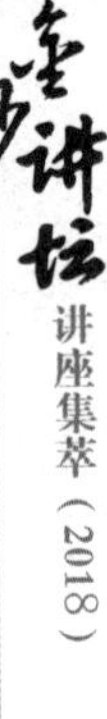

有很多论述，我们最熟悉就是“人之初，性本善”，但也有人认为人性本恶，性善和性恶争论了很多年。实际上偏重任何一方都是不对的，在善恶之间还有非善非恶，三者构成完整的人性。

孔子对人善的方面是推崇的，而对人的其他部分就主张进行教化，《论语》中很多篇都是在讲仁义。管子则认为，对于人善的部分要请赏，即要精神鼓励和物质奖励双管齐下，鼓励仁义的举动。两人的思维是不一样的，孔子是老师，是万世师表；而管子是宰相，他主张对于人性的不同方面进行区分，然后用不同的社会手段进行管理和引导，所以他是春秋第一相、华夏第一相，甚至有人说他是天下第一相。管仲针对善恶这两个不同的方面提出德法兼治，善的部分用德，恶的部分用法来解决。

管仲如何满足对方的正当需求呢？他说：“得人之道，莫如利之。”即要想得到大家的支持，就要做利他的事情。管仲在《管子》中说：民之情“莫不欲利而恶害”，就是趋利避害，这是管子对人性的判断。管仲在管理中充分运用了这个原理。首先是管仲对土地的态度：要把土地分给人民，人民分得土地以后就会勤于耕作，如果土地不是他们的，人民种起来就没有积极性。其次是管仲对战争的态度：如果一个人的祖坟在这里，他的根基在这里，他的老婆孩子也在这里，他就会誓死保卫它。最后是管仲对奖励的态度：“诸侯之君有行事善者，以重币贺之。”即其他国家的国君做了好事，就奖励他一大笔钱；“从列士以下有善者，衣裳贺之。”当时齐国号称“冠带衣履天下”，服装非常畅销，社会名流经常抛头露面，穿名牌服装，光鲜亮丽，心里满足；“凡诸侯之臣有谏其君而善者，以玺问之，以信其言。”即大臣们如果给国君提了有效的建议，就给他发一块玉玺，证明这些建议是出自他口。管仲做这些事情时都会考虑到人性，考虑到人在他所处阶层具体的心理需求。

管仲认为可以利用的人性是能够被社会所容忍和接受的部分，还有一些要用刑法加以反对。齐国三宠的故事可以说明这一问题。齐桓公在管仲病重的时候去看望他，说：“您病得这么重，万一您不好了，有没有宰相人选？”管仲挣扎着爬起来，跪在齐桓公面前，请他一定要远离三个小人。第一个是竖貂。竖貂是齐桓公的侍从，从小跟在齐桓公身边。竖貂长大后不能入宫，他心急如焚，就去做了手术——自宫，成了内侍总管。管仲说：一个人连自己的身体都不爱，能爱国君吗？第二个是易牙。易牙是中华厨神。司马迁曾经描述过，两条河的水端到易牙面前，他能知道这个水是哪条河的。有一天齐桓公说，我吃遍了山珍海味，但是没有吃过人肉，不知道人肉是什么味道？第二天易牙就给他端了一碗肉，说是把他 3 岁的儿子杀了煮给齐桓公吃了，齐桓公听了热泪盈眶。管仲却说：连自己的儿子都不爱，能爱国君？第三个是开方。开方是卫国的大公子，追随齐桓公来到齐国，勤勤恳恳，十五年没有回家看他父母，齐桓公很感动。管仲说：一个人如果放弃了千乘之国来追随你，你要小心，因为他很有可能有比千乘之国更大的企图。管仲说，我死以后，你一定要把这三个人逐出宫去。不久管仲就去世了，齐桓公就把这三个人赶走了。但是过了三年，齐桓公因为不喜欢其他厨师做的菜，又把易牙叫回来，易牙又把竖貂和开方叫了回来。好景不长，齐桓公病重，这三个人在他的寝宫外修了很高的围墙，齐桓公最后在里面病饿而死，死后六十几天，身上长的蛆顺着墙爬出来，外面的人才知道国君去世了。春秋时期的堂堂霸主落得这样的下场！

这三个人在之前对国君是绝对忠诚的，按这样的标准，这三个人是可信可靠的。而管仲的判断基础就是人性，他说这样的人人格扭曲，心性残忍，是最可怕的。

系统构建的大师

管仲提出要称霸，而称霸所面对的问题有几个。一个是地处偏远。当时的齐国在今天山东北部，不在中原的国家想要称霸难度很大。第二个是周朝时实行分封制，分封制会带来割据。在齐国国内，这样的割据力量在逐步形成，如果整体是一盘散沙，还有什么力量称霸？所以管仲必须解决这个问题。管仲实行国野分治的方法，国都为国，其他地方为野。国中设二十一乡，其中工商六乡，士十五乡。每五家为一轨，轨设轨长。每十轨为一里，里设里司。每四里为一连，连设连长。每十连为一乡，乡设良人。农村怎么办？三十户为一邑，十邑为一卒，十卒为一乡，三乡为一县，十县为一属，全国共有五属。这五属都是大户。管仲与他们做了利益交换，就是这些地封给大户，由大户种植，粮食归大户，但是这个地方的行政机构的设置要按照管仲的来，地方教育要按照他的来，司法要按照他的来，甚至生产技术指导也得按照他的来。管仲代表国家，国家来帮大户管理这些事情，大户就少操心。少操心又多打粮食，大户何乐而不为呢？这个利益交换最后的结果是这些大户们运作一段时间后身份发生了变化，由原来的领主变成了国家官员，代表国家管理这片土地。管仲用这个办法把这些权力逐渐收回来。管仲是走向集权的先驱，管仲的办法是柔和的，是讲人性的。

管仲在行政体系上做了什么？他要做国家统计。管仲在做统计这件事情是比较早的。有一天齐桓公问管仲："请问官国轨。""官国轨"用今天的话翻译就叫国家统计局。管仲说了，国家要有一个统计部门。齐桓公曰："行轨数奈何？"管仲说一个乡，土地能打多少粮食，有多少粮食能拿出去卖，各级政府机构一年的

办公费用，这些东西都要知道。齐桓公曰："轨意安出?"管仲说有两个作用：第一，这些统计数据就是我们发行货币的基础。第二，平准粮价。今年粮食丰收了，国家就要多准备钱。因为粮食丰收，百姓余粮多，集市上供应充足，粮食就会降价，当粮价降低到一定程度的时候，国家就把钱拿出来购买粮食，避免农民受损失。这是管仲经济策略的第一条，就是国家要调控市场。齐国因为有了统计，后来才得以称霸。只有进行统计，国家才知道资源在哪里，然后才能快速合理地进行调配，一个国家才有竞争力。

齐国要想称霸，军队一定要建设好。齐桓公说齐国这么大，要有自己军队，其他国家都害怕，他们也开组扩建军队，一来一去就成了军备竞赛。可是不养军队，国家安全就没有保障。管仲主张对军队实行"项目管理"，战争一来就接到项目，任命谁为"项目经理"谁就挂帅，然后招募"项目组成员"。项目组成员自哪里来？行政单位人员。每五家为一轨，就是5人；每十轨为一里，就是50人；每四里为一连，就是200人；每十连为一乡，就是2000人；每十乡为一军，就是2万人。作战能力得益于姜子牙。姜子牙有一套训练方法，教会农民如何一边干活，一边练武，提升了单兵作战的能力；还有就是集体作战能力，管仲在春秋两季农忙结束以后要搞两次军事演习，用一段时间把这些人集中起来训练。所以，齐国不养军队，节省了一大笔开支，其他国家也看不到齐国军队，但实际上齐国的军队很厉害。

经世济民的天才

看看管仲是怎么搞经济的。首先是"相地而衰征"的政策。其中一项重要内容就是"均地分力"。周朝实行井田制，就是把一块地分成九块，周围八块分给农民，叫作私田，中间这一块叫公田，由周围的这八家帮助耕种。春秋时期出现的问题就是公田收成很差，没有人种公田，公田的草都长得很高。管仲提出"均地分力"，就是把公田分到个人。而每年国家收15%的农业税，这是标准税，但是土地品质不同就按不同的标准来征收。就是在地中间往下挖，如果挖到六尺出水就按标准收税，如果挖到七尺出水；说明这个地容易旱，就减免10%的税；如果挖到五尺就出水，说明这个地容易涝，也按10%减免税。在2700年前，管仲就已经开始做精细化管理。因此，《管子》这部书就是一本标准管理书，制度、文化建设、企业结构以及人力资源管理等讲得都非常全面。

同时，在工商业方面，管仲最突出的是盐铁专营政策。管仲实行盐铁专营的时间要比世界其他国家早几百年。其实管仲进行盐铁管理的初衷是要把盐卖到中原去。春秋时期中国大地上主要有两大产盐区，山东寿光和山西运城。管仲知道中原有巨大的食盐需求，他要把盐卖到中原去。因此，管仲对食盐实行配给制，按照家庭的人口数分配买盐的分量，同时盐的价格由国家管理。盐要卖出去要签订关贸协定。其实当时称霸，就是建立一个联盟，很多诸侯国都参加，谁当盟主谁就是霸王。齐桓公是当时的盟主，就定了一个事情：同盟国的关税都收1%。这个就是关贸协定。但是这样做也有问题：其他国家的人到我们这边来进盐，有1%的税，毕竟山高路远，怎么过来？所以管仲在他当宰相第19年的时候，决定单边取消关税，使齐国变成自由贸易区。自由贸易区光是取消关税还不行，管仲还有一些贴心服务，如把交通搞好，从边关开始每三十里修一个驿站，确保商人有地方吃饭，有地方住店。

保卫华夏的巨人

子曰："管仲相桓公，霸诸侯，一匡天下，民到于今受其赐。微管仲，吾其披发左衽矣。"其实是这个"霸"在古代不是贬义词，而是褒义词，是说成为一个有威信的人。"一匡天下"就是给当时的华夏社会建立了秩序。老百姓到今天还在享受着他创造的幸福。

这里有一个故事：鲁绨之谋。有一天齐桓公见到管仲说："我最近心中很郁闷，邻国鲁国经常挑衅我们，我们得想办法治治他们。"于是管仲做了三件事情。第一件事情，给齐桓公做了一件新衣服，齐桓公穿这套新衣服上朝，文武齐声喝彩。后来满朝文武都换上了这种衣服，也有老百姓穿上了这种衣服。做这种衣服的面料不是齐国生产的，而是鲁国生产的，叫绨，价格不便宜。第二件事情，管仲举办了一次外贸会，把一帮外国商人找过来，说现在我们的经济建设上来了，老百姓物质生活水平提高了，流行穿绨制作的衣服。大家到国际市场去进口绨，每进口1000平方米绨奖励300元，进口10000平方米奖励3000元。商人一听这个事情，纷纷涌入鲁国，鲁国面临空前的历史机遇，旁边有那么大的国家等着穿我们鲁国的面料制作的衣服。三个月以后，管仲派到鲁国的情报人员传来消息，说现在鲁国不得了，城市人口剧增，一片繁荣景象。于是13个月以后，管仲又做了第三件事情，他又给齐桓公做了一套新衣服，但是这一次他没有用鲁国的面料，而是用齐国的面料帛。于是风向变了，绨的价格一落千丈。鲁国惨了，库房里堆积了大量的绨卖不出去——之前有人看到绨的价格每天都在涨，为了扩大产量，还借钱来生产。还有更惨的，为了生产绨，鲁国有大量的土地13个月没有种粮食，开始闹起了粮荒。60%的鲁国人变成难民涌入了齐国。三年后，鲁国国

君到齐国请求和解，管仲用经济制裁的方法解决了很多矛盾。

梁启超说："今天下言治术者，有最要之名词数四焉：曰国家思想也，曰法治精神也，曰地方制度也，曰经济竞争也，曰帝国主义也。此数者皆近二三百年来之产物，新萌芽而新发达者，欧美人所以雄于天下者，曰惟有此之故。中国人所以弱于天下者，曰惟无此之故。中国人果无此乎？曰恶，是何言？吾见吾中国人之发达是而萌芽是，有更先于欧美者。谓余不信，请语管子。"我们今天有那么多人出国，学习外国的先进思想、先进经验以及先进理论。我建议，无论是出国之前还是回来之后，都买一本《管子》，可能对自己的学习更加有用。梁启超评价管子是"中国最大之政治家，而亦学术思想界一巨子也"。"巨子"这个词在历史上曾被用于墨家，墨家称自己的领袖为巨子。几千年以来，被后人以"巨子"称呼的只有管仲。孔子推崇管仲，诸葛亮也崇拜管仲、自比管仲。孔子是中国人心目中最大的仁者，在这个仁者心中管仲也"仁"；诸葛亮是家喻户晓的智者，在这个智者的心中管仲也"智"。所以管仲是仁者心中的仁者，智者眼中的智者，他是圣贤的偶像。

我们看今天流行的观念。以人为本，以民为天，百年树人，以法治国，和谐诚信，礼义廉耻。这些观念在今天依然是我们所倡导的，而早在 2700 年前管仲就提出来了。习近平同志在讲话当中引用过管仲的话："凡治国之道，必先富民。""政之所兴，在顺民心；政之所废，在逆民心。""合则强，孤则弱。"还有一句："以天下之目视，则无不见也；以天下之耳听，则无不闻也；以天下之心虑，则无不知也。"就是要站在天下的层面去考虑事情，所有的事情都逃不过你的眼睛；如果只从自己的利益出发，难免会坐井观天。这就是管仲的思想。

大学与大师——清华大学校长梅贻琦的爱国情怀

◎岳　南

岳南，毕业于解放军艺术学院文学系、北京师范大学鲁迅文学院研究生班。著有《风雪定陵》《复活的军团》等考古纪实文学作品十二部，有英、日、韩、法、德文出版，海外发行达百万余册。另有《陈寅恪与傅斯年》等传记作品十余部，《南渡北归》三部曲在海内外引起轰动，《亚洲周刊》评其为2011年全球华文十大好书之冠，称其为首部全景再现中国最后一批大师群体命运剧烈变迁的史诗巨著。

感谢大家来听我用山东普通话讲一讲抗日战争的故事，这个故事主要发生在北平，发生在云南，还发生在四川，主要就是宜宾李庄。

讲梅贻琦的故事，要从1937年7月7日卢沟桥事变开始。卢沟桥战争开始，中国抗日战争就此爆发。北平沦陷后，淞沪抗战开始，淞沪抗战是中国抗日战争打得最壮烈的一战，日本人占领北平进入上海后，国民政府决定把所有大学往西南迁，西南当然是指云、贵、川。当年日本人占领天津的时候，打的第一炮是河北省政府，第二炮就是南开大学，把南开大学全部夷为了废墟，因为国民党中央政府首都搬到南京后，北平就只有像清华、北大、南开这样的学校还有活力，学生多，老师多，整天游行抗议，他们成为与日本人对抗的中坚力量。所以日本人到了北平以后，肯定会拿清华、北大、南开来开刀。

南开大学由两代人建立起来，出了中华人民共和国的两位总理，一是周恩来总理，二是温家宝总理；南开大学也出了很多大师。听说南开大学被轰炸，张伯苓当场就晕倒了，站起来后他马上在《中央日报》上发表了讲话，他说："敌人此次轰炸南开，被毁者为南开之物质，而南开之精神，将因此挫折而愈益奋励。"7月31日，蒋介石约见张伯苓，以同样的悲壮与坚毅之情表示："南开为中国而牺牲，有中国即有南开。"这是蒋介石跟张伯苓交往的开始。1945年抗日战争胜利以后，南开大学改为国立南开大学。

卢沟桥事变以后，蒋介石在庐山发表了重要讲

话："如果战端一开，就是地无分南北，年无分老幼，无论何人，皆有守卫抗战之责任。"抗战开始后，有的人说我们的大学就是累赘，不要搬了，用来办培训班，半年一期，把青年聚集起来，然后送到前线去，跟日本人打。但是张伯苓、胡适、傅斯年等人说，不能这样做，战争的时候要向平时看，我们一定要把大学办下去，不但要办大学，还要办研究生班，一定要办好。我们相信既然打起来了，中国是不会亡的，即使亡了也会复兴，但是文化千万不能断了，文化一断中国就真的完了。大家主张把所有的大学往西南迁徙，迁到安全的地方。北京大学、清华大学、南开大学组成了长沙临时大学，中央大学、复旦大学、同济大学、武汉大学、山东大学全部往西迁，在武汉、在四川、在云南、在贵州找地方。长沙临时大学后来组成了国立西南联合大学。北平师范大学、北平研究院组成了西北联合大学，往西安撤退，后来撤到汉中。上海同济大学向东南撤退，刚撤到阜阳就办不下去了，因为，矛盾太大了。西北联大刚半年就分崩离析，只有北京大学、南开大学、清华大学办了9年，这就是它的独特之处。为什么要保存这些大学？保存大学就是保存文化的火种，延续我们的文化血脉。

当时清华大学的导师有：李济、王国维、梁启超、赵元任等。一个叫李鸿越的学生，有号称中国最牛的一张毕业证书：校长是曹云祥，哈佛大学硕士；教务长是梅贻琦，第一届中国留学生，后来是清华大学校长；导师是王国维、梁启超、陈寅恪、李济。李济最年轻，是哈佛大学第一个中国考古学博士，也是中国考古学之父。李鸿越有两个学生，一个是胡耀邦，另一个是杨勇。从胡耀邦再到李鸿越，然后到梁启超，一下子就把历史接起来了，历史并不遥远，它就在我们身边。这就是历史文化不能割断的原因。

武汉沦陷了，学校不能办了，长沙离武汉很近，于是继续往南迁到云南，到云南后正式成立了国立西南联合大学。当时有三个校长，就是南开大学校长张伯苓、清华大学校长梅贻琦、北京大学校长蒋梦麟，要选出一个主席，一年一选，由于张伯苓和蒋梦麟在重庆有事情做，整个9年基本上是梅贻琦先生任主席。

西南联大当时的铁皮屋，后来改成了茅草房，为什么改成茅草房？因为国民政府急需钢铁，西南联合大学也需要搬迁，但是没有钱了，梅贻琦就自己拿着衣服和鞋子到当铺去当。梅贻琦的弟弟是燕京大学校长，燕京大学是司徒雷登当校长。1941年12月8日太平洋战争爆发时，司徒雷登在协和医院，当天就把他逮捕了。司徒雷登被带走以后是梅贻琦的弟弟当的校长。太平洋战争爆发之前燕京大学是美国人办的，太平洋战争爆发，美国也成为日本的敌人，所以它迁往华西坝。教会大学当年有五所大学，燕京大学、齐鲁大学、金陵大学、四川大学、华西大学、就在华西坝，当年也形成了一个文化中心。抗日战争期间有四个文化中心，分别是成都、李庄、重庆、昆明。

这个是茅草屋，铁皮屋变成茅草屋之后，一下雨的时候家里就没有办法住。这就是《无问西东》中的镜头，这个镜头拍得非常好。我坐的这把椅子就是杨振宁先生当年坐的，位置也是前面没有桌子，就是椅子。我当年上学的时候，尽管是泥巴做的桌子，但是也还算有，杨振宁和李政道就是在这样的场景中产生的。后来李政道获得了诺贝尔奖，他专门给吴大猷写过一封信，专门提到，在昆明要是没有吴大猷的照顾，他不可能到美国，也不可能获得诺贝尔奖，他深情地回忆了他当年在昆明的生活。吴大猷老师说名师出高徒，吴大猷是当年赫赫有名的导师，他在加拿大和美国高级实验室工作。后来台湾建清华大学的时候梅贻琦第一个邀请了他。蒋介石曾找到他，要在台湾搞原子弹。他跟蒋介石说，第一这样搞的话他连实验的机会都没有；第二大陆有原子弹，他再搞还不是往大陆放吗？双方投原子弹对我们民族没什么好处。蒋介石从此以后再也没有提过此事，这就是吴大猷的影响。吴大猷从美国回到台湾后，做过“中央研究院院长”，死后葬在台湾，他的墓就在“中央研究院”旁边。

名师与学生之间是连带关系。确实是名师出高徒，我们看一下西南联大，西南联大有 179 名教授任教，有 97 人留美，38 人留欧，18 人留英，3 人留日，总计 156 人，占总数的 87%，在 26 名系主任中，除中文系外皆为海归，5 位院长皆为留美博士。这就是梅贻琦倡导的“所谓大学者，非谓有大楼之谓也，有大师之谓也”的具体体现吧！有这么多的大师，有了这样的天才，在那样的环境当中，他们奋发努力，取得了世界级的成就。

林徽因和梁思成是跟着清华大学到云南的，他们一直在寺庙里工作，后来在乡下盖了一座房子，朱自清和闻一多等都有房子在那里。后来他们在云南乡下也待不下去了，就到四川成都华西坝住，有的跑到四川宜宾李庄。李庄有同济大学的师生，还有中央研究院十一所、经济学所、吉林一个研究所、北京大学文科研究所、中国新闻通讯社其中一个分社，大约十几个单位共 1.2 万人到了长江南边的李庄。为什么要到李庄？四川是天府之国，大山连绵，蜀道难，难于上青天，只要把剑阁一堵从北边就过不来了，日本人想从三峡过也不行，只打到宜昌就没有过来。另外长江有两条支线，一个是金沙江，一个是岷江，金沙江通到西南，岷江通到成都。长江从宜宾开始叫长江，以上是大渡河、金沙江。宜宾是长江源头，一直往上就可到重庆、武汉、南京、上海，到日本，到太平洋，到美国。既能把敌人抵挡在外，自己又能沿着这个路出去，这就是天府之国的优势。

当时林徽因和梁思成也到了李庄。林徽因到李庄后得了肺结核，这在当时是不治之症，而且他们非常贫困，梁思成把他的港币和手表都卖掉了来买粮食吃。林徽因每天都要用温度计量温度，但温度计被梁从诫不小心砸到地上摔坏了，一直到抗战胜利前，他们都没再买过温度计，每次发烧只能用手试一试大概的温

度。林徽因当时说，等到战争胜利以后，希望能喝上一碗汤，当时他们的生活确实很苦。尽管生活很苦，但是梁思成和林徽因都在工作，编杂志、写书，后来他们又设计了国徽。抗战胜利以后，梁思成参加了联合国大厦的设计。当年梁思成到美国的宾夕法尼亚大学学古建筑，他的弟弟梁思勇在美国哈佛大学学考古。这两个专业在当时不被认可，梁思成为此给梁启超写信说，古建筑和考古这个行业行不行啊，梁启超先生当时斩钉截铁地说："你们这个行业行，不但行，还很有发展前途。试看大唐王朝 300 年，它的灿烂文化主要来自李杜，如果没有李杜就没有大唐 300 年的光辉灿烂，有了李杜，不只大唐 300 年文化，我们中国 5000 年文化也发出了灿烂的光芒。你们只要好好学习，也能在自己的学术专业上达到很高的程度，为国家争得名誉。"后来的事实证明他们就是取得了极大的名誉。

这是一组当时的照片。这是同济大学医学院 3 名女生在李庄时期的照片，后来 3 人分别在成都医院、海军和空军总医院工作；这是战备物资入川的民生公司轮船在长江急速前行，这批物资是中华民族得以反攻的决定性力量。运输中，众多的轮船被追随而来的日机炸沉，有的触礁而毁，船上的水手伤亡惨重。但那些大船小船齐头并进，以及在弹片横飞的川江水面负重前行的身影，永远留在了中华民族的精神史上。其间，有外国记者拍下了全裸的民生公司职员和当地纤夫为抢运战时物资于寒风凛冽中在长江岸边匍匐前行的照片。面对抢运战时物资在江岸上匍匐的胸膛，随军行动的美联社记者发出快讯，认为："这样一个伟大的民族是不可能被打败和征服的。"因此，美国社会受到极大的振动和刺激，国会因此而调整对华政策并决定援华抗战。

最后的一场战争就是长沙—衡阳战争，结果守卫衡阳的国军第 10 军全军覆没，战士们的牺牲换来了抗战胜利，要是没有这些人我们不可能取得胜利。之后，所有的国家机关全部迁回南京，迁回北平。接着，三年内乱开始，面临第二次南渡北归，一批人跟着共产党、毛主席到了北平，一批人跟着国民政府到了南京，两批人开始了不同的命运。梅贻琦先生就是其中之一。1948 年，在北平即将解放的时候，梅贻琦从清华大学进入了北平城，国民政府开始"抢救"学人，最后一架降落在南苑机场的飞机接的是胡适、陈寅恪，那时机场已经被中国人民解放军包围了，他们的飞机走后，南苑机场就被解放军占领了。当时梅贻琦在清华大学，还有一些人没有撤出来，飞机在南苑机场已经不能降落了，于是降落在天安门对面，然后梅贻琦率领清华大学 24 个教授坐着最后一架飞机离开了。梅贻琦于 1949 年 12 月 19 日写道，夜晚匆匆写就一书给北大的汤用彤、周炳琳、郑天挺等人：锡予、枚荪、毅生诸兄惠鉴：明日如竟走了，关于城内清华员生事宜，还须请费神照料，既愧且感。清华现在城内教员中，已嘱托五位负责联系：许振英、陈体强、唐统一、李宗津、张肖虎。一、前商请北大垫备教职员借款各若干，办法如改，按各人底薪核发十二月份薪数亦好，或尤较直捷，请酌定告张君等；二、如能领到三个月经费（包括学生公费），琦意学生不必发给三个月，仍照现办法维持为妥。(有公费者以后再清结)；三、北大如于近期上课，可否请令清华百余学生依班系寄读，俾得完成本期学业，则嘉惠更多矣。临别心绪烦乱，不尽欲言，诸友均祈代表。

1962 年，梅贻琦去世，蒋介石给他题了“勋昭作育”四字。他的下葬地选在新竹清华校园西南区十八尖山之麓，此地倚山面水，居高临下，俯视全校，远眺大陆。校园内为梅贻琦修建了墓园，取名“梅园”。园内建有墓碑两座，一座正面镌刻蒋介石题赠的“勋昭作育”四字，背面是“褒扬令”。另一座正面是罗家伦题写的“梅校长贻琦博士之墓”，背面是蒋梦麟题撰的碑文。墓的左侧建有“梅亭”，园内植有各种名贵花木，其中有杏梅 287 株，梅花 241 株，名花草木构成了壮美秀丽的“梅林”，以志世人缅怀纪念。

中国教育史上有三个中国人获得诺贝尔奖，杨振宁、李政道、李远哲都是梅贻琦担任校长的时候培养出来的学生，李远哲 1987 获得了诺贝尔化学奖，杨振宁、李政道是西南联大的学生。梅贻琦是君子，他不爱说话，喜欢默默地做事，说得少干得多。1941 年清华大学迁至昆明，在清华大学 39 年校庆时总结说，清华大学用了 30 年时间就已经达到了西方 1000 年所达到的高度，与美国哈佛、耶鲁、斯坦福大学基本上站在了同一个起跑线上，我们已经达到过这个高度，产生过这样的大师了。现在回想起来我们何其有幸，在中国土地上有这么好的大学，有这么好的校长，有这么好的老师，有这么有天赋的学生，这么多群体在这块土地上崛起，为我们国家带来了相当大的助益，同时也在国际上争得了荣誉。

梅贻琦在清华大学主张通识为本，专识为末，这点非常重要。清华大学规定：凡是文科的学生一定要学理工科的东西，凡是理工科的学生一定要学文科的东西。然后要考试，如果考不过不能毕业，当然学生可能有意见，但是最终还是坚持执行了。这就是清华大学之所以为清华大学的原因。事实证明这是成功的。我们一定要教育孩子，你爱文科不要紧，但理工科也不要荒废。爱好理工科不要紧，一定要读读小说，看看戏剧，看看博物馆。这一点不仅是清华大学，北京大学也在实行，胡适担任北京大学校长的时候就推崇清华大学的这一点，后来胡适回忆自己一生的时候说，我这一生从事教育，没有做出什么成绩，但是我培养了一个学生叫吴健雄。吴健雄原来是中央大学的，在上海公学读过书，是胡适的学生。吴健雄后来到美国的时候，胡适就告诉他，到了美国不仅要搞实验物理，而且要参观美国的博物馆，美国建国时间不长，但是它的博物馆历史很悠久，要去看，要在文科上下功夫，这样的话将来会有大出息。吴健雄就是这样做的，美国博物馆他基本上参观了一遍，他后来成为美国的物理学权威。所以胡适到了晚年

说，“我这一生做教育工作撒下了很多种子，有的种子撒到了石头上被别人碾碎了，有的种子撒到路上被风刮掉了，有的种子撒在河里被河流冲走了，但是有的种子撒在沃土上，它就在这块沃土上生根发芽、开花结果，最后长成参天大树，他成为我们民族国家和世界的栋梁。吴健雄就是这样一个栋梁，如果我这一生当中什么成就都没有，我就培养了一个吴健雄，我这一生也足够了。”

这些都是梅贻琦创造的经验，是吴健雄他们经历的经验，这个经验能够分享给大家就好了。希望大家把这个经验传给我们的子孙后代。梅贻琦之所以会成为两岸清华大学的校长，西南联大之所以能成为中国教育的珠穆朗玛峰，是因为它的人格，它的独立之精神，自由之思想。梅贻琦曾经说：“你看到什么，听到了什么？你做什么，和谁在一起？如果有一种从心灵深处满溢出来、不懊悔也不羞耻的平和与喜悦，那就是真实。”梅贻琦说要做平和的、真实的、具有独立之思想、自由之精神的人，这个话对我们每个人都有启发。对后代来说是要把独立的思考、自由的精神贯彻下去。这个时代缺的不是完美的人，这恰恰也是我们今天所有的，这是清华大学乃至西南联大给当时和后代树起的伟大标杆和精神丰碑，这个丰碑实质上说的就是几句话：一是无问西东。不管是东方的还是西方的，只要是好的你就拿来。这也是清华大学校歌中的四个字。二是立德立言。大师后面有大德，有大德才能培养出大师，有大德、大造化、大境界才叫大师。三是我们看到了几十年前在抗日烽火中产生的这一批大师，他们奔波流离才能有今天的成果。四是南渡北归。经历了这么多灾难，但是最终给我们民族留下了历史，他们的人格和理想仍然是我们下一代要树立的、要追求的，我们要打造一种人格和理想，这也是我们老祖宗传下来的，即：无问西东，立德立言，一代大师，南渡北归。他们的人格与理想是：为天地立心，为生民立命，为往圣继绝学，为万世开太平。

谢谢大家。

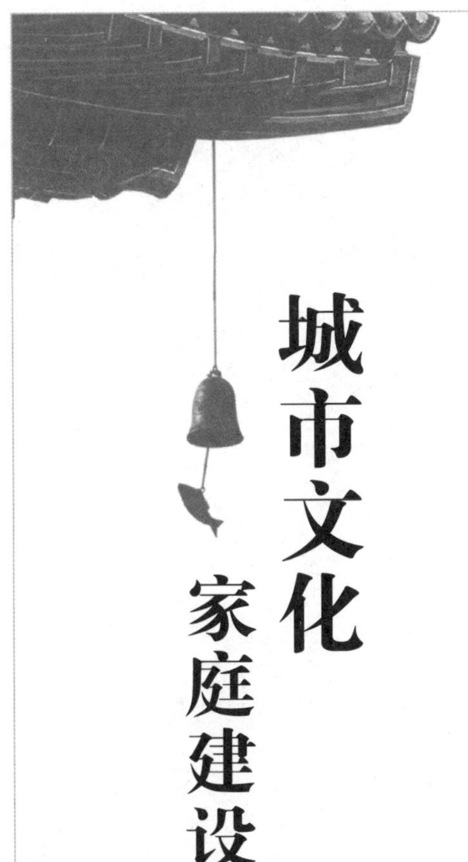

城市文化家庭建设

天马西来：成都与丝绸之路

◎霍　巍

今天给大家讲的这个故事的题目比较有文学意义——天马西来。这次在成都博物院有一个非常好的阿富汗黄金展，天马西来是跟这个展览相互辉映的一个感想。这个展览与成都的关系很大，一些展品与丝绸之路有关系，而丝绸之路从开通之始，其文物都反映出成都与中亚地区是有文化交流的。我从考古、文物的视角谈一谈这个展览与我们有什么关系，成都与丝绸之路有什么关系，天马与汉代的信仰体系有什么关系。

考古学的证明——成都与外界文明的交流

今天我们讲丝绸之路，有历史的概念也有现实的概念，有狭义的概念也有广义的概念。狭义的概念最早由德国的地理学家李希霍芬提出，他说从汉代中国通往东洋、印度、西洋，以丝绸贸易为主的交通路线就叫丝绸之路。他提出的这个概念一直沿用到现在，但实际上这个概念早在李希霍芬以前就被拓展了，类似这样的中国和西方的交流或者中外文化交流都可以用丝绸之路这个词来表示。丝绸之路成为广义的概念，它已经不再是一条路，它是指一种方式、一种途径；它不只代表中国对外地的交通不是一条单一的路线，而是一个网络，存在不同的主线和支线，同时还包括不同的功能，不仅仅是丝绸贸易。

西南丝绸之路路网在早期，既有山间的羊肠小

霍巍，教育部“长江学者”特聘教授，四川大学历史文化学院考古系教授、博士生导师，四川大学历史文化学院院长，四川大学博物馆馆长，教育部人文社会科学重点研究基地四川大学中国藏学研究所所长。兼任四川省历史学会副会长，四川省博物馆学会副理事长，中国考古学会理事，四川省委、省政府决策咨询委员会委员等。

道，也有通过江河上面的笮桥，有的地方甚至没有桥，就是一条绳子，可见中国西南地区的交通方式与别的区域是有区别的。它们有的时候可能是丝绸之路这条干线上的重要一段，有的时候甚至就是丝绸之路的毛细血管，即使是这样的路，我认为也不能忽略我们的先民与外界的交流，他们就是通过这些简单的交通方式突破自然的阻碍而与外界发生联系的。但是遗憾的是，我们过去讲丝绸之路的时候比较少的谈到成都，甚至整个中国的西南部分都没有被纳入丝绸之路中去，原因呢？一个是考古的发现，第二个就是我们对丝绸之路的认识还存在一些问题。要纠正这个认识，我认为必须从史前的西南开讲。在西南地区，三星堆文化、金沙文化都属于史前文化。那时我们与外界的联系情况怎么样呢？

首先谈一谈三星堆。引用中国著名的考古学家李学勤先生的一段话，我们要从这样的高度去认识三星堆，他说：三星堆发现的重大价值还没有得到充分的估计，实际上，这一发现在世界学术史的地位完全可以与特洛伊或者尼尼微相比。特洛伊古城的发掘、尼尼微古城的发掘都是世界级的发掘，三星堆也是世界级的发掘，它的价值和作用只有站在世界的高度才能认清。因为三星堆发掘出几件具有代表性的文物：第一，权杖，权杖代表权力、等级。第二，由黄金制作的面罩覆盖在青铜器表面，对黄金制品的重视是三星堆文明的一个特性。今天阿富汗的展览大都是黄金，特别受到重视，三星堆文化具有这个要素。第三，高大的青铜神像和高大的青铜神树。我们将三星堆文明与现在殷商地区的文明，即中原地区的黄河流域文明做一个比较，发现它们在体系上是有差异的。黄河流域文明以青铜礼器、棺椁车马来象征等级，这也是中原文明非常重要的特征。三星堆除了零星的器物以外，体系上也缺这个东西。我们讲中华文明是在今天中国的版图上来讲古代文明，所以三星堆文化是中国的一部分，是中华文化，三星堆不是外星人创造的，但是三星堆文明有其特性，在中国文明的早期阶段它与黄河流域不完全属于一个体系，它有它自身的体系。

今天，我们应该把三星堆放到同时期的文明中去做比较，如果站到当时更高的文明高度去看三星堆，它与欧亚文明之间还是有可比性的。BC2000－BC1000正好是三星堆最繁盛的时期，相当于殷墟时代的晚期，当时欧洲进入了一个非常重要的时期，就是克里特和迈锡尼文明时代，这是欧洲文明的奠基时期。意为沙漠王子的喜克索斯人已经进入非洲，骑马术在这个时候已经存在了。至于西洋地区，在巴比伦有了加喜特人，在赫梯帝国出现了铁器的制造，说明当时世界已经进入了一个广泛流动的时期，人类的活动范围和视野大大地拓展了。印度大概于公元前1200年左右进入青铜时代，这次展览中大家可以看到很多印度的因素，其中就可以看到雅利安人，这与亚历山大大帝进入亚洲有关系，所以，青铜时代雅利安人已经到了印度，甚至可以说在中国的新疆已经出现一些早期的青铜文物，其与中亚的文明之间可能有直接的联系。在这样的背景下提到三星堆，就不得不提到三星堆的文明与周边的文明有没有可能交往，有没有可能产生联系的问题。所以，三星堆文明中很可能也吸纳了来自中洋、西洋某些文明的要素。但是目前我们缺乏一些中间环节把它们联系起来，这是未来考古学要做的工作。三星堆是中国古代文明一个非常重要的表征，它的特点中应该包含了一些更遥远的文化因素，它们日渐融入中华文明的文化体系中，这是考古学家一个非常重要的观点。

接着，我们聊一聊金沙遗址。在金沙遗址中我们看到了黄金制作的面具、面罩，这说明三星堆文明很可能到了金沙，在金沙发现的黄金面具与三星堆中的青铜面具可以说是惟妙惟肖，极其相似，这两个文明应该是同属于一个大的体系。而这个体系对黄金制品特别关注，与来自北方甚至更遥远的一些国家对黄金制品的特别尊重有关系。因为在我们的礼仪制度中，青铜是占第一位的，然后是玉器，再次才是黄金，然而在三星堆和金沙中青铜器和玉器虽有，但是对黄金的关注度、使用范围、功能，大大地超越了东边的各种文明、各个民族，所以它与西边的联系很显然要紧密很多。金沙遗址中有一些金片，金片上面有一些纹饰，与三星堆权杖上的纹饰几乎是具有同样的元素，有箭、有鱼、有鸟，所以，金沙与三星堆关系非常密切。其中在对黄金制品的特别关注上，两个文明之间也有相似的地方。

金沙遗址中有著名的太阳神鸟，其实还有与太阳神鸟相配的、代表阴性的蟾蜍，金乌和蟾蜍分别象征日月（是中国的日月）。金沙遗址在一开始发掘的时候，它的阴阳秉性就已经在黄金制品中表现得比较突出了，从当时人们的生活状态来看，象征太阳的理解是比较靠谱的，那么像日月重器都用黄金和金箔来制造，这也显明了这个文化的特性。

所以，在三星堆和金沙时代，成都平原实际与丝绸之路，与今天的中亚、西亚地区是有联系的，如果没有这个基础，我们接下来看到的秦汉文明不会有这么多明显的例证，加上文献的记载，就能够反映出成都与丝绸之路、与我们域外文化之间的关联。史前时期是一个开创期，三星堆文明是我们的一个关注点，可以说它是成都跟外界发生关系的早期证据。

秦汉以来中国西南的对外文化交流

秦汉时期有了都江堰，九天开出一成都，成都成为中国版图上非常璀璨的一颗明珠。秦汉时期以成都为中心的西南地区的农业生产非常稳定，带来的结果就

是人口繁殖众多，所以秦统一六国时，第一个战略布局不是去攻打北方诸强，也不是攻打同在长江流域的殷楚，而是要灭巴蜀。司马错明确地讲，灭了巴蜀以后就有了粮仓。同时，巴蜀可以提供无尽的兵源，然后军队就可以顺江而下灭掉强楚，再以长江为基地向北征战，秦果然就是这么做的。所以都江堰在历史上起到的作用非常大，它也给成都的文明注入了非常多的优秀因素。

西汉时期，蜀郡处在整个中华版图的最西边，它的地理位置决定了它对西边文明应该是有所关注的，而西边的文明要进入中国版图，不管通过什么样的途径，成都都是一个前哨阵地。张骞出使大月氏的目的非常明确，就是奉汉武帝之命联合大月氏来灭掉匈奴。大月氏地点大概就在今天的中亚，张骞走了很远，大概到了今天的中亚一代，就看到了蜀布、邛竹杖。他被告知是从印度东南的身毒经过数千里，由蜀商贩卖来的。其实当时南粤那个地方也发现蜀人在贩卖蜀布、邛竹杖，在这个交通网络中，蜀人非常活跃，既把这些特产卖到了南粤国，也把这些特产通过印度卖到了大夏。从今天的文物材料来看，汉代的西南地区，尤其是成都，已经确实跟西域发生了联系。当时交流的物品称蜀物，就是西南地区的产品，我认为蜀物巨匠、邛竹杖、蜀布只是其中的一些，还有一些更高级的产品还没有谈到，漆器、丝绸才是最重要的产品。接下来我就用文物考古的材料再梳理一下中国西南的对外文化交流。

成都北面有很多条道路与中原相通，我们重点关注一下它的西面。邛都大概是今天的西昌，邛都以西就是西夷，然后到了滇池，滇池的北面就是昆明。当时派出的使节主要是从西夷出发去探索到身毒的道路，也可能还要探索到缅甸的道路，但是滇有昆明强敌挡道，没能走通。其实还有另一条道路，就是成都的东南方向，通过水道，可以到番禺（今广州），这条道非常畅通。再一个就是通过江州（今重庆）走长江水系，所以成都真的是条条道路通丝路。

第一，说人。秦汉以来，巴蜀地区出现了很多胡人，三星堆那个时代这些人虽然长得比较怪诞、夸张，但是没有一个特定的胡人标准。那么胡人是什么样的形象呢？四川忠县东汉的墓葬里面出土了一件陶屋，陶屋里有一个小的望板，这个望板上面就有一排五个胡人的形象，头上戴尖帽、深目高鼻是他们的面相特征。四川地区发现的胡人好多都手持器乐，正在歌舞，估计那时西域的乐舞对蜀地是有影响的。胡骑骑着马，挂着箭囊，同样带着尖帽。在四川中江的塔梁子崖墓中发现了一组跳舞的胡人图像，他们头上戴着的是尖帽，脸部是用墨线勾勒出了浓密的络腮胡子、眼睛和鼻子，胡人形象非常鲜明。后来我们考古学工作者在这组胡人像上面第一次发现还有题记“襄人”（就是来自西域的俘虏），这个论点《三国志》的材料可以佐证。所以这个时期巴蜀地区已经有胡人了，胡人通过什么途径来的呢？西北路线的可能性最大。

第二，讲丝绸。秦汉时代的巴蜀地区以益州为中心，已经形成了一个非常重要的丝绸生产地。最近最大的收获就是老官山汉墓下面发现的四架织机，而且还有织工，躺着的那几个人出土的时候还是穿着丝绸的，只是那个丝绸已经腐烂了，表面脱了彩，那四件织机都是实际使用的，上面起花的工艺已经非常先进，这是丝绸考古的重大发现。从秦汉开始一直到魏晋朝、唐朝，成都是织锦、丝绸制造的中心，这个中心一直发挥着作用。再给大家举两个例子。第一，《隋书·何稠传》里面就讲到何稠这个人，他博览众书，对古图、旧图都有了解，波斯人曾经献给隋代皇帝一些纺织品，上面的纹样非常漂亮，皇帝就命令何稠仿制，何稠仿制成功以后把它献给皇帝，其效果超过了原品，皇帝非常高兴。何稠是胡人的一支，叫何细脚胡人，世代通商入蜀，是一个从事丝绸交易的商人。唐代有一部非常有名的书叫作《历代名画记》，讲到陵阳公样（唐初窦师纶所创），它有对雉、斗羊、翔凤、游麟，图案非常精美，这个图案蜀人至今未知。巴蜀创造的陵阳公样看来已经成为当时流行的式样。赞丹尼奇是今天中亚地区制造丝绸的一个重要中心，赞丹尼奇锦实际上就是波斯锦，赞丹尼奇采用的是波斯纹样，就是蜀人所说的陵阳公样。考古材料方面，西藏出土的吐蕃儿童衣服，上面的纹样是连珠纹，中间有对鸟，衣服是唐装但是上面的纹样是波斯的，这件衣服极大可能也是产自蜀地。所以何稠仿造了波斯纹样，到了窦师纶时，就把这个纹样作为一个固定的官服式样来大批生产，用途一是赏赐内臣，二是远销西域，这些丝绸在当时是非常受欢迎的外销产品，从汉到魏晋南北朝到隋唐一直不息。其中最重要的一个产地应该是在今天的蜀地，这是文献佐证。

第三，讲漆器，成都博物馆开馆以后展出了一批过去从未展出的一个重要文物，那就是商业街船棺葬出土的漆器。这批漆器是迄今为止我所见到的成都制造的漆器中最精美的一批，这批漆器的生产年代可能是西汉早期，因为船棺葬的报告还没有最后发表，但是根据我的经验来看它应该是战国晚期到西汉时期的作品比较大，今天正在成都博物馆展出。它们看起来与今天新做的没什么区别，纹样如此的精美，光泽十足，可见当时蜀人对漆器的工艺制作已炉火纯青，这个材料也说明成都的漆器制造业源远流长，在战国晚期已经形成了非常高的水平。成都的漆器销得很远。荆州高台 28 号出土的成都漆器上面有字“成市草”，就是成都制造的意思，还有“成市员”，就是制造的工匠来自成都。在湖北的江陵凤凰山 168 号的一个汉墓中出土的漆器，有“市府饱”“成府饱”字样。成都的漆器还有远销到域外的。成都以蜀地为代表的漆器销往当时中国的各地和中亚一带的材料在这次展览里可以看得非常清楚。所以，成都在丝绸之路中扮演了非常重要的角色，成都与丝绸之路有非常明确的联系。

第四，讲佛教。佛教传入中国后留下的最早的一尊佛像在四川乐山麻浩东汉

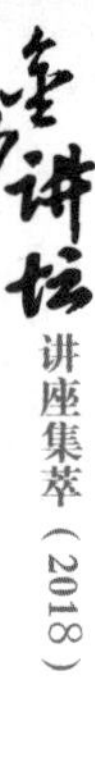

1号崖墓，那个墓门上面雕刻的佛像是东汉时期的，也是中国现存最早的一尊佛像。东汉崖墓出土的摇钱树上也有佛像，还有摇钱树的树座有一个佛，上面还站着两个人，很像是一佛舞二佛侍，基本的格局是有的。到了魏晋南北朝时期，成都就成了沟通中原和西域唯一的线路，因为当时北方处于战乱，五胡十六国时期的丝绸之路完全被隔绝了，剩下的唯一通道就是从建康（今南京）顺着长江进入成都，然后从成都逆江而上通过今天的吐谷浑，再过青海湖，把这条路线重新跟丝绸之路接通，可以到于田、巫藏，大体就相当于今天的阿富汗这一带，还可以继续往前到波斯，北面还有雅达这样的一些游牧民族。成都还发现了大量这个时期的佛像。

有翼神兽

古蜀帝王宫殿前面常常有这样一些巨兽，它们身上长着翼，这些有翼的神兽是可以驮载死者的灵魂上天国的，这样的神兽在西南地区也有发现。雅安的芦山有一个石刻博物馆，收藏了大大小小的神兽十几具，这些神兽的特点跟来自西方的神兽完全相似，他们或者是狮子的形象，或者是虎的形象，最大的特点就是都带有翼，有翼就不是实际存在的兽而是神兽了。这个是在重庆发现的带翼神兽，就在现在重庆博物馆的前面，这个石兽可能是从我们这个地方经过中原一直向东传到了今天的南京。这是中原地区出土的有翼神兽，到了南朝，这些神兽照样存在，其中一个很重要的源头就在四川。所以如果站在中原的角度，四川很偏远，但是如果站在中西文化交流、丝绸之路的视野中，四川就是一个前沿阵地。蒂拉丘地兽的主题叫“一人御双兽”，中间可能是一个神像，御的兽，这个兽就是双马神，双马神既是马也是龙。在草原游牧民族的信仰体系中，龙就是高大的马，这个双马神头上有角，身躯拉长，这也是龙的特点，但是它是马头、马蹄，最重要的是长有小翼，一对翼用黄金加了一个镶嵌，特别突出，这就叫天马。双马神中的天马在欧亚草原文明当中非常流行，传到中亚地区，继续向东，进入中国的北方地区，也进入成都平原，还到了更遥远一些地方，如今天的盐源。

天马的含义就在于，汉武帝一生雄才大略，又追求不死、追求升仙，这是他一生的梦想，开始他向海上求仙，之后才有了蓬莱仙山等，之后他又向昆仑求仙。张骞通西域后，他把目光收回来向西方看，发现西方有与他的梦想相呼应的事，其中最重要的就是昆仑崇拜。这里的昆仑是神话中的山，人的灵魂最后要通过昆仑才能进入天门，天门守护者就是西王母，天门的最高地是太乙地，它是一系列的神话。但是什么工具可以把人的灵魂载到昆仑之西去呢？天马。所以天马这个传说很大可能是从西方来的。汉武帝之所以认为大宛这个地方特别重要，就在于大宛就是产天马的地方，在汉武帝的心目中，这种高大的马就是龙，龙就是龙神，就是大马神，它可以把人的灵魂载入仙境，所以他一次一次地发兵、一次一次地出使，就是希望获求天马。《史记·有乐书》里有记载，汉武帝曾经得到了天马之后高兴无比，他在封禅祭祀的大典中要唱天马歌："天马来兮从西极，经万里兮归有德。承灵威兮降外国，涉流沙兮四夷服。""天马来，从西极，涉流沙，九夷服。天马来，出泉水，虎脊两，化若鬼。天马来，历无草……"等，它是像龙一样重要的动物。"游阊阖，观玉台"，阊阖是天门，上帝所御，所以，天马图像背后引出的是汉代的信仰体系。汉武帝好仙，他追求天马，才有这么多的天马图像的出现，才有这么多的关于汉代养马的故事和传说。

欧亚草原文化对西南的影响

我们看到的阿富汗展览主要来自欧亚北方，而且主要是由草原民族像大月氏等这些民族创造的。蒂拉丘地出土的金柄铁剑，陕西宝鸡已经发现了跟它非常接近的一个金柄铁剑，工艺水平完全一样，很可能是受了他们的影响。中国西南地区同样也接受了这个文化，其中最典型的例子是发现了在云南的晋宁石寨山，滇王墓现在已经前后经过了大概六次以上的发掘，每次发掘都有新发现，其中最重要的发现是滇王的金印，这是第一次证实司马迁所记载的滇是存在的。因此可以推测司马迁记载的巴蜀、记载的夜郎也应该无误。滇王的金银器系统非常值得关注，出土的核心人物，出土的时候身上全是金箔，只是金箔褪去后现在看起来是红色的，实际上他穿的是金衣服。对黄金的这种尊崇在我们西南民族当中，在云南是看得很清楚的。这和正在展出的黄金之丘的阿富汗出土物基本的图像风格和格局是一致的。因此，云南、滇国以及旁边的昆明也因为地域之便接受了大量来自草原文化的民俗。例如，滇王国出土的两个舞人形象，面部特征是胡人，穿的衣服就是细脚的紧身衣衫，这应该是草原民族的服装，靴子也应该是草原民族的发明，便于过那些草地、坚硬的沙丘。他手上拿了一个乐器，就是跋，跋现在基本上认定是产自印度和欧亚一带。再例如，出土的皮带带扣，上面有一个装饰的图案，是一只老虎，眼睛用红宝石镶嵌，是有翼神兽，有一对短翼。另外，乐舞之人在汉代大量出现，这个问题很值得研究，《三国志》里面的记载很有意思：大秦国就是今天的罗马，安息、条支就是今天的波斯，在大海之西，这个地方"俗多奇幻"，这些人特别喜欢变魔术，口中出火。所以，今天川剧的变脸、吐火应该是从这个地方来的，"自缚自解"就是杂技里面把一个人装在箱子里，一会

儿“啪”一下他从后面出来了，还有“跳十二丸”，就是空中抛物，这是一批杂技师、魔术师，但是他们从哪儿来的呢？“大秦道既从海北陆通，又循海而南”，可以通过海上来，到交趾七郡，大概就是今天的两广、越南一带，又有水道通益州永昌，益州是成都，永昌就是云南。故永昌出异物。联系文物考古材料来看，这些例子真的是活生生地为我们勾勒了一个四川丝绸之路，文明交往从物质文明到精神文明的一个全景。

还有这样的一个银器，滇王得到它以后，就按照中国的习惯，把传自波斯的多瓣银盒加上了一青铜器的底座，上面还加了三个青铜器的卧兽，把一个活生生的波斯银器打扮成了滇王喜欢的中西合璧的样式，但是同样可以看见域外的因素。类似这样的波斯银盒我们其实已经发现了几件，一件在广州的南越王府，一件在安徽，还有一件在江苏，都有经过改造的痕迹，说明这种外来的器物都要经过中国人的改造。另外，四川大学博物馆藏的一尊琼瑶烧造的胡人抱角杯，那个胡人就是波斯胡，倒的那个角本来是一个铜器，但是做了一个很大的角杯，这些例子可以说不胜枚举。

总结起来，第一，成都是“一带一路”上非常重要的中心城市，不仅南北方向可以贯通陆上，还可以贯通海上两条丝绸之路。第二，成都还有一个重要的作用是丝绸之路中不可替代的，就是它可以越过我们今天的高原，通过四川西北部进入高原、喜马拉雅文化带，把高原跟丝绸之路也联系在一起，所以它不仅在东西方向，在南北方向也可以横贯青藏高原，通过青藏高原可以连接西亚和中亚。我把成都叫作西部的大十字。这是一个网络。如果今天完全无视成都的存在，无视高原丝绸之路的存在就是一种历史的误会，跟今天的考古材料，跟过去的历史文献记载都是不相吻合的。作为四川大学的学者，我们首先要正本清源，北方丝绸之路固然重要，但是不要忘记南方同样有若干通道，成都就是这么一个通道的枢纽地带，因此我们应该认真地去做学术研究。我希望大家关注考古学，关注我们的博物馆，更要关注成都馆推出的这些新的展览，从中我们不仅可以得到美的享受，还可以穿越历史，知道我们的过去，感知现在，去展望我们的未来，谢谢各位。

《三国演义》与巴蜀

◎沈伯俊

各位朋友，很高兴来到金沙讲坛和大家聊一聊三国。三国是一个天翻地覆、震古烁今的时代，也是一个金戈铁马、英雄辈出的时代，关于这个时代，人们或多或少都有所了解，可以这么讲，在中国的历史上，真正的三国时期是很短暂的，从公元 220 年 10 月曹丕代汉建立魏国，三国正式开始，到公元 280 年西晋灭吴重新统一全国，首尾 60 年，如果这么算的话，我们今天比较熟悉的很多人物都不是三国人物。例如董卓，董卓死于公元 192 年，离 220 年还有 28 年；吕布，吕布死于公元 198 年，他还差 22 年；袁术，他死于公元 199 年，还差 21 年；袁绍，袁绍死于 207 年，还差 13 年；刘表，刘表死于公元 208 年，还差 12 年；甚至关羽，关羽死于公元 219 年冬十月，离真正的三国开始还有一年；曹操，曹操死于公元 220 年正月，他还差 9 个月。所以我们平时讲三国，或者说讲历史，通常把 168 年汉灵帝即位开始称为三国及前三国时期，或者说汉末三国时期，这样算差不多有 100 年。

在中华文明五千年历史中，这 100 年不算长，与几个大的朝代相比它也相当短暂，两汉加起来差不多 400 年，唐朝将近 300 年，两宋 300 年，明朝 276 年，清朝 268 年。然而在中国老百姓的心目中，三国人物、三国故事远远超过其他的朝代，甚至在日本也是这样，他们曾经评选出最熟悉的 20 个中国人，其中三国人物超过了 1/3。

我们熟悉的成都也是这样。史书明确记载：诸葛

沈伯俊，四川大学文学与新闻学院教授、博士生导师，兼任南开大学教授、中国明代文学学会理事、中国《西游记》文化研究会理事、四川三国文化研究所所长。系四川省学术带头人、四川省专家评议（审）委员会委员，享受国务院政府特殊津贴专家。主要著作有《中国古典小说新论集》《三国演义辞典》《校理本三国演义》等。被国内外同行誉为“权威的《三国》专家”。

亮年轻的时候每自比管仲、乐毅，时人莫之许也。例如，今天你去成都某个村问一个老大娘知不知道管仲是什么人，她可能会反问你管仲是哪个村的；但是你要问她知不知道诸葛亮，她可能会白你一眼，谁会连诸葛亮都不知道呀？你到菜市场问一个卖菜的说乐毅是谁，他大概会问乐毅是卖什么的，但是你要问他能不能说几个关于诸葛亮的话题，他马上会给你来上几段。你看，1800 年前诸葛亮自比管仲、乐毅，当时很多人说这小子太狂了。1800 年过去了，我们很多人忘记了管仲、乐毅，但是我们都记得诸葛亮。我们提起三国人物和故事都如数家珍，这究竟是怎么回事？又从哪里去寻找三国的根源——人格魅力。

关于三国文化的概念

20 世纪 80 年代后期到 90 年代初期，随着三国文化研究的逐渐复苏乃至兴旺，人们不知不觉开始使用三国文化这个概念。1991 年，我们在成都举行了一个规模比较大、档次也相当高的学术活动，叫中国四川国际三国文化研讨会。这个会是跟当时四川省委、省政府组织中国四川国际三国文化节的活动相配套的，我是文化节筹备办公室副主任兼学术组长，当时邀请了研究三国历史、研究小说《三国演义》，还有从事三国题材改编这三个方面的专家。

如果说三国文化就是历史上三国时期的文化，这个概念对，但是不够完备。我们有京剧三国戏 100 多出，川剧三国戏更多，有 150 多出，那么它们算不算三国文化呢？这是第一个层次，我称之为历史学三国文化观，也可以叫狭义的三国文化观或者最窄的三国文化观。第二个层次的三国文化观我称之为历史文化的三国文化观。就是历史上三国时期精神文明与物质文明的总和，比第一层次概念宽一点，加上了物质文明，例如，什么地方发现了一个三国时期的箭头，哪个地方又见过三国留下的一片瓦。第三个层次我称之为大文化的三国文化观或者说广义的三国文化观。我认为三国文化绝不仅仅是也绝不等同于历史上三国时期的文化。三国文化是指以三国历史为源，以三国故事的传播演变为流，以《三国演义》及其诸多衍生现象为重要内容的综合性文化。实际上，历史学家们今天在讨论三国文化的时候大量使用的还是广义的三国文化。

总之，我分了三个层面解释了什么是三国文化。一种是纯粹的史学家眼光，三国文化就是历史上三国时期的文化，称为历史学的三国文化观或者狭义的三国文化观。第二种在这个基础上往前走一步，称为历史文化学的三国文化观或者是扩展意义上的三国文化观，把三国文化解释为历史上三国时期精神文明与物质文明的总和。我们不光讲诸葛亮、曹操、关羽，我们还要讲华佗的麻醉术，甚至还讲一讲张仲景的医术，等等。但是这还不够，大量的是第三种，即三国之后、与三国有关的种种事务，包括三国遗迹。三国遗迹绝大多数不是三国时期遗留下来的古迹，而是与三国有关的名胜古迹。

今天我们还是在先普及一些文化知识、一些观念，以及怎么看待古人古事，怎么理解我们的历史。用这个眼光来看，今天的成都理所当然成为我们研究三国文化非常重要的地方，在成都弘扬传统的三国文化，无疑是最受关注、最有光彩的。

三国文化与成都的关系

今天很多史学家讲三国文化也是讲大三国文化。魏晋南北朝史专家梁满仓先生写过 55 万字的关于诸葛亮的传，他自己有很多想象，例如，秋风五丈原。首先这个题目就是想象的，史料里面哪里顾得上秋风两个字，去世的时候是什么天气，有没有风，有没有月亮，星光如何，这都是后人的想象。秋八月，正是秋风萧瑟的时候，诸葛亮去世又是令人悲伤的故事，当然最好的背景就是秋天，黄叶沙沙。罗贯中写得也很精彩，短短的两句话：秋风萧瑟夜夜无声，孔明逝于军中。我们合理想象出那是一个秋风吹拂的夜晚，但是其实也不一定是夜晚，但只要这些想象是合理的，我们用不着去跟人家争。

再讲一讲三顾茅庐。三顾茅庐之前刘备已经在荆州待了 6 年之久，从公元 184 年参与镇压黄巾军起义起，到 207 年三顾诸葛亮，他已经奋斗了 20 多年了。结果一方面他名满天下，人们都说刘备是一个英雄，另一方面他也很不得志，没有立足之地。他在思考，在反思，经过司马徽的点拨，他知道身边缺少一流人才的辅助，这才不辞辛劳，每次都跑 100 公里地去拜访比他小 20 岁的诸葛亮。当时诸葛亮没学历，没政绩，无战功。诸葛亮生于 181 年，14 岁离开家乡，15 岁到荆州投奔刘表，读了两年书，然后就隐居隆中，三顾茅庐的实质是刘备千呼万唤，终于找到了千古奇才诸葛亮。诸葛亮虽说当时不出名，是四无青年，但是他的人脉很棒。他的岳父是黄承彦，汉末三国时期襄阳名士；他的岳母是刘表后妻蔡夫人的亲姐姐；荆州最高统治刘表是他的姨父；大哥诸葛瑾已经在孙权那里。三顾茅庐发生在 207 年，208 年曹操南征发生赤壁大战，诸葛亮四个好朋友主动或被动归顺曹操，诸葛亮当时要投奔曹操也很自然，但是他没有。诸葛亮不跟刘表，不到江东，不等曹操，他为什么等刘备？因为刘备兴复汉室的目标和他的想法一致。诸葛亮反复选择终于选中了刘备，刘备千呼万唤终于找到了千古之才诸葛亮，这是心灵的契合，是理想的选择，这才是千秋佳话。也正是因为这样，咱

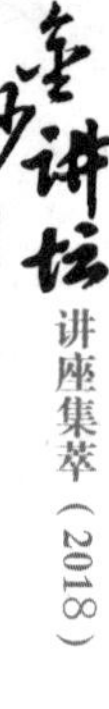

们成都了不起。关于三国文化与成都的关系，我讲三个层面的问题。

第一个层面，成都是原生三国文化的核心地区，长期以来还发生了有趣的演变。按照纯粹的史学眼光，三国时期魏、蜀、吴三国谁最重要？应该是魏国。魏国首都洛阳是核心区，最该排在第一位。但是，即使到了今天，包括曹魏地区的人们也不认为洛阳或者许昌比成都更重要，也就是说，成都是公认的三国文化最重要的核心区。

第二个层面，成都是三国文化的传承中心。1800 年来，中国经历了多次改朝换代，发生了无数的历史变迁。然而，三国史事、三国人物始终是文人学士和广大民众特别关注的对象，不断地被缅怀和追忆，三国文化也就不断地传承、衍生、丰富和发展。在这个漫长的过程中，成都显然处于中心地区。苏轼论及诸葛亮的诗歌、文章不少，最有代表性的一首诗是《隆中》，开头两句很精彩：诸葛来西国，千年爱未衰。这可以看出苏轼对诸葛亮的评价非常非常高。成都在传承三国文化方面贡献很大，例如，武侯祠一年里几乎没有淡季。近年来，武侯祠博物馆投资复建的“锦里”古街，以三国文化和四川传统民俗文化为内涵，每天游人如织，成为成都旅游的一大亮点。

人们都知道，闻名中外的都江堰由战国后期蜀郡守李冰开创。但许多人不知道的是，诸葛亮治蜀，设置专职堰官，统率 1200 士卒，常年负责保护和疏浚都江堰，这一制度为此后历代所沿袭，这才使都江堰持续发挥功效达 2000 余年。可以说，这个享誉中外的水利工程，李冰有开创之功，诸葛亮则有维护之功。因此，都江堰也称得上是三国遗迹。

今天，成都人喜爱的川剧、评书、清音、竹琴、金钱板等曲艺门类中，三国故事仍是最大宗的题材。以川剧为例，传统川剧中的三国戏多达 150 余出，其数量远远超过其他题材的剧目，其内容几乎从头到尾编演了小说《三国演义》的全部情节。还有一些并非来自《三国演义》，而是来源于民间三国传说，或出自艺人想象的剧目，如《三闯辕门》《滚鼓山》《探营哭师》《审阿斗》等。改革开放以来，川剧作家们以更加开阔的视野、更加灵动的笔墨，创作了一批新的剧目。其中较有影响的是隆学义的《貂蝉之死》，隆学义、胡明克的《枭雄夫人》，倪国桢、李朝的《锦囊妙计》等。今天，成都各个领域的文艺工作者仍以很大的热情，从事着各种形式的三国题材的改编与再创作。

其中，四川人民广播电台集合多方力量，经过十余年努力，终于在 1993 年底全部完成、1994 年 4 月全部播出、1995 年又由四川大学出版社出版剧本的 108 集广播连续剧《三国演义》，其堪称中国广播剧发展史上的里程碑。我将其列为《三国》改编的“三大艺术工程”之一。它不仅先后获得全国广播剧特别奖、“五个一工程”荣誉奖，而且在庆祝中华人民共和国成立 60 周年之际，被评为 60 年来“影响广播电视进程的 60 个节目”之一，成为四川广电系统获此殊荣的唯一作品。

第三个层面，成都是三国文化的研究中心。长期以来，成都学术界一直高度重视三国文化的研究，并进行了多方面的、卓有成效的努力。这里有一批专门的研究机构：四川大学三国文化研究中心、四川三国文化研究所、成都武侯祠研究陈列部等。

这里有专门的学术团体：中国《三国演义》学会 1984 年成立，办事机构挂靠四川省社会科学院；成都市诸葛亮研究会 1983 年成立，挂靠成都武侯祠，并联合多个诸葛亮行迹所至地建立诸葛亮研究联会，推动了研究的发展和学术的交流。

这里有重要的学术阵地：四川省社会科学院院刊《社会科学研究》，1982 年在全国率先开辟了“《三国演义》研究”专栏，连续发表了多篇《三国演义》研究论文，并持续多年；四川省哲学社会科学学会联合会主办的《天府新论》，自 1985 年第 6 期起，开辟“《三国演义》研究”专栏，持续数年；《成都大学学报》，1986 年第 3 期为《三国与诸葛亮》专辑，此后长期保持这一栏目（后更名为“三国文化研究”）；四川省社会科学院主办的《中华文化论坛》，自 1994 年创刊起，长期设置“三国文化研究”专栏。这些刊物，都成为三国文化研究的重要园地，并在全国产生了广泛而深远的影响。

这里举行了一系列重要的三国文化研究学术活动，其中多次活动具有较高的学术意义，影响深远。这里略举三例：①首届《三国演义》学术讨论会。《三国演义》研究史上第一次全国性的学术讨论会由四川省社会科学院《社会科学研究》编辑部和文学研究所联合发起，1983 年 4 月 15 日至 21 日在成都举行，到会的有来自全国 17 个省、市的 120 余名学者。②三国与诸葛亮国际学术讨论会。是有关三国与诸葛亮研究的首次国际性学术会议，1985 年 11 月 24 日至 29 日在成都举行。与会代表 130 余人，来自国内 10 个省、市的大专院校、科研机构、文物博物单位，以及日本、泰国和中国香港地区。③中国四川国际三国文化研讨会。这是以“三国文化”为中心议题的首次高层次的国际学术研讨会，由四川省人民对外友好协会、四川省对外文化交流协会、四川大学、中国《三国演义》学会联合主办，1991 年 11 月 1 日至 7 日在四川举行，出席会议的有中国、苏联、美国、英国、法国、德国、日本的专家学者和艺术家 60 余人。与会的中国代表，除了一批著名的三国史、《三国演义》研究专家外，还有正在筹拍《三国》系列电影的著名艺术家孙道临、正在执导电视连续剧《三国演义》的著名导演王扶林、正在抓紧创作广播连续剧《三国演义》的四川人民广播电台高级编辑毕玺，堪称史学家、文学研究家、艺术家彼此切磋的一场盛会。与会的外国学者，则包

括苏联科学院通讯院士李福清，美国纽约大学教授、《三国演义》英文版译者罗慕士，日本庆应大学教授、《三国演义》日文版译者立间祥介，法国国家科学研究中心研究员克劳婷·苏尔梦等。他们的精彩见解为本次研讨会增光添彩，并产生了广泛的影响。

这里还有一批享誉海内外的研究专家，成为推动研究不断深入发展的骨干力量。上述种种，使成都成为公认的三国文化研究中心。

从2016年开始，中央电视台和四川电视台合作录制了大型纪录片——《三国的世界》，一共六集，聘请我为首席学术顾问。这个片子已经全部完成了，总导演特地从北京过来和我一起把全片从头到尾看了一遍。这是一部比较好的介绍、宣传三国文化的电视片。电视片的好处是直观，采访国内外专家80余名，最后进入成片的专家有50多名，成都就有好几个。可以这样讲，成都当之无愧是三国文化的重要发源地、传承地，而且至今仍然是三国文化研究的重镇。

我专门写过一篇文章，2017年翻译成英文传播到了国外，最后的结束语是这样写的：绚丽多彩的三国文化乃是成都传统文化中最具特色的重要资源。在成都市建设国际性大都会的豪迈进程中，三国文化已经成为一张十分亮丽的名片。如何进一步加强三国文化的传播，深化三国文化研究，仍是一个值得认真思考的课题。从这个意义上来讲，我们今天对三国文化的研究，包括像今天这样对三国文化的传播实际上还是在延续三国文化。

谢谢大家！

四川历史名人的文化价值与中国优秀传统文化的传承与弘扬

◎王 川

王川，四川师范大学二级教授、特聘教授，中国近现代西南区域社会与文化研究中心主任，四川大学博士生导师，四川省学术与技术带头人，四川省民间文艺家协会副主席，中国中外关系史学会副会长，中国古都学会副会长，四川省巴蜀文化研究会副会长，四川省民俗学会副会长，成都市民间文艺家协会主席（法人），成都市历史学会副会长，成都市古都学会副会长。

很高兴有这个机会与各位朋友聊一聊从 2017 年开始的四川省首届十大历史名人的评选工作，包括其背景、过程、基本标准和十大名人的基本经历以及结果。同时对首批十大历史名人的文化价值做一个阐释，谈谈四川省开展这项工作的原因以及在中央提出的文化、传承创新中，如何更好地弘扬四川历史名人文化。

四川省“四川历史名人文化传承创新工程”的背景

《易经》云：“观乎天文，以察时变；观乎人文，以化成天下。”意思是说，观察天道运行规律，以认知时节的变化；注重人事伦理道德，用教化推广于天下。文化的力量贯穿人类社会历史演进的始终，是一个国家和民族的进步之魂。习近平总书记在党的十九大报告中深刻指出：“文化兴国运兴，文化强民族强。没有高度的文化自信，没有文化的繁荣兴盛，就没有中华民族伟大复兴”。对于中国来说，文化自信既是指导思想，更是思想理念、精神力量。文化是民族的血脉、民族的灵魂，是人们的精神家园，更是一个国家屹立不倒的根基所在。对民族文化传统的自信，是一个民族所应有的。习近平总书记勉励全党“不忘本来”“不忘初心”，不忘本来，内含对民族文化传统的追根溯源；不忘初心，才能真正疏通和拓展未来的源

头活水，更好地推动社会进步与文化发展。习近平总书记强调，“文化自信，是更基础、更广泛、更深厚的自信”，更指出，“中国有坚定的道路自信、理论自信、制度自信，其本质是建立在5000多年文明传承基础上的文化自信”。这些论述言简意赅地阐明了文化自信与“三个自信”之间的关系，深刻地表达出文化自信的重要性，坚持文化自信就是坚持对中国特色社会主义的道路自信。

四川古为巴国、蜀国地，故有“巴蜀”之称，秦汉之际始有“天府之国”之美誉，扬雄、诸葛亮、蜀道文化、南方丝绸之路、茶马古道、武则天、“三苏”文化符号十分丰富，“少不入蜀，老不出川”“乐不思蜀”“蜀犬吠日”“雄起”“巴适”等“巴蜀名片”更是为天下所共知。

可见，作为中华文明重要发祥地的四川，文化积淀悠久深厚，文化资源丰富多元，名人巨匠灿若星辰，文献典籍浩如烟海，有5000多年历史的优秀传统文化积淀着巴蜀大地的地域特色和人文内涵，代表着四川人民的情怀诉求和价值追求，是中华优秀传统文化的重要组成部分，是四川发展的宝贵资源和突出优势。这些巴蜀文化符号，哪些代表真正的四川？哪些是真正的四川文化？四川的文化性格是什么？我们如何认识历史时期的四川，以更好地建设当今的四川？这就要求我们追根溯源，从历史中去认识四川，从有史可依的四川历史文化中去寻找答案。

回顾四川史，一个个历史名人令人印象深刻、影响深远。诸葛亮留下了著名的家训《诫子书》，虽然只有短短86个字，但是“非淡泊无以明志，非宁静无以致远”的名句，成为无数人的座右铭，千百年来，国人争相传颂，让人为之动容，恰好代表了深层次的四川文化。

历经数千年风雨沧桑形成的博大精深、瑰丽多姿的四川文化，作为中华文化的重要组成部分而延续至今。遗憾的是，四川历史名人少有集体性、系统性亮相展示的机会。为了贯彻习近平总书记关于中华传统文化系列讲话的重要精神，贯彻2017年1月中共中央办公厅、国务院办公厅联合印发的《关于实施中华优秀传统文化传承发展工程的意见》精神，贯彻四川省委、省政府两办《关于传承发展中华优秀传统文化的实施意见》，相关部门按照“把握导向、立足学术、着眼传承”的工作方针，率先启动了“四川历史名人文化传承创新工程”，目的在于让历史人物活起来、动起来，不断提升四川文化软实力、影响力和竞争力。

首批十大“四川历史名人”简介

2017年，“四川首批十位历史名人”申报、评审工作启动，随着最终名单的出炉，相关讨论和深入认识便成为各地街头巷尾、茶余饭后的新话题，在国内引起了广泛关注。2017年7月12日，首批四川历史名人出炉，包括：大禹、李冰、落下闳、扬雄、诸葛亮、武则天、李白、杜甫、苏轼、杨慎。

第一位：号称“神禹”的大禹。

相传黄帝之后，黄河流域主要有陶唐氏、有虞氏、夏后氏。这一时期的气候变化导致黄河泛滥，洪水成灾。为了抵御自然灾害，三个部落开始联盟，尧、舜、禹依次成为联盟部落的首领。帝尧时，中原洪水为患，百姓愁苦不堪。鲧受命治理水患，九年未平，最后在羽山被处死。接着，鲧的儿子禹继任治水。禹接受任务以后视察河道，检讨鲧失败的原因，决定改革治水方法，变堵截为疏导。

关于大禹的出生地文献中多有记载。西汉司马迁《史记·六国年表序》：“禹兴于西羌。”《集解》引皇甫谧曰：“《孟子》称禹生石纽，西夷人也。”西汉后期扬雄《蜀王本纪》：“禹本汶川郡广柔县人，生于石纽。”东汉赵晔《吴越春秋·越王无余外传》称：“禹家于西羌，地曰石纽，石纽在蜀西川也。”以上记载表明，大禹生于西羌石纽，家于西羌，与四川有着密切的关系。

谭继和研究员认为，大禹是华夏山水综合治理的第一人，是走出洪荒创立华夏国家文明的始祖，是华夏民族大一统、大融合的标志，是建设华夏家园，同构社会治理的创立者，是华夏第一家训的创立者。

第二位：都江堰开创者李冰。

李冰，战国时人，知天文地理，隐居岷峨，与鬼谷友。时张若守蜀，与张仪筑城不就，兼苦水患，乃荐冰代若，担任蜀郡守，治理水患，开凿盐井等。终逝世于治水途中。历代遵其法，念其德，立祠致祭。历代皆有封号，元至顺元年（公元1330年）封圣德英惠王，清朝封敷泽兴济通佑王。战国后期，秦国注重兴修水利。公元前256年，蜀郡郡守李冰主持在成都附近的岷江上修建了都江堰。选择在高山和平原的交接处，利用地势和河道，建造了这座大型的水利工程。

都江堰建立之初，灌溉面积五六十万亩。后来逐渐延伸至13个县，支流和渠道有500多条，灌溉面积三百多万亩。中华人民共和国成立以后，经过不断维护和整修，都江堰的灌溉面积不断扩大，都江堰也被列为世界文化遗产，被誉为“世界水利文化的鼻祖”。

都江堰的修建，助推了“天府之国”的形成；天府之国丰庶的自然条件，使

巴蜀农业文明形成了独有的“士民之庶，物力之饶，甲乎天下”的特征，以及蜀人“俗不愁苦，人多工巧”的生活方式。这种农业生产、生活方式的特征，因其历史悠长而成为影响巴蜀文化特质及其展现面貌的决定性因素。郭沫若认为，“四川人的丰富的革命性和彻底的建设性是由李冰启发出来的”，这些论述，都是对于李冰修建都江堰的历史功绩以及极大影响了四川文化的认可。

第三位：富有“八大家”之称的汉代学者扬雄。

扬雄被誉为“百科全书式的奇才”，涉及哲学、思想、语言、文学、历史、天文、数学、音乐多个领域。例如，在史学方面，他撰《蜀王本纪》，续撰《史记》，并在《法言》中对一些历史人物进行品评，表现出了史学家卓越的眼光。

扬雄五世祖扬季，初居江州（今重庆市），官至庐江太守，西汉汉武帝元鼎年间举家迁至郫邑。扬雄生于汉宣帝甘露元年（公元前53年），少年时代，他好学深思，博览群书。师从严君平学《周易》，从李弘学《周礼》，从林间翁儒学“古文奇字”，三位师父都是才华横溢的大隐士。受其影响，扬雄博通五经。青年时代，扬雄追攀屈原和司马相如，创作了很多辞赋作品。汉成帝读其作品，如《甘泉》《河东》《羽猎》《长杨》四赋，竟认为是司马相如所作。

30余岁，扬雄到京师长安游学，受大司马车骑将军王音赏识，召为门下史，并荐雄为待召（应对皇帝召问的侍从人员，非正式官吏）。42岁时，他作《羽猎赋》，被授以“黄门郎”。60岁时，他年仅9岁的五世单传“神童”儿子扬乌夭折，使其遭受“绝嗣”的巨大痛苦。65岁时，受“刘棻案”牵连，扬雄在天禄阁投阁而摔断腿。去世时享年71岁。侯芭为他建造坟茔，守丧三年。扬雄墓被世人称为“玄塚”，在陕西咸阳东“安陵坂”。至宋代，蜀人为扬雄在其出生地造衣冠塚，号曰“子云坟”。

第四位，西汉科学家落下闳。

落下闳（前156—前87年），字长公，西汉巴郡阆中人（今四川阆中市，这是古代巴国的最后一个首都）。《四川古代名人》称：“他从小就喜欢观察天象，爱好天文，加上他能虚心求教、刻苦钻研，因而在天文、历法、数学等方面都取得了卓越成就，他为我国古代天文学、历算学的发展做出了不朽的贡献。”

汉武帝元封年间（公元前110—前104年）改革历法，征聘天文学家，经同乡推荐，由故乡到京城长安（今西安）。

创制《太初历》，优于同时代的其他历法，确定了以正月为岁首的制度；首次将“二十四节气”（2016年成为联合国公布的非物质文化遗产，国际气象界誉之为“中国的第五大发明”）纳入历法，后人在此基础上将其逐渐完善为我们现在所使用的阴历（即农历），此后中国一直沿用夏历，直到清朝末年。科技史学界一般认为，《太初历》是当时最先进的历法，其理论结构、学理影响了后代的一系列历法体系。

恒定了中华春节。落下闳在《太初历》中定孟春正月朔日为立春日（当时称为寅月岁首），前一日为除夕，除夕次日为年（春节）。至此，中国春节的时段便固定下来，沿承至今，名列七大节日（春节、元宵、清明、端午、七夕、中秋、重阳）之首，成为中华民族最为重要的传统节日，由此，落下闳有中国的“春节老人”之称。

研制出浑仪浑象，首创“浑天说”。浑仪、浑象是浑天说这一宇宙理论的物理模型，因而常统称为浑天仪。落下闳测定的二十八宿赤道距离（学名“赤经差”），一直用到唐玄宗开元十三年（725），才由天文学家僧一行重新测过。

发明“落下闳算法”（史称“通其率”算法），即“连分数（辗转相除）求渐进分数”的方法，奠定了古代历法计算基础，对于南北朝祖冲之、南宋秦九韶的数学思想，产生了重要影响。

英国李约瑟博士梳理了落下闳所处时代东西方天文的十大成就，其中落下闳就占其三，因此在《中国科学技术史》一书中，李约瑟博士盛赞落下闳是世界天文学领域“灿烂的星座”。2004 年 9 月 16 日，国际天文学联合会小天体提名委员会批准，将国际永久编号为 16757 的小行星命名为“落下闳星”。他的科学成就得到了国际上的广泛承认。

第五位：千古名相诸葛亮。

诸葛亮于公元 181 年出生于琅琊郡阳都县。诸葛氏是琅琊望族，其先祖诸葛丰曾任汉朝司隶校尉，父诸葛珪于东汉末年任泰山郡丞。诸葛亮父母早亡，由叔父诸葛玄抚养长大，因徐州之乱，避乱荆州，隐居乡间耕种。后受刘备三顾之恩，出山辅佐。促成孙刘联军，抗击曹军。受刘备托孤，辅佐刘禅，亲自领兵南征，平定南中。多次领兵北伐曹魏，终未成功。后于公元 234 年病逝于北伐前线。

诸葛亮的主要功绩：作《隆中对》，提出三分天下的战略规划。促成孙刘联军，共同抗击曹操。帮助刘备夺取荆州，进而占领益州。治理蜀地，平定“南中”，加快了西南民族地区的开发。七出祁山，北伐曹魏。改良“连弩”，做“木牛流马”。作《出师表》《诫子书》等，流传后世。

于公，正如《出师表》中所说，“鞠躬尽瘁，死而后已”，诸葛亮一生怀赤诚、尽忠心，用自己的生命实践着“效忠贞之节，继之以死”的诺言。他廉洁奉公，死后身无余财。于私，作《诫子书》，教导后代“非淡泊无以明志，非宁静无以致远”。一文短短 86 个字，承载了诸葛亮对儿孙的期望和要求，影响着后世。

第六位：“诗仙”李白。

李白，字太白，生于唐代武则天长安元年（公元 701 年）。他出生在绵州昌隆县清廉乡（今四川省江油市青莲镇），生长于蜀中。开元十五年（公元 727 年），27 岁的李白在安陆与故相许圉师的孙女许氏夫人成婚。在此期间，他韬光养晦，欲实现“申管晏之谈，谋帝王之术，奋其智能，愿为辅弼，使寰区大定，海县清一”的政治理想。

李白生活在盛唐时期，有着“济苍生”“安黎元”的进步理想，毕生都在为实现这一理想而奋斗。他是中国文学史上继屈原之后最伟大的浪漫主义诗人。其诗风格豪放、飘逸洒脱、想象丰富，语言流转自然，音律和谐多变，充满了发兴无端的澎湃激情以及气势浩荡、变幻莫测的壮观奇景，同时，又不失自然天成的明丽意境，是中国诗歌史上浪漫主义又一新高峰。诗颂祖国山河的壮美，抒发了昂扬的进取精神，表现出蔑视权贵、超凡脱俗的风骨，充满丰富的想象力和感染力，具有浓郁的浪漫情怀，李白因此而享有“诗仙”的美誉。

第七位：“诗圣”杜甫。

杜甫生在“奉儒守官”传统的家庭中，远祖是西晋名将杜预，祖父是初唐著名诗人、修文馆学士杜审言，父亲杜闲做过兖州司马、奉天县令。杜甫从小便受到良好的教育，具有非凡的才华，对政治饱含热情，怀抱“致君尧舜上，再使风俗淳”（《奉赠韦左丞丈二十二韵》）的远大志向。但是杜甫的为官之路非常坎坷，只做过正八品下的右卫率府胄曹参军、从八品上的左拾遗、检校工部员外郎，官阶低，时间短。

杜甫的《绝句》写成都，非常出名，道出了成都当时的景色：两个黄鹂鸣翠柳，一行白鹭上青天。窗含西岭千秋雪，门泊东吴万里船。

第八位：女皇武则天。

武则天（武曌），祖籍山西并州（今文水），武德九年（626 年）出生于四川利州（今广元），于神龙元年（705 年）病逝于东都洛阳上阳宫，享年 81 岁。武则天 14 岁时入宫为太宗才人，高宗时为昭仪、皇后，与高宗同时临朝并称为“二圣”。690 年（天授元年）自立为皇帝，建立武周王朝，成为中国历史上唯一的女皇帝。武则天执政时期是唐代发展的重要阶段，上承“贞观之治”，下启“开元盛世”，在政治、经济和文化等方面政绩是较为突出的。

她在政治军事方面的成就主要表现在：广开才路，注重官吏的选拔、考核，破格用人；虚心纳谏，从善如流；加强国防，平定边疆，改善与西北各民族的关系。经济方面的成就表现为：经济继续发展，社会秩序安定。文化方面取得了卓有成效的成就：书籍编撰上，武则天亲撰《臣轨》一书，是天下臣民的政治读本；曾亲自主编一部农书，名《兆人本业记》，唐朝以后各代都十分重视此书；组织专门人才，编辑了第一部国家药典《新修本草》，这是世界上最早的国家药典；招集许多文士编辑成世界上第一部大百科全书，即一千卷的《文馆词林》。武则天重视诗文创作，书法、绘画、雕塑、文字创造等，善行书。她使妇女社会地位空前提高，唐代妇女生活出现了历朝无法相比的丰富多彩、生动活泼的局面。如，建立父母平等的家庭政治；大力宣扬女性中的楷模；妇女可以广泛地参加文体活动；邀请妇女参加有政治意味的宴会，让她们和百官同坐在一个殿内，这在“男女有别”的封建时代，是一大创举。

后世对武则天有一些评价。后晋刘煦：“飞语辩元忠之罪，善言慰仁杰之心。尊时宪而抑幸臣，听忠言而诛酷吏。”北宋欧阳修：“赏罚已出，不假借群臣，僭于上而治于下，故能终天年，阽乱而不亡。”北宋司马光：“太后虽滥以禄位收天下人心，然不称职者，寻亦黜之，或加刑诛。挟刑赏之柄以驾御天下，政由己出，明察善断，故当时英贤亦竞为之用。”郭沫若：“政启开元治宏贞观，芳流剑阁光被利州。”毛泽东：“武则天确实是个治国之才，她既有容人之量，又有识人之智，还有用人之术。”

第九位：代表“三苏”的苏轼。

苏轼（1037—1101），字子瞻，号东坡居士，四川眉山人。嘉祐二年（1057）进士及第，秘阁制科考试入三等，官至翰林学士、龙图阁学士、端明殿侍读学士、兵部及礼部尚书。先后出任凤翔、密州、徐州、湖州、登州、杭州、颍州、扬州、定州等地方官。他发展生产，赈灾治水，抑制豪强，整顿军纪，为官一任，造福一方，以其卓著的政绩彪炳史册。

苏轼是我国历史上罕见的天才全能作家。散文标志着北宋古文运动的最高成就；诗称“苏诗”，代表着宋诗的最高水平；词称“苏词”，开创了豪放词风，他改进了词的创作，扩大了词的境界，提高了词的格调。他的词风豪迈而飘逸，把写景、抒情和议论结合在一起，收到引人入胜、激发情感的艺术效果；他创造了新一代文赋，开明清小品文先河；他创立了“尚意”书风，书法史上称为“苏字”，雄居宋代四大书法家之首；他是中国“文人画”的倡导者，“胸有成竹”“贵在神似”等绘画理论影响着一代又一代的艺术家；他在农业、水利、医药、军事、音乐、烹饪、养生等领域亦著述甚丰，创造极广。

苏轼的影响早已跨越时空，跨越地域，成为中国文人的杰出代表，被誉为“第一千年影响世界历史的十二位英雄之一”。公元 2000 年，法兰西第一大报《世界报》，组织全球读者、历史学家评选人类文明时代第二个一千年，即公元 1000 年至公元 2000 年间，世界的十大英雄。经投票，亚洲只有苏东坡一人入选。

第十位：明代四川唯一状元杨慎。

杨慎（1488—1559），字用修，初号月溪、升庵，又号逸史氏、博南山人、

洞天真逸、滇南戍史、金马碧鸡老兵等。四川新都（今成都市新都区）人，祖籍庐陵。明代著名文学家，明代三才子之首，东阁大学士杨廷和之子。他是明代四川唯一中举的状元，是明代记诵著述最宏富的文化巨人，“明世记诵之博，著述之富”之“第一”人。

杨慎出身书香门第，为湖广提学佥事杨春之孙，吏部尚书、武英殿大学士杨廷和之子，自幼聪慧好学，从小就受到良好的家庭教育。7 岁时，母亲教他句读和唐代绝句，常能背诵；11 岁时，会写近体诗；12 岁时，拟作《吊古战场文》，他的叔父兵部侍郎瑞红看了极为赞赏，复命拟《过秦论》，其祖父读了之后，自矜谓：“吾家贾谊也”；13 岁时随父入京师，沿途写有《过渭城送别诗》《霜叶赋》等诗，其《黄叶诗》轰动京华，诗派的首领、内阁首辅李东阳“见而嗟赏，令受业门下”，并称杨慎为“小友”；21 岁时参加会试，主考官王鏊、梁储已将杨慎写的文章列为卷首。不料烛花竟落到考卷上烧坏，以致名落孙山。遭此意外打击，杨慎并没有灰心失望，经过几年的刻苦努力，他终于在 24 岁时获殿试第一，考中状元，授翰林院修撰。从此，杨慎正式登上明朝政治舞台。

杨慎是著名的学者、诗人和文学家，对哲学、史学、天文、地理、医学、生物、金石、书画、音乐、戏剧、宗教、语言、民俗、民族等学科，都有极深的造诣。他一生博学多闻，著作达四百余种。李贽将升庵先生与李白、苏轼相提并论，认为他们同是四川“不出则已，一出惊人”的泰斗级人物。

“四川历史名人”的文化价值

第一，四川传统文化源远流长，历史名人是四川传统文化的代言人。一是古蜀文明悠久神奇。以宝墩文化、三星堆文化、十二桥文化为代表的古蜀文明，是中国古文明中的一颗璀璨明珠。宝墩文化见证了距今 4500 年左右成都平原跨进文明门槛的历史，是成都平原重要的新石器时代考古学文化。三星堆文化被誉为“长江文明之源”。三星堆遗址是迄今在西南地区发现的范围最大、延续时间最长、文化内涵最丰富的古城、古国、古蜀文化遗址。二是巴蜀文化独具魅力。秦汉至晚清时期，四川经济文化与中原交融互通，是延续传承中华文化的重要分支力量，承载着汉族文化和其他少数民族文化的融合发展，推动着道教、佛教等宗教相融相生。因地理环境影响形成的天府文化、蜀道文化、岷山文化、文昌文化，因历史背景造就的三国蜀汉文化、移民文化，以及富有民族和地域特色的戏曲文化、茶文化、酒文化、井盐文化、饮食文化等，都成为巴蜀大地独特的文化风景线。三是红色文化影响深远。巴蜀大地培育了朱德、邓小平、陈毅、罗瑞卿、张爱萍等老一辈无产阶级革命家，涌现了四渡赤水、彝海结盟、飞夺泸定桥、过雪山草地等英雄壮举。特别是在川陕苏区、华蓥山游击区等革命根据地，留下了大量的红色遗迹遗址，逐渐融入并形成四川人独特的红色基因和文化血脉，成为优秀传统文化的有机组成部分。四是“三线”文化点多面广。新中国建设时期，四川作为三线建设的重点地区之一，是主要的战略后方，广泛分布于川北、川东、川南各地的重要企业和军事基地，成为中国内陆腹地重要的国防科技工业和科研基地，建成了绵阳九院、德阳二重、攀钢基地、西昌卫星发射中心、成昆铁路等众多成果，凝聚形成了顾全大局、艰苦创业、无私奉献、永远感恩的“三线精神”以及2008年汶川地震后形成的“抗震救灾精神”等，具有特殊的历史意义和文化价值。五是民族文化绚丽多彩。四川是多民族大省，有全国最大的彝族、羌族聚居区，中国第二大藏区，各民族和谐相处、繁衍生息、相互交融。以格萨尔史诗、康定情歌、藏语藏文、藏医藏药、藏戏锅庄、唐卡绘画等为代表的藏族文化璀璨多姿，以彝语彝文、彝药漆器、毕摩文化、彝族太阳历、彝族史诗、彝族歌舞等为代表的彝族文化丰富多彩，以羌年羌寨、羌绣羌笛、羌寨民歌、花灯戏等为代表的羌族文化独特悠久。

第二，四川历史名人灿若星辰。一是巴蜀俊才楚楚不凡。巴蜀大地孕育了一大批杰出的名家大家，有司马相如、扬雄、李白、杜甫、陈子昂、“三苏”、杨慎等文学家，诸葛亮、武则天等政治家，严君平、魏了翁等思想家，文翁、晏阳初等教育家，落下闳、秦九韶等科学家，陈寿、常璩等史学家，尹默、廖平等经学家，近现代则涌现出邓小平、朱德、陈毅等无产阶级革命家，郭沫若、巴金、李劼人、沙汀等文豪，石鲁、文同、张大千、蒋兆和等艺术家，他们在中华文明进程中熠熠生辉。二是名人功绩震古烁今。李冰父子组织修建的大型水利工程都江堰，两千多年来一直发挥着防洪灌溉的作用，造就了成都平原“天府之国”的美誉；落下闳编制的《太初历》，是我国历史上第一部有完整文字记载的历法，一直沿用至今；李白、杜甫、苏轼等名家的传世之作，成为不可逾越的文学巅峰；秦九韶的《数书九章》是中国古代数学的高峰，也是了解当时社会政治经济生活的重要参考文献。三是名人精神代代相传。历史名人积淀着珍贵的精神财富，承载着优秀的精神品格，其蕴藏的人与自然和谐相处的生存智慧，精益求精的工匠精神，敢为天下先的胆识魄力，富于理想的浪漫情怀，身处逆境却安之若素的乐观豁达，博学深思、明辨笃行的学术追求，巾帼不让须眉的豪迈气概等代代相传，至今仍潜移默化地影响着中国人的思想观念和生活方式。

第三，四川历史名人文化价值巨大。四川是中华文明的重要发祥地，文化积淀悠久深厚，文明源远流长，人文荟萃，英才辈出，名人巨匠灿若星辰，拥有不少叱咤风云的千古帝王、政治领袖、军事将帅、思想宗师、文学泰斗、科学骄

子、发明大师等。绵延 5000 多年的文明发展进程中，闪耀史册的历史名人功不可没，他们创造的功绩和成果，留存的著作和形象，承载着中华民族优秀的精神品格，闪烁着中华民族独特的气质风范，潜移默化地影响着中国人的思想和行为方式。一系列优秀思想文化体现着中华民族世世代代在生产生活中形成和传承的世界观、人生观、价值观、审美观等，其中最核心的内容已经成为中华民族最基本的文化基因，并逐渐形成中华民族和中国人民在修齐治平、尊时守位、知常达变、开物成务、建功立业过程中有别于其他民族的独特标识。

本讲座吸取了多位专家学者、政府文件的研究成果与论断，特此说明，并向原作者表示感谢。感谢各位的聆听！

古蜀文明解密

◎刘兴诗

今天我讲的主题是古蜀文明。我是学地质的，今年88岁，这一辈子都在搞地质，也算跟考古沾一点边。谈古蜀文明之前首先要务虚，就是为了把问题弄清楚，必须实事求是，不能哗众取宠，不能搞一家之言。科学工作者应该有一种社会责任。我非常敬仰罗振玉和王国维先生，他们是清末民初的考古大师，给我们留下了很多宝贵的经验。

古蜀文明的时间坐标和空间坐标

我们研究问题，首先要把它放在一个时间坐标和空间坐标里面来看。我们先看一看古蜀时期的时间大坐标。从第四世纪最后一次冰期结束后，并不是马上到温暖的坚冰期，中间还有一些波动，还有好几个倒春寒。“倒春寒”大致以2500年为周期，第一个阶段大致距今10000年到7500年前，气候非常干燥、寒冷。

第二个阶段距今7500年到5000年，普遍的温暖、潮湿。我们的原始祖先从艰苦的环境走过来，这时气候条件适合他们的生活和生产了，原始农业有了井喷式发展。随着生产力的提升，生产关系也改变了。这时古蜀文明正如李白在《蜀道难》中所说：“蚕丛及鱼凫，开国何茫然”，处于蚕丛时期。之后，距今4000年到3000年，是全球性的灾难时期，连续性的干旱，突发的洪水。这相当于传说中的后羿射日

刘兴诗，中国作家协会会员、中国科普作家协会会员、世界科幻小说协会会员。曾任中国地质作家协会副主席、四川省科普作家协会副秘书长、儿童文学委员会委员等职。迄今出版72本书，其他作品1600余篇，是新中国成立后中国第一代科幻作家，也是世界科幻作家协会第一批中国会员之一。

时期，也是三星堆古蜀文明时期。再往后，2500 年以来，从西周一直到现在，气候非常温暖、潮湿。

三星堆和金沙都有太阳图案。反映了当时三星堆人和金沙人的太阳崇拜，但仔细看就会发现，这两个太阳是不一样的：三星堆的太阳光芒外面有一个圈，这象征着要把太阳的热量约束住，不让它发射出去，因为这时正值灾难期，持续性干旱。再看金沙的太阳，光芒四射，有几只飞鸟围绕着它，非常和谐，这才是真正的太阳崇拜。

因此，研究古蜀文明，要将它们放在大的时间坐标里面来看，三星堆处于干旱时期，金沙则是在温暖时期，它们完全不一样。

我们再来看空间坐标。从地质图上看，中间的红色地带就是发生汶川大地震的龙门山系，外面是都江堰、彭州、成都这一块地方。古蜀时期我们的祖先就生活在山里面，然后慢慢地搬迁出来。

古蜀时期的第一个阶段是蚕丛时期。古代先民认为真正的天堂在云端，在山上面，天下面是人间，再下面有地平线，最下面是两只怪兽。人间的大地由两个怪兽托举起来，如果两个怪兽托不住了，稍微动一动，就会发生地震，这就是古代对地震的解释。蚕丛时期的祖先生活在黄土地上。今天我们进山去看，藏族、羌族的寨子都建在山上面，因为那里黄土很厚，利于种庄稼。而下面是岷江的一个断裂带，汶川大地震就是顺着断裂带产生破坏的。

三星堆博物馆里有一只黑色的鸟，被人誉为神鸟。现在的戴胜鸟的形状和这只神鸟基本一样。三星堆里的青铜大立人眼球突出，眼睛鼓起来，脖子粗大，身材消瘦，这就是甲亢病的三大特征。古蜀时期的代表人物蚕丛就患有此病。蚕丛时期所有的岩石是缺碘的，容易诱发地方性甲状腺肿大。

三星堆的古城墙后面有两面斜坡，城墙也是倾斜的。城墙怎么会是这样的？城墙不都是高高的吗？这个能够防备敌人吗？日本的《朝日新闻》记者采访时提问：成都平原为什么有这么多古蜀遗址？这些古蜀遗址是怎么被破坏的？有的解释是战争，有的解释是瘟疫，有的解释是搬家。为什么搬家也是一种解释？当时的城和现在的城不一样，当时的城除了居住区还有墓葬区、生产区，所有农田都围在里面，一旦被洪水冲开，人们就没有办法了，只好搬家了。

三星堆青铜器的来源

三星堆有这么多青铜器，这么多黄金和玉石，是从什么地方来的？一般的说法是，铜是从云南运来的；也有人认为铜是从非洲运来的，金是从金沙江来的，玉是从新疆和田运来的；更多的人认为玉是龙溪玉，就在汶川这一带。

我认为，三星堆的铜来自云南的说法有问题，当然更不可能来自非洲。虽说云南有大铜矿——东川铜矿，但是以下三个问题说明了三星堆的铜不可能来自云南。第一，东川铜矿是什么时候开发的？第二，三星堆是什么时代？两个时代不一致。第三，东川铜矿是一个大的平矿，它的单位体积的铜含量不高，但是整个地区的储量很大。如果要开采铜矿，必须把整块岩石取下来进行淘洗、分选，这是非常复杂的工艺，三星堆时期能够做到吗？这是不可能的事情。所以我认为，三星堆的金、铜、玉都来自龙门山。三星堆有一条鸭子河，顺着河流进山，几十公里处有一个大宝铜矿，今天还在，地点是彭州的白水河。

很多考古学家讲，我们挖了几十年怎么没有在三星堆和金沙这两个地方发现冶炼铜的工地呢？它根本不在这个地方。三星堆的上游就有一个大铜矿，一直到新中国成立后还在开采。我们在金沙和三星堆就没有发现车轮，却在三星堆发现了码头，有码头就有水运，铜矿就在上游，从森林里砍下树，编成木筏子，冶炼好了铜就运下来。

《左传》有言："国之大事，在祀与戎。"祀就是祭祀，祭祀居然放在国防之前。古人为什么要祭天？因为那时气候非常干旱，人们祈求上苍降雨，所以祭祀被作为一项基本国策。商周时期铜器越做越大，后母戊鼎的规模更是空前绝后，显示当时对天的极度依赖，人们靠天吃饭，所以要把祭祀放在国防之前。这和雅利安人西迁的事情一样，雅利安人生活在阿尔泰和中亚这一带，当时气候非常恶劣，不得不迁徙。雅利安人有两条迁徙路线：北边一支进入欧洲，南边一支经过今天阿富汗的开伯尔山口，再往两边走。往西边的进入波斯，进入阿富汗，进入埃及，演变成今天的阿拉伯民族。炎帝、黄帝部落也是这样，在黄土高原生活得好好的，因气候变化，没有办法生活了，只能迁徙。炎帝部落向东渡过黄河，进入今天山西；黄帝部落翻过太行山南段，进入河北平原，与蚩尤集团发生矛盾。

古蜀先民在蚕丛时期本来在龙门山住得很好，也是因为气候恶化，所以要翻过山来，要搬家。从龙门山出山，走山路，过都江堰，这是最方便的。他们从今天的汶川和茂县这一带翻过山，山背后就是彭州的大宝铜矿，这个铜矿有一个特点，它露出地表风化的石头叫作孔雀石，非常鲜艳，古蜀先民翻过山去就发现了这个铜矿。

在成都平原南部，都江堰芒城遗址和新津宝墩遗址开始的时候都是 4500 年前，当时是气候最恶劣的时候，古蜀先民不得不搬家。三星堆文化堆积层最下面一层的年代是 4200 年前，他们通过 300 年完成了翻山，这是几代人的努力，因此他们对山里的环境也非常了解。我认为，古蜀时期，先民们除了走都江堰之外，还有很大一部分就是翻越龙门山出来的，在翻山的过程中就发现了大宝铜

矿。他们就在当地冶炼矿石，制作铜器。三星堆的青铜器制作得非常精美，工艺水平很高。

再来看龙溪玉，它的成分跟三星堆的玉一样。1949 年前后，成都理工大学有一个地质实习基地，靠近大宝铜矿小鱼洞，在它的附近，民国时期就发现了狗头金，所以这里有金子。

我认为，在彭州，在大宝铜矿这个地方，就是三星堆和金沙时代青铜器、玉器和金器的产地，既是矿产地，也是制造地点。它应该是“古蜀文明之母”。

《三国演义》中的管理学

◎成君忆

成君忆，管理学专家、著名文化学者、畅销书作家。他的《水煮三国》系列开创了管理文学的学术流派，引起了华语文学圈激烈的思想碰撞。随后《千里走三国》《管理三国志》等一系列著作出版，并以多种语言版本行销亚洲各国和欧美地区。同时，他也是一位优秀的翻译者，得到了《谁动了我的奶酪》作者斯宾塞·约翰逊博士的高度评价，并翻译了斯宾塞·约翰逊博士的《一分钟经理人》系列和最新畅销书《峰与谷》。

我每次来成都都有一种回家的感觉，为什么？因为我对成都有特殊的感情，主要的原因是因为这里有一个人，他叫诸葛亮。我从小对诸葛亮就有非常深厚的情感。

《三国演义》与《三国志》

今天我带来一本书叫作《烈火三国》，我们的话题也从这里开始，我们这个时代离真正意义上的三国文化已经很远了，所以，我们要回到三国文化、回到中国传统文化当去，用心灵去感受爱。一般人认为读书意味着能增长智慧，其实恰好相反，如果没有智慧，我们不可能理解三国文化，也不可能读懂《三国志》。

烈火象征着毁灭与新生，让人想起凤凰涅槃。群飞一词则来自扬雄的一篇散文，它里面提到海水群飞，说的是国家栋梁。在我看来，烈火群飞这个词其实在界定三国，在过去的二三十年里我遇到了很多人，每个人都自以为读懂了三国，但是我们从未读懂。部分学者习惯以《三国志》为事实来驳斥《三国演义》的虚构，事实上，这远未体悟文学的本质。《三国志》和《三国演义》之间并没有冲突，《三国志》写得很好，但其中很多史实也值得商榷。《三国志》的史学价值很高，我们要理解它为什么这样写，它哪些地方是可信的，哪些地方不可信。文学虚构究竟要表达什么？这都是我们要问的问题。

至于《三国演义》，我认为文学有两种：一种是做梦，就是作家通过虚构来营造一种梦境，这就是我们通常所说的想象力。而第二种表现形式恰好相反，它不做梦，而是在细致观察和了解以后，用文学更深刻更形象的表现事实。在我看来，《三国演义》即属于后者。

《三国演义》的文化价值

我们以前看《三国演义》通常是看名利，看成败，看权谋，这种看法会造成人性的扭曲，但是权谋怎么能等同于智慧呢？所以我们的视野需要转变，我们需要去看人生，看命运，看心灵，如此才能发现文化的价值意义所在的主体。

什么是文化？里面有三个关键词，第一个是信仰，第二个审美，第三个是生活。所谓文化只是一个人或者一群人的信仰，以及由此而发生的审美和生活。有信仰的文化才叫美，在有信仰的文化里，人们的审美是确定的，比如民族服装，它永远在那里，不会变化；而在没有信仰的文化里，人们的审美是不确定的。因此就出现了所谓的流行与时尚，一件在今天是美的事情可能到明天就变了，它不美了，没有信仰的文化叫作文化的沙漠，有信仰的文化才是真正的文化。什么是真正意义上的汉文化，怎样重新回到我们的民族文化当中去，这是我们每个人都要思考的问题。

故事要从一条大青蛇说起。《三国演义》开篇即讲到建宁二年（公元 169 年）四月望日，帝御温德殿，方升座，殿角狂风骤起，只见一条大青蛇，从梁上飞将下来，蟠于龙椅上。我在写《烈火三国》时，也从这条大青蛇开始。为什么要写大青蛇？起初，刘邦斩白蛇起义，于是有了汉朝，等到东汉末年汉灵帝时这条大青蛇再次出现了，汉朝就倾颓了，所以从某种程度上看，这条青蛇与汉朝的皇权之间有着密切的联系。

我们做管理学研究要有任职条件，当管理者是需要有任职条件的，为什么？因为要做一个好的管理者。古代的皇帝也是如此，需要有任职条件的，如果是一个好皇帝就意味着是真龙天子。可是这条大青蛇的出现使汉王朝有了问题，盘踞在龙椅之上的大青蛇象征着欲望已经控制了汉灵帝的肉体，并且使他丧失了做皇帝的资格，因为这条大青蛇，汉朝才会有天下大乱，在这个欲望时代里面注定是这样的乱世。

曹操的父亲曹嵩是宦官集团首脑，曾任太尉。曹操的童年是不幸的，他经历了许多常人难以想象的艰难与苦难，所以他要实现自我，成为一个英雄。在中国历史上，英雄和圣贤是不同的。圣贤就是安安静静、自得其乐地活着，李白说，

“古来圣贤皆寂寞，惟有饮者留其名”。比如管宁，宁可不当官也要过自由自在的生活，曹操的故事就从这里开始的。今天讲传统学遇到的最大问题就是人的问题，技术解决不了人的问题。每一个管理者把他的问题带到公司里来，每一个员工把他自己的问题带到公司里面来，人和人之间的各种矛盾和冲突就在这个公司里面展开。曹操也是，他把自己的问题带进了他的创业史中，于是他非常焦虑，他没有可以信任的人，连睡觉都不敢让别人靠近，最后死于头痛。导致曹操生病的根本原因在于他的野心和欲望。什么是野心？就是对现状不满，别有所图，想要获得令人瞩目的权力、声望和地位。这才是理想的生活吗？事实上生活并不是遥远的理想，而是在此时此刻。

同样地，清心寡欲意味着什么？并不意味着死气沉沉，而意味着生机勃勃。只有这样，生命才会呈现它本有的样子。三国之所以是一个乱世，就是因为其中充斥了很多欲望。马斯洛说人是一种欲望的动物，总是不断地追求着这样或者那样的目标。

人生的悲剧往往是从不幸的童年开始的。《善哉行》中描述了曹操童年的悲苦，他从小缺少父母的关爱，没有接受过正规的教育。很少有人了解像曹操这类纨绔子弟的孤独和骄横，一方面，他们的内心深处极度匮乏，从而产生了不可遏制的欲望。另一方面，他们像野兽一样骄横，却没有人能够走进他们的内心，给予他们真正意义上的爱。只有爱，才能医治人世间的种种不幸。

我们再看吕布。吕布的童年是不幸的，他从小缺乏父爱，所以他一直都渴望有一个疼爱他的父亲。丁原和董卓都曾是他的义父，可惜他们之间只是相互利用的关系，最后他把这两个人给杀了。董卓去世以后，曹操和吕布就在山东展开了较量，曹操几次险些命丧吕布手中。

再来看说诸葛亮。卧龙是什么意思？《尚书·顾命》里面有一个传说，说伏羲王天下，龙马出河，遂则其文以画八卦，谓之河图。卧龙指的是高卧在山中的一匹龙马。所以诸葛亮在《出师表》里面说，我自己愿意跟随刘备，尽自己的心意。说到桃园三结义，真实情况是，刘备招录兵马，张飞和关羽二人前来响应，这两个人性格刚烈，很正直，讲义气，三人结下了很深的兄弟情谊。桃园结义是兄弟三人同命相亲的故事，他们彼此珍惜，彼此忠诚，这就是桃园的意义。

刘备的三顾茅庐也谱写了一篇惺惺相惜的佳话。刘备懂得珍惜人才，理解、尊重人才，他和诸葛亮之间就是如此，刘备之所以能够创造那么多奇迹，即使处于危急境地，却每一次都能够起死回生，就在于此。

我们重温历史，让我们的心灵从中汲取智慧与活力，在光明中充满自信地生活。

谢谢大家！

世界纸币的起源——成都交子之谜

◎谢元鲁

谢元鲁，四川师范大学历史文化与旅游学院教授、四川师大旅游与城乡规划研究院副院长、中国史学会理事、四川省历史学会副会长、成都市历史学会副会长、成都市城市科学研究会理事。长期从事政治史、经济史、历史地理学和旅游经济研究与教学，目前共出版专著 9 部，发表学术论文 50 余篇。

交子出现于北宋初年，它是世界上最早的纸币，它的发行在世界经济史和金融史上有着划时代的意义。这样划时代的发明为什么恰恰在成都出现呢？我想从三个方面来讲：交子产生的历史背景，交子务的建立与官交子的发行，交子与宋代四川雕版造纸印刷术的关系。

交子产生的历史背景

任何发明都不是凭空产生的。交子产生于成都有几个重要的原因：第一个，它和唐宋时期成都经济文化的发达有着非常密切的关系。唐代的《元和郡县志》记载了唐宪宗元和年间全国各地的政治、经济等情况。书中说："扬州与成都，号为天下繁侈，故称扬、益。"这表明在唐代中期，较为繁华的城市有两个，一个是扬州，另一个是益州，益州就是当时对成都的称呼。《资治通鉴》是北宋司马光写就的历史巨著，书中对唐朝的成都也做了评价：扬州富庶甲天下，时人称扬一益二。这个"益"就是成都。这个评价非常高。"扬一益二"是唐朝时的俗语，在民间广泛流传，如同我们今天所讲的"上有天堂，下有苏杭"。但对于扬州和成都的地位，也有不同的意见，如《成都记序》中说：大凡今之推名镇为天下第一者，曰扬、益。以扬为首，盖声势也。人物繁盛，悉皆土著；江山之丽，罗锦之秀，管弦歌舞之多，伎巧百工之富，其人勇且让，其地腴以善，熟较其要妙，扬不足以侔其半。他的评价很高，我们至少知道，成都的繁华富庶在唐宋时期是全国数一数二的。到了宋代又如何呢？北宋名人宋祁在成都做过知州，他在《成都》一诗中写道："此时全盛超西汉，还有渊云抒颂无。"在他看来，宋代成都全盛时期超越了西汉。这些都说明交子的产生要有繁荣的经济做支撑，这就是交子产生的第一个原因。

中国古代在交子产生以前，都是以金属货币为主。宋代成都有一个特殊现象，按政府规定，四川是特殊货币区，只能使用铁钱而不能使用铜钱。铁钱重量大，价值低，北宋时期商业繁荣，成都商品交易发达，使用铁钱效率相对较低。用一句今天的经济术语来讲就是交易成本非常高。这是交子产生的第二个原因。

交子出现经历了两个阶段：第一个阶段，叫作"私交子"。所谓"私交子"，就是私人发行的货币。宋太宗时期，成都的16家富商联合发行交子，这是最初的私交子。史书记载，16家富商把各种图案，如人物、房屋、花鸟树木等印在纸上，然后在印好的纸上签字，这便是交子。签了字的交子金额是空白的，如果要使用，便要用同等价值的铁钱兑换，然后将兑换的金额填写在交子上，并加盖印章。尽管这种发行方式要收取一定的手续费，但它对于成都乃至四川的商业都颇有益处。为什么？因为交子是纸币，质量很轻，由16家富商联名担保，信用较高。这16家富商是世界上最早的央行雏形。这16家富商发行的交子是在什么地方生产的？1000多年后的今天，我们尚可追寻到一丝历史的痕迹，在今天成都锦江区府河边曾经有一条老街叫交子街。关于交子街的由来有几种说法：一种说是明清时期，这个地方曾经是一个卖辣椒、花椒的市场，所以得名椒子街；还有一种说法是宋代富商发行交子的地方，只是后来的人们因谐音把"交"讹传为"椒"。这种说法是有一定根据的。因为在古代成都，交通最繁忙的地方往往也是商业最发达的地方，唐宋时期成都的交通主要依靠水运，最繁华的是锦江两岸，"窗含西岭千秋雪，门泊东吴万里船"，"万里桥边多酒家，游人爱向谁家宿"就是最真实的写照。近代成都最大的商业市场在大慈寺，今天的大慈寺紧临春熙路，也是商业中心之一。宋代时，大慈寺既是佛教中心，又是商业中心。既然唐宋时期成都的商业中心在成都东部，交子街也在成都东部，16家富商极有可能把交子街作为交子的发行地。（1997年，成都旧城改造，交子街与均隆街合并为均隆街，让不少成都居民深感惋惜。）

16家富商最初发行交子是用铁钱来兑换的，后来，交子受到社会的欢迎，直接作为财富在民间流转，开始执行纸币的功能。这样一来，16家富商开始滥发交子，透支自己的信用，通货膨胀出现，交子开始贬值。商人利益受损，到官府打官司，关于交子的官司越来越多，引起了宋朝官府的重视。由此可见，信用是交子发行的又一个重要因素。

宋代之所以能够发行纸币，得益于成都的经济条件。最初，交子具有一定的信用度。今天我们很多历史学家早在唐朝时就已经出现了纸币的雏形，叫作分钱，因为唐朝用铜钱，虽然比铁钱轻，也有一定的分量。当时有很多富商要外出做生意，把铜钱搬来搬去十分费力，于是唐朝政府在各个州的京城都设立的办事处就开始发行一种证券，比如要到长安来做生意，就用证券到成都官府兑换铜币。这种钱与成都交子的区别在于，要写上具体的人名，并且只能由本人兑换，但交子是不署名的，任何人都可以兑换。

交子务的建立与官交子的发行

随着引发的民间纠纷越来越多，私交子开始贬值。针对这种情况，当时宋代驻成都的地方官员有两种意见：第一种意见是干脆把它禁掉。时任成都知府的寇瑊向宋仁宗上奏，称私交子的发行引发了很多纠纷和案件，建议朝廷颁发旨意，把所谓私交子通通给禁掉，不准这 16 家富商再次发行。在没有得到皇帝批准之前他已经采取措施，封禁了成都的交子。然而尽管交子滥发引起了很多纠纷，但是它终究为成都和四川的商业交易提供了很多方便，这样一来，民间商业贸易日渐萧条。另外两位成都的官员上奏，提出了不同意见，他们认为交子已经成为必需品，如果不分青红皂白禁掉，对成都造成巨大的经济打击，从而影响商业贸易的进行。他们建议由官方重新发行交子，并提出几条建议。第一，在成都建立主管交子发行的机构——益州交子务，并委派官吏赴任；第二，官府发行的交子上加盖官府大印；第三，要有发行交子的准备金；第四，要有严格的账目，发行数量、每一张交子的标准都要详尽记载。这份奏章得到了宋仁宗的批准，很快益州交子务便建立起来。1024 年 4 月 1 日，官交子正式发行，世界上第一种官府发行的纸币正式诞生。

官交子发行的具体情况如何呢？官交子的发行数量比照私交子来看，面额从一贯到十贯都有，每一届交子发行三年。发行两三届以后，纸币的面额开始更换，后来只发行两种面额，五贯和十贯。北宋时期四川的物价水平，大概是每斗米 30 文钱，一斗为 10 升，一个成年人大概每天吃两升米，一个五口之家大约每天消耗一斗米，一斗米 30 文钱，相当于一件衣服的价格。按照一般老百姓的消费水平，每天几十文钱已经足够，一贯以上的钱都很少使用，这说明当时发行官交子主要供商人使用，用于大面额交易。可见，繁荣成都的商业交易是发行官交子的主要目的。

当时的人们没有收藏意识，交子的纸币一旦被废弃，很快就变成一张废纸，所以官交子的原件现在已经很难找到，最初发行的官交子跟现在的人民币有较大的区别，它不是一批一批的，而是有需求才发行。官交子的做法和私交子差不多，商人如果需要交子，便可将铁钱运到官府去兑换，由官府填上面额并盖印，另外也要加手续费。这种发行方式虽然烦琐，但是有一个好处，就是有多少交子流通出去，就有多少铁钱收进来，保证了交子货币价值的稳定。这种情况从1023年开始大概持续了70年，北宋时交子的信用一直很高，有时一度超过了铁钱。

最初，宋朝政府较为谨慎，没有超额发行，但是随着时间的推移，交子开始滥发了。其中最重要的因素有以下几个。第一，西夏王国和宋朝展开了为期几十年的长期战争，四川作为宋夏战争的大后方，要输送战备物资，地方和中央财政的压力较大，交子开始超额发行。宋夏战争末期，每届交子的发行量达280多万贯，到了宋徽宗时期，变成了2500万贯。这样一来，交子的信用开始大幅降低。宋徽宗初年，一贯交子只能换二三十个铜钱，贬值了近一半。

在这种情况下，朝廷废除了交子，另外发行一种纸币，叫作钱引，随着钱引的发行，交子发行日益衰落。尽管交子的发行经历了这么多波折，但是它是中国历史上纸币发行的开端，成为世界经济史上的罕见现象。

交子与宋代四川雕版造纸印刷术的关系

印刷术发展到一定的阶段是纸币产生的基本条件。宋代成都的交子是世界上第一种纸币，它集唐宋时期造纸术、雕版印刷术、版画艺术之精华。交子所用为皮纸，皮纸采用韧劲很好的树皮制作而成。唐宋时期，成都的造纸业处于领先地位，唐代成都的纸以麻纸居多，质量为全国最高，唐代规定，皇帝的诏书、官府文书乃至于皇家图书馆都要用益州的麻纸，唐朝时每年都要从成都运纸几十万斤，这在唐朝的文献上多有记载。

成都著名的女诗人薛涛为了写诗方便，创造了一种彩色的笺纸，笺纸上可以印花，印人物，质量非常高，深受唐代诗人的欢迎。这种彩笺是把芙蓉树的皮剥下来，再经过加工造成彩色的，有红色的。红色从哪里来？也是从芙蓉花上提取出来染上，这种纸就叫作薛涛笺。薛涛笺广泛意义来说也是一种皮纸，也就是说唐代成都的造纸术已经领先于全国了。

交子由楮树皮制造而成。四川人称楮树为构树，叶子多毛，繁殖力较强，果实为红色，鸟类喜食。宋代成都造纸中心位于今天成都西郊和南郊一带的浣花溪。当时浣花溪两岸的造纸坊连绵不断，浣花溪有两处水景：一处是大水车，因

为楮树的皮要形成纸浆，必须用大水车来做。另外一个就是造纸作坊，还有用于浸泡的楮树池。交子的纸是楮纸，它的制造工艺超过了普通的纸。今天，皮纸作为古代的纸张得以保留，中国的画用得最多的纸是宣纸，宣纸是皮纸的一种，产生于唐代，最初在今天东南一带，用藤皮制作而成，保存时间较长。

宋代成都楮纸的制造水平较高，南宋时期，政府要在杭州发行一种名为会子的纸币。生产会子的纸要从成都运往杭州，成都的楮纸生产水平可见一斑。纸币生产除了造纸术外，还涉及印刷术。印刷术是中国古代四大发明之一，唐宋时期，成都的印刷水平居于全国首位。据专家考证，印刷术可能出现于隋代，但是最先将印刷术应用于市场印刷普通书籍是在唐代。今天，我们通过考古发现了唐代遗留有世界最早的印刷体，多见于佛经，如金刚经、心经等。这些印刷品绝大多数都出自成都印刷公坊，散见于各个博物馆，如大英博物馆等。由此可见，成都的印刷技术在唐代已经领先。宋代也是一样，在今天，宋版书非常宝贵，这样的印刷术在 16 家富商联合发行私交子的时候就已经出现了，他们用两种颜色套印，一种是黑色，一种是红色，两种颜色用在一张纸上就变成了彩色，最早的彩色版画见于宋代成都的交子。到了官交子时代，交子的印刷更加精良。政府组织了一个专门印刷交子的手工作坊，由交子务直接管理，印匠 81 人，雕匠 6 人，铸造匠 3 人，规模相当大。交子是铜版印刷，交子作坊有专门的雕匠和铸造匠。铜版每一两年就要重新制作，它不仅仅是四川和成都经济繁荣的标志，它也说明宋代成都造纸术、印刷术和版画术都走在全国前列。交子的出现带动了纸币的发行，南宋时期开始发行会子，而交子开始作为一种废弃的纸。

总的来说，交子的产生体现了成都人的创新精神。公元 17 世纪，英格兰银行发行纸币，纸币在西方国家的出现比交子迟了 500 多年，中间是一段空白期，我们超前了很多。希望成都人能够继承这种创新精神，创造更多的世界第一。

家史——家族智慧的闪耀和流动

◎李远江

李远江，家史学者，全国青少年历史记录大赛发起人，中国国家图书馆远征军口述项目负责人、全国首个社区家史计划负责人。曾任教于北京市西城区北海中学（后并入北京四中），后从事多媒体教学软件开发，负责历史教学软件的编写。参与《看历史》杂志创刊并承担主要策划工作至今。

欧阳修曾说："子孙不知姓氏所从来，以昧昭穆之序者，禽兽不如也。"前几年父亲患癌症，我带着6岁的女儿跟我父亲一起做口述记录的时候知道了曾祖父的名字，所以，我跟参加活动的家长和孩子们说，现在不知道曾祖父的名字没关系，但如果现在把你爷爷的名字讲清楚，那下一代不就知道曾祖父的名字了吗？这样便代代相传了。

你想做自己家族的小史官吗？我曾经在教书的时候带学生做过探寻家族史的研究性学习，在这个过程中，孩子们产生了很多变化，他们开始意识到历史跟自己的关系。同时，我发现了孩子和长辈之间的变化，一些家长说，孩子一回家就东问西问的，对待老人的态度也比以前好多了。孩子们对自己从哪里来，自己的家族史有天然的好奇心，所以，让孩子来做自己家族的史官，他就有了一种使命感，对家族史的追溯也更有效果。

家史的作用

家史可以帮助寻找家风。普通人家可能没有成型的家谱，也没有家风和家训的文献记载，但是，家风存在于我们每一个人的记忆。

故事一，赵奶奶的故事。赵奶奶是山东人，她的父亲闯关东到了东北长春，当上了一个小职员，母亲带着孩子找到父亲后，他不接纳他们。母亲就找了一

个小平房，帮人做杂活，拉扯几个孩子长大。解放战争时期，赵奶奶的父亲生了病，她的母亲没有抛弃他，而是把父亲接过来一家人团聚，后来他们得到了解放军的救助，非常幸运，赵奶奶一家人全部活下来了。

这一段记忆对赵奶奶的家族来说十分重要，因为有这段历史，他们彼此都非常珍惜。赵奶奶也影响了她的孩子们，她的子女都非常出色。所以，无论经历过什么，这样一段记忆都足以奠定这个家族的底色：不离不弃。

故事二，杨奶奶的故事。杨奶奶是我们家的邻居，她不识字，曾经是中央领导人最欣赏的家政服务员。杨奶奶的家史故事非常励志，她是白洋淀长大的孩子，原来是儿童团员，新中国成立后她经人介绍嫁到了北京一个平民家里，由于她不会做家务活，和婆婆产生了很多矛盾。在她怀孕四个月的时候，她和婆婆的矛盾激化了，由于和丈夫不能取得一致意见，她离婚了。为了能争一口气在北京生活下去，她在生下孩子一个月后就将她送到了丈夫家，经人介绍，她到中央首长家做家政服务员。首长家人对他很好，给了她很多帮助，她开始向那些到首长家做饭的大厨学习，结果她不但家务活干得越来越好，做饭菜的厨艺也大涨，一步步成长起来。但是她和自己的女儿却产生了矛盾。女儿从小认为妈妈老是在别人家，变成了别人的妈妈。老人家讲述这段故事讲了三次才讲完，她感觉对不起女儿，后来她的女儿支持她把这段故事讲完，拦着她的手说：妈，我不怪你。一个家族的问题可以通过梳理家史看到，了解了这段历史，大家可以达成谅解。

做口述史对家族老人而言是非常重要的。当过去的家谱记载方式已经不能延续的时候，老人一旦离开人世，他们的记忆就会很快消失，所以老人们更需要讲述这些故事让子孙后代知道自己曾经经历过什么。

有时候老人的故事需要重新讲出来，只有这样才会发现，他们的人生并非无足轻重，而是具有十分重要的价值和意义。

家史的意义

家史是藏在我们每一个人心里的生命密码。俗话说：以史为鉴。帮父亲做口述时，我仿佛在他身上看到了 30 年后的我，在爷爷身上看到了 50 年后的自己，我们要看清家史，把好的东西继承下来。

在当今社会，人们之间有共同物理空间却没有心的连接，这带给我们孤独感，让我们承受更多的压力，所以，我们要做的工作就是让大家连接起来。真正的社交是彼此认同的，当我们用儿子、女儿的身份讲自己家庭故事的时候，当我们被自己家族故事所感动时，我们就有了收获，就要把这些瞬间、故事分享出来。于是，我们帮社区居民记录家史，在社区里面分享，每一次分享都会带来神奇的效果，有的人找到了老乡，有的人找到了战友，我们的家史群成为这个社区最温暖的群体，我们之间虽然没有血缘关系，但是远远超过有血亲关系的情谊。

怎么做家史记录?

家史不是一种碎片化的记忆，用历史散文的方式书写家史往往不够中立，细节也不充分。所以记录家史时一定要遵循口述史和历史研究的规律，所有故事重建必须基于历史。这些证据可以来自长辈的口述，可以来自历史档案，也可以是过去的书信。我们相信，真相的力量大于一切，我们也希望，可以让没有受过训练的人也能够做家史，为此，我专门为学生设计了家史课程。

如果孩子们知道了自己家族的故事，他就有了情感连接，表达对他来讲他就容易多了。例如，社区里有一个 11 岁的孩子听了我的家史课后开始了解自己的家族史。她第一次画家族树时，画了 34 个人，一周后增加到 157 个人。开始写家史时，这个孩子的表达能力很差，现在，她的作文水平得到了很大的提升。孩子内心有了诉求，自己就会去寻求最好的表达方式，也就不用再担心他们的写作水平了。

用生命证言行动，让我们分享家史，共同成长。

现代经济体系下的成都城市竞争力

◎郝寿义

郝寿义，南开大学校学术委员会委员、城市与区域经济研究所学术委员会主任、南开大学中国城市与区域经济研究中心秘书长、国家建设部高等教育工程管理专业评估委员会委员。研究方向为城市与区域经济，土地与房地产经济，城市、区域、工程管理。

非常高兴来到成都和大家一起聊一聊天。

成都的高质量发展有其独特的时间和空间坐标。从空间坐标上看，党的十八大以后提出了区域协调发展战略，如长江经济带和“一带一路”倡议等，成都在其中处在一个关键的节点上。长江经济带上，上海是出海口，源头在成都和重庆，从上海沿长江经济带向西要路过成都；海上丝绸之路一共有三条线，其中南向线由我国沿海港口至东南亚各国，成都在其中又是一个节点。从时间坐标上看，党的十九大提出，要建设现代化经济体系。它包含了市场经济的内容，同时又比这个范围更广。今天我就和大家聊三个方面的具体内容：一是对区域协调发展战略的理解；二是建设现代化经济体系和区域协调发展之间的关系；三是把成都的空间坐标和时间坐标相结合，看看下一步应该如何发展。

区域协调发展战略

党的十九大把区域协调发展战略作为七大战略之一。区域协调发展战略最早于1995年提出，当时的十四届五中全会在“九五计划”中明确提出要坚持区域发展，逐步缩小城乡发展差距，把它作为社会和经济发展必须贯彻的一个重要方针。“十一五”期间进一步提出，要促进经济协调发展，根据资源环境承载能力、发展基础和潜力，按照发挥比较优势，加强薄弱环节、享受均等化等基本公共服务的要求，逐步形成东、中、西部地区良性互动，公共服务和人民生活差距逐步缩小的区域协调发展战略。当时主要是把区域协调发展看作一种量的比例关系，过去，东部、中部、西部发展差距很大，人均GDP收入水平不均衡。改革开放初期，我国东、中、西部发展相对均衡，但这一种均衡是低水平的。改革开放以后，我国建立社会主义市场经济，实现了巨大的发展，但是它也带来一个问题，就是区域之间的差异开始出现，东、西部之间的差距越来越大，当时我们提出的是东部率先发展，但是东部的率先发展是以西部的慢速发展为代价的，我们逐渐地认识了这个问题后，提出东部反哺西部，东西要均衡，于是就有了西部大开发。同时还提出了南、北部均衡问题。东北作为老工业基地，市场经济逐渐衰落，我们又提出要振兴东北。区域协调发展，就是东、中、西、北要协调发展，这是在市场经济条件下形成的一种协调发展的理念和做法。

进入新时代，这样的发展理念表现出一定的片面性。很多时候我们讲的均衡和协调是经济方面的协调，这样的区域协调发展比较狭窄，习近平总书记在党的十八届五中全会上提出五大发展理念，即创新、协调、绿色、开放、共享。新时代，我们的区域协调发展的质量、性质和水平跟以前不一样。我们说，计划经济时期的区域协调是纯协调，市场经济基础上的协调是经济上的协调，现在提出的协调应该是建立在现代化经济体系基础上的协调。我们要更多地关注区域协调的质量和水平，看它是低水平、低质量，还是高水平、高质量，成都现在处在包括"一带一路"和长江经济带的区域协调在内的重大的国家发展战略中，显然不是低水平、低质量的协调，而是高水平、高质量的区域协调。

建设现代化经济体系和区域协调发展的关系

区域协调发展战略该如何实现呢？党的十九大报告提出要建设现代化经济体系，把实施区域协调发展战略纳入建设现代化经济体系之中，区域协调发展是我们国家坚持的七大战略之一，要进一步实施好协调发展战略，就要建设好现代经济体系。我们提出了两个国家战略，第一是协调推进粤港澳大湾区发展，过去是东、中、西、北，现在则是东、中、西、北、南。原来粤港澳划归东部，现在独立出来了。第二是把长江三角洲区域一体化发展上升为国家发展战略。

十九大提出，要把实施区域协调发展战略建立在现代化经济体系基础之上，建设现代化体系包括六个方面：第一是要深化供给侧结构性改革，第二是要加快建设新型创新性国家，第三是实施乡村振兴战略，第四是实施区域协调发展战

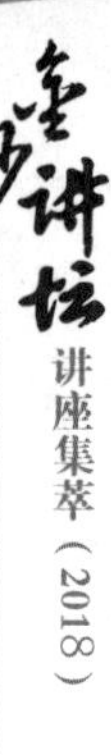

略，第五是加快完善社会主义市场经济体制，第六是推动形成全面开放的新格局。这就是现代化经济体系。现代化经济体系包括市场经济体系，就是在社会经济活动各个环节、各个层面、各个领域的相互关系和内在联系上形成一个有机整体，它由一个体制、六个体系、五个重点任务构成。一个体制就是建设充分发挥市场作用、更好发挥政府作用的经济体制。六个体系分别是创新引领、协调发展的产业体系，统一开放、竞争有序的市场体系，体现效率、促进公平的收入分配体系，彰显优势、协调联动的城乡区域发展体系，节约资源、环境友好、绿色发展体系，多元均衡、安全高效的全面开放体系。五个重点任务是要发展实体经济，要创新驱动，要城乡区域协调发展，要开放经济，要深入改革经济体制。

建设现代化经济体系包含的这些内容，其性质是什么？它背后又体现了什么？我认为，我们国家提出建设现代化经济体系，意味着中国将由工业化阶段步入后工业化阶段。改革开放 40 年，我们国家取得了很大的发展，成为世界上第一制造业大国，同时也是进出口大国。但是，我们进出口的是产品，是制造业的产品。我们是在进行工业化，而工业化进入中后期的最主要的特点就是重化工，重化工会带来 GDP 的快速增长，也会带来污染，这是任何一个国家的发展不可避免的一个阶段。现在这个阶段要转型升级了，进入后工业化阶段。后工业化的时代特征是第一产业结构调整，制造业的比重开始下降，服务业的比重迅速上升。后工业化时代的关键不在生产，不在资本，而是消费，是人。后工业化社会一个很重要的特点是创新会占越来越大的一种比例，会成为新的引擎，消费会成为主导因素。因此，我们开始由重视生产性资源向重视消费型资源转化，这意味着我们国家将会由工业化的中后期向后工业化的初期转换，这就是建设现代化经济体系更深的意义所在。它对我国在世界上的地位也会产生非常重要的意义。

改革开放以来，国家经济得到了迅速的发展，开放程度也越来越大，但是我们的开放主要是将自身嵌入以发达国家为主导的全球价值链上，价值链的顶端研发市场都在国外，我们只出现在装配环节，在这种情况下，我们发展制造业主要是引进外资。“一带一路”倡议提出，我们要创新，自主研发，把我们的研发、市场、产品通过“一带一路”联系起来，这就是我们建设现代化经济体系的重大意义。

对成都经济高质量发展的建议

成都处在“一带一路”倡议、长江经济带的空间点和十九大提出建设现代化经济体系的时间点上。在这种时空坐标背景下，成都要发展，提高城市竞争力，就应该充分跟上这样的步伐。成都经济如何实现高质量发展，我谈几点个人的看法。

第一，要转变观念，树立新时代、新发展理念下的区域发展思想。关于城市发展，我们过去强调数量，看谁的GDP量大，谁的GDP增速高，此外，外资引进也是我们考核的指标。今后，我们还要注重质量，建设现代化经济体系就是建设与高质量发展阶段相适应的经济系统，只有对标现代化经济体系，转变观念，找准自身的位置，才能实现高质量的发展。

第二，在现代经济体系下，要实现经济高质量发展，就要转变发展方式。建设现代化经济体系，要从动力、机制、要素、结构、环境方面，全方位地对既有的经济体系进行改造，它是全社会的生产方式乃至生活方式的一个转换。过去发展重化工，我们要的是GDP，要的是速度，但是它的代价是什么？环境遭到破坏。我们现在要发展，但是还要保护环境。党的十九大提出，长江经济带不以大开发为导向，要以大保护为导向。我们不能再以牺牲环境为代价来搞大开发，发展的前提是生态保护。所以，我们今后要生态优先，然后再谈发展。现在我们只有一条路，保护好生态，不能再搞那种重化工的大污染的开发，要发展消费和服务，但是光发展消费和服务也不行，还得发展制造业，我们不能像美国欧美发达国家那样，他们发展后工业化就是把制造业转移到发展中国家，自己保留了服务业。中国不能走这条路，我们不能把制造业空心化，我们还要保留制造业，进入服务业；我们要发展不污染的制造业，发展消费为主的服务业，这才是具有中国特色的后工业化社会。在这种情况下，只有一条路可走，创新。

第三，成都要实现高质量发展，要坚定地实施创新驱动发展战略。创新的关键是以人为主。以资本为动力的快速发展不适合成都的文化特点，但是在以创新为主、以人为主的新条件下，成都占有优势。成都基本上是一个“移民城市”，在这里有许多外来人和优秀人才，这是创新的重要因素。

我在美国接触了一个华裔科学家，他研究治癌症的药，在美国申请了一个重大项目，用这个项目在学校做基础研究。于是开始有天使基金投入技术和资金合作。我们要借鉴这些做法，知识产权保护不仅要保护专利，更要保护创新。我们一定要在这方面下功夫，要这样做，只有一条出路，就是改革。

第四，建设现代化经济体系要进一步扩大开放。因为以前我们开放的重点是引进国外的资本来，一开始只在某些领域，基本上是对资本项目开放，把它引进来，然后我们制造产品走出去。现在我们要开放，就是要进口国外的产品，进口国外的服务。中国发展要转型升级，进入后工业化初期了，后工业化要以服务和消费为主，满足人们生活中日益增长的需要。在这种情况下，我们要开放，要引进国外先进的产品和服务，满足人民的需求。美国有强大的经济实力和创新能力，同时也是世界第一大消费市场，这是美国的底气所在。

经过改革开放 40 年，中国已经成为世界第一制造国和仅次于美国的全球第二大消费国，但是我们的消费市场还处于较低层次，在这种情况下，我们如何参与国际竞争呢？我们必须要建设一个广阔、高标准的市场。当我们的市场足够大、水平足够高时，中国才是真正的世界大国。

我们要把中国建设成世界最大的消费市场，使之成为世界级的消费强国，从而要真正地进入后工业化时代。在这种情况下，成都要真正对国外的高端的产品和服务开放，就要率先引进。此外，成都还要考虑增强居民的消费能力，改善需求结构。我们过去更多的是注重生产，现在新时代则要求我们注重经济发展的高质量，特别是要率先培养出一批高端消费人群。在这种情况下，成都要实现高质量发展就要开放，就要放眼全球，在全国大格局，甚至在全世界大格局中寻找我们的位置。

谢谢大家！

家庭文化的构建

◎李 俊

李俊，成都外国语学校高新校区校长，长期在成都市实验外国语学校担任高中文科班的班主任和历史教师。公开发表过多篇论文。成都市家庭教育指导中心特聘专家、成都市十佳思想政治工作者、成都市中小学德育先进工作者、成都市优秀教师。

我是一名教育工作者，从 1983 年参加工作至今教书已 35 年了。在这 35 年中，我一直在思考、研究，究竟我们的教育应该怎么做。

家庭文化的重要性

我们每一个家庭都努力想给孩子一个幸福美好的未来，那么未来取决于什么？比起把更多的精力投入在给孩子丰厚的物质财富，更重要的是让孩子成为一个优秀人。

三百多年前，我们的教育还处在农业经济时代。孔夫子广办私学、兴建学堂，使教育由贵族专利变成了平民也能参与。那个时候教育以文科为主，基本上不学习科学技术，培养的目标是“学而优则仕”——当官，这就是农业经济时代的教育。到了 18 世纪，西方发生了工业革命，我们由农业经济时代进入了工业经济时代，瑞典教育家提出了一种新的教育理论以及教育制度——官办教育。国家把有同样知识水平的学生集中起来，进行文理兼容的教学。这时教育的培养目标是什么？是培育社会财富的创造者和消费者。社会财富的创造者要去工作，制造产品，挣得工资。但是更重要的是，堆积如山的社会财富需要有人去消费。我们挣工资，目的就是要买得起商品，否则就会出现经济危机。可以说，这一阶段的教育是要让每个人都消费得起社会生产的产品。

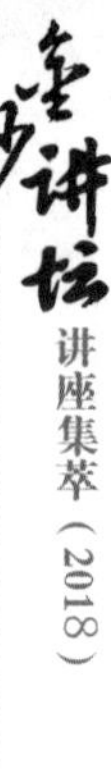

如今，我们进入了知识经济时代。在这个时代中知识更新很快。这就要说到现在教育的核心——终身学习的能力。现在中学都要学物理，过去的科学技术靠实验室里的实验，现在，很多顶尖的科学家则在头脑里推测未来的世界。现在，我们的知识已经发展到超宏观和超微观两极。我们关注太阳系，甚至银河系以外，这叫超宏观；同时又细致到量子，这是超微观。在这样的时代，如果不学习，马上就会被淘汰。

知识引领经济发展，带来经济效益，这是以往所有时代都无法与之相比的，所以创新思维十分重要。现阶段，教育有三个主题词：终身学习、创新思维、与人合作。

我们先谈人格的培养。家庭如何培养人格？家庭文化是人文精神滋养的土壤。什么是文化？文化不等于文凭。我经常讲，我和我弟弟有今天，要感谢我们的妈妈。我妈妈就是一个典型的没有什么知识文化积淀的人，但她很多质朴的话语中有着深刻的哲理。我从小到大耳濡目染，获益良多，所以我这个农村的穷山沟里的穷小子今天能够站在这里和大家交流。

文化是什么？我们通常说的中华文化，是从广义上来说的大文化，是中华大地上物质财富和精神财富的总和，不仅有四书五经，还有四大发明等。我们平常说的文化就是文字、文章、文采，以及教化，这是一种狭义的文化。文就是我们的精神，化就是我们用精神去塑造人的灵魂。所以我们说老师是人类灵魂的工程师，他们文而化之，用文来培养孩子们，这就叫文化教育。

小到一个家庭企业，大到一个国家，都要讲文化。现在我们很多大型企业都在谈企业文化。企业一定要有企业文化，学校要有学校文化。老师们和家长们都要用文化来武装自己，用文化来培养孩子，这样才能达到教育的根本目的。

文化是灵魂，是核心，是基于信仰的凝聚力。我们通过文化将夫妻、亲人、民众凝聚起来，中华文化有强大的凝聚力，中华文化靠着这样的凝聚力，传承五千年而未曾断绝，这就是文化的强大作用。

文化有什么特点？第一，文化是后天习得的。性格可以遗传，但是文化来自学习。第二，文化是社会大众共有的，我经常告诉学生，个人的价值观要具有一定的社会适应性。第三，文化具有时代性。文化是一定社会、一定时代的产物，但又经历了一个连续不断的积累过程，中华文化之所以能够源远流长，很大程度上是因为它与时俱进，力量强大。

教书时，我就很注意用民族文化来教育孩子。我们的校训是修身、正心、格物、致知。修身和正心就是人格培养。要正哪几心？第一要有敬畏之心；第二要有感恩之心，要感谢身边的人；第三要有责任之心，要有担当意识；第四要有恻隐之心；第五要有善恶之心，要能分辨善恶美丑。

我们探讨的家庭文化是狭义的文化，是一个家庭或家族在长期生活当中形成的较为稳定的生活方式，其中也包括衣食住行方面的物质文化。家庭教养，重在家庭文化，用两个词概括，一是行为方式，一是伦理规范。伦理规范是核心，行为方式是表现。教养即教中养，养中教。

家庭文化是青少年人格形成的基础，而家庭文化的基础，则是人文素养，它不一定建立在知识水平上。大学教授不一定就有文化，一天学没有上过的人也不一定没有文化。我们发现孩子的问题根源都是家庭的问题。过去说，宁要大家丫鬟，不要小家小姐。什么是大家？不是人多财多就叫大家，而是要有文化传承。我们中国历史上有几个大家族，一个是颜家，老祖先是孔夫子的第一贤弟子颜回。颜家的文化是什么："一箪食，一瓢饮，在陋巷，人不堪其忧，回也不改其乐。"我们说孔颜之乐，乐在什么地方？不是物质。但你们看现在家长闹得最多就是学校的伙食，其次就是住宿——一个寝室住几个人，有没有热水，有没有空调。我跟家长说："现在的人饿不死，吃得死。"有些家长说："我不想我的孩子太辛苦。"其实，只让孩子的精神和注意力步入正轨，他就不觉得辛苦，还能享受到成功的喜悦。

一个学生参加北京大学全国中学生模拟联合国大会，三天只睡了三小时，而且因为扮演外交官要穿高跟鞋，她的鞋小了，脚都被磨破了。最后，她获得了北京大学全国中学生模拟联合国大会最佳大使奖，她的获奖感言令人感慨。她说："我这几天特别辛苦，但是我的汗水和我的血变成了一笔巨大的财富，那就是能力的提高。"

家风是一种综合力量，它是思想、习惯、情感、态度、精神、情趣等多种成分的综合体，家风通过日常的生活影响孩子的心灵，塑造孩子的人格，是无声的教育，是个人生命的底色。我们经常讲不让孩子输在起跑线上，起跑线在哪里？你们的孩子呱呱坠地，就是他人生的起跑线，最重要就是从此以后家庭给他打的底色。

《中国教育报》上"好妈妈征文"有一篇叫《凳子的审判》。文章讲的是在幼儿园有小朋友摔伤之后家长的不同反应。奶奶到幼儿园闹得不可开交，妈妈却既能安抚奶奶，照顾孩子，又能安慰老师。晚上，妈妈跟儿子说："孩子，我们今天来做一个游戏，我们来审判凳子，爸爸当法官，你当你，妈妈当凳子。"儿子说好，然后就场景再现，儿子跑，妈妈当凳子，把儿子脚勾了一下，儿子就摔倒了。妈妈道歉，爸爸审判道："大胆凳子！"这时，儿子突然发现，妈妈用手把他勾住，是有意的，可是凳子却不会有意绊倒他。于是，儿子明白了，摔倒的责任在自己。

家风是人生最重要的起跑线，是个人生命的底色。曾国藩曾说，官宦之家都只一代享用便尽："吾细思天下官宦之家，多只一代享用便尽，其子孙始而骄佚，继而流荡，终而沟壑，能庆延一二代者鲜矣。"没有良好的家风，再有权有势，

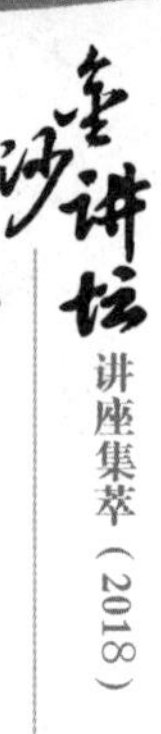

孩子也肯定会变坏。商贾之家，勤俭者能延三四代。为什么？因为商贾之家创业要奋斗，要吃苦耐劳，要付出艰辛的劳动。有人说："一代辛家，二代守家，三代败家。"第一代辛苦创立家业；第二代看到父辈的艰辛，能守家；到了第三代，看不见创业之艰辛，于是开始挥霍。而耕读之家，谨铺者能延五六代；孝友之家，则可以繁衍十代八代。

家庭文化建设的主要内容

第一，家庭成员的关系。和谐的、充满爱的家庭环境是孩子人格健全的基础。感情有爱情、友情、亲情，其中亲情是第一要素。一个人如果连父母都不尊重，他会尊重其他人吗？家庭成员关系和谐是家庭文化建设的基础。完全建立在"物质至上"观念上的婚姻关系是有问题的。家庭成员关系中可以延伸出邻里关系。过去大院里的孩子们那种关系多好，孩子们一起玩，一起学习，现在孩子做作业都是家长管，缺乏小朋友之间的互相帮助。我们那个时候，都是高年级的同学辅导低年级的同学，有不懂的就问哥哥姐姐。

第二，家庭的教育文化。家庭的教育文化是指家庭教育是基于暴力的、放纵的还是民主的。我大概八九岁的时候去捡柴，那天运气特别好，遇到了一棵油桐树，上面有一枝干柴，我高兴极了，把它弄了下来。后来，我的这捆柴不见了，我认为肯定是隔壁女孩偷了，因为我们两家的门是连在一起的，其他人进不来。我去他们家看，果不其然，但那捆柴只剩下一根了，我拿回来也解决不了问题。我气得不行，臭骂了那女孩一顿。她妈妈回来，那个女孩就哭。她妈妈揪着我的耳朵找到我妈妈，说我骂了她女儿，我妈妈就打我。我不服，说是她偷了东西，为什么不骂她呢？我妈妈说："她该不该偷东西是她妈妈该管的事情，她妈妈觉得她该偷，不教育她，就算了。但是我告诉你，凡是男娃娃向女娃娃骂怪话都是流氓，李家不出流氓，我的儿子骂怪话，我宁愿不要这个儿子。"我一想也对，就记住了要尊重女性。这就是家庭教育，这就是教养，这就是文化。教育的文化关键在于要讲道理。

放纵溺爱型的教育是会害了孩子的。上个月我到上海去学习，见到了复旦大学材料学院院长，谈道："现在的孩子，在能力和水平方面是有进步的，但他们的自我意识比任何时候都强，他们很可能很难接受其他人的意见，想怎么样就怎么样。"现在，孩子们掌握了大量的信息，他们没有知识经验，人生阅历也不足，容易受到负面信息的影响。在这样的社会条件下，放纵溺爱的教育就对孩子的危害极大。

还有一种是民主平等型教育。我曾经跟孩子说，学校教育有强制性。有一个学生问："李校长，你为什么要强制？你剥夺了我的人权。"我说："你到学校来，不仅仅要学习，还要成才与成长，这个过程中有没有阻碍你成才和成长的因素？肯定有，有了，我是不是应该给你剔除掉？一个人的人生道路很长，但是关键就是那几步，不要走到邪路上去了。"还有，家庭教育中夫妻的基调一定要一致，不要一严一软，特别不要爸爸妈妈严、爷爷奶奶软，那就不得了。

第三，家庭的学习文化。我们经常说书香门第。什么是书香门第？父母有较高知识文化水平的家庭便可称为书香门第。我曾经教过一个学生，她爸爸是一名药剂师，她妈妈是一名护士，她高考成绩优异，妈妈在灯下织毛衣，爸爸学日语，一家人安安静静地在一起。这就是家里的文化氛围。还有，我们学校原来有一个学生，她妈妈是学校的数学老师。这个女孩高考没有考好，后来，她去美国学习文学。他们的老师把文学院的所有老师和学生都召集来了，请她来讲《红楼梦》，她在接近三个小时的讲演中挥洒自如，掌声不断。后来，哈佛大学的教授又邀请她去哈佛大学学习，之后她又到哥伦比亚大学读社会心理学。由此可见阅读的重要性。

第四，家庭的物质文化。现在一种普遍的观点是，要给孩子吃最好的，要给孩子穿最好的，搞得现在很多孩子连吃饭都不会了，我们不能在物质上对孩子过于娇惯。我有一个学生，他连装垃圾的袋子都是LV，被同学们当笑话讲。还有一个孩子不穿校服，我跟他的家长说："不要始而教佚，继而流荡，终而沟壑。"一定要教孩子明白勤俭节约、艰苦奋斗的重要性。

第五，家庭的规则文化。我每天早上六点半到学校，带着老师和学生跑步，学生每天要跑三千米，以强身健体。每天早晨6点半，我就在广播里说："早上好，大家注意，要晨跑了。"钢铁就是这样练成的，这个规矩必须要。小时候我吃饭时，我妈妈就指着盘子中间，比画出大概30度夹角的范围说："你挑菜只能在这个范围挑，过了这个地方就是翻山筷子。"这就是规矩。其实我小的时候特别调皮，有一天上学的时候遇到一批鸭子，我就逗鸭子跟着我走，结果公路上的汽车碾死了鸭子。过了两三天，我妈妈知道了，拉着我就要去给人家赔钱。两家好像有点沾亲带故，人家不要赔。我妈妈说："怎么不能赔呢？要赔！你不要赔的话，你就害了我儿子，必须要。"给了钱以后，我就慢慢跟着我妈妈走回去，我妈妈也没有说我，但此时无声胜有声。从此以后，我就变了。家长不要怕孩子犯错，关键是我们该怎么办，这其中，规则文化很重要。

第六，家庭成员的社会行为。家庭成员举止要文明，比如不高声喧哗，不随地吐痰。有些家长进餐厅，一个不满意，就把服务员、老板叫过来一顿臭骂。我经常跟家长说："好好说话。"今天，家长做榜样，老师好好说话，明天，孩子就

能学会跟同事、朋友好好说话。

以上是五点家庭文化，此外，还应该着力培养孩子的几种意识。

首先是感恩意识。感恩父母及长辈，叫孝。感恩师长及尊者，叫敬。感恩同学及朋友，叫仁义。感恩邻里及社会，叫善。感恩国家，叫忠。

其次是责任与担当意识。人生有六大责任，第一是对自己负责。自律很重要，一定要明白什么是我要做、并且还要做好的，什么是我不应该做的。第二是对家庭负责。第三是对集体负责。在学校读书，有对学校、班级的责任。第四、五、六分别是对社会的责任，对国家、民族的责任，对全人类的责任。修身、齐家、治国、平天下，说的就是责任与担当。

再次是自强与拼搏意识。也就是要有一个强大的内心世界。

最后是大局意识。社会在进步，知识经济时代是一个合作的时代，要学会合作和共赢。

家庭文化建设的途径和原则

文化，即熏陶孩子的灵魂并将之转化为日常的行动，即内化于心，外化于行。内化于心，就是家庭环境的熏陶，这种熏陶来自家庭成员，尤其是父母的身体力行，以及父母日常对孩子的言传身教。我们的社会正处在转型期，文化软实力还不强，所以要说好中国话，传递中国的声音，让我们的文化在世界上产生好的影响。

我们经常说素质教育，素质教育就是全面培养学生素质的教育。我们学校提出了自己的口号——“培养学生的终身竞争力”。基础教育就是要为孩子的竞争力打基础，很多专业的知识要到大学里面去学，但是文化基础是高中阶段就要完成的。我问学生，我们的目标是什么，学生马上会说：“把懵懂少年变成智慧青年。”智慧来自四大系统——健康系统、人格系统、知识系统、能力系统。健康，则身体有力，对环境变化有适应力，还要心理健康，有抗挫折能力。人格系统指气质形象、言谈举止，这是外在显现，内在的有价值判断，比如核心价值观和审美情趣。知识系统是什么？第一是学科思维，第二是专业知识，第三是跨学科思维，第四是多元文化视野。能力系统是知识的获得与储存，即不仅要学得到，还能记得住。能力系统还包括知识的分析与思维能力、想象与创新，还有操作应用能力。这四大系统综合发挥作用，决定了孩子的前程。

今天和大家的交流就到此，最后祝全体同志家庭和睦，子女成才。谢谢大家！

健康保健

艺术熏陶

妇女常见疾病的预防与保健

◎何　丽

何丽，成都市妇女儿童医院副主任医师，妇科副主任。擅长领域：妇产科常见病、多发病和疑难杂症的诊断治疗。可娴熟操作腹腔镜及宫腔镜等微创手术。尤其擅长妇科肿瘤的诊治，对妇科恶性肿瘤、卵巢囊肿、子宫肌瘤、子宫内膜异位症、不孕症等疾病的诊治有丰富的临床经验。

今天的主题是妇科常见疾病的预防和保健。妇科的常见疾病很多，在这里不能一一讲解，我简单讲一些常见疾病。

女性的尿道、阴道和肛门位置非常接近，所以女性炎症比较多。子宫下面是子宫颈，再下方就是有横行皱襞的阴道壁。子宫两边有输卵管，最远端就叫输卵管伞。女性的尿道比男性要短，只有 3 到 5 厘米，所以有时阴道炎会导致尿道口的炎症，再往上可能导致膀胱炎。如果阴道炎没有得到根治，反复发作，就可能出现尿频、尿急、尿痛。这和阴道的构造有关。

女性的盆腔和生殖器官与外界相通，而男性盆腔则是完全封闭的。女性生殖器官本来也有一个很好的防御，比如大阴唇和小阴唇在正常状态下是闭合的，第二个是处女膜和阴道，在正常状态下，因为有盆底肌的作用，阴道前壁和后壁是合拢的。再往上，子宫颈表面有很多黏液栓，可以防止细菌侵入。另外，女性月经可以把细菌冲出来。女性子宫腔以及输卵管里面有很多溶菌酶，这些溶菌酶也有一定的杀菌作用。

如果这些防御系统的平衡被打破了，就可能会出现各种妇科炎症。

常见妇科炎症

一是滴虫性阴道炎。滴虫性阴道炎主要通过性行为传播，密切接触的情况，如使用公共浴池、马桶、

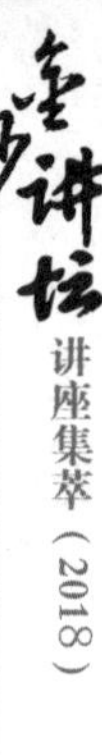

毛巾等，也容易引发此种炎症。这种炎症主要表现为外阴或者阴道瘙痒，白带比较多，有些也有异味。医生在显微镜下能看到毛滴虫在蠕动。如果你感觉到瘙痒、灼痛或者小便刺痛，建议立即到医院进行检查。阴道炎治疗也不是很复杂，一般用甲硝唑治疗。

二是假丝酵母菌性阴道炎，这个疾病主要是内源性感染，一般情况下人的抵抗力下降、正常菌群失衡以后就可能导致酵母菌异常增生，出现灼热、疼痛，外阴瘙痒、红肿等表现，其白带也很典型，像豆腐渣样或者呈块状。治疗相对比较简单，可以口服，也可以阴道塞药。如果一年患病超过 4 次，就叫复发性假丝酵母菌性阴道炎。这种情况用药时间较长。

还有一种细菌性阴道病，有氨臭味。这种疾病和滴虫性阴道炎的治疗方法是一样的。

萎缩性阴道炎主要针对的是临近绝经期的女性或者是老年女性，由于雌激素水平下降，阴道内糖原减少，阴道皱襞减少，黏膜变薄，子宫颈萎缩，容易生长和滋生细菌，造成瘙痒和灼痛等。治疗时要先消炎，然后阴道用雌激素，有时候要连用两周才能实现较好的治疗效果。

子宫颈炎大多是外界细菌感染导致的。急性子宫颈炎可能会出现脓性白带，可能在性交时出血。患急性子宫颈炎者一定要去医院治疗。一旦出现外阴瘙痒、外阴灼痛、白带增多、白带颜色改变、白带异味或者不该来月经的时候来月经等症状，一定要找妇科大夫诊断，看究竟是什么类型的炎症。

慢性子宫颈炎大多数都是由急性子宫颈炎迁延而来。慢性子宫颈炎可能伴随子宫颈糜烂，很多人都因为子宫颈糜烂到医院进行治疗。部分子宫颈糜烂属于正常现象，只有有炎症反应的子宫颈糜烂需要治疗，这个需要医生来判断。

子宫颈息肉、子宫颈线囊肿、子宫颈肥大多是慢性子宫颈炎的表现。子宫颈息肉一经发现应该进行治疗。如果子宫颈息肉的根部从子宫颈管里面脱落，就要做宫腔镜，要把子宫颈管连同根部一起切掉，才能达到根治的目的，否则会很快复发。子宫颈管囊肿也好，子宫颈管肥大也好，都是经过反复刺激引起子宫颈腺体的增生，这种是不需要治疗的，除非引起白带异常。

对于子宫颈癌的筛查大家都非常重视。21 岁以上有性生活的女性要开始筛查子宫颈癌，一直到 65 岁。30 岁以前可以只做液基细胞学检查，30 岁及以后就必须要联合 HPV 病毒（人乳头瘤病毒）筛查。

盆腔炎的主要症状就是腹痛，女性有性生活以后疼痛会更明显，妇科检查时阴道的温度较高，白带也可能出现异常，同时还伴随一些急性子宫颈炎和阴道炎的改变。严重的急性盆腔炎可能出现一些典型症状，如高热、寒战等。很多女性都是慢性盆腔炎，休息不好、性生活过频、月经干净以后或者月经来潮期间，症状会更明显。患有急性盆腔炎者一定要积极治疗，而且疗程一定要足够，药物浓度要够，以免迁延成慢性盆腔炎。盆腔炎对女性的生育也有一定影响。盆腔炎主要采用抗生素治疗，一般要 7 到 14 天，可以同时吃一些中药辅助治疗。

子宫肌瘤是女性的一种常见疾病，主要发生在生育期，绝经以后子宫肌瘤会慢慢萎缩，所以子宫肌瘤可能和雌激素有一定的关系。子宫肌瘤要分部位，长在子宫外叫作浆膜下肌瘤，长在子宫间叫作肌壁间肌瘤，长在子宫腔叫作黏膜下肌瘤。不同部位的肌瘤的临床症状也不一样。

主要表现是月经改变，尤其是肌瘤长在子宫肌层之间，或者长在宫腔里面，就可能导致月经量增多。如果子宫肌瘤长得很大，人又不是很胖，甚至可以摸到这个包块。还有黏膜下肌瘤，长在宫腔里面的肌瘤可能会排出分泌物，有些甚至可能会坏死脱落，出现白带异常。如果肌瘤朝膀胱方向生长，可能还会出现尿频、尿急、夜尿增多的情况。一般来说，如果没有月经改变，经量不多，肌瘤不是很大，一般在 5 厘米以内，暂时没有生育要求或者临近绝经，就不一定要做手术。但是对于 20 岁的女性来说，如果子宫肌瘤达 5 厘米，即使没有任何症状，也建议做手术，因为怀孕以后子宫肌瘤可能会变形，还可能长大，如果现在不做，到时候可能会对生育有影响。如果子宫肌瘤像一个正常成人拳头这么大，就需要做手术，如果年龄大没有生育要求，可以做子宫切除。

子宫癌的预防

子宫颈癌发病较为缓慢，所以一定要注重子宫颈癌的筛查。绝经以后出血，子宫内膜癌风险会增高。卵巢癌的死亡率非常高，治疗效果也不是特别好，也不能通过筛查进行判断。现在女性每年新发的癌症有 8%是子宫颈癌，我们国家较多，在国外 HPV 疫苗已纳入常规的疫苗免疫。所有的子宫颈癌目前看来都跟 HPV 有关，HPV 不光导致子宫颈癌，还可能导致外阴癌和阴道癌。

二价和四价 HPV 疫苗可以预防 70%的子宫颈癌，九价疫苗可以预防 90%的子宫颈癌。打疫苗有一定的时间限制，世界卫生组织建议 HPV 疫苗注射最佳时间是在有性生活之前的两到三年。已经患了 HPV 感染的话，我们建议最好转阴以后再进行接种，这样更有效。还有妊娠期建议最好不要打疫苗，哺乳期最好也不要打。对于 HPV 感染没有特别有效的药，如果发现感染 HPV，如果子宫颈出现病变，最好进行抗病毒治疗。一般来说 30 岁以内的女性抵抗能力较强，甚至可能会自然转阴，基于此，女性一定要提高自身的免疫能力，平时要加强锻炼，早睡早起，饮食要规律，注重月经期间的卫生，月经期不能进行剧烈运动

痛经及盆底功能障碍性疾病

痛经一般分为原发性痛经和继发性痛经。原发性痛经的主要群体是少女，因为她们多数还没有结婚，未生育的女性比较多。继发性痛经主要在40多岁，可能会出现由子宫腺肌症或者卵巢巧克力囊肿导致的痛经症状，出现痛经如果需要药物干预我们可以用止痛药治疗，也可以服用口服的避孕药，但是一定要排除是不是由其他的疾病引起的，比如我刚才说子宫腺肌症。

一般治疗和处理痛经要加强体育锻炼，增强自身的体质，生活中也要劳逸结合，不要太劳累，要注重营养，月经期间一定要保证充足的睡眠，痛经的时候可以在腹部放一个暖宝宝，以保障盆腔的温暖状态。要重视生理宣传教育，经期卫生非常重要，避免剧烈运动，不要太劳累，要防止受寒。痛经的药物治疗比较简单，服用布洛芬和吲哚美辛都可以，服用避孕药对痛经也有缓解作用，还有一些中成药物也可以缓解痛经。

但是，患有乳腺疾病、子宫颈怀疑有癌前病变的、肥胖、血脂很高者，以及40到45岁吸烟的女性不能长期服用避孕药。长效避孕药有皮埋，就是埋到上臂，还有每月吃一颗避孕药，其实都不好，可能引起点滴阴道出血，而且长效避孕药要停半年才能怀孕，而短效避孕药只要这个月停药，下个月就可以受孕。优思明、优思悦等都是短效避孕药，具有调经和避孕的作用。紧急避孕药会引起月经紊乱，因为紧急避孕药是事后避孕药。紧急避孕药一定不能乱吃，而且一年吃紧急避孕药的次数最好不要超过三次，它对卵巢和内分泌影响非常大，也不能作为常规避孕方法使用。紧急避孕药不能和抗生素一起服用。

什么是盆底功能障碍性疾病？在美国，每年有20万女性会新发尿失禁和盆腔器官脱垂，但是她们的真正就医率不到10%，所以我们真正能够见到的尿失禁真的只是冰山一角。尿失禁是什么状态？就是很多完成生育女性因为盆底功能松弛导致咳嗽、打喷嚏时会有尿液不由自主地流出来，这种状态非常影响日常活动，国内出现尿失禁流尿的症状的群体以中老年女性居多。

生育以后盆底肌肉如果修复不好，可能损伤筋膜，子宫颈有很多纤维节组织，生产导致损伤后就可能发生盆底器官脱垂。盆底器官如膀胱整个掉出，子宫也会脱垂，这些都是由于盆底肌肉韧带松弛造成的。女性要注重自我保健，生育完以后要到产后康复门诊做检查，看你的盆底肌肉肌力怎么样，有没有问题，甚至可以自己进行盆底功能锻炼。大家现在做一下这个动作：放松全身的肌肉，腹部肌肉也放松，我们假想阴道里面有一个球，去收缩它，去夹这个球，每天夹

200 次，这就是一个对盆底功能的训练。如果真的发生脱垂或者发生严重的尿失禁，做手术则为时已晚了，在这之前要注意预防和保健。

治疗一般是自我锻炼，还有物理治疗、行为治疗、药物治疗等。大家知道肉毒素，女性患尿失禁也可以打这些，对缓解尿失禁也有作用。如果这些方法都不行，我们还是要进行手术治疗，总体来说比较简单。

围绝经期保健

什么是围绝经期？衰老是不可抵抗的，女性在青春期、中年之后就是围绝经期、绝经期和老年期，这些都是不可抵抗的。绝经以后会出现皮肤松弛，乳房塌陷，全身脂肪重塑，以前还是吃这么多，而肚子、腹部、胃部、臀部没有那么多脂肪呢？这和激素水平分泌有关系，还和运动、新陈代谢有关。比如说到了围绝经期，女性易怒，有些还出现抑郁、多思，这些都是围绝经期的表现，都是和激素水平分泌降低有关系。从最后一次月经开始，之前开始出现月经改变的一段时间都叫绝经过渡期，一般来说在绝经前两三年，大多数女性都可能会出现月经的改变，比如说经量增多，最多数的表现是周期紊乱，没有一个很固定的月经周期，还有经期延长等。绝经以后就叫绝经后期。从月经改变开始，到完完全全绝经后一年，此期间叫作围绝经期。围绝经期对于妇科大夫来说非常有意义的，因为在这个时间我们可以进行干预治疗，只要抓好这个时期的工作，一些很严重的症状就可以得到很好的缓解。

一般来说围绝经期主要从 45 岁到 55 岁，女性平均绝经年龄在 49 岁左右：40 岁以前则是卵巢早衰，需要进行治疗和干预；40 岁以后绝经算是处于正常范围，超过 55 岁则叫晚绝经。晚绝经可能导致子宫内膜癌的发病率增加，围绝经期卵巢功能会出现衰退，雌激素水平会下降。女性以 7 岁为一个界限，14 岁是月经初潮，21 岁性成熟，28 岁是最佳生育年龄，35 岁以后生育能力下降。42 岁以后很多女性月经会出现紊乱，激素水平下降很厉害，甚至出现潮热、盗汗，严重者会患抑郁症，甚至会有特殊的感觉，比如觉得全身有蚁走感，这些都是卵巢功能衰退、雌激素水平下降所引起的。还有心血管和脂代谢障碍，比如到了 40 多岁，高血压开始出现，还会出现老花、白内障和飞蚊症，有时候会耳鸣、眩晕。还有神经精神障碍，觉得焦虑、烦躁、过敏。还有泌尿生殖道萎缩、萎缩性阴道炎，还有非特异性外阴炎，还有关节肌肉疼痛、膝关节退行性变。按照中医的说法，人的肌肉、关节、骨头的使用程度都一样，你用得过多可能衰退更早，比如在重庆爬坡上坎过多，可能过多耗费关节头的磨损，再加上激素水平下降，

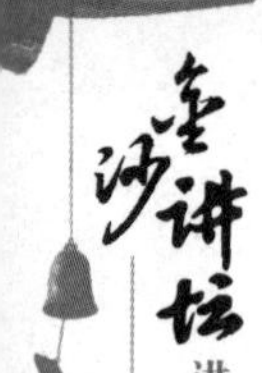

关节肌肉的改变可能会更明显。

有研究认为，女性的骨质疏松导致的骨折死亡率甚至超过乳腺癌、子宫颈癌和子宫内膜癌症综合。骨折风险是很大的，就是因为骨质疏松，所以女性一定要运动，加强锻炼。35岁以后要定期补钙，饮食要合理，适当摄入一些含钙高、脂肪低的食物。绝经以后患心血管疾病的风险也很高，所以我们一定要予以重视。

要控制脂肪的摄入，减少腹围。腹部脂肪和内脏脂肪的增加会引发心血管疾病，所以良好的生活方式是非常重要的，控制盐的摄入尤其重要。要多吃炖的、煮的、凉拌的东西，少吃油炸的食物，控制体重，规律运动。对于成年人而言，每天8千步是基本的运动量，运动强度也很重要，比如说骑自行车、跑步、快走这些是属于高强度的运动，还有游泳。中强度是慢走，在水中走路，在日本的酒店里面就设有水中走路的，这些都是一种锻炼方式，就是说我们每天至少要走8千步，才能达到最基本的运动要求。

围绝经期女性真正需要的是什么？随着年龄增加，卵巢功能萎缩，雌激素水平分泌也减少，导致身体出现许多异常症状，这个时候需要外界提供一些激素来保持机体平衡和稳定，这个就叫作激素补充。但不是说每一个人都可以补充激素。服用激素可能会延缓衰老，但是这个药不能乱吃，需要医生做一些相关的检查来进行评估，不能滥用，剂量要合适、平衡，而且我们一般建议从绝经时开始补充，最好不要超过一年，绝经五年以后再来补充意义就不大了。

夏季烧烫伤

◎李晓鲁

李晓鲁，主任医师、教授，研究生导师。四川省千人计划专家、成都市特聘专家。于第三军医大学第一附属医院烧伤研究所从事烧伤整形、基础科研及转化研究20余年，于2015年被引进四川省中医药科学院国际医学转化中心，担任临床转化部负责人。2007年赴澳大利亚悉尼大学教学医院访问学习乳腺癌多中心治疗，2011年赴上海第九人民医院学习瘢痕整复及显微重建技术，2016—2017年赴美国加州大学河滨分校访问学习。

人们在生活当中有可能因为工作、生活意外，不小心造成烧伤、烫伤。虽然明天与意外不知道哪一个先来，但是我们做好预防工作，心中树立一个警戒线，至少可以把烧烫伤意外推得远远的。

关于烧烫伤

夏季是烧烫伤的高发季节。为什么夏季容易发生烧烫伤？因为夏季我们穿短袖，衣服很薄，裸露的皮肤很多，烧烫伤的面积可能就很大。还有一个原因是暑期青少年放假，由于现实当中很多是由爷爷奶奶当监护人，老年人精力有限，有可能因为疏忽导致烧烫伤。

烧伤的因素有热液烧伤，比如开水、热粥、热洗澡水等；还有电烧伤，如触摸电源；还有化学品烧伤，如酸、碱等。88%的烧伤来自热液，我们在工作和生活当中更容易因为小的烧伤导致伤害，所以生活中要特别重视家庭环境，孩子暑期回家时，一定要给孩子提供非常安全的环境，这样才能有效防止儿童烧烫伤的发生。

烧烫伤不仅会造成皮肤损害，严重者甚至会影响皮下组织肌肉、骨骼甚至神经血管和内脏。大家都应该参加过火灾急救演练，要拿一块湿毛巾掩住自己的口鼻，然后弯腰顺着安全通道撤离火场。用湿毛巾掩住口鼻是为了挡住烟尘和热的气体。如果没有进行防

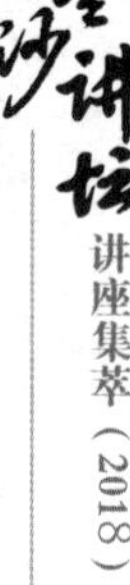

护，有可能造成吸入性损伤。

我们看一下烧伤的流行病学特点。烧伤在平时和战争当中都容易发生，同时男性居多，男女比例约为3∶1，我们平时生活当中烧伤以青年和小孩子多见。夏季是烧伤发生的高危季节。日常生活当中以中小面积烧伤占多数，比例为80%到85%。头颈部和四肢等暴露部位被烧伤的最多。

烧伤后要对伤情进行评估，一是评估烧伤面积，二是评估烧伤深度。我们要对烧伤的严重程度进行分类，同时要看有没有吸入性损伤，在所有评估里，吸入性损伤是第一类，因为它危及生命。

估计烧伤面积通常采用“中国九分法”。我们头部、面部和颈部分别按3%来算，整个头部面积合起来就占到体表面积的9%，上肢包括手上的烧伤面积占18%，同样，下肢、躯干按九的倍数给予评估，所以说我们整个双上肢、头面积，或者整个胸腹部这样的部位受伤，用中国九分法非常有利于判断出烧伤面积。

但是烧伤可能会有上身一部分、下身一部分的情况出现，这个时候就用手掌法，一个手掌代表整体体表面积的1%。比如腹部受伤，可以用一个手掌大概比一比，如此可以得出烧伤面积。如果是儿童，要用儿童自己的手掌，如果用我们的手来评估只有1%，其实已经是5%或者6%了，如果儿童面部有5%面积烧伤会有可能致命，所以我们评估烧伤面积一定要用患者自己的手进行评估。

对于烧伤深度来说，常用的是三度四分法。所谓三度，就是一、二、三度，四分就是在二度当中分为浅二度和深二度。这个深度非常重要，很多人都会问医生到底会不会留疤，这个就取决于深度。

正常皮肤分为表皮、真皮和皮下组织。表皮和真皮之间有一层特殊的结构叫作乳头层，也就是说真皮伸出小的乳头跟表皮胶合起来，使皮肤联结在一起。烧伤时热点作用可能使这个连接分离，造成血疱。伤及乳头层面积越大，血疱面积越大。在乳头层有痛觉和触觉末梢，痛觉和触觉末梢非常细，像脉络分布，烧伤伤到这个程度会很痛。

什么样的烧伤可能会留疤？那就是伤及真皮层。真皮深层甚至整个皮肤都烧伤了，这个时候一定会留疤。

烧伤深度如何判断？一度烧伤是红斑性表现，伤及表层，基本上三到五天就可痊愈，主要表现是疼痛。晒伤最常引起的就是一度烧伤，当我们到海滩去玩，不知不觉地在海边玩了一天，有时候就会觉得背部和颈部非常痛，这种就是一度烧伤，用冰敷一敷，用冷水冲一冲，这种情况会好很多。这种烧伤不会留疤，只是疼痛。

浅二度烧伤的表现就是水疱，伤及生发层和真皮乳头层，这一层有很多脉络状的神经痛觉纤维分布，所以伤及这个层次也非常痛，同时有水疱出现，受伤部位肿胀非常明显。如果治疗得好，没有感染，一般 1～2 周愈合，但是可能有色素沉着，愈合以后有颜色可能变深或变浅。

深二度伤及真皮网状层，这个时候感觉已经有些迟钝了。这种烧伤自然愈合以后会留下非常明显的斑痕，同时会影响皮肤功能。

三度烧伤就是皮肤全层烧伤，伤及皮下更深层次，伤及血管。

我们看到烧伤分为一度、浅二度、深二度和三度四种类型。一度疼痛非常明显，二度也是非常疼痛的，三度基本上没有疼痛。哪一个层次会留疤？深二度和三度的烧伤。浅二度，如大水疱等如果保护得好是不会留疤的。保护得好就是不能引起感染，浅二度非常容易感染，感染了就会留疤。

判断烧伤深度时一定要注意：人体不同的部位有所不同，比如臀部的皮肤非常厚，受伤程度会比面部和双眼睑轻一些。同时，由于致病因素不一样，受伤情况也可能不一样。成人皮肤和婴儿皮肤厚度不一样，相同的热因素致伤的情况也不一样。

儿童烧烫伤及预防

儿童是烧烫伤的重要群体。生活中什么因素可能造成儿童烫伤呢？有可能就是一杯热水，这个非常常见。家长抱着小孩冲奶粉的时候，孩子很好奇，可能去抓瓶子，这样一抓，整个手和前臂都可能被烫伤。

跌坐伤在暑期非常常见。比如地面上放了一盆热水，孩子虽然知道这盆热水是有危险的，但是他在走的时候不小心滑了一下，可能就坐在热水当中，造成烧烫伤。

厨房中也容易发生烧烫伤。在厨房一定不要打闹，热汤等要安全地放在灶台上，告诉孩子什么是安全的，什么是不安全的。

出去就餐也可能发生意外，特别是吃火锅。点火时一定要远离火源，中间熄灭的时候一定远离凳子，让服务员点火，不要让孩子坐在上菜口。

另外，有时候人们用矿泉水瓶或饮料瓶装一些弱酸性液体，用于清洁，大人知道，但孩子不知道，喝下去就会造成消化道损伤。

洗澡前，如果父母不注意放水的顺序，比如先倒入热水，在取冷水时，如果没人看护，孩子自己坐入盆中或拉翻了热水盆等，也容易发生烧烫伤。才做好的菜放在桌子上，如果小孩自己用手去拿，也容易引发烧烫伤，一般为前胸部、头面部烧烫伤。电熨斗用完以后，也要放至安全处。这些都是我们生活当中要注

意的。

儿童的模仿性非常强，他看到一个热水壶、饮水机的电源，可能会去触摸，这就会对他就造成伤害。所以我们在生活当中一定要注意环境安全，要告诉儿童什么可以模仿，什么不可以模仿。孩子单独洗澡时，一定要告诉孩子不能玩热水器。设定的温度不能太高，以防烫伤。这里再强调一下学步车，学步车很容易让儿童碰到危险的东西，使用时一定要注意。家长一定要保证孩子在视线之内，因为稍微不注意孩子就可能出事。比如很多家庭都会放桌布，我觉得桌布要么固定，要么不放。

烧烫伤的院前急救及治疗

我们提倡分成五步：冲、脱、泡、盖、送。

第一个是冲。自来水冲就可以，冲洗差不多 15 分钟，而且自来水不能开得太大，因为这个时候这一层皮肤很可能已经受伤了，马上要形成水疱，如果把自来水开得很大就有可能把皮肤冲破，所以我们冲的时候就从受伤边缘让水流到受伤中央，而且水流比较缓和，时间一定要 15 分钟以上。这个时候你会感觉你的疼痛会缓解很多，当离开这个自来水的时候反而疼痛非常明显。水一定是洁净的自来水。

第二个是脱。特别是孩子受伤的时候可能会穿衣服，特别是冬天衣服比较厚的时候，我们一定尽量把衣服去除，因为这个时候衣服也有一定热量，会对局部造成继续损害。但是脱时一定要注意，我们要轻柔地脱去衣服，很多时候，脱衣服时就会感觉到这个衣服可能与他的皮肤相连，这种情况下可以不脱，把孩子带到医院去，或者尝试慢慢剪开，如果做不到就继续做冷疗。

第三个是泡。就是在冷水中连续浸泡 30 分钟以上，但是水一定要是干净卫生的水。冷疗至少做到 15 分钟和 30 分钟，小面积烧烫伤第一步一定是冲，以此开始冷疗的第一步。

第四和第五是盖送。如果说面积较大，30%甚至更高，这个时候就不要做冷疗了，有可能反而加快休克的过程。这时就要使用干净的毛巾或者是干净的床单覆盖伤口以后直接送到医院。冷疗一定是小面积的，在我们生活当中常见小面积急救是冷疗，对于面积比较大的创伤就一定要去医院。

在烧烫伤急救中常见的误区是什么？发生烧烫伤后，家长很着急，一定要看孩子伤得怎么样，就把衣服一拽，这么一拽就可能把受伤的表皮扯下来。如果我们生活当中发生了烧烫伤，请用剪刀慢慢剪开。如果孩子哭闹得很厉害，就像我刚才所说连着衣服一起做冷疗，然后把孩子送到医院就可以了。

烧烫伤以后到底要用什么药物？牙膏可以，但建议大家不要采用民间土方，关键是保护好伤口，最重要的就是那层表皮。如果起了水疱，一定要把这层水疱皮保留下来，医生会做引流，皮肤就可以完全保留。所以水疱皮可以帮助预防感染，这种情况下水疱皮就是非常好的生物辅料，后面愈合就会非常顺利。

综上所述，烧烫伤发生后第一件事情就是做冷疗，用水冲，然后保护好伤口，用干净的冷水毛巾或者冷冻矿泉水冰敷，再送到医院。不管是不是冰，一定要在外面用毛巾隔一层，以防造成冻伤。烧烫伤以后，正确及时地处理伤口可以避免伤口加深加重。

对于创面处理，在治疗过程当中我们会给创口进行包扎，有些家长会质疑，说夏天已经这么热，还裹这么厚，这个包扎到底适不适合？其实，包扎疗法比暴露疗法科学很多，现在医学已经证明，伤口在湿润的情况下更容易愈合。不管是烧烫伤伤口还是跌擦伤伤口，如果任由伤口暴露在空气当中，受伤表层会继续坏死，也就是说，伤口会比以前更深。所以不管是哪一个季节，都会进行包扎。

还有一个是包扎的松紧度问题，这个是医生要注意的。我提醒各位老师，包扎后要时刻关注伤口的末梢循环，以避免影响肢体的血液供应。要判断手和脚末梢循环，也就是看看指甲是不是红润，要经常观察，如果包得紧了，可以把绷带松一松。

暴露疗法伤口加深是比较明显的。临床烧伤分析，在早期的 48 小时之内会有体液渗出，造成伤口非常肿胀，上肢或者下肢受伤的时候，两天之内要抬高患肢，也就是说如果上肢受伤了，一定要把手抬高，手要高于肘部，肘部最好高于肩部，这样就能保证上肢的血液循环，从而减少肿胀。如果受伤以后肿胀没有得到很好的控制，有可能会引发后期的感染。腿也是一样的，一定要抬高双腿，脚要高于膝盖，膝盖要高于臀部。这样才能有效防止肿胀。

两天以后就进入感染高峰期，只有避免感染才能不形成疤痕并使伤口愈合。在修复期，基本上浅二度两周以内就可以愈合，深二度愈合需要两三周，三度基本上要手术。疤痕修复基本上需要六个月，受伤时会有紫红色的瘙痒包块，这个就是疤痕，疤痕可能在半年内达到稳定。在受伤的半年时间中我们要做到有效地控制斑痕，斑痕控制好了，后面对功能的影响就会小很多。

生活当中还有电烧伤，电烧伤有入口和出口，电烧伤如果真的有电流通过就是三度，我们在生活当中不会有这么恐怖的电烧伤。生活当中常见的电烧伤在钓鱼的时候会遇到，所以钓鱼爱好者一定要看钓鱼环境当中有没有高压电线，有些人甩杆的时候就触到了高压电线，会造成非常严重的电击伤。

还有一些初中或者高中男生动手能力很强，喜欢修一些电器。如果孩子爱好

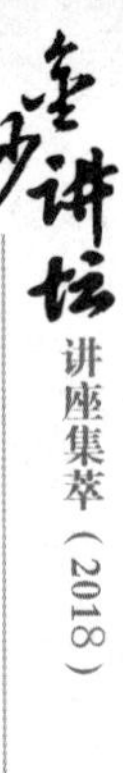

修理电器，请家长提醒他们一定要注意安全，一定要在断开电源的情况下修理，否则很有可能造成电击伤。

儿童要特别注意插座，这个非常重要。儿童对插座很好奇，他可能会用小手指去碰插座孔，这也有可能造成电击伤。

生活当中还可能有化学烧伤，我们清洁厕所的时候会用到酸性物质，一定要注意安全。

烧烫伤的康复治疗及防治宣传

如果不幸发生了烧伤，我们怎样控制烧伤疤痕，如何做康复治疗呢？关节部位的康复治疗越早越好，特别是大关节。不要认为孩子痛苦就将就孩子抱着不让他活动，如果我们将烧烫伤部位经常处于非功能位，即让孩子的手或者肢体不动，就有可能会影响到孩子的功能。

可以通过专业性仪器进行中频、超短波治疗。目前对疤痕没有特别好的方法，但是压力疗法非常重要。一些斑痕形成的时候，尽早采用疤痕贴或者弹力衣进行疤痕压迫疗法非常有效。

我们在病房里面经常会给孩子放一些小的玩具，让孩子主动进行双手功能的锻炼。还要注意烧伤以后孩子的心理康复，这个非常重要，一定要对孩子进行心理安抚，一定要给孩子信心，让他知道他跟其他孩子是一样的。

我们要进行公益宣传，让更多人知道烧烫伤要怎么进行处理，所以我们现在有很多烧烫伤预防和治疗进入学校，我们有医诊和讲座进入儿童，我们也有一些宣传海报。我们希望这样宣传能够进到千家万户，不光是监护人了解，还应让孩子们也知道。

通过这样形式，希望把能把意外伤害降到最低，孩子是我们的未来，孩子是我们祖国的花朵，每一个孩子都是父母的天使。我们希望能把烧烫伤造成的外形改变减到最小，同时希望不幸烧烫伤的孩子，心是健康开朗的。国家现在设有烧伤基金，陆军军医大学有专门的儿童烧烫伤基金，同时有烧烫伤夏令营，全国也有一个 9958 基金救助烧烫伤儿童。

对于孩子来说，烧烫伤是他们生活当中潜伏的恶魔，希望每一位监护人给予孩子足够安全的监护，希望我们共同努力，给孩子一个安全的未来，谢谢大家！

健康生活　托举美好明天

◎刘玉萍

刘玉萍，四川省人民医院健康管理中心科主任、主任医师，教授、硕士研究生导师，曾获得四川省卫生计生首届健康管理领军人才、四川省卫生厅（第九批）学术技术带头人、中华医学会健康管理学分会首批专家会员、中华医学会健康管理学分会常务委员等，获得“健康管理杰出贡献奖”、2017年首届“国之名医·优秀风范”称号。

各位朋友，大家下午好！随着人们生活水平的提高，我国综合实力和医疗水平的提升，我们的生命质量和寿命都明显延长，但是我们也发现，三级甲等医院、大型的综合医院越来越多，病人也越来越多，而且费用越来越高。其实不光是我们个人，国家的医疗费用负担也很重，国家在公费医疗、公共卫生方面的投入越来越多，尤其是涉及农民的。我们知道，每一个人活着并不是只追求生命的长度，还需要生命的厚度。我们现在的生活水平提高了，但随着年龄增长，会出现很多病，如高血压、糖尿病、心脏病等，特别是慢性非传染性疾病的高发导致很多家庭经济负担重，同时精神负担也重。因此，我们要有健康的理念、健康的身体，让我们活得更有质量，而美好的生活必须从健康抓起。

什么叫健康

人们对健康的定义有一个演化的过程。最早大家认为活着就是健康，但实际上我们是看起来很健康，却处于亚健康状态。为什么？例如，我的工作模式是5+2，5天在医院工作，2天飞去全国各地讲课，休息时间很少。有时看到朋友们周末、节假日去度假，我就跟他们开玩笑说，你们这才叫生活，我叫活着。后来人们的认知有了改变，认为没有疾病才是健康，再后来认为不能光没有疾病，还要有一些生活的能

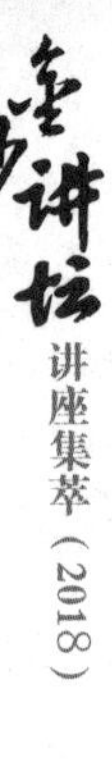

力。现在我们认为，有幸福感的生活状态才是健康。所以，随着社会的进步，人们自身素养的提升，健康的理念也就越来越高了。现在的健康理念是：健康不仅仅是指人没有疾病、不虚弱的现象，而是指一个人生理、心理、道德、社会适应能力四个方面全面良好的状态，这才是一个完整、科学、现代的健康理念。健康有四个层次。

第一，生理健康。它包括两个方面，一是人体的生理结构是完整的，二是我们的器官功能是好的，这是生理层面的健康。

第二，心理健康。有的人身体壮如牛，生理上不会出现问题，但如果他心理不健康了，会带来很多恶果。如有一些杀人案，首先就是犯人的心理出了问题，所以心理层面的健康是人要有同情心和爱心，这是第一个指标。心理健康的第二个指标是情绪安定、积极向上，个人有自制力。第三个指标是性格开朗、热爱生活。但不管我们多热爱生活，也应该要去考虑别人的感受，替别人着想。例如，中国式的广场舞，它是人们热爱生活的表现，但如果跳舞时在小区附近把声音开得很大，影响了其他人，就会引起矛盾。从心理层面来说，就是一些心理不健康的大妈在热爱自己生活时没有考虑别人还有生活。第四个指标就是要有责任心。责任心主要表现在，你是什么角色就应对你的角色负责。我曾经说，每个人都有不同的角色，在单位，你可能既是领导的下属，又是下级员工的上级，对上级的指示要有执行力，而对下级员工就要帮助他们、爱护他们、提携他们，这是一份责任；在家里，你可能是女儿、儿子、妻子、丈夫、父亲、母亲、女婿、媳妇，每个角色都有应当承担的责任。第五个指标就是自信心。自信心要建立在自己能力的基础上，有本事才可能有自信心。第六个指标是适应能力，现在很多独生子女的社会适应能力特别差。第七个指标就是与他人相处的能力。我一直认为，一个人活在世界上不可能每个人都喜欢你，你也不可能喜欢每一个人，我们要求大同存小异，这是和睦相处的一个原则；第二个原则是损人利己的事情不做，损人不利己的事情千万不要做。每个人都有不同的思想，每个人的生活和成长环境不一样，你是不可能喜欢每个人的。第八个指标是知足，知足者常乐。以上是心理层面的健康。

第三，道德健康。我们每个人都处在道德的层面上，如作为儿女要孝顺父母，尤其是家庭中最难处的婆媳关系。从道德层面来说，儿媳妇一定要尊重婆婆，从另外一个道德层面来说，婆婆也应当多替儿媳妇着想，婆婆和儿媳妇应当有一个相互适应的过程。

第四，社会适应能力健康。每个人都要适应这个社会，所谓“适者生存”，不适应社会就会自己把自己消灭了。

健康的因素

谈了健康的定义，我们再看看导致不健康的因素是什么？根据世界卫生组织的界定，人类的健康和长寿是依靠主观的遗传因素和客观的条件决定的。遗传因素和客观的条件只占了40％，而60％与生活方式有关。

第一，主客观因素，即40％的问题。其中遗传因素占15％，就是父母的基因决定你的一些遗传因素，这是不可以改变的。再就是社会因素，像中国，我们的人均寿命在20世纪50年代新中国刚成立时是40多岁，到现在已经是76岁了。国家为我们提供了很好的生活条件，尤其是传染病的遏制，还有就是医疗条件改善了，医疗水平和医疗设备都提升了。另有7％是气候因素，有时会遇到自然灾害，地震、飓风、海啸等。还有一些是环境因素。

第二，生活方式和心理行为。如果人们在日常生活中形成相对固定的不健康的行为举止和思维定式及习惯，会导致生活节奏混乱，饮食不合理，久坐不运动，或者运动不科学以及不良嗜好，这些都是不好的生活方式。

首先，饮食的问题。一是我们要有健康意识并提升自己的健康素养。一些缺乏科学依据的营养保健知识，如生吃泥鳅、黄鳝包治百病等，是会害人的。二是纠正不良的饮食习惯。不良的饮食习惯有饮食结构和数量不合理两方面：如有人说吃肉吃多了不好，就要吃素，每天都吃馒头、稀饭、包子、面条，但因为现在的米、面都是精制的，食品的膳食纤维全部流失了，剩下的就是脂肪酸，所以吃进去全部变成糖，转化成脂肪，所以现在很多人的饮食结构不合理。饮食结构还有维生素和矿物质的摄入不足，再就是高盐、高糖的问题，四川人饮食结构最不合理的地方就是盐太多，川菜放盐超量，盐多了有两个不利因素，第一个是易胖，肥胖者更要吃淡一点，第二个是易患高血压，高血压的病人绝对不能多吃盐。最新的研究成果认为糖是引起血管损伤的最主要因素，糖分太高，会损伤血管内皮，血管内皮一旦损伤，血脂就会起帮凶的作用，血脂高了就会引起血流缓慢。三是运动量不够。现在很多工作都是一坐就是几个小时，缺乏运动。四是调整饮食消费方式。有的年轻人不爱在家里吃饭，都在饭馆吃，油、盐的摄入量超标。

其次，饮酒的问题，饮酒是高血压疾病的危险因子，也是很多的心血管疾病的诱发因子。另外，持续的精神压力也是诱发高血压和心血管疾病的因子。

再次，肥胖的问题。一胖毁人生，太胖会导致全身多个系统的严重损害，最常见的就是糖尿病。糖尿病是万病之源，最大的问题是因为它血糖高，会导致血

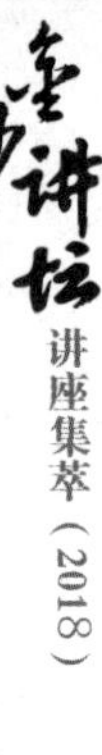

管损伤，人体最重要的器官心、脑、肾都会受损。糖尿病还有对皮肤的损害、眼底的损害、视网膜的病变等，也会导致动脉硬化的问题。肥胖还会出现脂肪肝、高血压、胰腺炎、骨关节的问题。胖的人还有一个问题，就是呼噜声很大，出现睡眠呼吸综合征。另外，太胖和太瘦都会增加死亡风险，有的女性追求骨感，但我们要记住，人的体重指数如果低于 18 就是过瘦。这里有几个口诀，叫“十条标准”：血压不高不低，体重不胖不瘦，心律不快不慢，心脏搏动有力，血脂血糖正常，心肺功能良好，运动坚持经常，不良嗜好很少，饮食科学合理，心理调节适度，这就是我们讲的“心血管健康十条”。

最后，给大家谈谈误区。其一，健康就是没有疾病，命就是天注定的，不体检。其二，能吃能喝能睡就是健康。其三，吃喝是口福，运动锻炼要有兴趣和时间才去。其四，小病不需要看，久病能成医。其五，身体的好坏是遗传，保健是老年人的事情。其六，饭前饭后吸烟，朋友见面递烟；出门就打车，进门坐电梯；躺着看手机，吃零食是享受；长时间上网聊天是时尚的生活。其七，锻炼的误区：早上锻炼很好，晨起越早空气越好；爬一次山能代替一周的运动；饭后百步走；只做户内运动。其八，看病的误区：没病没伤不做体检；用保健品代替药品；中药无毒性，可以常用多用；其九，用药的误区：最关注的是药的毒副作用；发现心脏早搏就要吃药。

生活方式与健康人生

资料显示，美国加州对 6928 个人跟踪调查了 5.5 年，确定了 7 项健康生活方式：减少夜生活；每天吃早餐；每天睡觉 7～8 个小时；一日三餐，不吃零食；保持标准体重；不吸烟、不饮酒或少量饮酒；经常体育锻炼。我们国家对 90 岁以上的老年人进行跟踪调查发现，要符合上面的 7 项条件，还要加上性格开朗、知足常乐、有美满的生活和幸福的家庭。

建立健康的生活方式，一是生活有节律，生命在于运动；二是养成良好的生活习惯，戒烟、戒酒；三是要有良好的心态，有快乐、欢乐的心情；最后要定期健康体检，从医生那里获取一些健康知识。那么如何保持健康的生活方式呢？

第一是合理膳食，管住嘴。总热量不能超标，摄入盐分要小于 6 克，甚至更低，每日要摄入足够的水果和蔬菜，还有其他膳食和营养素。保证食物多种多样，谷类（糙米），多种蔬菜、坚果并适量进食水果。要定期进食、慢食、杂食、淡食。进餐的顺序应该是第一喝汤，第二吃蔬菜，第三吃肉，第四吃米饭。

第二是不吸烟，吸烟会导致癌症、心脏病、呼吸系统的疾病，尽管少吸、不劝他人吸烟。不饮酒，饮酒会导致心血管疾病，还对大脑和肝脏造成伤害，它对身体是一种慢性伤害的蓄积。过量饮酒还会误事。

第三是要加强锻炼，锻炼是要讲究科学的，锻炼对心血管有好处，可以减少体内的脂肪，可以降血脂，提高胰岛素的敏感性，但是锻炼要转变观念、增强意识，要有氧锻炼。同时科学的方法很重要，要做一些适合自己兴趣的运动，提高自己的顺应性或依从性。运动要有计划，要包括三个阶段：热身，耐力活动及有氧活动，最后要放松。

第四是要缓解压力，精神压力又称为心理压力。过量的心理反应会导致心血管疾病，更严重的压力会导致抑郁症、焦虑症，这是非常严重的问题。缓解压力的办法是避免负性情绪，我们要正确对待他人和自己，有困难要寻求帮助，每个人的能力是有限的，要增强心理承受能力，遇到解决不了的问题就去做心理咨询，这是比较科学的方法，有助于及时处理心理危机。心理健康要四戒，一戒攀比，如别人穿得比我好，别人工资比我高等。二戒嫉妒。三戒个性发挥过度，在展现个性的年代，很多人都喜欢个人英雄主义，但过度了就会出问题。四戒虚伪。

第五是要营造美满的家庭生活。美国的一个残疾人没有手没有脚，但他生活得很幸福，他的心理很健康，他有一个非常美满的家庭：漂亮的妻子、可爱的孩子，他四肢都没有都可以幸福美满地生活。所以，只要心理是豁达的、宽容的，家人间就可以好好相处。房子无论面积多大，够住就可以了；孩子是否是亲生的，只要健康懂事就好了；金钱有多有少，够花就好。

要拥有健康的人生，就要提高自己的“健商”，健商高是聪明人，健商比较高的人是明白人，健商比较低的人是糊涂人，健商等于零的人，就是愚蠢的人，我们要做健商比较高的人。老年人应该有“三大纪律、八项注意”，三大纪律是，提高健商，身心和睦；学会养生保健，远离疾病；一切行为服从于健康。八项注意是，心情始终要平和，饮食要有节奏，运动要坚持经常，睡眠要充足，戒烟戒酒，家庭和睦，环境健康，人际关系好。健康＝生活是正确的＝正确的知识＋正确的行为，疾病＝生活是错误的＝错误的知识＋错误的行为。什么是美好的生活？身体健康、山清水秀、安居乐业、生活富足、家庭和睦、社会安定，这就是我们说的美好生活，我们每个人都向往美好的生活。我个人认为，健康是一种美，健康是一种素养，健康是一种责任，尤其如果你是家里的顶梁柱，你的健康就是一种责任。健康能传播正能量，当我们看到身边又健康又阳光的人时就会羡慕他。人生最大的成功就是健康地活着，优雅地离去，这叫无疾而终，这是我们追求的。

谢谢大家！

新时代的人格培养和价值追求

◎罗大明

罗大明，电子科技大学、四川大学工商管理学院 MBA 授课教授，西南财经大学 MPA 授课教授。中共四川省委宣传部讲师团主讲教授，成都市委组织部特约研究员，四川省高校毛泽东思想研究会副会长。多年来从事马克思主义理论、行政管理、工商管理等专业的教学和研究工作。发表论文 80 多篇，编著教材 2 部，专著和编著 150 多万字，专著 6 部。

中国社会的历史文化追求人的修养，首先是人格修养。孔子曰："正者，正也。子帅以正，孰敢不正。"讲的就是人格修养。孟子曰："富贵不能淫，威武不能屈，贫贱不能移，此之谓大丈夫。"讲的也是人格。今天多元文化、多元价值的社会现实中，评价一个人同样要把人格摆到非常重要的位置。

从历史人物感知人格

100 多年前的辛亥革命，以孙中山为代表的资产阶级革命党为了在中国实现资产阶级民族共和，前赴后继、矢志不渝，谱写了很多惊天动地的篇章。这些革命党人中有一个我们大家比较熟悉的，就是蔡元培。他是浙江绍兴人，辛亥革命时期任光复会会长。1912 年 1 月 1 日，孙中山在南京宣誓就任中华民国临时政府大总统，蔡元培担任中华民国临时政府教育总长。孙中山只当了短短三个月总统，1912 年 1 月 1 日宣誓就任，1912 年 4 月 1 日辞职。此后，蔡元培离开政府职位，担任北京大学校长。1898 年 6 月 11 日，光绪皇帝颁布《明定国是》诏书，其中一个重要的内容就是取消科举考试，建立新式的资产阶级大学堂，京师大学堂应运而生，这便是北京大学的前身。戊戌变法经历了短短的 103 天就失败了，西太后废掉所有变法内容，但留下了京师大学堂。但是，清政府的京师大学堂绝不是我们今天看到的朝气蓬勃的北京大学，学堂里讲授西方知识，精神上仍然是封建那一套。第一，它不招女生；第二，到京师大学堂读书的都是富家子弟，这些学生不上课的时候，就是喝酒、打牌、逛胡同。当年京师大学堂上体育课时老师喊的口令是："老爷请向右转""老爷请向左转"，学生听到了就慢腾腾地动。

蔡元培 1917 年担任北大校长，提出了响亮的口号——"思想自由，兼容并包"。陈独秀宣传马克思主义可以改变中国，就来讲马克思主义；胡适想利用实用主义改变中国，就来讲实用主义。让学生自己去比较，自己去思考、选择，由此开了北大思想解放的先河，使北大迅速崛起，成为中国近现代史上民主、科学的发源地。蔡元培从 1917 年到 1927 年，在北大当了整整十年的校长，他的学生遍布中国社会各领域，很多是其中的佼佼者。像蔡元培这样一位著名的资产阶级革命家、教育家，我们很多人认为他一定非常富有。1946 年，蔡元培在香港病故，人们料理他的后事时才发现，蔡元培家里一贫如洗。毛泽东代表中国共产党发唁电，用两句话、八个字评价了蔡元培的一生——"学界泰斗，人世楷模"。这八个字是蔡元培高尚人格的写照。

什么叫人格？马克思对人格下了这样一个定义：所谓人格，不是指人的血液、胡子和抽象的肉体自我，而是指人的社会化特质。人格不是一个人的外在形象，而是在社会现实各种因素的潜移默化下形成的特有的素质修养，比如道德素质修养、知识素质修养、能力素质修养、心理素质修养、身体素质修养，等等。今天讲人格修养，重点是道德素质修养。为什么？从古至今，中国文化评价一个人，首先便是道德。《左传》有这样一句话："太上有立德，其次有立功，其次有立言，传之久远，谓之不朽。"人的一生只干三件事，首先，要有好的道德修养；其次，在好的道德修养的指引下参与社会实践，推动社会的发展进步，这便是立功；最后，把社会实践中那些经验教训写成文字，形成思想，去指导后人的社会实践，这就是立言。人若一生坚持做这三件事，就可以不朽。

安徽桐城的一条小巷叫六尺巷，六尺巷有一段含义深刻的历史。清朝年间，安徽桐城有一户张姓人家，张家老爷是康熙身边的一个内阁大学士，名为张英，张英的儿子就是《雍正王朝》里的军机大臣张廷玉，父子俩在康熙、雍正两朝做官。张家祖先为子孙在桐城留了一栋房子，房子外有三尺空地没有用，张家子孙觉得可惜了，就准备把房子加宽，把三尺空地用起来。张家有一个邻居姓吴，吴家的房子紧挨着张家，吴家房子墙外也有三尺空地，他也想利用起来，同时把张家的三尺空地也占用了。双方发生了纠纷。张家子孙写信到京城，请老爷定夺。张英给张家子孙回了一封信，信里只有一首打油诗："一张书信只为墙，让他三尺又何妨，万里长城今安在，不见当年秦始皇。"老爷意思很清楚，不要凭一时意气去争那三尺空地，张家子孙按照老爷的意思告诉吴家：我们不修了，这三尺

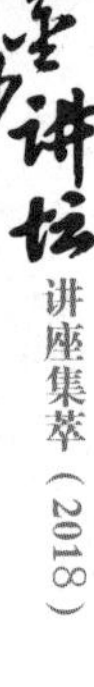

空地你们要修你们就修。吴家被张家感动了，也把墙外三尺空地让出来，总共就有了六尺空地，变成了今天的六尺巷。

今天的学术界思想活跃、观念解放，对很多历史人物开始重新进行评价，其中最典型的首推清朝的曾国藩。我读大学时，书上写曾国藩是清朝的鹰犬走狗，镇压太平天国的刽子手，称他曾经是屠夫，也曾给人剃头。现在学术界怎么评价曾国藩呢?《作家文摘》用的标题是“一代伟人曾国藩”。前几年，我们社会流传这样一句话：“做官要做曾国藩，经商要做胡雪岩。”为什么？这两个人都是封建王朝成功的典范，特别是曾国藩。曾国藩是湖南一个普普通通的读书人，没有任何政治背景和靠山，但是在刀光剑影、争权夺利的大清王朝，他仅用十年时间就做到了二品大员，基本上每年升一级。这是何等神奇！曾国藩做官成功的秘密在哪里？有段时间，政府要求党员干部读湖南作家唐浩民写的《曾国藩》，这本书我自己看了很多次，也向很多人推荐过。我认为曾国藩并不胜在才思敏捷，而胜在道德修养，胜在情商。

不管今天的学术界思想多么活跃，观点多么解放，但是有一个历史人物，在我们的学术评价中，在民众心里，他永远都是一个背叛国家民族、背负千古骂名的汉奸和卖国贼，这就是汪精卫。汪精卫为什么会成为背负千古骂名的汉奸?

汪精卫，浙江绍兴人，出生于广东三水，早年追随孙中山参加辛亥革命。在辛亥革命时期，汪精卫名声赫赫，社会影响很大。首先，汪精卫长得仪表堂堂、五官端正，作为一个政治工作人员，这样的外表使人们对他印象好。第二，汪精卫写得一手好文章。1925 年 3 月 12 日，孙中山先生病故，留给我们一个国事遗嘱，前面写道：“余致力国民革命凡四十年，其目的在求中国之自由平等。积四十年之经验，深知欲达此目的，必须唤起民众及联合世界上以平等待我之民族，共同奋斗。”这个遗嘱是汪精卫写的。汪精卫坐在孙中山面前，当着孙中山的面，当着国民党其他元老的面，提起笔，一气呵成把遗嘱写好，读给孙中山听。孙中山满意，点头签字，就有了我们今天读的遗嘱。

孙中山病故后，国民党内公认有三个人可以代表孙中山，时称“孙中山麾下三杰”。一个是大名鼎鼎的国民党元老胡汉民，一个是廖仲恺，还有一个就是汪精卫。孙中山病故之前口中不停地念着的两个人，一个是宋庆龄，另一个就是汪精卫。不仅如此，汪精卫还有很多值得夸奖的地方。他年轻时曾刺杀清朝的摄政王载沣未遂，载沣是光绪皇帝的亲兄弟，戊戌变法失败，光绪皇帝被慈禧太后囚禁于瀛台，就是摄政王载沣执行的，他是实际掌权者。汪精卫当年跟另外一个叫黄复生的革命党人去刺杀载沣，那个时候，汪精卫慷慨卫国，大义凛然，提笔赋诗，不知道感召了多少国民党人。这首诗是这样写的：“慷慨歌燕市，从容作楚囚。引刀成一快，不负少年头。”

为什么汪精卫后来成为背负千古骂名的汉奸？袁世凯对汪精卫有一个评价，说汪精卫貌似妇人，德不胜才。就是说他仪表堂堂，确实有能力，但是缺乏品德修养。对于缺乏品德修养的人，高官厚禄、荣华富贵，总有一件能打动他的心，这不幸被袁世凯言中。抗战爆发，中华民族面临生死存亡，在这样一个关键的时刻，汪精卫为了个人名誉地位，不惜投入日本侵略者的怀抱，成为汉奸。汪精卫的悲剧在哪里？我们有这样一句古话，“千里之堤，溃于蚁穴”，再牢固大坝，一个小小的蚁穴就可以让它土崩瓦解。这是历史的结论，从今天的现实来看，反腐斗争中的实例也可得出同样的结论。

价值观的作用

我们今天要塑造理想人格，首先要从道德修养抓起，社会需要的是德才兼备的人，我们党选拔干部也正是德才兼备，以德为先。加强道德修养从哪里入手？道德修养的核心是什么？价值观。如果一个人没有正确的价值观，道德修养就是无源之水、无本之木。我们要树立正确的价值观，首先要回答一个问题：老一辈的价值观需不需要我们传承，发扬光大？这个问题非常重要。今天的社会中最大的变化不是人们的穿着打扮、言谈举止、思维方式、生活内容，这些只是表象，最大的变化是人们价值观的变化。现在一些年轻人不认同传统教育，他们否定的不是教育的行为，而是原有的价值观。我们很多人没有思考这样的问题：几千年来，一代一代中华儿女在为什么目标而奋斗？我们奋斗的根本动力是什么？也就是说，我们追求的价值观的内涵到底是什么？

宋朝范仲淹留给我们一首《岳阳楼记》，寥寥几十个字，把中国社会几千年来，不同朝代、不同阶层人们一生的价值追求刻画得淋漓尽致。“不以物喜，不以己悲；居庙堂之高则忧其民，处江湖之远则忧其君。是进亦忧，退亦忧。然则何时而乐耶？其必曰‘先天下之忧而忧，后天下之乐而乐’乎。”一代代中华儿女的价值追求是什么？国家富强，民族振兴，社会稳定，老百姓安居乐业。为了这个价值观，我们前赴后继，始终不渝，舍生取义。这样的例子中国历史上不胜枚举。戊戌变法中的另外一个代表，湖南浏阳的谭嗣同，他原本可以逃跑，有人劝他“留得青山在，不怕没柴烧”，但谭嗣同斩钉截铁、掷地有声地说了这样一句话：“各国变法，无不从流血而成，今中国未闻有因变法而流血者，此国之所以不昌。有之，请自嗣同始！”为了国家富强，如果要流血献身，我谭嗣同愿意做献身的第一个人。谭嗣同上刑场，面对屠刀和死亡，还在高呼：“有心杀贼，无力回天。死得其所，快哉快哉。”为国家民族而死，死得痛快。这种价值观在

孙中山领导的辛亥革命中被继承并发扬光大。

我们要思考一个问题：孙中山奋斗是为了什么，他奋斗的动力是什么？俗话说“无利不起早”，那么孙中山是为了名誉、地位、金钱、美女，为了荣华富贵吗？不是。孙中山 1912 年 1 月 1 日宣誓就任中华民国临时政府大总统，宣誓的时候，他明确表态，一旦中华民国建立，军阀混战结束，他就自动辞掉民国大总统之职，重新做普通老百姓。原话是这样的：“倾覆满洲专制政府，巩固中华民国，图谋民生幸福，此国民之公意，文实遵之，以忠于国，为众服务。至专制政府既倒，国内无变乱，民国卓立于世界，为列邦公认，斯时文当解临时大总统之职。谨以此誓于国民。”如果没有武昌起义暴动，他很可能发动第 11 次、12 次、13 次，甚至更多武装斗争。

十次武装起义，牺牲了多少年轻的生命，牺牲了多少仁人志士？广州起义，也就是为人熟知“黄花岗起义”，72 个革命党人英勇献身，我们后人称黄花岗 72 烈士。其实牺牲的不止 72 人，而是 86 人，只是清扫现场时只发现了 72 个革命党人的遗体。其中有个革命党人叫林觉民，是福建福州的林家大少爷。林家是书香门第、名门望族，有优越的家庭环境和富裕的物质生活，他当时刚刚结婚，新婚妻子是贤淑大方的大家闺秀陈意映。他完全可以享受生活，没有必要参加这个武装起义，但是他为了国家，义无反顾地走向战场。参加起义前，他给新婚妻子留下了一封绝笔信，这就是流传至今的《与妻书》。《与妻书》的原件保留在福建福州博物馆。他是这样写的：“意映卿卿如晤，吾今以此书与汝永别矣！吾作此书时，尚是世中一人；汝看此书时，吾已成为阴间一鬼。吾作此书，泪珠和笔墨齐下，不能竟书而欲搁笔，又恐汝不察吾衷，谓吾忍舍汝而死，谓吾不知汝之不欲吾死也，故遂忍悲为汝言之。”他说，我今无写此书永别，写这封信时还是世间人，当你读到这封信时，很可能我已经为革命献身，变成了阴间鬼，我的眼泪滴到手卷上，我悲痛得不能再写下去。

这种价值观，由中国共产党继承并发扬光大，中国共产党就靠着这个理想信念，创造了很多人间奇迹。当年红军长征，共产党人在面对腥风血雨，面临弹尽粮绝、饥饿寒冷、死亡威胁的严峻考验时大义凛然。陈毅写下了感天地、泣鬼神的《梅岭三章》：“断头今日意如何？创业艰难百战多。此去泉台招旧部，旌旗十万斩阎罗。南国烽烟正十年，此头须向国门悬。后死诸君多努力，捷报飞来当纸钱。投身革命即为家，血雨腥风应有涯。取义成仁今日事，人间遍种自由花。”我们的老一代有共同的价值目标、价值追求、价值动力和价值评判。40 年改革开放，天翻地覆，随着经济的稳步发展，我们的生活方式、穿着打扮、言谈举止、生活内容也发生了很大的变化。今天社会价值观有什么特征？多元化。有的人追求人生一世吃穿二字，有的人追求人生一世草木一丘，有的人追求人生一世及时享乐，有的人一生主观为自己，客观为他人。不可否认，多元价值观在社会当中比比皆是。

核心价值观的建立

我们要思考一个问题：一个国家、一个社会、一个团队、一个群体，如果其中多元化的价值观泛滥，那么要靠什么来产生凝聚力，靠什么来培养核心竞争力？有人说多发工资，给予物质刺激。多发工资可以解决一时问题，但是不可能永远解决问题。美国心理学家马斯洛讲需要层次论，人的最低需要是物质需要，最高需要是实现自我价值的需要。40 年前，任正非在深圳以 2 万元资产创立华为，经历了 40 年的风风雨雨，到现在，华为可以说名满天下。但是华为到现在都没有上市，记者采访任正非，任正非说，华为今后至少 50 年内不会上市。为什么？任正非讲，有的舆论认为企业的股东应该为企业长远考虑，提出建设性的建议决策，但他认为不是那么回事。他说，如果华为上市，很可能有的股东会要求他们进入其他领域，比如说房地产，那么大的空间，那么好赚钱，华为有品牌和资金，为什么不进入房地产？如果华为进入其他领域，就失去了创立华为的初心。他的初心是什么？打造百年来世界上最大的通信制造业，哪怕前面是一堵南墙，哪怕碰得头破血流。我们说“不忘初心，牢记使命”，初心是什么？是为中华民族谋幸福，为中华民族谋复兴。华为不上市，靠什么来凝聚人心？靠的就是初心，就是理想信念。

多元价值观带来一个什么后果？美与丑，是与非，善与恶，正确与错误没有客观标准，如此就会导致社会现实中的悲剧。例如 2011 年发生在经济发达的广东的事件，两岁左右的小女孩被汽车碾压后，路过的 18 个人都没去救助她。这不得不让我们思考：社会经济发展了，社会的道德水准是否也与经济俱进？并非如此。如果多元化价值观泛滥，我们这个社会，我们这个民族，我们这个国家，我们这个集体，靠什么产生凝聚力，培养核心竞争力？在价值多元化的现实中，我们的舆论、宣传，乃至全社会，应不应该提倡建立一种核心价值观？我个人理解是应该的。价值观，满足的是人的精神需求，这和满足人物质需求的道理是相通的。对多元价值观应该这样理解：党和政府，以及社会舆论建立核心价值观，在核心价值观的框架下，不同的人按各自的兴趣可以有不同的追求。

什么叫核心价值观？党的十八大对国家、社会、个人提出三句话，共 24 个字。国家是什么？富强、民主、文明、和谐。社会是什么？自由、平等、公正、法制。个人是什么？爱国、敬业、诚信、友善。今天我讲的践行核心价值观，当

然主要指个人的核心价值观。个人核心价值观首先是什么？爱国。世界上有很多国家，英国、美国、法国、俄罗斯、德国、中国……不管你是哪个国家的公民，应不应该热爱自己的国家？一个人如果对自己的国家都没有感情，那么即使他有再多的名誉，再多的财富，也一点意义都没有。什么叫爱国？我们说每个人的工作分工不一样，个人能力大小不一样，但是爱国的内在特征是一致的，就是对自己国家深厚的感情。什么叫爱国？我给你们讲一个人。

2016 年 4 月 14 日，中国火箭导弹领域著名专家梁思礼病故了。梁思礼病故后，社会给了他很高的评价。他是梁启超的儿子。梁启超有九个儿女，其中有三个院士，其他六个也都对社会有很大贡献，为我们的树立了这样典型——“一门三院士，九子皆精英”。梁启超的儿女当年漂洋过海到国外读书、离开祖国的时候，梁启超告诫他们：你们学知识一定要爱国，如果不爱国，这个知识学来一点用都没有。他的子女记住了这样的教诲。梁思礼当年和一个同学一起在美国读博士，两人均以优异的成绩毕业。美国政府觉得他们是难得的优秀人才，愿出重金把他们留在美国。梁思礼毫不犹豫地回国了，他同学则留在美国。几十年过去了，梁思礼和他的同学既有相同之处，又有非常大的不同。相同在哪里？梁思礼是中国科学院院士，中国火箭导弹著名专家；他的美国同学是美国科学院院士，美国火箭导弹专家。不同呢？梁思礼一年收入不到他美国同学的百分之一，在北京住非常普通的职工宿舍，90 平方米；他同学在美国西雅图，住的是豪华庄园，应有尽有。记者采访梁思礼，问他面对物质条件的巨大反差有什么感受。梁思礼说，我非常骄傲自豪，我研究的火箭导弹是保卫我们国家的，而他研究的火箭导弹是对准我们国家的。他的爱国之情溢于言表。这就是爱国。

我再讲一个人。2014 年，香港实业家邵逸夫病故，所有网友都对邵逸夫高度褒奖。有网友说，邵逸夫先生这三十多年在大陆捐的邵逸夫楼的阶梯连在一起，足以把他送上天国。邵逸夫在大陆捐了几千栋邵逸夫楼，投资上百亿资金。他不是香港最有钱的人，但以他的方式热爱着自己的祖国。这就是爱国。

我们经常讲要践行社会主义核心价值观，首先就要热爱自己的国家。不仅要热爱国家，还要爱自己的集体，爱自己的本职工作，传承老一代的奉献牺牲精神，这样的爱国才有真实意义。

很多老一代科学家为我们做出了很好的榜样。两弹元勋郭永怀，是两弹元勋中唯一的一名烈士。1968 年，郭永怀在西北某地搞核试验，需要向中央有关部门报告核试验的机密数据。他带着这些资料坐飞机回北京，但飞机在空中出事故了。就在飞机坠毁的前一瞬间，在那生死攸关的时刻，郭永怀把警卫员叫过来，两个人抱在一起，把装资料的皮包紧紧夹在怀里。飞机坠毁了，机上所有人员无一生还。最后，人们找到郭永怀和警卫员的遗骸，他们的身体已经烧焦了，但是装资料的皮包完好无损。2018 年，国际小行星中心正式发布公告，把编号为 212796 号小行星永久命名为郭永怀星。

1964 年，我们国家第一颗原子弹试爆成功。周恩来总理在人民大会堂得到喜讯并宣布，大会代表激动得哭了起来。现在的年轻人很难理解，为什么这件事如此令人激动。1964 年，中苏关系破裂，经济建设面临严峻挑战。在这样的背景下，党和政府领导我们成功研制出了原子弹，怎能不令人激动！我们原子弹试爆成功的消息传遍了国际社会，产生了什么影响？20 世纪 40 年代有一个华人漂洋过海到西德，开了一个饭馆。他的饭馆菜做得好，清洁卫生好，服务好，收费低，所以生意好得不得了，把那条街上其他饭馆都比了下去很多。其他老板很不高兴，就来报复他，天天把残汤剩水倒在他的餐馆门口，这个华人只能忍受，因为当时祖国不强大，海外同胞也没有尊严。祖国的原子弹爆炸成功的消息传出去那天，他走到店门时大吃一惊，门口竟然干干净净的。一个警察走到他面前，满脸笑容地行了一个标准警礼，说："先生，从今天开始，任何人都不敢欺负你了。"这个华人觉得奇怪，就问警察发生了什么事情。警察说："你们中国爆炸了原子弹，你不知道？你们中国伟大，了不起。"警察说完便转身走了，这个华人才恍然大悟，跪在餐馆门口朝着祖国的方向流下了热泪。

1971 年，著名的物理学家、诺贝尔奖获得者杨振宁回国访问，他访问的第一个人就是绵阳九院院长邓稼先。杨振宁和邓稼先都是安徽人，两人的父亲都在美国读博士，回国后又都在清华大学教书，两家是邻居，两人从小一起长大，一起读书。抗战爆发后，北大、清华、南开迁到云南昆明，组建了战乱中的西南联合大学，杨振宁、邓稼先又先后考入西南联合大学。后来，两人又都赴美攻读博士学位，学习理论物理。

杨振宁和邓稼先当年同在西南联大读书，教他们物理学的是中国现代历史上著名的物理学家，新中国成立以后的中国科学院院长周培源；教他们国文的有著名诗人、学者、教授闻一多、朱自清。西南联大校歌《满江红》是谁写的？著名哲学家冯友兰。这首校歌不知激励了多少优秀学子发奋苦读。歌词是这样写的："万里长征，辞却了五朝宫阙，暂驻足衡山湘水，又成离别。绝徼移栽桢干质，九州遍洒黎元血。尽笳吹，弦诵在山城，情弥切。千秋耻，终当雪。中兴业，须人杰。便一成三户，壮怀难折。多难殷忧新国运，动心忍性希前哲。待驱除仇寇，复神京，还燕碣。"

新中国成立时，邓稼先博士毕业，26 岁。他的老师非常喜欢他，准备动员他做博士后，希望他留在国外发展。但邓稼先非常诚恳地对老师说："感谢你对我的培养，但是我要回到我自己的国家去，我的祖国刚刚在战火中新生，我要为我的祖国贡献微薄之力。"邓稼先回到国内，杨振宁留在美国。杨振宁要回来，

邓稼先马上跟总理汇报，因为原子弹是国家的机密，不能随便讲。总理说，你可以跟杨博士讲，你特别要跟他讲清楚，中国的原子弹是在中国共产党和中国政府的领导下，由中国科学家独立自主、自力更生研制成功的，没有任何外国人参与。邓稼先在见面之后，又以书信形式把研制情况向杨振宁做了介绍。杨振宁看了，激动得热泪长流，第一为新中国拥有核武器而激动，第二为邓稼先的人格魅力而感动。

邓稼先组建九院时 34 岁，家里两个小孩，老大 5 岁，是个男孩，老二 3 岁，是个女孩，都交给夫人许鹿希照顾。许鹿希是九三学社中央委员许德珩先生的女儿，也是高才生。夫人问他做什么去了，他只能说："我去从事我的工作，如果做好了我的人生就有意义了，就有价值了。"这一走，就是 28 年。人生有几个 28 年？很多核试验，邓稼先都在第一线亲自指挥。有一次核试验成功了，但是一个设备却掉在了西北大漠，里面保存了很重要的数据，他亲自去找，放射元素就照到他身体。党和政府给予邓稼先很高的评价，评他为"两弹元勋"。后来，他身患癌症。尽管党和政府不惜一切代价救治，邓稼先还是在回到北京的第二年就病故了，时年 62 岁。离开我们时，他只说了一句话："我死而无憾。"政府给了邓稼先一大笔奖金，许鹿希一分钱没要，全部捐给了中国科学院。

人们对邓稼先无不景仰，其实仔细想，不管市场经济有多少种价值观，只要真正为这个国家、这个社会、这个民族做出了贡献，都能获得社会的尊重。所以我们讲核心价值观，第一是爱国。第二，我们要传承老一代的奉献牺牲精神。第三，市场经济跟计划经济还是有差别的。差别在哪里？有人说要追求自身价值。市场经济追求自身价值无可厚非，但是我们一定要知道，自身价值需要载体，离开这个载体，个人价值就是无源之水、无本之木。有的人自我感觉很好，经常讲"我在哪个时候都可以成功"，此言差矣。古往今来多少英雄豪杰抱憾终身，为什么？生不逢时。没有中国共产党，没有改革开放的伟大时代，哪里有今天的中国？所以我们追求个人价值，一定要把个人价值置于时代大潮中，也就是民族复兴的大潮，这样个人价值才有意义，才能得到尊重。

老一辈里有很多人为党、为民族、为国家鞠躬尽瘁。20 世纪 50 年代，毛泽东访问苏联时一直担心西藏问题，当时，西方分裂势力在西藏挑起事端，制造混乱，所以毛泽东要求赶快解决西藏问题。中央把这个任务交给刘伯承、邓小平率领的西南军政委员会。刘、邓接到命令，不约而同地想到中国人民解放军第十八军，军长张国华、政委谭冠三。在这之前，中央宣布十八军驻防自贡。自贡自古便是富庶之地，十八军官兵也想在这个地方开始新的事业。可部队还没到自贡，张国华、谭冠三就接到命令赶到重庆开会，会后立即动员部队开赴西藏。那时的西藏，条件非常艰苦，个别官兵不愿意去，甚至有人提出就地转业，回老家分田，过老婆儿女热炕头的生活。动员工作怎么做？张国华、谭冠三决定让自己家人第一批随军进藏。张国华有一个女儿就因为高原反应死在了进藏途中。他们还决定，个别不愿进藏的官兵不进藏，不要让他们的行为损害了十八军的形象，损害了我们党的形象。十八军驻藏整整16年，张国华说，毛主席交代的事情，我死也要死在西藏。1966年，四川形势特别差，中央需要一个得力干部解决四川问题，张国华临危受命，到四川担任四川省革委会主任、成都军区第一政委。1972年，张国华在一次会议讲话时突发大面积心肌梗死，倒在工作岗位上。张国华的骨灰送到北京，周恩来总理亲自去机场迎接。周总理当时也带着病体，又正与基辛格谈中美上海公报，有那么一点休息时间，便到机场迎接张国华的骨灰。周总理这一生在机场接过两位解放军高级将领的骨灰，一个是大将陈赓，一个是中将张国华。周总理接到张国华的骨灰，在寒风中潸然泪下。四川团后来到北京，希望毛主席接见。毛主席叹了一口气说，我不见你们了，我见你们，想起国华，心里难受。张国华为党和民族立下了汗马功劳，真正是“鞠躬尽瘁，死而后已”。

我们今天讲塑造理想人格，践行核心价值观，就是要传承老一代的奉献牺牲精神，我们的舆论要多宣传这些思想。我们要爱国爱党，爱自己的本职工作，爱集体，这样个人价值才有意义。建设中国特色社会主义，前有古人，后有来者，需要一代代中华儿女为之奋斗。这个伟大的历史目标仍在实现的过程当中，社会需要千千万万有理想人格的优秀代表为实现中华民族的伟大复兴贡献力量。所以我们要坚定信念，在这个伟大的历史变革时期，紧紧团结在以习近平同志为核心的党中央周围，认真学习贯彻落实党的十九大精神，以及习近平新时代中国特色社会主义思想，坚定文化自信，践行社会主义核心价值观。

20多年前，我读过一本书，书中研究中华民族几千年来，面对沧桑、坎坷，为什么还能不断谱写辉煌篇章。作者有这样一个思考：中华民族在几千年历史长河中，始终把朝气蓬勃、积极进取的民族精神、民族魂灵代代传承。20多年的时光眨眼而过，这本书的书名我已经忘记了，但是仍然记得里面有一首歌颂民族精神的散文诗。今天，我就以这首诗与大家共勉。

“中华的祖先曾在这块黄土地上降生，这里繁衍着东方巨龙的传人。大禹的足迹曾遍布这里，武王的战车曾在这里奔腾。穿过一道道紧锁的山峰，走出五千年的梦魂。历史总是发出这样的疑问，东方的巨龙何时才能苏醒。尽管前面有泥泞的山路，尽管前面还有无数的险峰需要攀登，但是，我们总是这样不断地提问，我们总是这样苦苦地追寻！”

谢谢大家！

婚姻法与现代婚姻关系

◎张晓远

张晓远，四川大学法学院副教授，法学硕士。研究方向：民法学、合同法学、婚姻法学。中国婚姻家庭法学研究会理事，四川省房地产法学研究会（筹）副会长，四川大学应用与比较法学研究所副所长，四川大学教师教学发展中心教学导师，成都市武侯区第六届人大代表，成都仲裁委员会第三届仲裁员。在《法学杂志》等刊物发表论文20余篇。

大家下午好，非常高兴能够有这个机会和大家一起学习和交流婚姻法与现代的婚姻关系。巴菲特曾经说过一句话，人在一生当中最重要的投资不是选择买哪一只股票，而是选择与谁结婚。家和才能万事兴，但是目前我国的婚姻状况其实是不容乐观的，2010年，我国第一次出现了结婚人数低于离婚人数的情况，以后离婚人数逐年上升。2018年离婚人数预计在400万到500万对，也就是说，2018年有近一千万人离婚，四川连续多年登记离婚人数位居全国第一。离婚率的不断上升一方面体现了文明进步，因为人们越来越追求高质量的婚姻，但另一方面，过高的离婚率对社会稳定、个人权利，尤其是对未成年人成长造成了非常消极的影响。导致高离婚率有非常多复杂的因素，但有一个不容忽视的因素就是我们国家缺乏充分的婚姻教育，无论是婚前还是婚后，都很少有婚姻教育。

美国大概有2千多所高中开设有婚姻课，甚至在幼儿园都开设有离婚课。为什么在幼儿园开设离婚课？因为美国离婚率也非常高，当这些孩子不断面对自己新爸爸、新妈妈的时候，对他们的心理影响非常大。所以西方社会心理学家认为，父母的离婚对孩子的伤害仅次于死亡，设置这样的课程可以预防及减少父母离婚对孩子的伤害。在日本有很多婚姻学校对社会大众进行婚姻教育，在伊朗甚至要取得婚姻文凭才能结婚。因为爱是需要学习的，而家是需要我们守护的。有一年世界家庭大会提出的口号就是：学习爱，守护家，光有爱远远不够，家是需要经营的。

婚姻的基本特征

婚姻是怎么来的？中国在创造婚姻这个概念的时候寄托了什么样的含义？中国古代婚姻都是在黄昏举行的。社会学家认为，人们在创造婚姻这个概念的时候存在抢劫婚。而抢劫婚只有在黄昏时候最方便，光天化日抢了不容易躲藏，晚上月黑风高看不清被抢的对象。我们今天很多结婚风俗都留有抢婚的痕迹，比如红盖头，是因为男方抢了女方害怕她认识回家的路，头上蒙一块布。很多地方都有哭嫁的风俗，结婚时新娘号啕大哭，哭嫁的风俗也来自抢婚，这说明，在中国古代婚姻当中女方是被动的。中国古代双方的婚姻是不平等的，男方主动女方被动，从这个词中可以看出婚姻的几个基本特征。

1. 婚姻的自然性。中国历史以及世界历史上的婚姻大多是异性婚姻，所以婚姻要符合生理学和生物学的自然规律。比如说法定婚龄，我国规定男 22 周岁，女 20 周岁；近亲禁婚，有亲属关系不能结婚。《中华人民共和国婚姻法》（以下简称《婚姻法》）规定，直系血亲和三代以内旁系血亲禁止结婚。这样的规定实际上有缺陷，世界上很多国家规定了直系姻亲和一定范围内的旁系姻亲禁婚，但是我们国家没有限制。哪些是直系姻亲？比如说岳父母和女婿、公婆和儿媳、没有形成事实抚养关系的继父母和继子女都属于直系姻亲，按照我们国家目前法律规定，他们可以结婚，法律没有特殊限制。

自然性还表现在疾病禁婚。什么样的病不能结婚？《婚姻法》没有规定，但是《母婴保健法》做出了明确规定，指定的传染病和有关的精神病是暂缓结婚的。艾滋病可不可以结婚？严格来讲是不可以结婚的。这些都体现了婚姻的自然性。

2. 婚姻的社会性。过去为了反对包办买卖婚姻，我们强调婚姻自主，婚姻自由，但这并不等于婚姻仅仅是两个人的事情。其实自古以来婚姻就不是两个人的事情，中国古代强调“合二姓之好，上以事宗庙，而下以继后世也”，今天这种因素相对有所淡化一点。我们中国人离婚有两种方式，一种是登记离婚，一种是诉讼离婚，但是世界上很多国家都是没有登记离婚的，他们只允许诉讼离婚，为什么？因为很多国家认为婚姻是重要的身份行为，他们的解除必须经过法院，不能够只经过登记机关解决。而且允许登记离婚的国家也规定了非常严格的条件，比如说短婚期不能登记离婚，而且申请登记离婚以后必须有半年到一年的考虑期，以防止冲动离婚和草率离婚。

3. 婚姻的永久性。永久性强调婚姻开始双方从主观上以永续生活为目的。古罗马给婚姻下的定义就是一男一女以永续生活为目的而共同生活，也就是我们中国说的“执子之手，与之偕老”。

4. 婚姻的公示性。婚姻是非常重要的行为，所以一定要对外公示。我国采取结婚登记制度，2014 年实现全国结婚登记联网，而且登记以后仍属于个人隐私，也不是你想查就查得到，所以公示性有限。西方国家是怎么公示的？他们除了举行相应婚礼、登记之外，还有一个重要方面就是夫妻同姓，夫妻要用一个姓，对外彰显夫妻身份。

5. 婚姻的历史性。中国真正的单偶制，即一夫一妻制到今天不到 70 年的时间，我们是从 1949 年开始真正实行单偶制的。强调婚姻的历史性是说，婚姻不一定能够永续存在，近年来，离婚率不断上升，有社会学家认为婚姻有可能消亡，婚姻不可能在短时间消亡，但是婚姻很可能不再是我们每一个人唯一的选择。

婚姻法和现代婚姻关系中的七个问题

第一，家庭。

家由两个部分组成，宝盖下面一个▮，是猪的意思，合起来房顶下面一头猪，就形成一个家。它的含义有三种说法：第一，这个猪最早是野猪，从野猪变成家猪是一个实质性变化，这个变化意味着私有财产的产生。原来是野猪的时候不属于任何人，后来成了家养的猪就变成了私有财产，所以从这个意义上来讲，家庭是随着私有财产而产生的，家是一个完全私有的领地，家是个人的堡垒，家意味着私有的概念。所以，婚姻家庭是随着私有制的产生而产生的。第二，这个猪不仅仅是野猪，而且是公猪，因为中国古人认为猪和狗性淫，要把它们圈养起来防止淫乱，所以家是防止乱伦的符号。婚姻的产生就是限制人类的两性行为，过去人类的两性行为是杂乱无章的，人们希望通过婚姻进行限制，把过去无序性竞争状态变为有序状态，才产生了婚姻和家庭。第三，有人认为下面这个字不是猪的意思，而是与民族的族相通，所以一族人生活在同一屋檐下，这就是家。这与我们今天法学上的定义一致，就是一定范围的亲属共同生活的单位。所以，家是随着私有制而产生，为了防止淫乱，表现为一定范围亲属共同生活的单位。

第二，婚姻的变革。

同性婚姻。同性恋的历史非常悠久，玛雅文明、希腊文明都有关于同性恋的记载。我国今天的同性恋者保守估计大概有 5 千万到 7 千万，世界上大概有 26

个国家和地区通过了同性婚姻法。历史上人们一直认为同性恋是一种犯罪行为，后来认为是一种疾病。同性恋既不是犯罪，也不是一种疾病，现代文明国家越来越多地认为同性恋是少数人的一种生活方式，只要不危害他人权利，社会就应该尊重。我们讲婚姻是异性之间的结合，但是至少世界上有 26 个国家和地区不这么认为了，同性也可以结为婚姻。

非婚同居。现在非婚同居越来越多，很多人不选择婚姻，而是选择了同居，既然人们要追求爱情，爱情非要一纸婚书作为保障吗？很多人认为既然追求爱情有爱就在一起，没有爱两个人就分手，何必非要拿一纸婚书。非婚同居大量流行本身就挑战了婚姻价值。

单身族。现在中国很多地区的平均初婚年龄达到了 30 多岁，且越来越高，出现了大量的剩男剩女，尤其是女性，学历越高，不婚的可能越大。有一种说法叫甲女丁男，剩下来的很多女士都是优等、甲等，剩下的男士可能相对差一些。看到周围的朋友，看到自己的父辈的婚姻状况，很多年轻人不敢结婚了，宁愿选择单身。单身也是对婚姻价值的一个重要挑战。

婚外恋。婚外恋已经成为婚姻的最大杀手，我国目前离婚的 40%都是由于婚外恋造成的。恩格斯曾经说过一句话，与文明时代相适应的一夫一妻制度是以通奸和卖淫为补充的，所以一夫一妻制必然伴随着通奸和卖淫。如今社会的沟通环境越来越宽松，现代通信技术在为人们的交往提供便利的同时，也为婚外恋提供了温床。

卖淫嫖娼。中国人民大学一个教授研究中国地下性产业后表示，中国的地下性产业已经形成了一个链条。公安机关每年都在扫黄打黑，但是地下性产业依然大量存在。卖淫嫖娼使整个社会的婚姻稳定面临巨大的挑战，也影响着婚姻的和谐。

婚姻观念。目前，人们的婚姻观念发生了巨大的变化，对离婚态度及婚外恋的态度都发生了变化，有人调侃，单身是觉悟，结婚是错误，离婚是醒悟，再婚是执迷不悟。所以婚姻现状不容乐观，这些都是我们今天每一个家庭、每一个人需要面对和思考的。

第三，爱情与婚姻。

人们都希望能够进入以爱情为基础的婚姻。我们都相信恩格斯所说的，只有以爱情为基础的婚姻才是合乎道德的。但是爱情到底是什么？没有人能说清楚。有人说爱情是鬼魂，相信的人多，见到的人却很少，而且每一个人经历爱情以后感受不一样，有的死去活来、刻骨铭心，有的好像没事一样。美国耶鲁大学著名心理学教授罗伯特·司徒伯格长期研究爱情，他认为爱情有三种成分：一个是迷恋，第二个亲密，第三个是承诺。三种不同的组合构成了爱情的三种状态，最后

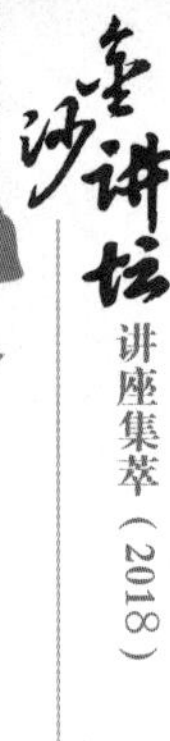

有人问他，你说的这些还是过于理念化，能不能简单说什么是爱情，他当时说了一句话，他说爱情就像在一间黑屋子里面寻找一只猫，而且这只猫很可能已经跳出了窗户，而你还在苦苦的寻觅，这就是爱情。他这段话怎么理解，在一间黑屋子寻找一只不可能存在的猫，你找到的可能性相对来讲比较小。而且我认为这只猫在不在屋里面已经不重要了，重要的是我们相信它在而执着地去追求，追求的这个过程就是爱情。

有人说我们今天的社会看起来是爱情最多的社会，无论是影视作品还是流行歌曲，到处都是爱情，好像爱情唾手可得。也有人认为我们今天的社会缺乏的就是爱情，因为爱情是需要发酵、需要想象的，爱情是在期待当中产生的。

弗洛伊德说过，爱情就是两个人见第一面，到最后发生两性关系，被社会性推迟导致爱情产生，这个过程越长，你的感觉越强烈。但是到了今天，性观念和社会的观念改变让这个过程大大压缩了，压缩之后，那样浓烈的感觉可能就没有了。我国的《婚姻法》深受恩格斯爱情理论影响，其第 32 条明确规定了离婚的标准，什么样情况下可以离婚？感情确已破裂，调解无效准予离婚。部分学者认为，婚姻当中不仅仅是感情，有人认为婚姻有三根支柱：一个是物质关系，一个是情感关系，还有一个是性关系，这三根支柱缺一不可。所以感情破裂婚姻不见得就一定不能走到尽头，如果其他支柱没有了，婚姻也将难以为继。

我国《婚姻法》还罗列了五种情形，这五种情形出现以后可以离婚：第一，重婚或配偶与他人同居的；第二，实施家庭暴力或虐待、遗弃家庭成员的；第三，有赌博、吸毒等恶习，屡教不改的；第四，因感情不和分居满两年的；第五，其他导致夫妻感情破裂的情形。所以现实生活当中法院判决离婚大多数引用条款是《婚姻法》第三十二条第五款，其他导致夫妻感情破裂的情形。在今天的司法实践中，关于离婚的争议大多是在争财产，争孩子。要不要离婚其实不是一个重要的问题，这也体现了整个司法实践当中对于感情是否确已破裂判断标准的变化。

第四，婚姻的功能。

生理功能，实现性本能。我们前面说婚姻的出现就是对人类性行为进行限制，让人们从杂乱无章无序的性竞争状态过渡到有序状态。

生育功能，传宗接代。费孝通曾经谈道，男女双方如果仅仅为了爱情是不需要婚姻的，之所以要通过法律、通过伦理进行规制，最主要的目的就是生育，人类生育从过去单姓抚育发展到双姓抚育。所以婚姻更多的是给孩子健康成长的环境，没有婚姻也可以生和育，但是没有婚姻的外壳不利于孩子成长。

经济职能，婚姻使男女两性建立共同投资实现规模效应。农耕社会里，男主外，女主内，男耕女织，男女搭配才能实现最好的经济效益，才能实现规模效应。同时，生孩子也是一种以婚姻方式进行的投资。在传统农耕社会，养儿防老。今天生孩子是为了情感的回报，享受天伦之乐。

爱与幸福。今天的年轻人结婚主要是为了追求爱与幸福。我们说愿天下有情人终成眷属，成眷属后便步入婚姻。今天，人们越来越追求爱情的时候其实婚姻的价值慢慢消减了，这也是越来越少人选择婚姻的一个重要原因。由此可见，婚姻的功能随着社会的发展变化也在不断衍变。

第五，婚姻利益。

利益包括现实利益、信赖利益以及期待利益。婚姻可以为人提供温暖环境，有利于人的健康成长，帮助人对未来有一个合理预期，这都是婚姻给人们带来的利益。但是婚姻也有成本，有时间成本、金钱成本、清减成本、机会成本等。

在这里我并不是要讲成本和收益的问题，我强调的是男女双方在婚姻当中的投入和产出存在巨大差异，一般来讲女人对婚姻的投入是先大量投入，后获得，这是由生理特点所决定的。一个女人结婚以后生孩子，带孩子，做家务，前期投入在婚姻当中投入大量成本，她期望这个婚姻能够一生一世，将来能够得到回报。而男人则不一样，男人在刚刚结婚的时候事业刚刚起步，金钱上可能也没有更多积累，因为有妻子承担大量家务，带孩子，所以可以全力以赴投入事业，导致他的金钱不断积累，魅力上升，事业发展。到将来人到中年的时候需要男人在婚姻当中给女人回馈的时候，很多男人却要选择离婚了。这个时候我们说财产一人一半最公平，这样真的公平吗？女人前期投入了大量成本，已经失去了职业发展的最好机会，而这个时候仅仅靠财产上一人一半并不足以弥补女人对家庭的付出。其实，对于婚姻利益的合理分配，才符合婚姻为终身永久结合的要求。

很多男人认为我一个人赚钱养家，养活了你还要怎么样？实际上不是这样的，是两个人劳动成功才促成家庭收入最大化。妻子承担了机会成本才提高了丈夫的收入能力。离婚以后提供的一种离职金和失业补助，是夫妻抚养义务的延伸，这样的制度才有利于妇女权益保障，才能真正实现男女之间实质上的公正。

第六，婚姻经营。

我们前面说婚姻是需要经营的，是需要技术和艺术的。至于怎样经营婚姻，不同的人有不同的看法和经验。

找一个好人，自己做一个好人，这样才能拥有幸福的婚姻。

婚前睁大双眼，婚后睁只眼闭只眼。婚前要多考察两个人到底合不合适，价值观相不相似。大多数人则相反的，很多人婚后睁大双眼，不信任彼此，从而导致了婚姻的破裂。

有人说一个幸福的婚姻是由一个充耳不闻的丈夫和一个视而不见的妻子组成的。丈夫一定要倾听，而妻子要视而不见，要有这样的修养才有可能实现幸福的

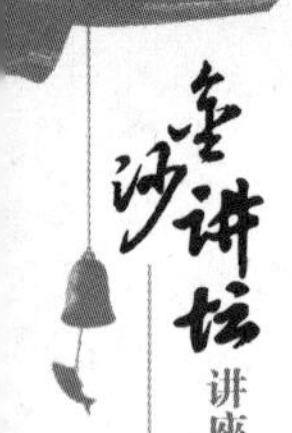

婚姻。

保持心理疆界。每个人都是独立的个体。有人说婚姻就像刺猬取暖不能靠得太近，要保留一定的隐私；同时也不能离得太远，离得太远则达不到取暖的效果。

吵架不超过5句话。人们在吵架的时候比较容易冲动，容易说伤害对方的话。所以心理学家认为吵架的时候不能超过5句，一旦超过5句，就会失去理智，而这些话一旦说出就覆水难收。

两口子吵架论情不论理。家不是讲理的地方，在外面可以讲理，家里不用讲理。吵架时，男人和女人的关注点不一样，女人关注的是你在不在乎我，男人关注的是你讲不讲理。在家里面千万不要试图通过辩论、通过吵架让对方接受你的观点，两个人辩论的最终结果是让一方更加相信自己是正确的，更不会接受彼此的观点，所以在家里面不要讲道理，要讲情。

家庭中爱的合理排序。这一点我认为也是非常重要的，在家庭当中，夫妻经常会因为婆媳关系、教育子女问题导致感情破裂，其实夫妻关系在家庭当中非常重要。只有好的夫妻才能做好的父母，夫妻恩爱是送给孩子最好的礼物。

第七，婚姻立法的价值取向。

在婚姻立法的时候应该坚持什么样的价值取向才能更符合婚姻的价值？

1. 维护婚姻家庭和谐稳定。婚姻家庭对于每个人、整个社会及国家都是非常重要的。家是中国人的基本生存状态，家和才能万事兴，如果一个人家庭不幸福，那他再成功，从某种程度来讲都有所亏欠。所以，只有经营好自己的家，婚姻家庭和谐稳定，才是有利于个人、有利于社会的。

家庭的和谐稳定也需要法律制度做出相应的调整。《婚姻法司法解释（三）》第七条专门规定，父母出资买房登记在子女名下的，按照婚姻法规定，视为只对自己子女一方的赠予，双方父母出资购买的不动产，产权登记在一方子女名下的，该不动产可以认定为按照双方父母出资份额共有，但当事人另有约定的除外。这条规定在学术上争议非常大，一方面这在法理上是有问题的，导致了夫妻之间产生了按份共有；另一方面，以登记作为赠予的意思表述本身也不准确，容易引发家庭矛盾，另外还有一条，《婚姻法司法解释（三）》第十一条，就是关于夫妻关系存续期间夫妻房产善意取得制度，一方未经另一方同意出售夫妻共同共有的房屋，第三人善意购买，支付合理对价并办理产权登记手续，另一方主张追回该房屋的，人民法院不予支持。这是针对婚内登记在一方名下房屋，本来是夫妻共同财产，但是登记的一方擅自向外出卖，第三方进行购买并且进行过户的情况下就构成善意取得，配偶一方要求追回这个房产，因为按照法律规定婚内只要双方没有约定，只要法律没有规定，登记在任何一方名下房产都应该是夫妻共有，一方擅自向外出卖第三人严格来讲是不容易构成善意取得，因为他要查阅，既然是你已经结婚了，那么登记在你名下的房产就有可能是夫妻共有的，而不应该是个人的，所以第三人不能构成善意取得。

我国的《婚姻法》也规定了保护弱者利益的制度。比如说夫妻共同财产制，除了法律有规定和双方有约定的除外，从结婚那一天开始到婚姻终止之间，任何一方所获得的收入都应该是夫妻共同财产，这本身就体现了对家事劳动的承认，体现了对弱势群体的保护。也就是说如果你没有工作，那么你在家里面做家务其实是有价值的，因为另一方所赚的每一分钱除了法律规定以外你都有一半。另外《婚姻法》第四十条规定家务补偿制度，如果双方实行的是个人财产制，一方对家事劳动做出更大贡献的，离婚的时候可以要求进行补偿。但是这样的现象在现实生活中很少，因为约定分别财产制的很少。

理论经济帮助。《婚姻法》第四十二条规定，离婚时一方若有经济困难，可以要求另一方给予帮助，这一条因为条件太严格所以在实践当中很少得到法院支持。离婚后的追索制度，离婚发现有未分割财产可以向法院起诉另行分割。还有婚内分割夫妻共同财产，如果在婚内发现一方转移财产、隐瞒财产的也可以向法院提起诉讼要求分割夫妻财产，这些都是对弱势群体的保护。

2. 平衡各方主体利益。各方主体利益涉及比较多的主要是《婚姻法司法解释（二）》第二十四条，夫妻共同债务。大家都知道原来司法解释规定了一个推理，凡是在婚内以个人名义的债务一律推定为共同债务，这样的规定是有问题的，导致了离婚时存在有大量的虚假债务，很多人希望废除第二十四条的规定。2018年最高人民法院公布了司法解释，规定双方共同签字确认的，或者为了日常家事生活需要所付出的，以及用于共同生活或者共同经营的，才能被认定为夫妻债务。所以也提醒大家，向外借款的时候如果对方结了婚的一定要双方共同签字，如果单方签的字很有可能被认定为个人债务。这个新的司法解释更加合理，平衡了配偶双方和债权人之间的利益。

3. 尊重民族的传统习俗。我们知道《合同法》和《物权法》包括了对社会的反映，会随着经济的发展发生变化。但是《婚姻法》不一样，它有历史的惯性，习惯的惯性，所以它体现的更多的传统的习俗。

最后祝大家婚姻美满，家庭幸福。谢谢！

象棋中的人生启示

◎陈章元

陈章元，入伍后历任战士、班长、干事、秘书、教导员、科长，大军区级单位政治机关副部长、部长，总政机关副部长、部长等职，1993 年被授予少校军衔，2002 年被授予中将军衔。退出领导岗位后，将几十年来下棋、悟棋的心得体会撰写成文，名曰《虎帐谈棋》。2012 年，被中国象棋协会聘请为顾问；2013 年，受邀担任北京市棋牌中心荣誉主席。著有《象棋文化揽胜》一书。

金沙讲坛是国内知名的人文讲坛，四川省棋院蒋院长邀请我来跟大家进行交流，我深感荣幸，也很高兴。特别是看到有不少小朋友也来听我的讲座。为什么呢？第一，说明我们成都市群众性的象棋活动开展得很好。第二，也说明我们的小朋友们不仅学象棋的水平在提高，而且更关注象棋文化的传播，关心象棋与人生之间的道理。我们的蒋院长是一个象棋大师，我只是一个象棋爱好者，我的棋艺水平一般，可以跟小朋友下一下。但是，我比较喜欢象棋文化。

象棋历史悠久，早在先秦、战国时期就有了象棋。当然，当时的象棋跟现在完全不一样。经过几千年的演变，象棋基本上定形了，唐宋时的象棋跟我们现在看到的象棋是完全一样的，它的棋子、走法、归子都没什么大的变化。

象棋艺术博大精深，是中国智慧的结晶，可以说象棋里充满了中国智慧，如管理的智慧、战争的智慧、艺术的智慧，还有人生的智慧。象棋中充满了统一与辩证法的关系，比如说攻与守、子与势、弃与取等辩证关系。象棋一共有 32 枚棋子，90 个交叉点，这里面包含着一些人生的哲理。象棋的开局、中局、残局，与我们人生的少年、中年、老年也是对应的。还比如说，下象棋的过程中，必须要有全局观、重点观、攻守观、得失观。象棋博弈中的千变万化，与我们人生中的起起伏伏有很多相似之处。

有句话叫“河界三分阔，智谋万丈深”，下象棋需要用脑、用心，需要勤奋、进取、斗智斗勇，也跟一个人一生的成长史、奋斗史联系在一起。

我根据象棋中的名言、名句、谚语来讲讲棋道中蕴含的人生之道。

落子无悔大丈夫

这句话出自南宋《名贤集》的“观棋不语真君子，落子无悔大丈夫”。“落子无悔”是下象棋的基本规则，你只要下象棋就必须懂这一条基本规则，说的就是“落子走子，落子无悔”，棋子一旦放下，就不许反悔，这里也包含着棋品、人品。

从这句话中我们知道，在下象棋的过程，每落一个子，每走一步棋，都是做出和完成一次选择。通过这个选择，不停地塑造并改善有利于自己的态势，人生也是如此。人的一生就是一个不断选择的过程，选择的好坏甚至影响到你一生的命运。

古人讲“男怕入错行，女怕嫁错郎”，也是讲选择的重要性。其实我们的人生就是一种态度的选择，一种信仰的选择，你希望自己成为什么样的人，你就会沿着你的选择走下去，要么“阳关道”，要么“独木桥”，命运的钥匙就掌握在你自己的手上。

落子还需要勇气，需要智慧，你手里的哪一个子要落到哪里去，都需要精确地计算、充分地权衡、果断地取舍。一般而言，鱼和熊掌不可兼得，这需要冷静的思考，根据自己的价值观判断和目标追求来选择。所以，选择也是一种智慧，没有智慧的选择就是一种糊涂。无论是下棋，还是人生，都不能马马虎虎，不能走随手棋，都应该周密地策划，谨慎行事，扎扎实实地下好每一步棋。落子也是一种承诺，无悔体现担当，落了子不能反悔。

类似的话还有好多，比如说“大丈夫一言既出，驷马难追”，“大丈夫一诺千金”，都说明讲诚信、重承诺是中华民族的传统美德，下棋的时候你如果悔棋了，对方就会说你是耍赖。在生活中，如果言而无信，不守承诺，便会寸步难行。

不悔棋体现了契约精神、规则意识。真诚、诚信、守诺，是一种价值连城的品质。我们平时经常讲大丈夫，什么叫大丈夫？就是有志气，有节操，有作为。

得子失先非上策

下棋的时候，得子和抢先都是取胜的手段。子，是能量，是实力。先，是态势，是主动权，是发展的趋势。得子得先无疑是胜势，但是这二者有矛盾的时候，就需要认真把握了。一次象棋特技大师柳大华跟著名小将比赛，柳大华经过反复思考，果断地弃掉了一个车，观棋的观众说这家伙那么厉害，没走几步就弃车了。小将虽然得了一个车，但是他的棋处处被动，所以柳大华之后取胜了。在象棋比赛中，处于棋局优势时，如果失去先手，就会失去胜利；劣势时，不舍得失子，就会一败涂地。所以，宁可牺牲或丢掉一个子，也不能失去掌握全盘的主动权。而优秀的棋手总是用“舍子争先”去赢得胜利。与这个词同义的还有“宁失一子，不失一先”“宁失子，不失先”等。

小卒过河顶车用

象棋里有兵、卒，我们都称为小卒和小兵，兵、卒一方有五个，下棋的人都知道，兵卒在开局的时候发挥不了什么大的作用，但是到了中局，尤其是到了残局以后，小卒的威力就显露出来了，甚至决定棋局的胜负。所以高手对弈，胜负常常都在一兵一卒之间，车炮兵、车马兵可胜单车士相全，但是少一兵则是和棋，所以知道兵的作用，才能下好棋。

我问过一些朋友在棋盘上愿意当什么，有的人说愿意当车，车可以横冲直撞；有人说愿意当炮，可以打子；有人说愿意当马，威风八面；选择当卒的很少。在我们现实生活中也是这样，有的朋友在单位里面愿意当领导，而不愿意当办事员。还有一些刚刚毕业的大学生工作能力、经验还不够，但找工作往往盯着大公司、高职位、高待遇，不愿意从普通的岗位干起，这就是高不成低不就。

我们要有甘当小卒的心境和准备，要在平凡的岗位上当好普通一兵。要学习小卒默默无闻，低调处事的态度，甘于“无名”，甘当“幕后英雄”，在“无名”中有作为，在坚守中成功。要像小卒那样，一步一步往前进，踏踏实实，关键时刻，敢于挡车道、蹩马腿、拦炮路、堵相眼，不怕牺牲，甘于奉献。

小卒过河顶车用，强调的是要“过河”，棋盘中一个没过河的小卒，它的作用是有限的，只有过了河的卒，它的威力才能增强。说甘当小卒，不是叫我们碌碌无为，什么也不要去干。而是要多学本领、成长成才，有过河成车的志向。

拿破仑有一句名言叫“不想当将军的士兵不是好士兵”，这句话鼓舞了很多人，想不想当将军强调了志向，强调了梦想，强调了目标的重要性，但是不能倒过来讲，说只有当了将军的士兵才是好士兵，能不能当上将军并不是衡量一个士兵好坏的标准，如果当不好士兵，肯定当不了将军。

小卒过河难，一个人在成长过程中会遇到各种各样的困难，遇到困难时，要无所畏惧，勇往直前。越是在困难、在挑战面前越是要坚强，要奋斗。每一个成功者都是通过一次又一次的突破困境和超越自我来实现的，我们只有在一步一步的前进中，不断掌握“过河”的本领，把平凡的工作干到完美和极致，才能由量的积累达到质的飞跃，从而实现自身的蜕变。

一着不慎，满盘皆输

它讲的是下棋的时候一步棋走得不当满盘皆输，这样的例子比比皆是。

在社会生活中，“一着不慎，满盘皆输”的例子也有很多，大到江山易位，小到个人沉浮。比如说大家熟悉的楚汉相争，当时鸿门宴项羽要趁机杀掉刘邦，但是他错过了这个机会，所以这是一个“软招”，由此，项羽“痛失好局”。

商场如战场，很多国际知名企业往往因为一次关键性的抉择导致兴衰更替。21 世纪初期，诺基亚是最好的手机，因为没有选择 Android 系统，没有认识到这个时代在发展，导致做了错误的判断，最后失败了。

我们的人生也是如此，做人往往也是一失足成千古恨，再回头已经是百年身。漫漫人生路，关键的时候如果一步走错就会步步被动，想回头都不太可能。

当然，“一着不慎，满盘皆输”说的是整体与局部的关系，“一着”是局部，“一着”可以影响全局。所以在人生道路上，要考虑全局，把握好走的每一步。

当局者迷，旁观者清

这句话出自《宋书·王微传》，宋朝词人辛弃疾《恋绣衾·无题》中也有“我自是笑别人的，却原来当局者迷”，几百年来，这个话成为经典名句。当局者是指下棋的人，旁观者是指看下棋的人。在象棋比赛中，当局者迷的例子有很多，有的棋明明几步就可以杀死对方，但是下棋人始终游离在边缘。有的棋对方明明已经兵临城下，己方危机四伏，下棋人却看不到，旁边看棋的人很着急。在社会生活中，这样的情况很多，大到国家的政治、经济，小到个人前途、爱情

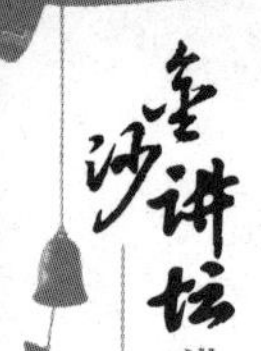

取舍。

春秋时期，吴越争霸，夫差战胜了越国，俘虏了勾践。勾践卧薪尝胆，买通吴国大臣，排挤吴臣伍子胥，以获得夫差的信任。这里的当局者夫差是“迷”，旁观者伍子胥是“清”，勾践这样做有他的目的，但是夫差却看不清楚。

《三国演义》里有一句话叫“司马昭之心路人皆知”，路人就是旁观者，谁都知道司马昭要篡位，但是当局者魏王认为这不可能。另外，当局者迷，乃是指涉事者执着于局部的胜负得失；旁观者清，则是指置身事外的人，跳出了个人的利益。

文学家、艺术家是人类的精英，但他们在创作时往往受自身所处时代、地域和学术水平的限制，创作上也会出现迷失方向和难以突破的现象。为此，必须有艺术评论者，他们置身其外，能以超脱的心态、历史与宏观的视角、专业与挑剔的眼光来加以审视。所以富有思想性与客观性的评论常常是艺术家所重视的，这也是“当局者”与“旁观者”的关系。

千古无同局

有的人认为千古无同局说的是围棋，其实象棋也是这样。一盘棋，只有 32 枚棋子，但走动以后，变化多端。上百年来，有史料记载的棋局都不一样。有人说象棋越下子越少，变化也就越少。其实即使是残局，也会变幻莫测。比如车马对车双象，虽然只有区区几枚棋子，是胜是和却成了百年悬案。比如，“七星聚会”“蚯蚓降龙”“野马操田”“千里独行”四大残棋名谱，特级大师张强专门写了一本书，讲述其中的变化莫测和破解之道。

千古无同局给我们的人生启示有很多，主要有以下三点。

第一，要自信。千古无同局展示的是棋局的五彩缤纷，彰显的是人的与众不同。有了与众不同的人，才能有与众不同的棋。西方有位哲人专门讲过：“我的确与众不同，因为上帝是用模子造人的，上帝创造了我，然后把模子打破。”所以每个人都不一样。自然界没有两片相同的树叶，全球几十亿人，光从容貌和相貌来看，没有人是相同的。人的思维，人的情感，人的才艺都是不一样的。所以世界上只有一个你，要自信。

自信是黄金，人生自信，相信自己与众不同，也是给自己树立了一个“天生我材必有用”这样的自信。学会减弱趋同意识，不会人云亦云，随波逐流，才能更好地建设自我、展示自我，也少一点盲从、盲目，多一些突破、创新、创意。当然，自信也不是盲目地自信，也不是自命不凡。

第二，要创新。千古无同局靠的就是创新。几百年的马炮争雄，本来当头炮是很厉害的，大家都用当头炮，屏风马是下一步棋。后来屏风马就研究怎么对付当头炮，就创造了屏风马的一套走法。这套走法出来之后当头炮受到了一些限制，当头炮也来研究我怎么来制止它。就这样不断创新，不断提高，才有了棋艺的大进步、大发展。

第三，要宽容。我从“千古无同局”里想到，平时为人处世要宽容，要和而不同。既然千古无同局，那么每个人都有自己的特点。每个人对事物的观点是不一样的，所以不要用自己的标准去要求别人，老想用自己的标准去要求别人是不行的，也不要因为别人不同意自己的观点而耿耿于怀。相互之间要求同存异，互相尊重。我们讲“己所不欲，勿施于人”是一种美德，你自己不想要的不要给别人，这是一种品德。还有一句话叫己所有欲也不要施于人，你喜欢的东西不一定别人也喜欢，因为你喜欢的别人不一定喜欢。

当然，我们讲与众不同，不是叫你刻意追求另类，更不能把与众不同等同于我行我素。千古无同局讲的是棋局，但下棋的规则是相同的，如果不按象棋规则下象棋，这个棋就没办法下了，就乱套了。

谢谢大家！

智能时代的围棋发展思路

◎林建超

林建超，生于1952年，原中国人民解放军总参谋部办公厅主任、中国围棋协会主席。林建超是中国围棋文化的领军人物，中国围棋事业长期的参与者、支持者、组织者。2013年起主撰、主编《围棋与国家》系列丛书，共10部360万字，为当代中国围棋文化理论奠基之作。林建超曾在清华大学、上海建桥学院、澳门青年创业谷等地开展主题讲座，对围棋文化有着非常深厚和独到的见解。

这次我到成都来主要是参加由成都棋院和四川航空公司联合举办的第17届西南棋王杯围棋比赛，这次比赛到了9位围棋世界冠军，参赛的其他棋手都是国内外知名的棋手。比赛很激烈，也很友好，引起了四川各地，乃至全国范围内围棋爱好者的极大兴趣。在比赛的过程中，成都市体育局和成都市委宣传部、社会科学院安排我利用这个机会给大家做一次围棋的文化讲座。

围棋有4300多年的历史，现在又在全世界范围内蓬勃发展，有将近80个国家的人在下围棋。中国的围棋爱好者达到了四千万人。我认为，不管处在哪个年龄层，不管处在哪个水平阶段上的围棋爱好者，在当前都有一个共同关注的话题，那就是智能围棋。

近两年，智能围棋发展受到了大家的极大关注，在AlphaGo（阿尔法围棋）与李世石的大战中，在AlphaGo-Master与柯洁的大战中，世界范围内关注的人有3.2亿。人们关注这些事情，当然就要把它搞清楚，我利用今天的机会给大家讲一讲智能围棋时代的文化解读。讲一下这方面的现实情况、它的发展、它和人类围棋的关系以及它的跨领域的延伸。

智能时代围棋智慧形态的巨大变革

对于AlphaGo，大家已经不生疏了，它作为一种机器围棋程序，大致上经历了三个发展阶段。

第一个阶段叫深度学习，代表作品就是从 AlphaGo 樊（樊就是樊麾）到 AlphaGo 李（李就是李世石），这个阶段从 2015 年 10 月到 2016 年 3 月。由于谷歌旗下的团队成功发明了深度学习这样一个神经网络系统，再加上原来就有的蒙特卡罗树搜索系统，形成了智能围棋之前从来没有达到过的高度。在 2015 的 10 月，AlphaGo 樊第一次战胜了人类职业棋手即欧洲的职业冠军樊麾。到了 2016 年的 1 月在科学杂志上发表了谷歌团队的科学论文，正式向世界宣布 AlphaGo 诞生，之后一个月内和李世石展开了人机大战的决赛，大家还记忆犹新，形成了人类职业围棋的巨大的挑战，战胜了职业围棋的高手。

第二个阶段叫左右互搏，产生超越人类的能力，这就是 AlphaGo－Master，也就是我们所谓的大师。大师在 AlphaGo 的基础上有了一个质的飞跃，它于 2016 年年底到 2017 年年初挑战了 60 位全世界最顶尖的围棋高手，中国、日本、韩国以及其他地区的围棋职业 60 位高手都和大师 AlphaGo－Master 直接进行对弈，AlphaGo 形成了 60∶0 的压倒性优势，所以 AlphaGo－Master 出现以后，我们就已经说它产生了超越人类的能力，这个时候已经呈碾压之势。这个阶段最著名的事件就是在乌镇举行的世界最著名的围棋手柯洁和 AlphaGo－Master 的对战，这一场比赛结果震惊了全中国和全世界的围棋人。特别是在第二盘，柯洁和这个程序展开了生死肉搏，但是还是差了一点，最后，柯洁泪洒现场。后来，很多围棋爱好者看到这个情景以后都非常心疼，所以在去年，柯洁的影响力剧增，去年 11 月，在国家发布的运动员影响力排名榜上，柯洁超越了几乎所有的奥运项目的运动员，只比孙扬落后一点点，排位第二。在今年初中央电视台举行的体坛风云人物评选当中，柯洁成为第一名，这就是这场大战产生的深刻社会影响力。

第三个阶段就是给定前提下无师自通，正当大家都以为 AlphaGo 就此消停的时候，又出现了一个新的程序，叫作 AlphaGo－0，也就是 AlphaGo－Zero。这是什么意思？它可以从 0 开始。AlphaGo－Zero 的特征是什么？就是不给它输入任何人类棋谱，只给定三个东西：第一是给定规则；第二是给定算法；第三是给予特殊路径的提示，就是根据人类围棋的经验，给予它在发展过程当中走错路的提示，让它减少失误。AlphaGo－Zero 经过三天上千万盘棋的自我训练和学习，就无师自通了。就是根据规则和算法，AlphaGo－Zero 从 0 开始成为一个高段位的机器棋手。几天之后，他和战胜了李世石的 AlphaGo 李进行了一场测试比赛，结果是 100∶0，它又和 AlphaGo－Master 进行了一局比赛，结果是 89∶11。也就是说，仅仅经过了几天的自我学习，AlphaGo－Zero 在没有接受人类棋谱训练的前提下，成为当今世界最强大的围棋能手。

但是一定要注意，这是给定前提的。前天我来成都，在飞机上看到一份报

纸，这个报纸是介绍人工智能的发展，很多观点都是对的，其中有一个是不对的。例如，它讲现在的人工智能是弱人工智能，不是强人工智能。弱人工智能和强人工智能的区别就在于它的通用性，这些都是对的，但是下面它举例子举错了。它说比如 AlphaGo 能够下围棋，却不会下象棋，也不会下国际象棋，这就是说明它是弱人工智能，因为它不具备通用性。这就错了，AlphaGo－Zero 不仅能够无师自通地学习围棋，也无师自通地学会了象棋和国际象棋，而且立刻就成为这个领域中最强的国际能手，也就是说博弈这种智力游戏具有相关棋类的相通性，它可以在这三个领域能同时无师自通。这一点引起了人们的关注和思考。

当前，在世界范围内，自从 AlphaGo 把深度学习和蒙特卡罗树搜索技术结合起来形成了新的机器博弈的思路之后，人工智能的围棋软件的发展如火如荼，目前一共有 16 个主要的 AI（人工智能）程序。其中美国有两个，日本有四个，法国的疯狂石头退出智能围棋研究之后，最近又宣布复出，而且在世界智能围棋的平台博弈中曾经获得第一名。第一名是绝艺，然后有天壤等。这 16 个程序集中了目前世界智能围棋的最高水平，也给围棋爱好者留下了深刻的印象，将来会在各种智能比赛当中看到它们的身影。

根据对以上发展的纵向分析和现在围棋 AI 分布的横向分析，我们可以得出三个结论。

第一，智能围棋是建立于人脑不同的计算能力基础上的机器程序。在竞技水平上与人类是不同量级。即人类棋手的计算能力能够准确地预料它的发展的大概最高水平不到 30 步棋，而智能围棋建立的基础是什么？以中国公开的世界计算机大赛，每秒钟计算速度是 10 亿亿次，也就是说智能围棋是建立在这个基础上的，实际上每秒钟计算几百万次就足够对目前的人类围棋计算能力形成碾压。所以由于计算能量基础不同，因此不属于一个量级。

第二个结论，智能围棋已经形成了新的技术体系，而这个体系本质上还是人类围棋思维的延伸与发展。现在 AlphaGo－Zero 达到了这个水平，但仍然要给定三个前提，而且仍然是所有人类智能围棋的发展结果。

第三个结论，智能围棋是围棋智慧最新的承载和实现形式，人机融合的智慧形态。围棋已有 4000 多年的发展历史，围棋承载的人类智慧可以说难以表述、博大精深。

智能围棋和人类围棋的关系

智能时代人类围棋的主体和本质是什么？在智能时代，我们对人类围棋的本质主体需要做出正确的认知和定位，不然我们就会在思想上陷入混乱，而且我们现在就无法解释为什么在人工智能围棋发展这么迅速的情况下，围棋的热潮方兴未艾，而且有越来越多的爱好者特别是小朋友踊跃地进入了围棋学习的领域。

首先，人类围棋的本质仍然是人与人之间头脑思维对抗的智力博弈活动，这是一个最基本的结论。我们把人类围棋叫作手谈，即人与人交流的形式。这种交流形式突破了语言的限制，直抵人的思维和意识本身，这是围棋的本质特征。人与机器之间，人能够把机器下的棋转化为人的思维来理解，可是机器却不能把人落子的思维过程解读出来。机器把人类落子作为一种外部数据输入，通过运算之后给出相应的输出。所以人与机器对弈的过程不存在思维交流的意涵，而是纯粹的技术较量和练习。所以智能围棋没有改变围棋的本质和主体，围棋实践的主体能力是人，围棋实践的本质仍然是人与人的思维博弈活动。大家最关心的是人类如何向智能围棋学习。人类发明了智能围棋，但是现在由于智能围棋博弈能力的超高速发展，人类反而要向智能围棋学习，这个过程我们可以概括成四个阶段，叫模仿、借鉴、回归、升华。即最初的模仿强者是人类本能，借鉴是升华的一步，但一定要回归到人类博弈思维，就是你和人的计算能力要相符合，最后在这个基础上可以升华，向新的高度发展。

我们今天讲座的核心就是，智能围棋的出现丰富了人类的围棋活动，经过2016年、2017年与智能围棋的多次对抗探讨，竞技意义上人机对抗已不再是职业围棋发展的主流，这是中国围棋协会和国家围棋协会得出的一个比较正式的结论，但是智能围棋在训练、教育、科研、娱乐等方面的介入将成为新的发展趋势和潮流。智能围棋和人类合作服务于人类有五个实用体系。第一是智慧体系，第二是裁判体系，第三是数据体系，第四是传播体系，第五是教育体系。

同时，有人跟我探讨，智能围棋的水平这么高，将来怎么跟人类合作？我举一个例子，现在我们已经有一些数据和智能公司开发出了商业产品——智能围棋教学训练系统，它可以从职业一段到职业九段，从业余初段到业余五段或者更高，能根据人的需求来自动选择阶段和程序，也就是说它作为智能工具完全可以满足任何水平阶段、任何年龄阶段围棋爱好者的直接需求。甚至最近国家队在研究训练方法改革的时候，已经向我提了他们的想法。就是要允许我们的职业棋手通过运用高水平的AI对自己下过的棋进行反复研讨，从而进行指导和训练，这

种方法就非常好，不是简单的对抗，而是深度的研究和训练。

我们可以形象地把智能围棋在人类围棋领域当中比作10个角色。第一，可敬的对手，你下不过它，你当然要尊敬它；第二，无私的教练，你给它电就可以；第三，忠诚的陪练；第四，公正的裁判；第五，并肩的学者；第六，不倦的教师；第七，铁面的考官；第八，呆萌的玩伴；第九，掌上的翻译；第十，不竭的智库。它可以输入大量的数据和研究成果。所以我们说智能围棋将真正成为人类最好的朋友，使人类的围棋活动更加丰富多彩，更加有趣。

再有，从围棋文化来说，现在有一种结论，说智能围棋时代竞技达到了最高水平，只好向文化转化，但智能围棋进入不了文化。这个说法不正确。文化与竞技的双重魅力更吸引人的地方在哪里？是人们会从科学、技术、哲学、人文各个方面对智能围棋进行开发研究。在这方面，直接出现的一个概念实际上是人类智慧发展史上一个非常重要的关系，叫作数理和道理。围棋讲数理，同时讲道理，我们讲围棋之道，就是数理和道理在揭示围棋本质上是结合在一起的。

人工智能围棋的跨领域延伸

智能围棋能够进一步对人类生活的很多领域产生影响。一个是智能驾驶，还有医疗，如智能诊疗，现在还有一个领域是大家更关心的，就是战略层次。今天利用这个机会我给大家讲一点有关国防和军事方面的智能运用，就是从围棋脑到指挥脑的跃升。

埃里克·史密特，是AlphaGo的大老板，谷歌的投资商，而发明AlphaGo的这个团队是谷歌旗下的一个公司。乌镇人机大战的时候埃里克·史密特来了，我们俩见了面，我当时说："埃里克·史密特先生，我们是同行。"他不理解。我说："你是美国国务院数字创新委员会的主席，所以AlphaGo不是单纯拿来玩的玩具游戏，它处于美国的战略背景下，背后仍然有战略意义。"

哈萨比斯直接创造了AlphaGo。他是英国人，但现在归属于美国谷歌公司。他曾经是国际象棋的高端棋手，现在又把智能围棋研究到这个水平，可见非常聪明。他在乌镇做了一个学术报告，晚宴的时候主办单位把我们俩的座位安排在一起。他说的一句话我非常赞成，即其他棋类程序讲战术，AlphaGo讲战略。

我想讲一下指挥脑发展的必然性。所谓指挥脑指的是智能化战争概念，指智能化用于军事指挥决策领域，以深度学习神经网络和数据搜索技术为重要支撑，具有重要感知判断决策能力的人工智能计算机系统，是指挥决策中人机协作的实现方式，确保指挥决策及时、高效、正确的重要工具和手段。有智能爱好者问我：智能围棋这么厉害，是不是预示着人类快灭亡了？我说还没有这么严重，智能围棋虽然厉害，但是还远远达不到军事战争和最高层次的国家命运决策的高度和水平。

我们看一下，围棋脑和指挥脑有哪些不同。

第一，完全信息博弈与非完全信息博弈。围棋是完全信息博弈，围棋是没有阴谋的，所有的智慧和计谋都表现在棋盘上。军事则非如此，军事是非完全信息博弈，它有战争迷雾，对方不仅不给你信息，而且还会传送假信息。麻将和桥牌就是非完全信息博弈。在军事上要通过侦察来获得对方没有公开的信息，是非完全信息博弈。

第二，单一目标与综合目标博弈。围棋只有一个目标，地多为胜，我站的交叉点多就赢了，361 个交叉点，我占到了多数交叉点就赢了。但是军事和战争不一样，军事和战争是综合博弈，军事和战争的对抗，特别是战争的对抗，是国家综合实力的对抗。

第三，明确规则与不明确规则博弈。围棋的规则非常明确，而且谁都不能违反，绝大多数对局不需要裁判。但是战争基本上没有规则。大家喜欢看《亮剑》，《亮剑》最典型的一句话是说李云龙不按常理出牌，就是不受规则的约束，所以他打仗打得灵活。

第四，单一要素和多种要素博弈。围棋黑白两色，战争和军事则有多种要素。

第五，封闭空间与开放空间博弈。围棋是盘系，就是在固定的盘面上进行博弈，不能出这个框，战场是无边界的。

第六，平面战场和立体战场博弈。围棋是在棋盘上进行，战争已经发展到太空去了，要到深海去了，战场的立体空间截然不同。

第七，固定局面与非固定局面博弈。下围棋时，大家可以好好思考下一步怎么走，也就是说局面可以相对固定。战争不行，无时无刻不在动，你在睡觉可能对方已经完成了对你的包围，所以非固定局面博弈的特点在战争中表现得非常突出。

第八，单级决策与多级决策博弈。围棋只有一个指挥员、一个参谋、一个战斗员，这三个身份集中在棋手一个人身上。战争则不行，每一级人员都有自己的决策和职责。

第九，充分样本与稀缺样本博弈。围棋有棋谱，智能围棋实际上是在人类棋谱凝聚智慧的基础上向前走。平时我们学棋要经常看棋谱，棋谱叫充分样本，可以随时获得；战争时甚至战争结束了几十年后你也拿不到对方的作战方案，它是保密的，所以叫作稀缺样本。

第十，智力游戏与国家命运博弈。围棋说到底是一个智力游戏，而战争“兵者，国之大事，死生之地，存亡之道，不可不察也”，这是《孙子兵法》的第一句。

所以二者之间有联系，也有差别，不能等同起来，只是说我们可以让 AI 技术跨领域作用于人类的战争决策、指挥方式的优化和改变。

目前指挥脑的发展总体上处在辅助式、嵌入式的弱人工智能状态。它要向自主式的强人工智能过渡，需要以数据样本为基础，以深度学习为主脉，以超级计算为支撑，以实用项目为抓手，以辅助决策为重点，向混合式战场感知发展。新的战争决策模式通过五种方式来实现。第一，脑支持，支持人脑，完成指挥自动化业务处理，提供辅助决策的信息服务支持；第二，脑增强，提供特定的智能工具，增强人脑解决具体问题的能力；第三，脑延伸，就是拓展感知和认知能力，使人对环境和态势掌握达到前所未有的广度、精度和速度；第四，脑融合，就是产生较高级的人类智慧，与人脑智慧有机融合，实施决策；第五，脑替代，就是在特定领域和一定程度上对人脑智慧进行替代，自主完成具体决策的行动。这五个都是指挥脑未来的发展趋势。

未来的样式有什么？有智能参谋的辅助，就是不光有人工参谋，还可能出现智能参谋；有任务的自主规划；有智能蓝军模拟，就是作战对手训练的时候为智能蓝军；人机协同决策；自主响应决策，特别是像现在的网络雷达；最后是集群自主智慧。

总的看，决策指挥主体呈现出什么？就是机进人强，人决机辅，人机融合的趋势。机器的认知地位凸显，对强化战争态势进行理解，从而形成决策优势和行动优势，影响也更加突出，战争的决策模式和决策能力将发生根本性跃变，效率显著提高，周期显著缩短，决策优势不是单纯的平台优势和兵力优势。

希望大家通过今天的讲座更加热爱围棋，更加关注智能围棋，为围棋的发展，为国家科研水平的发展积极做出自己的贡献，谢谢大家！

聆听竹音

◎张维良

张维良，笛箫演奏家，中国音乐家协会会员，中国音乐学院国乐系教授、博士生导师，中国音乐学院国乐系主任，北京音乐家协会副主席，中国民族管弦乐协会竹笛专业委员会会长，华夏室内乐团团长，中国音协管乐研究会副会长，南京东南大学名誉教授。撰写出版专著和教材 6 部，发表创作、编配的作品 106 部。

大家好，非常高兴大家能够来听我的讲座，我很荣幸。我今天分享的讲题是，作为一名老师，我是怎样形成自己的人生追求和格局的。

我生长在 20 世纪 50 年代，经历了中华人民共和国社会主义的全面建设时期、改革开放时期，我们赶上了恢复高考，有机会去读大学，从而更好地去理解时代的变化。

我 1971 年参加工作，到今年整整四十七个年头了，1977 年我考大学时，当时笛子考试全国共有六个考点，包括成都、广州、沈阳、哈尔滨、北京、上海。我在上海参加考试，当时生活十分艰难，学习条件也比较艰苦，例如我到杭州去学艺，要坐 12 个小时的船，上课时，耳朵要竖起来听，因为什么辅助设备都没有。今天有了小录音机，有了 mp3，有了手机等，人们就形成了一种依赖，调动自己头脑的积极因素、积极思考、独立思维的能力也大幅度衰退、衰减。我们的社会进步了、发展了，但你可能永远在依赖和依托一些辅助手段，就谈不上完成任务。

学习中的要素

格局和责任在学习中是很重要的，现在有些学生在学习时就没有责任：老师问他谁让你这样的，他说是妈妈说的；在其他场合别人问他，他就说是老师说的。他自己怎么认为呢？他没有主意。我们学音乐，

必须自己用心听，这个音准了吗？这个音乐好听吗？这一个环节，我们的学生很少有人做到，你让学生练三十分钟，他机械性地练完了，根本就没有去思考这三十分钟的效果是什么？

另外一个，就是要在实践中成长。现在招生规模越来越大，我们更要考虑教学资源、师资力量等问题：学表演专业的，没有实践不行；做生物工程的，没有实验室怎么学。我当时的同班同学，像郭文景、谭盾、陈其钢、陈怡等，现在在世界上非常有影响力，他们都是在团里工作六七年或七八年，完全是在实践中成长并完善起来的。现在学校的规模大了，教学资源的提供却成为一个难题。

同时，教师要在教学中思考教学的环节是怎样的？内容的科学性在哪里？技术与艺术的互鉴怎样？新中国成立 69 年了，我们在音乐、文化、艺术教育上还需要进一步走出去。例如，我们刚刚在法国巡回演出 30 多天，绝大部分外国人不知道两根弦的二胡是什么乐器，中国的竹笛也不知道，中国百分之九十五的民乐乐器他们根本就不知道。所以，我们的民族属性、民族音乐是什么，他们就更不知道。中国深厚的音乐、悠久的文化真的需要我们努力走出去，这是我们现在必须要思考的。

伦敦爱乐是世界十大交响乐团排最前面的，它的音乐总监大卫·波蒂说，他听了一辈子中国音乐但还是听不懂。后来正好有机会，我和伦敦爱乐团合作，大卫·波蒂说张教授的作品我听懂了。我们将来可能会签署一个协议，就是保持长久的战略合作伙伴关系。要让外国人懂我们其实很简单，就是作品必须符合国际音乐规则，正如我们对外国人讲成都和四川文化及特征，必须用英文讲他才听得懂。有人说民乐是尖、杂、吵、闹，这是没有道理的，我们必须用技术或者科学思维将我们的元素注入音乐作品。中国是礼乐之邦，礼在哪里？乐在哪里？整个音乐被挤到了墙角，民乐被挤到了缝里。古人讲，礼乐，你不去高度重视它，用它来教化人们，就会礼崩乐坏。所以，我们要遵循规则。同时，艺术来源于生活，文艺没有生活感受，没有内心深处的一些感染，就是一杯白开水，怎么能够有所表达呢？

探寻竹笛艺术的真谛

竹笛的出土文物距今已有 7500～8000 年，古时多少文人雅士用竹笛来表达中华儿女的情感世界，将自己的情怀用乐器、用音乐、用生命来描述。全世界没有一个国家没有笛子，但各自的音阶排列不一样，其材料、材质也不一样，有的用金属，有的用木头，有的用竹子，中国古代还有玉笛。我们要捕捉传统文化的根基，又要表达当代人的思想，如果没有一定的文化底蕴和基础，你准备了再多的物质条件也出不了好作品。我们的艺术，我们的人文社会，我们的根基是什么？现在很多人根本就没有搞清楚，文化艺术中深厚的东西严重匮乏。我则从笛子的角度，从人文的角度去思考我们的社会怎么进步。

我 1977 年考入中央音乐学院，1981 年毕业去了中国音乐学院鼓乐系工作。周恩来总理在 1964 年说，我们要给中国音乐独立办一所高等学府，不能和其他的混在一起，于是当年就成立了中国音乐学院。中央音乐学院民乐系的老师全部到中国音乐学院去上课，全国各地调专家、教授去这所学校支持教学。“文化大革命”时它与中央五七艺术大学合并了，后来又得以恢复。当时是李西安教授当院长，现在世界上一些有名的作曲家都是李西安教授培养的，他极力推崇年轻人，我的成长也离不开他，老师他教我各个方面的知识，真是一日为师，终身为父，不能忘记的。我认为，培养未来的音乐家，就应该培养他们的吃苦精神，另外要有理论支持、对艺术的理解，还有知识。我在杭州的老师就说，搞音乐的，要懂得十三门学科，文、史、哲、理、力学、生物学、气象学等。为什么要学气象学呢？在温度 25 度的情况下，笛子有四十二标准音，如果到了 35 度，声高就少了，音根本就不准了，没有这些基本知识是不行的。有一本书叫《竹笛艺术研究》，第一章讲的是竹笛与哲学、竹笛与美学、竹笛与史学等，这本书我建议大家去看看。

没有基本知识，人再聪明，只能情绪化，这是不稳定的。只是感性的，没有理性的控制，人如果有了理性的方法控制，再有一个感性的绽放，那么创造性就上来了。所以，理论知识一定要过硬，什么都要看，历史的、近现代的，还有就是人物传记。我们是历史这么悠久的一个民族、一个国家，如果对自己的文化都说不清楚，也没有付出心血研究是不行的，我们要围绕自己的学科学习，然后再走出这个学科，逐渐走向边缘，把新的学科融进来。

教师在教学中要重视审美，视角应是历史与现实的结合，要有广阔的视角、开放的心态，去看世界，拓宽学科的外延，并深化自身的人文内涵。尽管这种探究目前还是提纲挈领式的，在探索中前行、在特色中前行，但是我认为开创性的思维方式，确实是将那种原来封闭的民间技艺提升到具有科学观念的一个国际视野的现代学科的必由之路。所以，民族不等于狭隘，国际不等于空大无边，个性不等于自由。自由要通过学习、完善来形成。传统不等于保守，现代不等于无序，它的复杂性远超过古典的、传统的音乐。法国前总统密特朗讲过一句话：“我很不喜欢听现代音乐，我就喜欢听古典音乐。但是法国在世界上顶天立地、最有名的就是现代音乐，因为我是总统，我对现代音乐的支持力度，要超过任何以往的总统。”这就叫胸怀，这就叫格局。所以我们要具有国际视野，拓宽自我

的视角，重新审视自身的学科。我有两句话概括我的人生定位：人生的乐趣是在不尽的追求过程中，而不是得到。我们要敢于去探索与延续，加强想象力，去创造它。

技术为艺术服务，它不是终极，它是一种手段。我们在六孔笛上演奏半音，也需要去训练，咱们川音的十孔笛非常好，但是有的时候可能不需要用十孔笛，有的时候六孔笛里头有一个助音和一个半音，每一次到那个半音，每一次都不一样，没有技术的支撑，就完成不了这个风格、这个味道。艺术促进技术多元发展，比如说《三笑》《仓》这些作品里，有复杂而多元的因素，这些笛子曲都是作曲家写的。改革开放以前，作曲家写民乐曲子的很少，一是他不了解，还有就是看不起，他要写西洋音乐。很多笛子曲都是演奏人自己编编改改。但是从1977届大学生谭盾写了《足迹》开始，其他作曲家应运而生。今天我们必须具备技术与艺术，要在这两者之间架起一座桥梁，需要从新的高度去认识才可以。原来我们认为民乐是什么呢？就是社区或者是雅集的一种休闲，它不作为传艺人的思想的功能。笛子独奏是1949年以后的事，我在中央音乐学院的老师冯子存的《喜相逢》使笛子变成了独奏。唐诗宋词里形容笛基本都是怨的，月光下看着远方，亲人诉说着思念，而冯子存先生的一曲《喜相逢》使怨笛成了喜笛。

现在有了音乐厅，笛子也到了舞台上，使得训练、音色、音量、手段等都要变，老师的教学也必须变化。我们要有一种新的高度，面向今天的时代去认可竹笛。

怎样寻求民乐的良性发展方式

第一，民乐的职能、功能变了，观众的要求也变了，从事民乐训练的老师的教学就必须变。当代笛乐的创始人冯子存、赵松廷等，用各种民间流派的风格和技巧训练来作为今天构建笛箫艺术大厦的根基，使它们成为一个历史性及发展的基石。在现代和传统两者之间构建一个巨大的张力场，形成一片可以自由成长的天地，这也是我多年来发展笛乐主要研究的方向。我们的乐器是很好的，我们的人文思维中有传统的因素，但不需要我们用古汉语及唐诗、宋词来交流情怀，我们是要构建一个巨大的张力场，在其中学习传统的东西。对我们这一代人来说，比如我，苏州昆曲随便唱，上海沪剧也会唱，无锡的锡剧也会唱，因为民族传统音乐的课程像戏剧、曲艺、民歌等我们都必须学。掌握了这些，传统的根基就不同了。

第二，要寻求竹笛艺术的真谛。比如创作一个笛子曲目，需要学习传统，再创新传统。电子音乐的问世，为我们带来的东西绝不停留在数码这个概念上，实际上它用的是一种高清晰度的新思维和观念。1995 年，我出版《效应》时，我自己做电子音乐，自己配器，自己去录音，全都自己完成，当时发行了四五十万张。我迄今为止出了将近 30 来张不重复的唱片，这些就是思维。因为之前我已经去过上海，去过法国巴黎，向别人学电子音乐，探询他们为什么有这种想象力，我一有空就跑过去学。法国大音乐家说，21 世纪学音乐或者作曲，如果没有电子音乐的依托，那么我们已经走到漩涡了，不可能再有创新了。这句话我一直记住，已经 20 年了，果然是这样。当代的一些成功作品，古典的浪漫时代不可能做到，因为没有技术思维创作，电子音乐激发了交响乐创作的创新，应运而生的新作品又上来了。

在探寻竹笛的真谛时，我们的观念与技术要同步，有了新的观念，技术水准要紧跟上，也可以做一些古曲的创新乐曲。例如，在唐诗宋词中找到自己的生活经历并从中获取灵感；看到一首诗要有共鸣，然后以其展示音乐的意境；借用中外一些创新技法等元素和先进理念来丰富音乐的表现手段。这就是为什么在人类历史发展中，音乐无形无象，却越来越被人们所重视。我们试图用自身演奏的乐器来体会的话，就要在作品中将古老的乐器的特性发挥到极致，再与国际接轨，就是将最传统的乐器与最现代的乐曲结合，迸发出火花；就是要互相借鉴和契合，从中发掘出我们的根，中华民族的根，让作品更具文化象征。

第三，中国笛子跟外国笛子为什么不一样呢？我们有笛膜，我们的笛子是竹子做的，它可以吹出明亮的音色，这是一个特征。同时，我们是中国人，我们的血脉和根在中国，不是说穿一件漂亮的西服外套就接近外国人了。文化是在血液里伴随着我们的，传统不等于保守，保持传统很难，走出传统更难，我们要借鉴。

综上所述，我追求的是民乐内在的现代意识，而不是表象；追求民乐内在的现代艺术，反对单纯外在形式的发力遵循。

浅谈美术素养的培养

◎毛晨程

毛晨程，四川创新大学生文学艺术中心主任、国务院指导中国熊猫国际文化周“特等奖”指导教师、中国少儿美术教育特殊贡献奖教师、文化部艺术发展中心考级考官、文化部艺术发展中心注册教师、四川省美术家协会漫画艺委会成员、四川大学教育基金会设计主任、中国少年书画家协会专家评委、四川马良神笔教育总校长。

什么是美术？凡是创作占有一定平面或空间，且具有可视性的艺术，就叫美术，它包含绘画、雕塑、设计、建筑、书法、摄影等。什么是美术教育？很多家长和老师认为美术教育就是教会学生怎么样画画，这没有错。但是现在音乐、美术、教育已经融入人们的日常生活当中，所以我们对美术教育的定义可以再深化一下。

什么是美术素养

作为学校或者培训机构的美术老师应该具备哪些能力呢？首先他必须要有美术的专业素养，其次他必须会教。现在很多培训机构里面，有多少美术老师具备专业的美术素养呢，这个问题值得我们去思考。通过对 1000 多位家长和老师进行的调查得知，他们都认为提升美术方面技能，是让孩子通过学习获得美术特长，是让孩子通过学习来提高美术色彩能力和对美的欣赏能力。这些是对的，但不仅仅是这些因素。

首先我们来看三组词句：第一个工具性，第二个人文性与工具性，第三个视觉性，这是中国美术教育的定性。2011 年以前，我们把美术教育定性为工具性，就是技能性；2011 年，国家教育研究涉及人文性，就是把各个国家文化中人文的一些内容引进到我们的课程里，后来去掉了工具性，只强调人文性；2011 年以后，所有学校学习的科目只有美术是通过视觉传达的，所以视觉性就变成中国教育美术的定性。

这三组词句看起来很简单，但是真正让老师运用、家长理解、学生能够自主表达内心的想法和体现已有的知识架构是非常困难的。难在老师要懂心理学，要会引导，要会提问；难在家长要理解什么是现在的美术教育，什么是真正的美术。我们先做个对比：有的老师在课堂上直接给出一幅艺术作品，让学生临摹。有的老师上课时先让学生欣赏一幅艺术作品，然后介绍这位艺术家，让学生对这位艺术家有一定的了解后再创作。只可惜后一种上课方式比较少，由此可以看出我们当下教育里学生缺失得最多的是思考。这不是孩子的问题，而是老师的问题，我们太过于注重造型的表现能力了。

“K12”大家听过吗？“K”代表幼儿园，“12”代表12年级，指的是国外从幼儿园到高中三年级全部实行免费教育。中国实行的是九年义务教育，还没有发展到“K12”这个阶段，如果我们强行照搬“K12”的美术体系和课程体系就会出现问题。因为我们孩子们的思维发展和他们已有的观念还无法理解别国的文化。我们曾经举办过一次交流活动，给孩子们讲中国元素、成都的本土元素，结果成都本地的孩子很少去成都的博物馆，有些孩子连三星堆文化、宝墩文化都没有听说过。这是我们公共教育的缺失，也是我们家长对博物馆、美术馆了解的缺失。所以我们希望更多人走进这些场馆，慢慢地理解和感受我们的历史文化。我建议家长去之前做一下功课，不要走马观花。

北京大学、香港大学、四川大学共同研发了一个课程体系——“四维创想”课程体系。这个体系里有四个大的学科：美术学、设计学、表演学和心理学。

美术学，是教育的方向，是基础。

设计学涵盖的内容很多。无论是产品设计，还是室内环艺景观和雕塑，其逻辑关联、设计思路都存在差异化。这些差异化有些是宏大的，有些是细微的，所以我们要把设计学理念的很多逻辑性、关联性、跳跃性、视觉性挖掘出来，在我们的课程里面呈现出来。老师、家长在跟孩子进行绘画沟通时，可以用到这些东西。老师和家长可以表达自己的观点，但不要把自己的成人思维强加给孩子，这个非常重要。

表演学，属于其他综合方面，包含音乐、舞蹈、肢体语言和口语训练等。

心理学，老师在教学过程中会频繁使用。老师对不同年龄阶段孩子的沟通方式的选择，专业术语适合哪个年龄阶段的孩子等，都要涉及心理学的知识。比如，老师对三岁的孩子讲：宝贝，我们今天要学习画冷色调。孩子一定听不懂。如果老师这样跟这个孩子讲：宝贝，你能不能用让你感觉非常寒冷的颜色来画一幅画？这个孩子一定能听明白。三岁的孩子不需要认识冷暖色，老师只要降低语言的专业性，说出来的话能让孩子听懂就行。只有这样我们才能慢慢培养孩子的

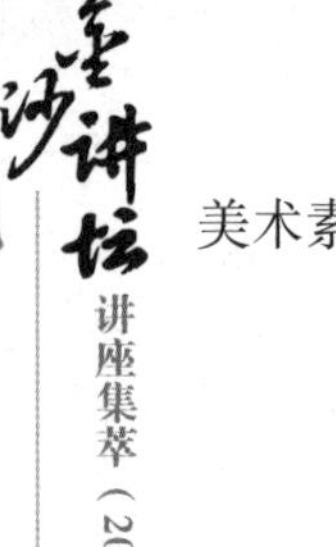

美术素养。

怎样培养孩子的美术素养

美国哈佛大学的霍华德·加德纳提出了“多元智能理论”，他在《心智的架构》（*Frames of Mind*，*Gardner*，1983）一书里认为，人类的智能至少可以分成七个范畴：语言智能、逻辑数学智能、空间智能、肢体运作智能、音乐智能、人际智能、内省智能。其中的语言智能和逻辑数学智能是我们学校教育和家长认知中最为重要的两种智能，拥有这七项智能能够让我们的孩子更加健康。举一个例子，让孩子们写一篇与音乐、舞蹈或美术有关的文章，如果孩子们恰恰通音律、会舞蹈、知美术，自然就会从各自知晓的角度去思考如何写作，他们的思维是开放的。

每个孩子的智能发展水平与他从小生活的环境紧密相连，家庭的影响至关重要。家长在孩子的成长过程中要理性分析孩子哪一项智能比较超前，将来更适合从事什么样的职业，并进行有意识的培养。我们现在很多学生在填报大学志愿选择专业的时候，往往是家长包办代替，并没有考虑自己的孩子是否喜欢和适合。例如，有些学生选择计算机专业，是因为家长认为毕业后找工作薪酬较高；选择动漫专业是因为家长认为该行业发展前景好，等等。

曾经有一位北京大学的心理学家问了我一个问题：未来 20 年成就你孩子的是什么呢？我说：就是机会与兴趣。你要给孩子机会他才能产生兴趣，才会有这方面的理解，才会有这方面的接触；如果没有机会，没有兴趣，怎么样让这个孩子多方面、全方位发展，这是家长要去思考的问题。我遇到大概几十个家长都存在这个问题，他们的孩子一年级非要做二年级奥数。你的孩子没有机会接触二年级奥数你为什么要让他做二年级奥数？他做不出来你就打他，让孩子必须做出来，但是你有没有想过他认为学习不快乐时他还会学吗？他不学了。

我们的孩子无论是在美术方面还是在其他方面有了兴趣，我们应该如何去发展它呢？首先要有机会，有机会去接触孩子才有可能产生兴趣，机会是兴趣的第一步。其次我们的好奇心怎么产生？有了机会以后要有好的引导，有方法地去引导，包括家长和我们的老师，还有很多的亲戚朋友。

我们把美术课定性为活动，比如说体育课也叫体育活动，在研究过程中我们的研究小组也都不以课程来定义，我们叫美术活动研究。为什么？美术课是很活跃的，可能这个班的孩子或者这个区域里面的孩子创作的时候，都要进行运动，都要进行表达，都要进行沟通。在活动中我们才能产生兴趣，才会开心，有这些情绪做事情才能做得更好。孩子对美术有了兴趣了，之后怎么办？要不停地促进他的兴趣发展，适当给予鼓励。

我们在家里引导的时候一定要注意细化，具体引导。比如你今天画了什么？你想表达什么？父母要跟孩子产生互动，要让孩子把内心的东西表达出来。这里有一个问题是家长经常问的，我们的孩子没有兴趣了怎么办？没有兴趣你要寻找原因，是老师没有给他足够的鼓励，还是家长在引导中给了孩子打击或无意中伤害，还是说老师没有评选上他的作品。

我们还提到一个专注力的问题。你若对某件事产生了兴趣，就有一定要有专注力。如果把兴趣当成事业持续不断地发展，就一定会在兴趣方面有所成就。阿恩海姆说：一旦目标有足够吸引力，耐心就没有止境。你的兴趣一旦持续的话那对这件事情的坚持是停不下来的，所以我们家长和老师要不断沟通，给孩子一个良性循环，让他在学习方面有更大的持续性。

学美术要先学习艺术大师的背景。这幅画就是以艺术大师凯斯哈林的作品再进行创新的。凯斯·哈林是涂鸦大师，主要画花、狗、婴儿和爱心。画这幅画的孩子把生活中看到的动物以凯斯·哈林的特征进行了新的一轮创作。他刚刚学了对比色，红色和绿色，然后他就应用了这些构图特征。这幅作品在阿玛尼艺术公寓里进行展览。

我们开发了动物园课程，对孩子进行相关疏导。很多孩子认为动物园的动物很可怜，我们就让孩子去想，通过动物园他们联想到什么？哪些动物是他们要保护的？有个孩子在一个很大鲸鱼背上画了一棵树，树叶里面是他认为应该保护的动物，他自己进行了很多层面的呈现。这幅画画了大概四个半天。我们尽量不要让孩子们着急今天一定要画一个完整的作品，而要让他们有更多、更好的思想实践。

唢呐演奏赏析

◎郭雅志

郭雅志，著名管乐演奏家，精通吹奏唢呐、管子、箫、埙、笛子、巴乌、葫芦丝、少数民族土著吹筒和西洋萨克斯管等近三十种吹奏乐器。演奏足迹遍及全世界，曾创下全球唢呐专辑单张最贵和发行量最大记录，也是与世界各地著名音乐厅交响乐团合作最多，与世界著名作曲家、指挥家合作最多，首演现代派作品、流行音乐最多的唢呐演奏家。

我很荣幸在成都——我的故乡，在金沙讲坛分享我的唢呐故事。大家知道伯克利音乐学院是全世界音乐人向往的音乐圣殿，那里有100多个来自不同国家的学生在学习世界音乐，学习爵士音乐。民族音乐要走向世界，融入世界，我正在做这个努力。我一直觉得我很幸运，作为一个音乐人，我选择的是唢呐。但是唢呐在它的故乡，我的国家，却是几乎没有任何地位的一种乐器。好像只有农村的婚丧嫁娶才用唢呐，现在结婚也不用唢呐了，白事才用。一听到唢呐声响，大家便知道是谁家在办丧事。但是唢呐在我们民族音乐中却占有非常重要的地位，过年过节时，唢呐给我们带来欢乐。所以，千百年来唢呐这种乐器已经深入人心，是我们民族的根。

1986年我报考中央音乐学院，幸运地被一位老师看上了。其实我的底子很差，一开始我是学圆号的。我父母都在艺校，我也上的是地方艺术学校，学拉二五弦，也学了唢呐。我的老家是山西，经常去农村表演，非常辛苦，一天赶两场。

我那时候只有一个信念，那就是吹唢呐考入中央音乐学院，结果一考就考上了。但老师对我吹唢呐的水平并不怎么看重，他看上的是我积极上进的态度和好学的精神，再加上我学过戏曲，有一定的传统音乐功底。我们那一届招了三个唢呐生。20世纪80年代的中国流行音乐有《一无所有》《黄土高坡》等，很多歌曲都加了唢呐。因此，我在学生时代就在录音棚里混，就可以赚钱自己养活自己了。唢呐特别受人欢迎，电视上的晚会里经常会加唢呐。大家熟悉的原版《纤夫的爱》《父老乡亲》《好汉歌》都是我吹的。

我的学习过程特别顺利，毕业后我作为优秀毕业生留校当了老师，在中国顶级的音乐学院里当老师，当时我是全年级第一个留校的学生。虽然当了很多年老师，但我想有更大的舞台，因为我们只有在舞台上才能积累更多的表演经验。1998 年是我的巅峰期，那年我去美国纽约参加管弦乐国际大赛，我拿了唯一的大奖——金奖，为中国民族管乐走向世界迈出了重要的一步，这是外国人评论的。捧奖回来我又被文化部评为最佳演员，被选拔参加为欢迎美国总统克林顿首次访华在人民大会堂举行的晚宴的演奏者。在一个小时的节目里我就演了两个节目，吹了一首美国曲子和我们的《二泉映月》。两国领导人说我的节目给他们留下了非常深刻的印象。

此时，又有一个机会降临了。香港刚刚回归祖国，香港中乐团招人。香港顶级艺人云集，其运作方式跟世界接轨，演出计划是按年排，香港中乐团考试的竞争之激烈可想而知。我还是毅然决定放弃了中央音乐学院的职位。很多人不理解：中央音乐学院这么好，为什么要去香港？在去香港之前我当了 9 年老师，后来在香港待了 10 多年，我 1999 年去的，后来又去了新加坡。我在新加坡做了一件事，打造了之后的女子十二乐坊！唱片公司听了我的音乐，他们说这个音乐太好听了，然后让我的弟弟组织十二乐坊来做音乐。三年以后红火起来为大家所熟知。关于女子十二乐坊，有说好的，有说不好的。不好的就说太流行了，太有表现了，太俗了，不过我觉得老百姓喜欢就好，因为我们民族音乐也要走多种发展的路子，老百姓喜欢听就是好的。

关于唢呐艺术的感悟

首先，给大家介绍一下我在唢呐方面的改革，这是我在中央音乐学院当老师的时候发明的。在中央音乐学院时我接触到不少现代作品，什么调都会遇到，这促使我发明了一个唢呐嫁接器，这已经是第三代产品了，2017 年卖得很火。

大家在我的演奏里面听到了和声，听到了两个旋律，这也是我的发明。它可以使音域变宽，这就是关键。我们葫芦丝最主要的问题就是音域没打开。《月光下的凤尾竹》，就是一个八度。

其次，我认为能吹好唢呐什么乐器都能吹好，我去伯克利音乐学院学习时我也吹萨克斯。全世界 100 多个国家的音乐家都在伯克利音乐学院学习，我做的就是跟国际融合的工作，中国音乐走出去的太少了。

最后，我在香港这么多年也做了很多教学工作，培养了不少学生，也培养了相当多的观众。我在香港做得不错，好多香港人听了我的演奏，说他们对唢呐的印象完全颠覆了，原来唢呐也可以吹都市浪漫的曲子。我说：“我们不是农村的唢呐，不是声音很大、很吵的那种。”我觉得唢呐要有情调，要浪漫，所以我努力探索，希望唢呐更适合这个时代。2011 年，我已经是香港中乐团的台柱子，一演出就是主场，香港明星都找我做伴奏嘉宾，出国演出也是我独奏。我获得香港年度最佳演出奖，是特首组织的颁奖晚会。但是我依然在我 45 岁的时候决定去美国，我一定要追寻我人生的最后一个梦想——让中国音乐走向世界！香港离世界舞台还是有一点距离的，虽然能偶尔去国外演出一下，但是演完就回来了，真正和世界音乐结合的机会很少。所以，我决定报考伯克利音乐学院。

要进入美国，首先得了解它，学习它，然后把我们的民族音乐融进去。我相信这个时代民族音乐要发展，要走向世界，首先要走出去，要了解世界的东西，我们要与它们站在一个平台上才行。我 45 岁开始学英语，现在熬过来了，我到波士顿大学专门学英语，就是要跟其他国家的人站在一起，接下来就是把我们的音乐推送到世界各个角落，让全世界的人仰望我们。

谢谢大家！

民乐之美

◎唐文婷

唐文婷，中国音乐家协会琵琶分会理事，现任四川交响乐团旗下的品牌乐团“天姿国乐”团长。曾为中国国家领导人及外国元首演出，跟随乐团走过二十多个国家，在世界一流的艺术殿堂演奏中国音乐。策划了一系列国乐雅集：《琴弦上的二十四节气》《听春》《花田雅集》《玫瑰之约》《游园惊梦》等。

关于二十四伎乐

二十四伎乐是成都的一张名片，也是大唐文化的一张文化名片，是超级 IP（知识产权）。我经常开玩笑说，二十四伎乐是唐朝的宫廷乐队，是顶级的，也叫皇家乐队。现在的“天姿国乐”就是当今的二十四伎乐。我们从成都永陵二十四伎乐中产生了灵感，创办了我们的乐团。成立 10 多年来，我们到很多国家一流的音乐殿堂举办专场音乐会，把中国最好听的音乐、最优美的音乐带到了世界各地。我们有幸接到了永陵博物馆给我们抛出的橄榄枝，让我们把他们博物馆里面石刻文物搬上舞台，这使我们有机会了解了这个题材，也在这个方面阅读了很多文献，做了很多研究。当然这涉及一个课题，那就是唐代音乐文化研究。这个课题很大，我们只接触到了冰山一角。今天我向大家分享我们把这个文物搬上舞台的过程。

永陵博物馆的二十四伎乐石刻图是成都的一张文化名片。为什么？因为石刻图里 22 名乐伎展示了 20 种 23 件乐器，另外还有 2 名舞者。这些乐器大部分是打击乐，大部分来自西域。从这个石刻图中，就能看到成都曾经的对外文化交流。其实在晚唐五代时期，从安史之乱以后唐朝就有很多宫廷乐师到蜀地来避难，因此唐朝的文化在蜀地得到了延续。唐朝文化里面最有特点的就是它的音乐文化，是中国音乐发展

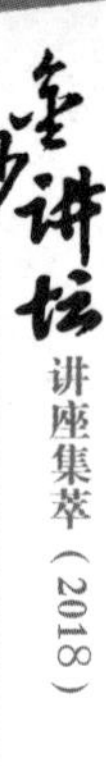

史的巅峰。唐朝以它开放的胸怀海纳百川，把西域各种音乐融入宫廷音乐，起引导作用的重要人物非唐玄宗莫属。他自己热爱音乐，当时宫廷乐队有教坊，教坊里分了很多等级。彼时宫廷音乐得到很大的发展，也融入了很多外族的音乐。其影响延至四川，延至前蜀。王建是唐朝宫廷里的禁卫军，他长期在皇宫中，皇宫里各种仪式都会用到音乐，所以他对唐朝文化非常眷恋。他后来建立前蜀时所有管理模式都是仿唐朝建立的，更不用说宫廷音乐了。

大唐宴乐及形成

我们先来看一下这 22 种乐器有哪些？分为三大类。第一类是弦乐，有琵琶、竖箜篌、筝 3 种；第二类是管乐，有觱篥、笛、篪、笙、箫、贝 6 种；第三类是打击乐，有拍板、正鼓、和鼓、齐鼓、毛员鼓、答腊鼓、羯鼓、牢鸡娄鼓、铜钹等 10 种。另有吹叶 1 种。表现出晚唐五代宫廷乐队的盛大规模及壮阔场景。

我们研究了整个乐队的编制，从中去追寻它到底是什么音乐，它就是大唐宴乐，也就是当时的宫廷宴乐，就是在娱乐场所奏的比较轻松、好听的音乐。宫廷里专门有一个管音乐的工作职位，在各种大型场合要做什么样的音乐是有规定的。如祭祀的音乐，有外宾来的音乐等。宴请外宾的音乐叫宴乐。宴乐其实是一种歌舞音乐，阵容庞大，位置重要。唐大曲是整个音乐史上很重要的一个名词，它从慢段开始，有抒情的五段，变化快，到最后节奏不断加快，就叫入破。这就是他们的曲式样式，越来越快，最后达到辉煌。20 世纪史学家和音乐研究者描述唐大曲里面的入破，就是速度刚开始转快的那一个瞬间。于是在我们的宣传词里就有了：传承瞬间之意，传承永恒之美。就是伎乐艺术之魂。

大唐宴乐是怎么形成的呢？其实，汉朝的宫廷音乐是清雅的，全部是中国很传统的慢悠悠的音乐。丝绸之路开通以后和外族的交流频繁，有很多外族的乐器传入中原，和中原音乐融合，形成了宴乐。这种音乐形式在隋唐时期达到高峰，形成了唐大曲。宴乐在乐器应用上也比前代有很大发展，以琵琶为中心，有很多从国外引进的新乐器。琵琶这个乐器其实也是从丝绸之路上传过来的。我曾经在国家博物馆看到一组陶俑，是唐三彩，骆驼上面坐了很多乐师，其中一个乐师就是横抱琵琶。琵琶就是从丝绸之路传到中国的，在中国土壤的酝酿中发展成中国本土乐器。它是典型的“混血儿”，现在在中国发展得非常好，表现力非常丰富。

白居易在他的诗里面也提起过《霓裳羽衣舞》这首妇孺皆知的中国经典名曲。据说杨玉环将这首曲子编成了舞蹈，非常美。这首曲子的源头在哪里？它其实也不是我们中国本土产生的音乐，它是从龟兹传过来的。最早这首曲子叫《婆罗门曲》，是一首佛教音乐，后来又融合了道教的音乐。据说，这首舞曲非常美，服饰造型带着仙气，但是大家都没有听过。现在的《霓裳羽衣舞》都是我们对这首音乐的想象。

二十四伎乐的舞台呈现

接到这个项目，我们有大半年时间都在构思怎么来呈现它。导演团队绞尽脑汁，查阅了无数资料都找不到一条很好的线索把这个文物呈现在舞台上。最后我觉得我们应返回来在我们自身找线索。于是我们设计了一个作曲家，他想恢复这首古乐，然后就开始了他寻找的过程。我们就以他寻找的历程为线索构思了这部剧。在寻找的过程中，很自然地就把每一件乐器向观众介绍，大家也清楚了《霓裳羽衣舞》的源头、二十四伎乐的文化精神。我们又设计了一个跳现代舞的角色，她扮演作曲家，先后遇到三个不同角色的人物：道长、蜀官、禅师，正好代表了唐朝文化。唐朝是文化大融合的时代，儒、释、道这三家文化思想在唐朝繁荣发展，反映在制度设立、文化、音乐方面。这三者对音乐的看法不一样，对世界的看法有一些不同，但是也有一些共同的东西，它们都追求空无的状态，这也是中国音乐的高妙之处，讲究意境和仙境，和其他外国音乐不一样。

二十四伎乐的一些声音我们是找不回来了，它属于那个年代，1000 多年前人们的生活方式跟我们现在完全不同，所以我们想完全恢复是非常不容易的，我们只能去想象。我们应该继承二十四伎乐的文化精神，虽然音乐不在了，但这个时刻传达出来的文化精神可以留存下来。文化精神就是我们提倡的中西融合，创造性地发展我们的本土文化，创新性地转换我们的本土文化，这就是我们要表达的思想。我们在整部剧里用了一些留存的古乐素材，用现在的作曲法来创作。舞美上遵循的是东方的写意美，同时融入一些华丽的细节，就是用写意的方式来表达那个时代的华丽和唯美。

第一部用的基本上是中国本土的乐器。古琴和箫表现的是中国道家的天地之间的阴阳。

首先介绍一下竹笛。竹笛在中国有 4000 多年历史，它的声音婉转，具有华夏特色。很多外国人在写中国乐器的时候都离不开竹笛，它是最能代表华夏之声的乐器。它的材料取自自然，声音质朴优美。唐诗里描写竹笛的诗数不胜数。

接下来介绍笙。笙也是本土乐器，是我们古老的簧管乐器。笙象征着万物唤地而生，其声音被形容为春天的声音。它还有一个孪生兄弟叫竽。笙的声音非常好听，外国人对笙非常感兴趣。

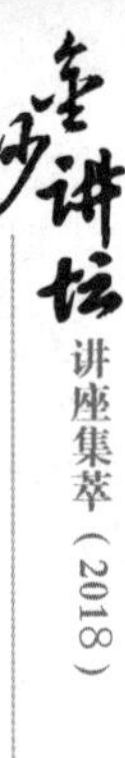

《竹籁清风》就是两种乐器合奏的。第一乐章表现的是，道家认为天地之间有音乐，自然界的音乐就是我们的音乐的源头。据古籍记载，音乐和天地是一致的，这就是中国对音乐的认识。四川是一个很有仙气的地方，道家发源地在四川成都。我们找到了一首据说是当时的宫廷音乐，据此创作了《竹籁清风》。

接下来介绍古筝。二十四伎乐里的筝是十三弦筝。日本保留了这样的筝，它的声音跟我们现在用的筝不一样，音量小，音质古朴，跟我们现在对声音审美不一样，传统的古筝是五声音阶。在第一乐章中，我们想要表达的意境就是天地之间有大美的音乐，天地的鸣响就是音乐的源泉，我们整部剧的演绎形式叫作国乐观念剧。这种艺术形式是我们乐团新创的，在中国首次以国乐观念剧的形式来演绎文物和表达音乐。首演的时候受到了观众的热烈欢迎。

第二乐章是关于前蜀一个代表人物韦庄的故事。韦庄是唐朝官员，前蜀宰相，也是一位著名的词人，写有很多花间词。其中有一首是写成都的："春晚，风暖。锦城花满，狂杀游人。"写的就是成都的春景，很美。我们把它写成一首弹唱歌曲。其实，花间词本来就是五代时的流行歌曲，大众都可以唱。文人雅士写词，歌女演唱。在这个乐章中我们再现了当时宫廷里面的音乐盛况。第二首曲子是我们创作的胡旋舞，就是大家熟悉的、唐朝最有名的两只舞蹈——霓裳羽衣舞和胡旋舞。胡旋舞的音乐是外来的，我们基本上用中东音调来创作这首曲子。

接下来是南音节目，后面还有蜀风乐舞，我们用的是月儿高的音调。据考证，月儿高就是用的《霓裳羽衣舞》的音调，据说是唐玄宗创作的。我们后面用琵琶结束了整个第二乐章。宫廷里的琵琶在日本还有保留，音乐随着社会的发展而发展。琵琶经过了几百年的发展，到现在琵琶的技巧已经完全拓展开了，整个演奏形式也由横抱发展到竖抱。现在在南音里还看得到一些古琵琶的演奏方式。第二乐章用到了南音。据说后蜀皇帝孟昶是南音的鼻祖，南音人祭拜他为乐神，南音中保留了很多唐音。

在第三乐章中，作曲家遇到了禅师。禅师带给作曲家的启迪是，音乐随缘而生，随缘而起。二十四伎乐在历史长河中消失了，不可能重现。但是我们心灵有音乐，音乐来自心灵，是对心灵最真挚的表达，是永远不会消失的。只要我们的心灵保持真、善、美，我们还会创作出更美的音乐。这就是我们二十四伎乐整个剧本的情况，创作过程既艰辛又开心。

科技创新
自然生态

人工智能与大媒体

◎杨　阳

杨阳，电子科技大学计算机科学与工程学院教授、博导。2016 年入选国家青年千人计划、四川省千人计划，2014 年入选电子科技大学百人计划。澳大利亚昆士兰大学博士、新加坡国立大学博士后。研究领域包括多媒体检索、社交媒体分析和机器学习。在计算机领域知名期刊和会议上发表论文百余篇，多次任职国际 SCI 期刊（客座）编委。

非常荣幸能够受金沙讲坛的邀请来跟大家分享一下关于我自己的专业，尤其是在人工智能方面的研究和进展，及一些应用场景。

做研究、读博士的心得

大家可能觉得读博士和做研究是遥不可及的事情，但是实际上并不是这样的。我在澳洲读书的时候深有体会，有一次我租了一个套三的房子，又租给了一个小姑娘，她在读硕士，我和我太太都在读博士，她说你们两个人改变了我对读博士的看法。他们认为读博士的这些人平时都比较呆板，而且都是拿奖学金的人，但是实际上我们都是很开朗的人。当然，读博士的确是非常难的，这个过程比较艰苦，会很漫长，会考验你的耐力和毅力。但是实际上考验更多的是你能否坚持下去，有很多人在半途便会放弃，所以只要你能够迈步出这一步，其实读博士也不是很难的事情。并不是要非常聪明才可以读博士，大家的智商其实都差不多，在座的有很多小朋友，你们可以从现在开始就树立读博士的志向。

研究是什么呢？研究并不是像大家想象的那么难。我给学生的比喻是，研究就是一盘西红柿炒鸡蛋，炒完以后要验证它好还是不好，这就需要评价。就是随机找 10 个人来尝一尝我做的西红柿炒鸡蛋，味道怎么样？如果 9 个人说好，而别人做的西红柿炒

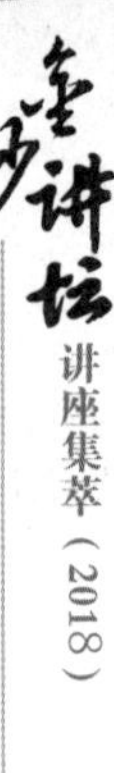

鸡蛋只有 7 个人认为好，那我的方法就比别人的好。当然，研究分有价值和没有价值的，很多人说你们做的研究很多时候没有用，都是空中楼阁，所以现在我要讲我的研究怎么落地，怎么用。我们一定要坚持好的研究，不做二流的研究。做一件事情，既然花了时间去做，就要做得好一点。

现在很多人对于自己做的东西信心不足。例如，我让学生讲一下他做的东西，他说老师我做得不好，但是我觉得他做得还不错，为什么总是没有信心呢？我觉得主要是因为他的眼界，他并没有看清自己的水平在世界范围内处于一个什么样的位置。我们应该鼓励学生，让他们多去国外参加学术会议。有一个学生出国以后，我问他最大的收获是什么？他说好像我做的研究也还不错，世界上其他人做的研究也就是那么回事，他以前认为自己像是一只小猫，现在感觉自己可以成为一只大狮子。

应该怎么做研究呢？坐地拼命地想是不行的，也不一定要跟某一个人死磕。例如，日本国家足球队在 2001 年左右的时候，阵容还是不错的，但当时日本人觉得自己的阵容还不够好，还要再努力。于是他们外聘了一个巴西人，确实阵容变强了一点。做研究也是这样，要永远有不满足的心。我本人是从国外回来的，对于出国这件事情并不觉得高不可攀，我们现在所处的环境很好，大家出国就是看国外有什么跟我们不一样，感受一下不一样，其实将来还是要回到国内的。所以，我对所有的学生说，出国就是去感受一下，你只要在某一个阶段经历了这个过程就可以了。

“互联网＋”及人工智能

今天还想跟大家分享一些概念，比如“互联网＋”、人工智能等，这是近期大家关注比较多的话题。

首先来看看互联网的前世今生。20 世纪 90 年代是门户网站兴起的时代，如网易、新浪、雅虎、搜狐等，那时这些网站会主动发布一些信息供大家浏览，跟报纸是一样的。大概在我本科毕业的时候，即 2006 年左右，百度就火起来了，搜索引擎的出现，会使大家主动去获取知识点，当然提供商还是这些网站。大约在 2006 年至 2009 年的时候，社交媒体开始形成了，第一个社交媒体就是人人网，大家可能听过，但是人人网是抄国外的，从那之后，包括像微博、微信等新的社交媒体才逐渐发展起来。

2011 年时，视频网站开始多起来了，一开始是 PPTV 和 PPS，那时候还没有什么行业规范，这些其实更像是电视台，我更想强调视频的应用集中在后面。

讲座还没有开始的时候，我们很多人都在刷抖音。抖音现在为什么这么火？大家为什么这么热衷呢？随着科技的发展，手机也变得非常厉害，现在很多服务其实更多的是对人的服务，人在表达情感或者是说接受想了解的知识的时候，已经不仅仅是从文本或者是图片上得到，可能从视频中会更加便捷一些。因此，我们把现阶段称为智能媒体时代。大家的表达方式和接受方式都发生了变化之后，你会发现很多东西其实计算机都理解不了，比如你给它一张图片，什么也不告诉它，它就什么都不知道，人却知道，但是如果用文字表达它就比较容易理解。

当“互联网+”刚刚提出来的时候有很多定义，我认为“互联网+”就是让我们生活变得更好的方式。在“互联网+”刚提出来的时候，就已经把它上升到国家战略层面，虽然现在这个国家战略还在往前推进，但是这个概念慢慢地已经提得很少了，现在基本上都是人工智能这个概念了。但是在当时，因为要对传统行业进行升级，所以这个概念对大家的冲击度比较大，国家也出台了很多政策，比如说补贴资金等，鼓励人们去创业。其实“互联网+”更多是概念性的东西，说它是信息技术也好，互联网技术也好，计算机技术也好，其实都可以对它进行升级改造，让它变得更加便利。它就像鞭子一样，驱赶着传统行业不停地为我们提供更好的服务。我觉得现在国内的很多东西都越来越好了。

“互联网+”的缺点是什么呢？它只按照自己的思维去提供服务，并没有对这个人进行了解，也就是说它并不知道这个人到底需要什么，应该怎么对他提供服务。例如，我是东北人，想邀请家里人过来吃饭，百度或者美团上给我推荐的饭馆都是火锅、川菜、串串香什么的，它就没有考虑个人问题，东北人吃辣的不行。所以系统只有对我这个人有一定的了解，才能很好地解决我的这个问题。还有一个问题，这些程序想了解一个人其实是挺难的。要不就是直接问你喜欢吃什么，但是不是每个人都能回答或者愿意回答这个问题。所以就是要通过你平时的表现判断你的性格是什么，这件事情是可以做的。

计算机就像是一个孩子，比如我教它识别一盆花，使它能够判断出这是什么东西，之后它就可以自主判断，这就是人工智能。现在我们坐飞机，在飞机场都会“刷脸”，这就是多媒体的典型应用，而不是人为的识别。我给它取了一个名字，叫“大媒体+”，就是用多媒体加大数据加上人工智能，让现实生活变得更好。人工智能从 2017 年 7 月起已经上升到我们的国家战略，政府出台了新一代人工智能发展规划。以前我们都是从纯学术角度去谈人工智能，现在是从需求的角度探求把事情做得更好、更快，更省时间和空间，也就是从需求的角度对人工智能提出了要求。于是现在催生了非常多的行业在进行升级，和之前的“互联网+”很像，但是现在更多是做成无人化，或者是半自动化，就是人工做的工作要少很多，例如机器人，现在很多人去银行也好，去酒店也好，发现门口会有人机器

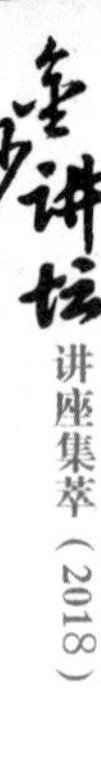

人递水，从我们的角度来看是一个小机器人，最多能算一点人工智能或者云计划，但是这个云计划又相对比较初级，谈不上人工智能。还有人说，超市现在不用人帮我结账，直接一扫就出去了。这实际跟人工智能一点关系都没有，它就是一台普通的机器，没有任何智能计算在里面，因此大家对于智能的理解还是有些偏差的。

智能更多的应该是计算机能够替代人去完成一些任务。例如淘宝，开立淘，它做的事情就是人工智能，但是这个还是比较简单的。最近很多高校都纷纷成立了人工智能学院，主要是研究大的框架，就是怎么把核心技术继续往前推进，以及核心技术带来的产业化升级。我国去年正式印发了新一代人工智能发展规划通知，已经做了关于人工智能 2030 年的规划。这是我们国家要规划的一个层级思路，其实还是从科研的基础抓起，从新一代人工智能整体部署开始，慢慢地形成一些影响力示范区域。成都高新区就是很好的示范应用区，当时成都的人工智能企业才 20 个，现在远远不止了，当然跟北京、上海、广东比起来还是有很大差距的，在这一领域还是有很多可以做的空间。

对人工智能来说，大家可能比较了解 AlphoGO，其实并不是说人工智能真的打败了人。大家不要怕，人工智能还是人创造出来的，它还是一个孩子，类似于一个神童可以很快地算一些比较复杂的算术题，但是整体来说它还是在人的控制之中，只会在特定的任务上比人强，并不代表它会超越人或者对人进行控制。

关于多媒体

10 年前或者 20 年前，我们去参加一个活动，大家都很投入，基本上都是在观看。10 年后的今天，大家参加活动，都拿着手机在拍照，传递信息，记录，增加了非常多的数据。所以，信息传递的方式发生了变化，于是信息分析方式也要发生变化，这就是信息科技的推进成果。例如手机的上网速度，马上 5G 网（第五代移动通信技术）要出来了，我们学校已经在研究 6G 网（第六代移动通信技术）了。除了这样的硬件带来的便利之外，还有存储，现在硬盘大家都知道动辄就是几百个 G，价格也非常便宜。还有各种软件平台、图片分享网站、社交分析网站等，给大家带来了非常多的便利，让我们可以很轻易地就把照片分享给其他人。这就是我们做研究所面临的现状。

我们现在能够理解的数据最多到两维、三维，我们现在的空间是三维，但是对于图片和视频数据的话，最多加一个时间次序。这些图片数据，大概是在十几年前的时候，可能需要 40 多万的数据才能很好地表达一个数据链，到近几年，因为人工智能技术的发展，仍然需要几千链的数据。几千链的数据人也无法直观理解，非常复杂。怎么在这样复杂的数据当中找到我所需要的，这可能是我们做多媒体的人需要掌握的。我们的目标就是多快好省，多就是想了解一个人的性格，不能单从抖音来了解，因为他可能五音不全，必须从图片、视频、文本综合来看。例如，中国有 14 亿人，想在 14 亿人中快速地找到自己，这是很快的，几毫秒就能搜索到。又例如，马路上常用摄像头用来做监控，我们不可能每时每刻都把数据往回传，传到服务器里面去，于是想把所有的东西都镶嵌在小小的摄像头里面，如果硬件比较差是不行的，必须要省空间。再例如，我们当前面临的都是图片、视频、微博、博客、音乐等，当我们搜索出来一个结果时，如果图文并茂的话会更吸引人去浏览，单纯的文字就可能不会那么吸引人了。

传统媒体应用包括图像识别、图像检索、语音识别等，其实都是基于单一的运行，要不就是单一图片，实际上已经不能满足我们的要求，它的问题是信息不足，无法满足人类的要求。随着互联网的发展，人们的要求会越来越高。“互联网+”要求你把这些数据放到一起去，并且不是简简单单地放进去，而是通过一个非常有效的机制互补信息，专业术语称多元。还有把图片和文字映射到一起去，这样将来文本和图片经过转换以后都可以找到它们的共同点，就可以实现互相之间的沟通和理解。

我们目前面临的挑战，首先就是不同数据之间有非常大的差异，怎么把这些差异找出来，比如数据分布等。其次是噪音，比如从社交媒体拿来一个数据，这个数据有的是对的，有的是错的，在这样的大噪音情况下我们怎么去更好地学习。

例如我们当时做的一个基于异构媒体的系统应用。当时在国外也是一个实际需求，因为当时用得比较多的网站是 MM14 网站，这个网站做的内容非常乱，如果要搜威廉王子和凯特王妃的婚礼，搜索结果非常乱，人们并不能了解整个过程。于是我们就想能不能提供一种服务自动对这个搜索结果进行整理，用一分钟或者两分钟，将所有的视频进行一个整合，把他们婚礼的准备、婚礼的过程以及后面的采访每一个环节都包含在里面，先生成一些关键片段，然后再拼接出有时间顺序、逻辑顺利的剪辑片段。

还有就是网络事件流行度预测这个问题，我觉得是挺有意义的。在网络上发的一个消息，如果我们能判断这个事情是谣言，就可以及时制止。这是一个应用场景。第二个应用场景是事件营销，比如说这件事情我认为它会红火，我会把这个消息卖给一个公司，这个公司可能就会利用这件事做广告。一定是在某件事还没有红火的时候我就判断它，判断它的受众。

跨媒体智能这件事情我们当时在做的时候并不知道会变成什么样子，但是在去年国家发布新一代人工智能发展规划当中，明确列出了五个发展方向，其中有一个就是跨媒体智能。

基因编辑：天使还是魔鬼？

◎陈 崇

陈崇，四川大学教授，博士生导师。北京大学学士，美国密歇根大学博士，冷泉港实验室、纪念斯隆凯特琳癌症中心博士后。长期从事肿瘤及干细胞基础与转化研究。利用shRNA干扰、CRISPR/Cas9基因组编辑、小鼠基因工程等技术研究肿瘤相关基因，特别是表观遗传学基因在肿瘤发生发展中的作用，鉴定了多个重要的肿瘤驱动基因。鉴定了新型的表观遗传学肿瘤抑制基因KMT2C，阐明了染色体异常对肿瘤发生发展的影响。

大家今天来这里可能很大程度是因为2018年年底的一个新闻，这个新闻报道说，世界首例免疫艾滋病的基因编辑婴儿在中国诞生，科研人员对一对双胞胎的CCR5基因（作为G蛋白偶联因子超家族）进行了修改，使她们出生后即能天然抵御艾滋病。这样一则可能最初写新闻的记者都没有意识到如此重要的新闻立刻引起了全世界的热烈讨论。读到这则新闻时我们可能会问，什么是基因和基因编辑？这对经过基因编辑的婴儿真的能够天然抵御艾滋病吗？更广泛地来讲，我们真的可以“定制”我们的孩子吗？

什么是基因编辑？

100多年前孟德尔在研究豌豆的过程中提出了一个概念——基因，基因是决定物种和个体性状的主要物质。人体内有多种器官，这些器官由很多的细胞组成，细胞中间有一个结构叫细胞核，染色体就在细胞核里面，染色体上面排列着很多基因。1953年Watson（沃森）和Crick（克里克）提出了非常著名的DNA双螺旋结构，揭示了染色体上DNA分子的基本特性。目前我们知道人体有23对染色体，一半来自父亲，一半来自母亲，所有染色体上面含有2万多个基因，这些基因异常可能导致多种人类疾病。目前我们很容易检测到基因组序列，但是对于大多数基因的功能还不是特别清楚。

科学家为了研究人体基因的功能，运用了 BlackBox（虚拟化数据中心）测试。我们不知道这个盒子里面具体发生了什么，我们改变输入信号来观察输出信号。对于基因研究，我们看改变某些基因后细胞或者个体有什么样的表型。当然我们不能在人体上做这些试验，科学家运用了各种各样的模式动物。模式动物就是用来研究某些基因以及相关功能的工具，如线虫、果蝇、斑马鱼、小鼠等。比如，果蝇基因中 *wg*1 基因突变后，这个果蝇的翅膀缺失了，那么我们就知道这个基因对果蝇的翅膀发育非常重要。更重要的是，我们用 BlackBox 来研究和人类疾病相关的基因，如肿瘤相关基因、长寿相关基因、肥胖相关基因。

2007 年诺贝尔生理学或医学奖颁给了马里奥·卡佩奇、奥利弗·史密斯和马丁·埃文斯三位科学家，因为他们构建了第一个基因敲除的小鼠。基因敲除就是把小鼠的某一个基因去掉，这个工作是非常不容易的。他们做这个试验的时候效率非常低，只有百万分之一，但在 2012 年有了革命性突破，因为两位美女科学家 Doudna 和 Charpentier 在 *Science* 上发表了一篇文章。她们做了什么工作？就是我们今天要讲的基因编辑技术。

CRISPR/*Cas*9 基因编辑主要是包括两部分，一个是 crRNA、tracrRNA 和 gRNA，一个是蛋白质，它们两个结合在一起就形成了一个系统，通过编辑配对，形成 RNA-DNA 复合结构，进而对目的 DNA 双链进行切割，使 DNA 双链断裂，所以目前应用的这个系统的主要功能就是把 DNA 定点切断。这种 DNA 的损伤可以启动细胞内的修复机制，有两种修复方式。这个系统在以下几点优于以前系统：第一，高效。从以前的百万分之一效率到现在最高可以达到 90%的效率，这是一个极大的提高。第二，特别简单。现在要合成一个短的 RNA 和 DNA 都是非常容易的事情。比如，中国科学家王浩毅当初在美国时做了一项工作。他把 tracrRNA 注射到小鼠的受精卵里，早期是一个胚胎，他在上面编辑他想要改变的基因，再输入受体小鼠体内，然后形成一个编辑的小鼠。这也是我们实验室开展的一项工作，我们把小鼠的受精卵取出来放在一个显微注射平台上，通过一个显微注射针把一个蛋白注入受精卵里，就可以进行切割进而编辑我们想要改变的小鼠基因，再把这个受精卵植入小鼠妈妈体内，然后就会产生一只新的基因改变的小鼠。

该技术不仅仅可以运用于实验室对动物进行基础性研究，同时它有着非常高的临床应用价值。可能很多听众知道镰刀型贫血病，这是一种比较广泛存在的血液疾病。它的产生机理是什么呢？病人体内造血干细胞里面有一个基因发生了突变，这个基因中的 GAG 突变为 GTG，结果导致它产生的红细胞不是正常形态，为镰刀型，所以它就不能携带氧气从而使人贫血。如果用我们刚才说的基因编辑，能够把这个 GTG 突变改回来，再把这个新的干细胞输入回去，可能会对镰

刀型贫血病起到一定的治疗作用，而不需要对其不停地输红细胞。

华西医院卢铀教授正在进行一项临床试验，他把晚期肺癌病人免疫细胞，主要是T细胞提取出来，把其中的*PD*－1基因突变掉，新的T细胞能更好地识别和杀死肿瘤细胞，这样的细胞输入就可以对病人体内的肿瘤起到杀伤甚至消灭的作用。当然，这一技术还可以运用于其他疾病的治疗中，特别是遗传性疾病。2017年刚刚去世的霍金教授，他患了肌肉萎缩症，这个病现在是无药可治的，它是一种由基因突变引起的疾病。如果我们能够把这个突变基因修改回去，那么就会对类似的疾病起到根治的作用。

但是我们要知道，目前所发展的*CRISPR*基因编辑技术还不够完善，还有一些技术问题。比如第一个问题，准确性或者我们叫作脱靶效应，本来想编辑某一个基因，如我们编辑婴儿的*CCR*5基因，但是在实际工作中可能不那么完美，它可能改到和它相似或者不相关的基因上，是有这个可能性的。第二个问题是效率问题，对比以前的方法，现在的基因编辑的效率已经有了极大的提高，但还不是100％，而要在临床应用的话我们希望它是100％。这个技术的效率主要受以下因素的影响：怎么把这个系统导入目标细胞里？这个叫作Cas9的酶切割效率是多少？DNA修复效率有多高？这些都需要我们进一步优化技术。此外，由于*CRISPR*特性造成的DNA双链断裂，会引起细胞一系列反应，可能有潜在的危险。所以，关于*CRISPR*基因编辑技术还有很多技术问题有待于解决。

综合来说，现在所发展的*CRISPR*/*Cas*9是最新发展的高效、简便的基因编辑工具，目前在实验室广泛应用。它具有巨大的临床应用潜力，但这只是一种潜力，我们还不能很好地实现它，还有一些急需解决的问题，包括脱靶效应和效率等。

关于基因编辑婴儿试验

首先它编辑的是人的胚胎，突变的是*CCR*5基因，希望能够获得天然抗艾滋病的免疫能力。对于这样一个人体试验，我想问几个问题，这种程序是否合规？在科学上它是否合理？它是否符合伦理？它有什么样潜在的社会影响？我们知道，任何临床试验都必须通过相关的伦理委员会的伦理审查，但什么样的机构可以设置伦理委员会？伦理委员会审核标准是什么？一个医院伦理委员会是否可以批准类似基因编辑婴儿这样的重大试验？谁来监管我们的伦理委员会？

在网上有一份深圳某医院的伦理审查申请书，上面有相关人员的签名，据有关报道，有些人在质疑它的真实性，因为官方的调查报告还没有出来，我们暂且不讨论它的真实性。我们来看这样几个问题，关于伦理委员会的设置我们有相应的国家规定，2016 年发布施行的《涉及人的生物医学研究伦理审查办法》中有关于伦理委员会设置的规定，从事涉及人的生物医学研究的医疗卫生机构是涉及人的生物医学研究伦理审查工作的管理责任主体，应当设立伦理委员会。从这个意义来讲，以上这家深圳的医院可以有这样一个伦理委员会，但是以上办法规定医院要向职业登记机关备案并且提交工作报告，这一点要等待真实的调查报告，我们并不清楚。关于伦理委员会审核原则，国家也有规定，第一条是知情同意原则。我们在进行相关疾病的治疗过程中是做到了这一点的，比如我们刚才提到四川大学华西医院在进行肿瘤病人临床试验，病人和病人家属就知道这件事情，相关人员会与他们讨论潜在的一些风险和考虑一些受益的人。但是我们这里针对的是一个胚胎，胚胎怎么有知情权，这是一个悖论。国家相关规定特别提到一个特殊保护原则，如儿童、孕妇等，那么胚胎是不是应该被包括在这个里面？我想这些也需要进行明确，还有其他一系列的原则。

基因编辑婴儿的试验不同于一般的医学试验，它关系到生殖，对于生殖，国家也有对应的管理办法，叫《人类辅助生殖技术管理办法》，其中明确规定了只有特别批准的医疗机构能够进行辅助生殖。在后来参与的一些内部讨论中我发现深圳的这家医院不具备这个资质。后来这家医院也否认它真正参与了这项试验，所以真相是什么，我们可能需要官方的调查报告。

早在基因病例出现之前国家在 2003 年就出台了《人胚胎干细胞研究伦理指导原则》，其中有一个非常著名的 14 天原则，即是说利用体外受精、体细胞核移植、单性复制技术或遗传修饰获得囊胚，其体外培养期限自受精或核移植开始不得超过 14 天。当时因为基因编辑技术还没有出现，所以以上文件中没有明确列出基因编辑，但是基因编辑毫无疑问是属于基因修饰这一类，所以它也必须遵循 14 天原则。此外，《人胚胎干细胞研究伦理指导原则》还特别强调了不能把这样修改的胚胎植入人或者其他动物生殖系统里面。由此可以看出基因编辑婴儿试验违背了多项相关规定和领域内共识，是不合规的。但是我在这里想强调一下前面所讲的规定、办法、指导原则等都是规定，还不是法律。

基因编辑在科学上是否合理？之所以他们要敲除一个 *CCR*5 基因，是因为一个著名的柏林病人。柏林病人蒂莫西·雷·布朗在很早之前同时患有艾滋病和白血病，他的医生为了治疗他的白血病而对他进行了骨髓移植，骨髓移植以后医生惊奇地发现他的艾滋病也治愈了。经过深入研究发现给他提供骨髓的供者缺失一个叫 *CCR*5 的基因，后续的一系列研究证明 *CCR*5 是艾滋病病毒的一个受体。这就是为什么在这个试验当中他们选择了在胚胎当中去敲除这样一个基因。但是它真的就合理吗？就能够达到预防艾滋病的目的吗？首先，通过基因编辑的两个

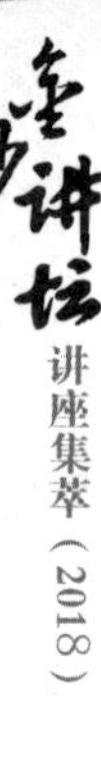

婴儿中有一个是杂合突变，杂合突变是不足以抵御艾滋病病毒入侵的。其次，艾滋病有不同亚型，不同亚型对应着不同受体，有些利用 *CCR*5 作为受体，有些利用另外的受体如 CXCR4，在东亚国家特别是中国，大部分艾滋病病毒的受体是 CXCR4，而不是 *CCR*5，所以这两个婴儿并不能抵御艾滋病病毒的入侵。

对于人体内大部分基因的功能我们还不太清楚，就拿 *CCR*5 基因来说，目前它除了作为艾滋病病毒的一个受体，它还有其他重要功能，比如说抵御流感病毒，这是有报道的。敲掉 *CCR*5 基因究竟是利大于弊还是弊大于利？我们看敲出来的结果，他们用的第一代 *CRISPR*/*Cas*9 基因编辑技术，导致其中一个双突变，另一个杂合突变，同时可能有潜在脱靶问题。他们选择的父亲是一个艾滋病病毒携带者，母亲是一个正常人，实际上在这方面已经有了很好的临床方法，即洗精法，就是把父亲的精子通过多次清洗，有 99%以上的概率可以去掉艾滋病病毒。这是一种在临床上广泛应用的技术，并不需要基因编辑。因此从技术上讲，婴儿编辑在未经严格论证、技术上还不成熟时，临床上是没有必要的。

基因编辑潜在的社会影响

这不仅仅是一个普通的、不合规的或者不严格的临床试验，它还引起了广泛的讨论，其中一个关键的原因就是它可能潜在的社会影响。比如说 *Nature* 上有这样一个评论，你应该编辑你的孩子的基因吗？在微信朋友圈中有这样的帖子，如果我们改变了人类基因，那该如何定义被改变的个体？我们改变一个基因，再突变两个基因，如此种种，我们会逐渐模糊掉物种界限或者产生一个新的物种。

一些异常基因确实在影响着我们的生活，影响着我们的健康，所以我们是不是一定不能够去编辑我们的基因呢？我们前面提到了霍金，他一出生的时候如果知道有一个基因是突变的基因，为什么不能改回来？它是一个突变的基因，改回来就不存在产生新的性状的问题。要非常小心的是，对于很多基因我们还不知道它们是干什么的。正如很多科学家反复强调的，科学技术本身是中性的。

在人类生殖方面，近几十年来也有了巨大的进步，比如说从 20 世纪 70 年代开始的体外受精，我想现在绝大部分公众已经能够接受这一点了。这件事情在当时也引起了激烈的争论，甚至到现在还有相当一部分人反对它。还有近些年出现的三父母婴儿，其拥有的 23 对染色体，一半来自父亲，一半来自母亲，但是还有一部分线粒体里面含有 DNA，这个是来自母亲的。但是有的女性的线粒体 DNA 是有问题的，于是就有人想办法把父亲一半基因组、母亲一半基因组和第三位女性线粒体基因组合起来产生一个健康的婴儿。这也是一项新的技术，目前相对争论比较少，但还是有别于现在大众对于一个婴儿产生的认识。

基因编辑究竟是天使还是魔鬼？它可以是天使也可以是魔鬼，取决于科学技术是不是足够完善。开发或者使用这些技术的科学家要严格自律，使用这些技术去做好事，避免去做一些不合规的事情。特别重要的是监管部门要及时完善相关法律法规并严格监管。对于一项新技术，我们的监管部门只能管到现有的，对于新的技术总是滞后的。那么怎样对一个新技术及时进行跟踪呢？我们现行的规定显然还没能对基因编辑特别是人体基因编辑进行有效的监管，所以需要行动起来。实际上，监管部门现在已经在行动了，我也参与了他们的一些讨论。我觉得特别重要的一点是公众参与思考和讨论。

谢谢大家！

共享经济的发展与未来

◎张新红

张新红，现任国家信息中心信息化研究部主任、国家信息中心学术委员会和专家委员会成员、国家发改委高级职称（经济系列）评审委员会委员、《中国信息年鉴》社长兼执行主编、国家行政学院电子政务专家委员会委员、“信息社会50人论坛”轮值主席、“中国信息化百人会”执行委员兼秘书长；目前主要从事信息社会发展理论与实践研究、国家信息化发展战略与规划等政策研究。

大家下午好！三年前我在金沙讲坛的时候给大家带来了题目：信息社会大趋势，今天我和大家分享的题目是共享经济的发展与未来，这是我们工作、生活中热议的话题。

为什么要关注共享经济？

共享经济不仅正在影响我们的生活，更重要的是它还将改变我们的未来。共享经济这个概念和它的原型发起于美国，但是它走向全球、风靡全球的时间是非常短的。到目前为止把共享经济这个故事演绎得最精彩的是咱们中国，这是我们值得自豪的地方。共享经济的发展有三个时间点可以把握它。第一个时间点就是1993年。1993年互联网开始商业化，因为有了互联网就有人考虑有没有可能利用互联网把我们已有的资源转换成更大的生产力，带给我们更多的收入，找到更好的发展途径。所以那时就有人开始探索利用互联网促进资源的共享。最早的是做的音乐的共享，大家可以在网上下载一些音乐，现在看来这都是非常简单的事情，但是在刚开始的时候阻力也是非常大的。音乐制作人不干，唱片商不干，最早的共享音乐以失败而告终。

第二个时间点是2008年。2008年开始，共享经济才真正步入了发展的快车道。在2008年，全球性的危机来了，很多人发现自己口袋里的钱不够花了，都在琢磨有没有可能利用互联网用自己的资源赚更多的钱。同时，2008年之后一系列的信息技术开始走向成熟，这就为共享经济加速发展提供了重要的技术支撑，这就是我们说的技术条件。还有一个原因是2008年金融危机爆发以后，所有的国家都在寻找新的发展出路，都在寻找新的经济增长点。这时大家发现这些新的共享经济应该是希望所在，于是政府给这种经济发展模式打开了一道大门，鼓励人们去发展。大家知道，人类整个发展进程中有两大推动力量，一个是技术，另一个就是制度。从2008年以后，共享经济真正迎来了它的春天。

大家现在熟悉的较早的、现在也发展比较好的、规模比较大的共享经济平台基本上都是在这个时间点之后成立起来的，如Uber（优步）。在美国出现这些原型以后，中国的企业学习得非常快，当时我们一般比他们要晚两到三年，如我们的滴滴比Uber晚得多。但是今天已经发生了变化，中国在共享经济领域的创新有很多是领先全球的。

第三个时间点是2013年。2013年对共享经济有什么特殊意义呢？从2013年开始，风险资本开始大量涌入到共享经济，可以说对共享经济的加速发展起到了推波助澜的作用。我们测算了一下，在2013年之前所有投入到共享经济领域的风险投资总额不会超过40亿美元，但是2013年后，每年投入的总量都远远超过了这个数字。例如，2017年中国共享经济领域的融资额达到了2160亿元人民币。所以有人说共享经济就是烧钱烧出来的，如果没有这些大量资金涌入，是不是共享经济就发展不起来了呢？我说也对也不对，因为融资是加速了共享经济的发展，但是它为什么要投入到共享经济里面来呢？资本实际上很聪明，它是看到了共享经济发展的潜力和赚钱的潜力才投进来的，而不是因为它投进来后才发展起来的，这个因果关系不能颠倒。

从共享经济的分享对象来看，各个国家的发展一般都是从住房和汽车的共享开始，然后逐步渗透至其他各个领域。这很容易理解，共享经济之所以受到关注，是因为它改变了整个经济的运作方式或者说它改变了资源的配置方式，让整个经济发展的玩法跟以前完全不一样。中国共享经济的体量之大、速度之快、渗透之广、创新之多、影响之深超出了所有人的想象。例如，滴滴现在拥有了3000多万注册司机，服务的用户超过4亿人，2017年一年完成出行的定单数是74.3亿次。哪一个出租车公司能够做到这么大的体量？而且它仅仅用了几年时间。Uber比滴滴成立早两年，但到2015年时，滴滴全年的订单量为14.3亿元，这个数比Uber前6年在全球的订单的总和还要大，所以这是咱们中国很厉害的地方，一做就做成了第一。

我们再看共享单车。共享单车的创始人是几个年轻人，短短的两年内，2300万辆自行车就走到了我们大家身边。过去哪一个牌子的自行车销售量能做到这

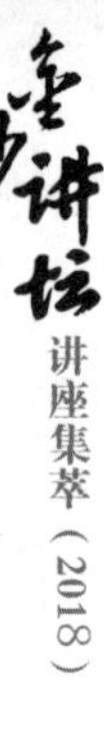

样？我们再看共享住宿，现在全球的共享住宿的房源估计在 700 万到 800 万套之间，其中有一半在咱们中国，很多人变成了房东，住在家里就当起了老板。

我们再看近两年新兴的共享平台满帮，平台上已经聚集了 500 万辆重卡车司机，换句话说，在高速路上跑的大货车、大卡车 80%都已经集中在这个平台上了。以前一个重卡司机从一个地方运货到另外一个地方要空驶回来，成本相当高，现在不用了，因为这个平台除了集结了 500 多万个重卡车司机以外，还集结了 100 多万个货主。过去单个司机和单个货主之间互相找到非常困难，现在有了互联网平台，有了共享平台，有人发单，有人接单，就像叫滴滴一样的方便。如果没有共享经济，这个难题将永远是重卡司机的心头痛，而现在就非常简单了。

现在很多直播平台已经成为新闻媒体资料来源的重要组成部分，怎么起到这个作用的呢？如果一个地方下了一场冰雹，可能等电视台的记者扛着摄像机跑到现场时冰雹早就没了，而现在有很多人在手机上直播。还有人利用直播平台帮助贫困地区做宣传，例如，南部山区的一个小村子，当地人告诉我，网络炒起来了 10 万亩荷花，以前这个地方从来没有人知道，而现在发展起来了。还有一个地方种的一种水果非常好，但没有人知道就卖不出去，也卖不了好价钱，后来利用网络直播平台一下子就火了，根本不愁卖不出去。所以，利用这些平台支持落后地区发展，传播这些好的信息变得非常重要。

再例如，“名医主刀”是上海的一家关于手术的共享平台。这家公司创始人本身也是学医的博士，后来他的姥爷因为没有得到及时的手术治疗去世了，这让他太难过。他发誓要找到一个方法解决这个问题，于是他就创办了“名医主刀”。他集结了全国三甲以上医院的外科主任医师和副主任医师 38000 多人，如果你需要动手术，不用再跑到北京和上海去看病，寻找医生，只需要在网上注册然后发出信息，38000 名医生总有一个适合你。这样就可以去最近的医院治疗，节省了时间，节省了金钱，而且可以得到最及时、最方便的治疗，大夫也有了收入，当地的医院也欢迎。如果像这样的医疗平台继续发展下去，我们现在所讲的看病难、看病贵的问题是不是可以得到比较好的解决。正是因为如此，共享经济解决了我们用传统工业经济的办法无法完成的一些事情，换句话说，共享经济就是瞄着过去经济的痛点，然后去解决这些问题的。网约车为什么会出现？因为出租车的毛病太多，网约车可以给人们的生活带来很多便利，所以理解共享经济变得越来越重要。

2017 年，东南亚一个国家大使馆给我打电话，邀请我到他们国家去讲一讲共享经济，大使亲自陪着我去的。我就问了一个问题：中国改革开放这么多年，中国的改革实践有那么多经验可以学习，为什么你们偏偏让我讲共享经济？他说他们的企业家一致认为，如果现在搞不懂共享经济，就已经看不懂中国的经济了。这是一个非常好的理由，我补充了说：不理解共享经济，不仅无法理解中国经济的现在，也无法理解世界经济的未来。因为共享经济是大趋势，将来有越来越多的经济行为会走向共享的轨道。从我国的政策来看，十九大报告里明确提出来，要推动互联网、大数据、人工智能和实体经济的深度融合，在中高端消费创新引领、绿色低碳、共享经济、现代供应链、人类资本服务等领域培育新增长点、新动能。就是说，共享经济已经被我国列为要培育的新的经济增长点，培育经济新动能的一个重点领域。不光如此，其他的几个重点领域包括中高端消费、创新引领、绿色低碳、现代供应链和人类资本等这些服务领域实际上也已经越来越多地在用共享的办法来实现。可以说，共享经济已经是新经济里面最活跃的一部分，也是新动能里面表现得最为明显、最为耀眼的一颗新星，所以我们必须要关注共享经济。

到底什么是共享经济呢？我认为，就是我有一个东西或者一种资源，我不用的时候你可以拿去用就好了，你没有必要再买，你给我交点使用费就行了，你也省了钱，而且你只用在手机上简单操作一下就行了。共享跟独占不一样，没有必要什么东西都自己先买，因为大多数情况下我们买的东西是处在无用状态，是闲置状态。例如汽车，据说美国私家车的使用效率在3%以下，中国私家车的使用率在5%以下。如果是共享能够发展到一定程度，每一辆共享汽车的出现可能会减少10到13辆私家车，如果减少了这么多私家车，路上还会这么拥堵吗？路边还会停那么多车吗？所以，共享经济的发展对我们节约社会资源，让每一份资源发挥最大的效益会起到非常大的作用。

共享经济发展的大趋势

我为共享经济写了一首小诗：单车行处漫世惊，花样分享看不清，疑怨绵绵声犹在，新政朗朗势已成，千行舍却老套路，一网激发新动能，变中求变闯三关，云帆直挂待日升。意思是说：共享经济在中国甚至全世界引起了很大轰动，而且它不停地在转变，同时，由于共享经济发展很快，面对很多质疑，也带来一些新的问题。2017年国务院关于共享经济发展的文件正式出台，各地各部门也越来越多出台相应的支持和规范共享经济发展的指导性意见，基本上已经形成了一个政策体系。这使越来越多的企业在用共享的办法进行改进和提升。就是要通过互联网重新配置资源，找到了新的发展出路。当然未来共享经济发展还会面临一些难点，这些难点是需要我们研究克服的。因此，不管过程多么曲折，但这艘帆船已经开始启航，而且是大势所趋。

我们有理由，也有信心相信，中国在共享经济发展过程中，能够在全球的经济发展中成绩突出。未来地图的描绘，中国应该扮演一个非常重要的角色。我今天给大家重点交流的是共享经济的十个趋势判断。

第一，共享经济将成为创新热地。

什么叫创新的热地？现在大家叫大众创业、万众创新，真正最热闹的领域是共享经济领域，所以这几年不断出现新的共享经济的模式、新的业态，除了我们已经熟知的像网约车、共享住宿之外，2016 年被称为三个元年：第一个共享经济的元年，2016 年才开始热起来；第二个是知识付费的元年；第三个是网络直播的元年。知识付费大家也越来越不陌生了，从互联网刚开始出现后就有人想着能不能通过互联网把知识变现赚钱，但是后来发现很难，找不到一个好的模式，但是到了 2016 年这种模式已经开始被普遍地应用。例如，打赏的模式，自愿付费，你愿意交多少就交多少。

2017 年，共享的花样就变多了，如共享雨伞、共享篮球、共享充电宝、共享汽车、共享餐巾纸。我在南方参加一个会议，共享餐巾纸的老板找到我说："张老师，你给我解释一下，他们说我这不是共享经济。"我们讲的共享经济一般情况下都是所有权不发生转变，只是使用权的转移，你不用的时候我用，东西还是你的。这餐巾纸你用完了别人怎么用？确实不能叫共享餐巾纸。但他给我解释说，顾客到饭馆吃饭，旁边有一个柜子里面装着餐巾纸，你只要一扫码就可以拿一份免费餐巾纸。我说："我明白了，你真正共享的是这个渠道，广告渠道或者分发渠道。就像我们叫外卖，真正共享不是食品，你吃完了别人就没有办法吃了，共享的是厨艺，还有共享的是外卖的物流。"所以，要抓住共享经济共享的到底是什么？核心是什么？才能找到共享是不是真正在创造价值。

第二，所有能共享的终将被共享。

到底哪些东西可以被共享？经研究，如果从供给的角度来看，可以分成六大类。第一大类是产品的共享，机器设备、汽车可以共享，服装也可以共享。第二大类是空间的共享，比如创客空间、各种孵化器，办公室也可以共享。第三大类是知识技能的共享，如喜马拉雅、顾客平台、网络大学等。第四大类是劳务共享，如家政、物流、洗衣等。第五大类是资金共享，如 P2P 借贷、产品众筹和股权众筹等。第六大类是生产能力的共享。中国的生产能力如果全马力开足，全世界都用不完，我们应该通过共享的办法来让它发挥更好的作用，真正劣质的生产能力该淘汰就淘汰，把优质的保留下来。这都是按共享对象划分的。

按用户需求来划分，如出行、住宿、吃饭、穿衣、贷款、学习、就医、旅行、生产等。共享经济有三低，低成本、低门槛、低污染。共享经济有三高，高效率、高体验、高可信。共享经济模式也有三个标准：基于互联网智能化匹配、大众参与、使用权分享。

第三，所有的生意都值得重做一遍。

因为有了互联网，有了大数据，有了人工智能，再加上共享经济模式的使用，我们会发现现在的一切跟以前都不一样了，要重新定义。但是在这种情况下，会发现所有的生意都可以再重新做，换一个方法再去做就不一样了。

小米就是把过去别人做熟做大的产业重新做一遍，但是它做的方法跟别人不一样。做出租车有难度，但用互联网做网约车就完全不一样了。将来我们会发现，无论是政府的还是企业的，还是各个行业的，都可以再重新做。我到一家互联网医院调研，他们说他们医院的妇产科是全国最大的，原来他们的妇产科医生都是主任医师级的，集结了3000多医生在平台上，所有的病人将来都可以通过网络就医。

来看教育，优质教育资源共享早晚要发展起来。现在小升初、中考、高考，考的不光是学生，爷爷、奶奶、爸爸、妈妈都跟着在考，太累了。重点学校毕竟是少数，优秀的老师在哪里，优秀的孩子就会跟着过去，然后好的越来越好，这是很不公平的。能不能用共享教育资源的办法，把好的教学用录像的方式记录下来，可以让大家在网上一起学习。这些知识一旦被公开，优质教育资源发挥的作用就完全不一样了，未来的网络大学将会越来越普遍。

再看金融，如果P2P借贷等能够走入健康的道路，我相信未来金融肯定不是现在这样。我跟一些银行领导交流说，将来没有银行是很有可能的事，即便将来银行继续存在也跟现在有非常大的不一样，可以提前思考。

第四，中国成为共享时代的领跑者。

中国共享经济的规模和体量首屈一指，我们在2016年出了中国第一份共享经济发展报告，后来每年都会发布这样一个报告。2018年报告显示，2017年中国共享经济领域交易额达到4.9万亿的规模，融资额是2160亿元，平台上员工数716万人，服务者人数7000万人，使用人数7亿人。这几个数字目前只有中国能做到。中国在共享经济模式和业务创新上面也是领先的，基本上国外有的一些好的模式在中国都能找到，反过来有很多模式是从中国创新引领逐步走到国外的，也有一些在中国有的国外还找不到。的确，中国的很多创新是值得国外学习的。有这些成就是因为中国的政策环境很利于发展共享经济以及中国在国际上的影响。共享经济领域的技术创新我国做得相当不错，很多模式和发展经验基本上都得到了国际上的认可。所以在2018年的政府工作报告里面，李克强总理就讲了一句话，高铁网络、电子商务、移动支付、共享经济等引领世界潮流。未来中国引领全球的共享经济潮流应该没有问题。中国共享经济的发展有三大优势，一是网民优势，二是后发优势，三是制度优势。

第五，企业换个玩法。

企业可以按照共享经济的方法换一个玩法。使用资源的方式可以发生重大的变化，创立的时候可以去重创空间，那里有各式各样的资金服务在里面，可以拎包就行，缺资金的时候可以通过众筹、P2P 借贷方法等。产品的研发、生产加工、产品销售、流通服务都可以借助别人的平台去做，只做自己最擅长的部分就行。以前我们在学习经济学或者企业管理的时候都知道有一个木桶理论，决定一个木桶能装多少水是由最短的那一块板决定的，所以我们就想办法去改变那个短板。现在要换一个思维，你做不好的地方就别做，让别人帮你去做，你就做你最擅长的，这就是共享。通过共享把你不擅长的地方补齐了，通过共享把你最擅长的地方发扬光大，这使企业的玩法就不一样了。

第六，个人换个活法。

个人可以利用共享经济换一个活法。以前我们都是想要用什么就得先买什么。车是一个财富的象征，以前大家都存钱去买，但现在人们的观念开始改变了，我有没有车不重要，我想用的时候能用到这才重要。现在在吃饭、住宿、学习、工作、就医、出行、运动、娱乐、旅游、养老等方面都有大量平台在提供服务，就不用什么都去买了。将来住房共享如果能达到理想状态，我觉得都不会去买房子，用买房子作为投资的除外。养老的共享现在已经开始在做，将来很有可能我们会互助养老，几个人约好通过众筹的办法在某一个地方建一个养老院，志同道合的人住在一起；还有各种特色、各种风味的养老院都建起来，你想找什么样的都可以。

第七，政府换个管法。

政府的治理模式必须要发生改变，总的来说就是要多一些治理的思想少一些统治的思想；就是鼓励创新，包容谨慎。指的是出台的所有政策一定要有利于新业态发展的，而不是一出台就把它管死；包容谨慎指的是出新政策一定要反复调研，不要轻易出台。我们应该强化问题导向，坚决破除一切不合时宜的思想观念和体制机制弊端，突破利益固化的藩篱，激发全社会创造力和发展活力。如果我们的干部都去这样思考新的经济发展，我们的未来一定会发展得更好。

第八，共享经济的城乡融合发展突破口。

乡村振兴这条路走得不容易，尽管我们已经取得了很大成绩。我认为，如果将共享经济与乡村振兴结合起来应该大有可为，乡村振兴可能真的就会不再是一个梦，而变为现实。它就是要用共享经济的思维去指导农业、农村的发展。共享农业就等于优势资源加短缺资源，就是用共享办法把你的资源发挥更大效益。农村的优势资源城里没有，一定拿城镇没有的东西共享出来，同时把农村发展最紧缺的资源用共享的办法吸引过来，别想用转移的办法，城里的人才一般不愿到农村生活，但是可以利用城市人的知识和技能。

共享出去的资源也不仅仅限于粮食和土特产，农村真正的优势资源不仅仅是这些。例如，农村的土地和田地可以共享，城里人不是想吃放心的菜吗？我就将2亩地归你了，按年收费，保证你吃到的全部新鲜蔬菜绝对是无公害的，而且你随时可以从网上观察到菜的生长。茶园、粮田、果园都可以这样共享。

第九，群策群力闯“三关”。

共享经济要想发展还需要群策群力闯三关：认知关、条法关、自律关。共享经济有哪些问题已经暴露得很清楚了。理论滞后，认知缺乏，无序竞争，不合时宜的法规制度，粗暴执法等。共享经济有哪些需要重视的潜在问题？信息安全、过渡垄断和伪共享。共享经济有哪些影响了人民群众的利益？共享单车乱停乱放、定价机制不透明等。共享经济的底线在哪里？哪些是新业态、新领域应该鼓励，哪些应该明令禁止，哪些政策需要调整。

怎么来解决这些问题，需要群策群力，无论是对于国家、政府，还是企业和个人，我觉得有三招：学习、参与和创新。

第十，今天才是第一天。

我们预测，在未来5年里中国共享经济保持40%左右的年均增长速度是完全有可能的，我更期待的是在未来5到10年里中国能再培育出几个像BAT这样的巨型企业出来。大家都知道百度、腾讯、阿里巴巴、BAT这几个中国企业在全球都有一定地位，全球互联网领域里市值最大的20家公司中国已经占了9家，非常了不起的成绩。我认为有几个领域一定会有大的“风口”出现，如制造业、农业、教育、医疗、养老这几个领域。

我们可以一起期待更美好的未来，未来怎么样取决于我们现在的选择。一个社会健康发展的主要驱动力，一是技术，二是制度，在技术蓬勃发展的时候制度或者政策怎么选择就变得非常重要。不一样的政策会带来完全不同的结果，所以我们一定不能选错了，一定要认识到：第一，共享经济是大趋势，也是大机遇，这样的机遇绝对不容错过。第二，中国发展共享经济是有理由的，而且是值得期待的，成都更值得期待。第三，现在的行动会决定未来。让我们少犯点错误，少走点弯路，让共享经济使我们的生活变得更加美好。

谢谢大家！

让公益成为生活的一部分

◎周玉亮

周玉亮，曾经担任高校教师多年，后辞职投身公益，创办爱思青年公益发展中心，倡导分享的人生态度，鼓励青年公益生活化，在青年成长、社会创新、社群培育等领域持续进行探索；先后获得人民网、凤凰卫视、南方周末等主流媒体深度报道；曾参与联合国开发计划署驻华代表处青年事务与影响力金融相关工作；先后入选银杏伙伴计划（中国）、Stars 未来领袖计划（瑞士）、中欧国际工商学院 EMBA。

大家下午好，非常荣幸做客金沙讲坛，今天我主要与大家分享一下我个人对公益的认识。

关于公益，其实有很多错误的观念：做公益的，一定很有钱吧；等我退休了，我就去做公益；做公益的人是不领工资的，公益理所当然是免费的；做公益的人应该是无所不能的，所以发生任何事情都要第一时间冲上去。这些认识我认为都是错误的。

什么是公益

我认为，公益最本质的是激发善意、修复人心，重建人与自己、与他人、与自然的美好关系。公益非常重要的目标就是培养公共意识和公民素养，提升社会整体福祉，推动社会文明进步。公益不是简单地做好人、做好事、献爱心，如果我们做的公益没有帮助我们参与公益各方的人提高公共意识和公民素养的话，这种公益其实是没有价值的。很多人会跋山涉水去做公益，但是他们在现实生活中可能最缺乏的就是公共意识。

公益的价值在于，通过共同的参与，建立人与人之间的链接，增进人与人之间的互动，进而产生人与人之间相互欣赏、信任、协作与互助。如果没有公益，我们可能除了自己的工作就是家庭，很难和自己所在领域以外的人产生互动。我们就像沙漠里一颗沙子一样，只有公益和宗教是可以把本不相关的人聚在一起，人为地创造人与人之间相互链接、相互认识、相互欣赏、相互协作的可能性。

公益不是少数人帮助少数人，公益是所有人服务所有人。如果我们理解的公益就是富翁们带着钱去到贫困山区，把钱掏出来给孩子们，然后再拉个人照个相，就错了，这不是公益。公益不是一厢情愿的，公益不是少数有钱人去帮助所谓的少数弱势群体，这只能满足少数人的虚荣，并让另外的人感觉自己非常不堪。公益不应该只是悲情和远方，公益更应该是身边和日常。当然，悲情和远方我们应该关注，但不应该只是这些，城市里的问题也应该关注，如青年教师的迷茫、人们的职业倦怠等，我们应该从身边做起。

公益也不是少数人做很多事，如由道德榜样、道德模范、中国好人、感动中国的人物等去做。如果公益只是少数人做，看起来很伟大，那么公益就没有希望。公益不是少数人做很多事，而是每个人做一点点事；公益不一定是单向的付出，公益一定是双向体验，单向的付出一定做不久。有人觉得自己捐了很多钱给乡村的孩子，居然连一封感谢信都没得到，感觉很受伤，这种认识的出发点就有问题。公益是我付出了，我也收获了，我参与了，我也成长了，即使我们去悲情的地方和远方，我们看到的应该更多的是力量，而不是悲情。公益的本质我认为应该做到三个关键词：一是开放的，人人都可以参与；二是共创的，不是某一个领袖振臂一呼大家便跟着他走；三是以人为本的，包括公益相关的所有人，组织者、志愿者、服务的对象，要尊重每一个人，不是满足某一方。

重新思考弱势、乡村和城乡关系

第一个词是弱势。我们想到公益，就往往想到帮助弱势人群，我们想到弱势人群，就往往想到乡村、老人和小孩。我认为，弱势是指人在人生的某一个阶段，可能处于需要被关心、被鼓励、被支持的状况，每一个人都可能会遇到这样的状况，所以，弱势与年龄无关，与地域无关，与收入无关。例如，一个亿万富豪投在股市的钱损失得很厉害，他可能面临很大的挑战。无论是官员、企业家，还是普通人、乡村的孩子，每一个人在人生的某一个时间点都可能处于无助的境况，都可能需要被聆听，都可能需要被关心，都可能需要被鼓励，都可能需要被支持，这时他就处于弱势。有了比较广义的角度理解弱势，就不会简单把公益等同于重阳节帮老人洗脚，儿童节去看看孩子们，把公益等同于作秀，而是要把公益转化成日常对周围人的关注，他们是你的邻居、你的同事、你周围的人。

第二个词是乡村。我们不要简单认为乡村就是弱势群体。如果我们做一个民

意调查，有多少人想到明月村当村民？有很多人。你还认为城市代表强势，乡村就是弱势吗？这是不对的。明月村的成功有非常多的因素，总结起来就是：各种力量的协同，政府的力量、公益的力量、资本的力量、文创的力量、村民的力量，这五种力量平等协商，共同发力，才有这样一个成功的案例。明月村建设最开始的口号叫：文创、公益、新乡村，公益是明月村非常重要的一部分。

明月村的成功一是做好了各方协同，任何一方用力过猛都会极大地挫伤其他各方的参与热情，如何尊重各方的意见，这是非常智慧的事情。公益的核心实际上就是共创，共创就是平等。二是我们真的重新定义了乡村。我们认为，乡村不仅仅可以提供有形的物质产品，它还可以提供无形的精神产品。但现在很多时候人们发展乡村还是停留在生产农产品、卖农产品上。乡村不仅是生产农产品的地方，它也是修复我们心灵的地方。

第三个词是城乡关系。我不认为城市和乡村是强势和弱势的关系，就好像我不认为，千里迢迢送温暖到凉山就是强势，因为你去也获得了力量，获得了启发，是平等的关系。城市的问题需要乡村参与解决，有两个问题没有乡村根本解决不了。一是食品安全问题，城里人不可能自己种地，也没有地，食品安全还真得靠乡村。二是大量进城务工人员给城市人提供了非常优质的、廉价的服务，这些都是乡村在解决城市问题。

但是同时，乡村发展确实需要城市来参与，城市人群受教育程度整体高于乡村，明月村的成功一定是因为有强大的城市社群的注入才激发了活力。爱思青年在其中扮演了非常重要的作用，无论是带去新的理念还是带去新的投资，还是带去新的文创人士，他们带动了当地村民从农业的耕种转到文创的一些业态的启动，如染染布、做做陶呀。我不喜欢强势和弱势，我选择做公益非常重要的一点就是认为中国社会里最缺的就是平等和信任。在政府序列里面就是上下级，上下级能够平等吗？在商业界就是甲乙方，甲乙方能够平等吗？公益却给全社会的人提供了平等的可能性，在这里能发挥人的创造力。根据我对一些企业家的了解，发现负责任的商业天然具有公益属性，企业没有必要为了公益而去做公益，把员工照顾好，把产品做好，把客户服务好，把税交好就已经是做公益了。我认为，今后一定是走公益和商业、政府混合的路，这叫作边界模糊，再不会简单讲什么是政府该做的，什么是商业该做的，什么是公益该做的，谁做得好谁去做。

一些新的概念

社会创新伙伴。我们很多人不可能全职参与公益，也没有必要，我的口号是让公益成为生活的一部分，而不是让公益成为生活的全部。美国在前几年互联网蓬勃发展时产生了一大批富翁，这些人可能就 30 多岁，一下子就身家几千万或上亿，他们也关心社会问题，想参与解决，但是他们不可能全职参与，于是就设计了一套系统。例如，每人拿出 5000 美金来，有了 100 个这样的伙伴，就会筹集 50 万美金。这 50 万的美金有两个用途，一是用于这群人的成长，二是去资助或者投资解决社会问题的机构。大家在一起讨论这座城市面临的最大问题是什么？也许是河流的污染，也许是教育问题，然后分析哪些机构在解决这些问题，就投资那些机构。大家一起来关注社会问题，一起来慢慢聚焦社会问题，一起来学习这个问题，一起来找到解决问题的机构。同时他们还发挥专业特长去弥补机构的不足，长期陪伴这家机构，使这家机构既获得了持续的资金支持，又获得了能力不足的补充。这种做公益的方式让自己真正成为更懂公益的公益人，真正参与其中，觉得这个问题的解决有自己的智慧在里面。

社会企业。一个企业叫公益的还是叫商业的其实不重要，最重要的是它的核心。如果一家商业机构解决问题比公益机构解决得好，它赚点钱有什么问题呢？不要简单把公益就等同于免费，把商业就等同于收费，叫什么不重要，是什么才重要。下面举两个成都有代表性的社会企业。

一个叫奥北环保。奥北环保是做垃圾分类、垃圾回收的机构。他们提出了一个响亮的口号：垃圾就是钞票。你把垃圾分好类放在他的口袋里，扫二维码，他就把钱转到你的微信上。通过激励，让人们垃圾分了类还可以增加收入，又时尚，又公益，又环保，谁都可以做。

第二个叫行愿环保。行愿环保是做厨余垃圾分类的，它的第一步是进餐厅，未来是准备走进每一个家庭。他们首先进火锅店，火锅店非常多的地沟油，于是他们做了一个装置，将地沟油倒进去，就油归油，水归水，渣归渣。油提取出来可能未来会成为航空燃料、生物燃料，也可能成为化妆品。商家用了这个器具以后按油的重量获得返钱，把餐余垃圾倒进去后还可以有收入。现在因为有这些新兴的技术可以让很多问题解决起来更加有效。

这些例子说明，如果商业机构能够解决问题比公益还强，我们就支持这样的商业机构，因为解决问题最重要。例如，很多小区门口都摆了旧衣服的投放箱，这是非常失败的做法，不知道箱子什么时候会满，没有科技含量，很难规模化去

解决问题。我越来越相信，有社会使命感的商业机构在解决社会问题上很多时候比公益机构更有效，公益机构更擅长的是做倡导和做人心的修复，要规模化解决问题还得需要有科技含量的商业机构，他们要花很多钱去搞研发。奥北也好，行愿也好，都是成都土生土长的有社会使命感、有高科技含量的社会企业，值得大家关注。还有更多公益机构，据说成都是中国所有城市里面注册社会组织最多的，做社区青少年新空间、做垃圾分类的。

社群。自发组织小社群可以做一些事情，人人都可以参与公益，不是说非得要到高大上的机构里面去。举几个社群的例子。

一是超级妈力社群。这是由几个女性朋友创办的。当一个女性成为母亲就会有很多的担心和害怕，这是一个妈妈们互相支持的社群体系。她们与华西医院联动，儿科专家们参与进来，定期进行一些科普讲座，可以规避一些孩子的问题。如果这个社群里某一个妈妈遇到重大挑战、患了疾病，或者经济压力比较大，这个社群可以产生一个互助的功能。

二是灯塔计划社群。灯塔计划的发起人付姐姐的创意非常好，她认为我们要解决乡村教育问题，归根到底是应该关心和支持乡村教师的成长。因为陪伴这些孩子的是老师，短期的支教作用有限。所以为了帮助乡村教师成长，他们做了灯塔计划，目前关注的是三州民族地区的老师们，每年暑假请这些老师们到成都来学习为期一周的课程，乡村老师普遍缺的可能是人文、艺术、素质教育等内容。他们的口号是：点亮自己，照亮孩子，点亮乡村的教师。

三是音乐换垃圾社群。有一个人到了色达看到当地垃圾很多，他和音乐机构合作，告诉人们，如果你把垃圾带出来，就可以换一些音乐会的门票。我跟他讲，其实像这些地区的垃圾问题很多办法是可以解决的。例如，一是少把垃圾带到这个地区去，二是一部分固体垃圾可以变成一种艺术性的装置，三是就近和一些做垃圾回收的机构合作，而不一定非得把垃圾带到成都来，距离很遥远。我们做公益，一定要有持续的优化方案。

四是奶奶厨房社群。奶奶厨房已经成了网红现象。建立这个社群的本意是一个社区的老年人退休以后缺乏价值感，除了做饭、送孙子上学以后就没有什么事情，而在周边工作的年轻人也是孤零零的一个人，当空巢青年遇到空巢老人，以食物作为媒介，首先请爷爷奶奶到年轻人这边来请他们吃一些东西，反过来年轻人再到爷爷奶奶家去向他们拜师学艺，等等。以食物为桥梁建立城市年轻人和老年人的链接项目。现在已经发展到年轻的奶奶服务年老的奶奶，因为社区里面有五六十岁奶奶跑得很快，还有八九十岁的独居老人吃饭还成问题，如果一个社区里面健壮的奶奶为行动不方便的老奶奶做一些事情，是不是很有意思？所以公益能够做一个桥梁，做一个链接产生物理化学的反应，这是公益巧妙的地方。你说该不该收费，我觉得不重要，如果他提供的饭菜更可口，又近距离提供，他收费我觉得是合理的，只要是合理收费都可以。所以我不希望大家把公益和免费等同起来，公益应该是如何解决问题，如何增加人与人的温度。我觉得这才是最重要的。

五是不呱族社群。当时一群海归人员觉得成都的一部分司机素质很低，一是红绿灯右转弯时候不让行人，二是频按喇叭。于是，他们到处举一个牌子，告诫司机不要按喇叭。

我认为，人人都可以成为公益项目的发起人，或者至少每一个人都可以参与到公益中去，每一个人都可以结合你的兴趣、爱好、专业特长去参与这个事情。我们现在到了公益最好的时代——社群时代。社群时代的特点就是价值观认同，无边界协作，大家对某一个事情是认同的，就发挥各自的特点，有人擅长策划，有人擅长落地，有人擅长拍照，有人擅长写文章，协作就能产生无限的可能。这是基于个人的选择和价值观认同，所以发起公益项目也好，参与也好，每个人都可以。

参与公益有什么好处

第一，能认识自己。一个人是很难认识自己的，可能要透过别人来认识自己。认识自己一定要基于各种参照，参与公益，就能与各种各样的人在一起，你能通过自己的言语、行动、思维方式、做事的风格来反思自己是什么样的人。

第二，能成为更好的人。参加公益总会找到榜样，有的人比自己专业，有的人比自己热情，有的人内心比自己更强大。人的进步有时是需要榜样的，看到这些榜样，你还会有所提高。

第三，可以帮助自己认识世界。如果我们只是在家里，只是在工作单位，对这个世界的了解是非常单薄的。但是世界是如此多姿多彩，当我们深入下去认识后，原来以为理所当然的事情不一定会认为就是那样了。无论你关注乡村教育，还是关注周边的河流污染，还是关注社区里面孩子放学以后去哪里，等等，都会让你发现世界还不是那么完美。

第四，可以让世界变得好一点点。如果我们参与了公益活动，让自己变得好那么一点点，这个世界就会好那么一点点。具体来说，如果你参加了公益活动，就会变得更加守时，不会再在集体活动时浪费别人的时间；如果你参加了公益活动，你会主动向为你提供服务的人说声谢谢；如果你参与了公益活动，有了公共空间概念，你就知道在坐公交车或坐地铁时讲话会主动降低音量；如果你参与了

公益活动，你就不会在公共场所抽烟，更不会在电梯里抽烟；如果你参与了公益活动，你开车时就会礼让行人，不会按喇叭，不会往车窗外扔垃圾；如果你参与了公益活动，你会在参加公共活动时主动把手机调成静音，活动过程中不接听电话；如果你参与了公益活动，你就不会用歧视性的语言去藐视和你不一样的人，更不会讲带颜色的段子。如果我们以上的事都做到了，是可以不用去做公益的，因为你已经成为一个更好的人，你会把这个世界变得更好。

怎么参与公益呢

个人参与公益非常简单，就是三部曲。寻找你认同并欣赏的公益组织或者公益社群，找到以后做三件事情：一是转发推文，认同公益价值和公益理念机构做的事情，认同公益事情采取的行动，转发就是参与公益；二是进一步参与，如果这个机构正在筹钱你就捐款或者购买；三是更深入参与，申请到这个机构或者社群里做志愿者、实习生、义工甚至加入全职团队。个人申请加入公益组织或者社群就是这三点。如果找不到合适自己的公益社群，还可以寻找志气相投的人创办一个。公益不是悲情和远方，公益是当下就可以做的。做一个更好的人，并影响身边的人，让公益成为生活的一部分。我是不鼓励轻易地全职去做公益，我提倡大家利用业余时间，在力所能及的范围内，在自己感觉舒适的范围内参与公益活动。

一位前辈写给公益人的一段话说：首先请记住没有人要我们做公益，公益不是别人要求你的，是我们自己为了实现我们自己的理想和价值而选择这条路的。这是一条漫长的道路，如果有的时候你们走得比较顺利，请小心，因为在我的体验里，周围掌声多了的时候会滋长我们心里的骄傲，有的时候我们是不知不觉、慢慢地离开我们那个初始的、沉静的心愿而渐行渐远的；有的时候这么多不顺利接二连三地到来，我们会觉得灰心失望，甚至绝望。请记住，社会也不欠我们什么，我们永远需要知道这是一条充满了美好理想但是本身也是不容易的路，我们永远需要面对我们自己的选择并且为它担负起责任。

在我的体验里，做公益是有痛苦的，而且可能是非常痛苦的，因为我们只是普通的人，但是只要我们勇于面对，承担困难，总是过得去的。我觉得每一段努力都不是白费的，我们最终要战胜的其实只是我们自己，有的时候我们努力了很久，但是并没有看到我们想要看到的结果。生命理想绽放有它的时间，有的时候我们甚至会看不到，我们都只是无尽的大海里面的一滴水，但是别忘记了我们也是普通人，我们的本分只是尽心尽力去做好当前的事情。

我牢记“尽心尽力，顺其自然”，并在其中学习和成长。我们都有自己的理想，我祝福大家在全心全力去实现理想的时候，不要那么执着于所做的事情本身，而是要思考：该怎样地活着？该怎样对待服务对象和伙伴、最亲爱的家人，还有自己？让这种生活的态度和方式成为人们身边缓慢流动的一条溪流，支持着更多的人走向生命的平和、喜悦和温暖。

谢谢大家！

旅游的学问

◎郭　凌

郭凌，教授，四川农业大学旅游学院旅游管理系主任、四川农业大学学术委员会委员。2014年先后入选国家旅游局“国家旅游业青年专家”、四川省旅游局“四川省旅游业青年专家”。现任四川省生态旅游研究基地副主任、成都市青年科技者联合会常任理事、四川省旅游地学研究会理事，系四川省青年科技者联合会专家成员、四川省乡村旅游协会专家委员会委员。

今天是母亲节，祝愿在座的各位母亲也包括我自己节日快乐。我们今天聊的话题是旅游的学问，是关于乡村开发和美丽的乡村建设的。

以城市的眼光看乡村

每次在聊到这个话题时，我都会请在座的闭上眼睛，想象一下对稻香村的第一印象。

第一，我们会想到美丽的田园风光，包括我们在学术研究中提到的丰富的农业遗产、多样的农业景观、悠然的乡村和美丽的日月星辰。我在做旅游规划时，每年都会去西昌和泸沽湖，每天晚上会看到天上的繁星点点，而这些星星在城市里面是看不到的。美丽的田园风光吸引我们去乡村旅游的最重要资源是什么？我们能看到什么？我们还渴望乡村宜居的生态环境、一片没有雾霾的天空，让我们能够快乐地生活下去。

第二，我们还会想到传统的乡村聚落，这些乡村聚落密度很低，有别于城市的密密麻麻的高楼大厦。我们也会想到很多建筑景观、乡村寺庙和乡村道观等。例如，我们的白鹭教堂被称为爱情天堂，很多人拍婚纱照的时候都要在这个地方拍摄。它坐落于彭州，是有别于城市景观的比较独特的乡村景观，所以能够吸引游客参观游览。

第三，我们还能想到稻香村传统的生产、生活，乡村很多传统的生活场景和生产场景本身就有在旅游发展中作为旅游资源而存在。例如，很多人打麻将的场景，城市里这种场景已经不多见了，很多人打麻将只能在茶楼打，打铁、水车等，这些都是乡村传统的生活场景，其劳作场景和生产工具都吸引着旅游者，尤其是吸引小朋友和青少年前去观看。

第四，我们还能想到传统且带有地域性的乡村文化。例如：赶集；庙会，一种传统的地方祭祀娱乐活动；火龙节，洛带客家人每年都有的传统节日。

第五，我们还想到了慢节奏的乡村生活。在城市居住的居民很多时候可能连自己同一楼层对面住的什么人都不认识，因为生活节奏太快了，没有时间和精力进行这种人际交往。但是在乡村你会发现一切都慢了下来，会发现乡村居民能慢悠悠地聊着天，坐在门前晒太阳，他们的生活是这样的悠长和慢节奏。

第六，我们还能想到相对和睦的乡村关系。乡村中邻里之间关系是简单的，他们一起晒太阳，一起娱乐，内心是平和的。这些都是城里人所缺乏又想体验的一种生活模式。

第七，我们还能想到新鲜的农产品。我们一直相信乡村里的东西都是生态的、绿色的、新鲜的，于是我们花大价钱去买土鸡，在旅游过程中会带一些土特产，如当地的鸡蛋、笋子等。

这些都是乡村带给我们的资源。从旅游的角度来讲，乡村拥有而城市没有的东西。其实乡村的发展也不是一帆风顺的，我们国家的乡村发展和乡村建设也存在和面临诸多的问题。正是有了这些问题，我们国家在战略部署时才提出要建设美丽乡村，发展乡村旅游，实现乡村振兴的方针政策。

乡村旅游和乡村建设面临的问题

第一，很多乡村在建设和发展过程中的规划和建设不够全面科学。很多的乡村包括城市在建的过程中都热衷于搞美化运动，它围绕着村容村貌的整治而开展，给它穿一层美丽的外衣，在墙上画一些美丽的画，但是时间稍微久一点，白白的墙就被雨水冲刷得非常黑，而内部环境并没有得到改善，乡村居民的生活习惯也没有得到改善。这种美化运动能在短时间内提升乡村外貌，但是改变不了乡村的本质和内涵。

案例一。成都经济发展较好的一些县，他们在做乡村美化运动的时候其亮点就是每一个乡村居民都能够住上别墅，但这已经远远脱离了我们想象意义的乡村，和我们印象中传统的乡村尤其是在建筑居落形态上差别太远，俨然变成了城市。一旦乡村修建了这种风格的建筑，再要做旅游发展就不太可能，于是这些地

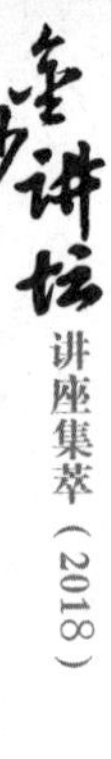

方后来也放弃了旅游发展。因此，要想发展乡村旅游，在乡村规划和建设一开始就应该做好定位问题。

案例二。康定地区希望通过乡村旅游来解决贫困问题，而很多当地老百姓凑钱去做最初级的乡村旅游形式，即农家乐。他们在修房子的时候会把房子外表贴上墙砖，而没有挖掘出藏区的一些建筑风格形成自己的特色。因此，做旅游要讲资源的持续开发，游客更在乎当地特色和当地整体景观是否融合在一起。

案例三。泸沽湖是一个少数民族居住区。但是泸沽湖旅游发展之初对房屋整体风貌和楼层高低是没有要求的，于是出现了很多丽江风格的建筑，还包括现代旅馆的建筑。之后泸沽湖才出台了对风貌总控的文件，要求建筑必须在高度和风格上遵循摩梭人的文化特色。

以上三个案例从旅游的专业角度看来，已经破坏了当地的特色文化资源，在建筑形态上有待改进。

第二，补给依赖，造血不足。很多时候我们对乡村建设和乡村扶贫更多的是投入，如送一些棉被、小猪仔、小鸡，还会教他们怎么样养猪、养鸡，希望他们能发家致富。我们也可以在精准扶贫和旅游扶贫中去帮助他们修房子，去改变他们的生存环境，但我们会发现，改变的仅仅是外观而已。送去的一些小猪仔、小鸡被村民吃了，并没有达到帮助他们脱贫致富的目的。所以，乡村建设和乡村扶贫不能仅是物质扶贫，很多贫困来自心理依赖。

第三，基础设施尤其是公共服务设施的建设相对落后。例如，有了房子，但是垃圾到处都是，有新房但是没有新颜；一些民族地区的建筑，下面养牲畜，上面住着人。这些都是问题。基础设施建设用钱可以解决，但是公共服务建设需要有人去做。近几年我们一直在解决这个问题，并取得了很大进步。例如，每年我们有大量的大学毕业生去做村干部，让他们去为乡村服务。

第四，一些地方贫困脱贫，可能真的不光是物质投入那么简单，还有很多其他的问题，如我们进行乡村建设的时候，遇到很多地方劳动力外流，空心化现象非常严重。一批有文化、有技能的农村青壮劳动力都去城里务工了，农村留不住他们，他们希望追求更好的生活，希望追求更好的教育条件和物质条件。农村有很多留守人口，主要是女性、老年人和儿童，导致了很多社会问题：一个女性可能要承担整个家庭的劳作，照顾老人和抚养小孩；大量的留守儿童和爷爷奶奶在一起生活，教育问题令人担忧。所以，在进行美丽乡村建设和乡村振兴的过程中，我们需要考虑怎么样才能把外出打工的青壮年给拉回来。我们认为，乡村旅游发展真正的现实意义在于能够有助于农村劳动力的返乡。其实很多在城市务工的人并不觉得城市是他们的家，他们在城市里找不到归宿，还是渴望回到乡村，他们希望乡村能够有更好的物质条件，让他们生活得更舒服。旅游的发展其实是在乡村给当地居民提供一个比较好的就业环境和就业岗位。很多年轻人在乡村旅游发展中考虑或者选择回到乡村参与旅游发展，他们甚至带着自己的钱去投资乡村旅游发展，去做业主。乡村旅游在一定程度上有助于阻止农村劳动力的外流，并且实现了农村劳动力从城市到乡村的返流。当然空心化现象确实成为中国美丽乡村建设所面临的重要问题。

第五，一些地方的乡村传统文化已经断代了。很多地区进行乡村建设的时候，更加注重的是物质环境的发展，追求物质生活，但是实际上城市的很多文化传递到乡村的时候，给乡村传统的文化带来了巨大冲击。例如，一些色情表演在很多城市看不到了，但是在很多场镇和乡村依然存在。又如，我们到摩梭社区去调研，大家知道摩梭人有一种特殊的婚姻文化叫走婚。很多外地人认为走婚就是不结婚，走婚就可以不承担家庭责任，但实际情况不是这样。老一代摩梭人非常痛心他们的文化在流失，摩梭人的走婚表演，最后两个人亲吻在一起，老摩梭人非常生气，说这不是他们的文化，因为摩梭人文化中有一个很重要的害羞文化。害羞文化就意味着他们的这种情感，不能在公共场合表达，文化传统本身已经在慢慢消退。这不是旅游的错，在从封闭走向开放和外界接触的过程中，当地多多少少会变化，只是速度快慢不一样。

第六，乡村的风貌和特色丧失。现在很多地方在建设时修得一模一样，在乡村是这样，在城市也是这样。到了上海如果不看地标性建筑，我们可能搞不清楚到底是在上海还是在成都，到乡村去可能搞不清楚到底是哪个村，因为房子都修得一模一样。我们说起川西民居建筑，就会想到青瓦、白墙，成都的第一个川西民居就是红砂村，白墙绿瓦，墙上还开窗。但是其实这不是川西民居，成都的民居其实是三合院，川西民居墙上不开窗。这种民居风格是在旅游发展和乡村发展的时候慢慢地拍脑袋拍出来的，但它成了标杆以后，其他很多地方进行旅游发展时就去学它了，就成了川西民居的特色建筑了。

乡村旅游和乡村建设案例

我给大家介绍一个案例，看一看它在旅游发展和乡村建设过程中是怎么做的。

大邑县新场古镇，这是灾后重建的项目。2008 年的“5·12”地震新场古镇受损比较严重，灾后重建时就延伸出了这个项目。它在重建和改建的过程中更多地依托了当地已有的资源，对其传统建筑和生活方式，还有其自然地理环境，尽力地去做了保留。

新场古镇距离成都58公里，在川西平原大邑县境内，2008年被授予中国历史文化名镇称号。它在乡村旅游发展中保持了比较宜居的生态环境，它有水，活水在古镇中流动。原来的水是西岭雪山的水化了以后流到这个地方来，但是近几年西岭雪山也没有雪可化了，都靠人造雪，所以古镇现在的水多来自河。

古镇里有图书馆，每周定时开放，游客都可以去借书，这也是依托了灾后重建的项目。在乡村修一个这样图书馆，里面有各类藏书，还是一个很大的投入，也丰富了古镇居民的文化生活。

古镇的乡村聚落保持得比较完整。古镇街道布局是二纵二横井字型，两条横线，两条竖线，很多古街古巷就在两条横竖线当中。老的房子和房顶基本得到了保护。

古镇有一个广东客商旧居，叫百年李宅。这里在古代是茶马古道的聚集点，很多商人从四面八方来到这个地方定居。百年李宅是广东的一个大户商人在这个地方定居时修的房子。改造古镇时，作为广式建筑楼房，这个宅子的房顶建筑特征基本保持原版。

古镇的福音堂是一个教堂。有很多广东客商在这个地方定居，这里的人信仰基督教，他们就自己筹钱修了这个教堂。

古镇还有一个碉楼，现在仅作为景观展示。它是明末清初修建的，后来进行了加固，在旅游建设时大家并没有特意把它建设成什么，它就是作为展示性建筑在这里。这些景观的美就在于它静静地在那里，和当地的人文风情合二为一，让我们感受到了岁月的记忆，可能这种感觉才是最好的。

古镇保留了浓厚的、传统的乡村生产生活方式，叫赶场，这也是为什么这个地方称为新场古镇的一个重要原因。每个月的2日、4日、7日、10日新场古镇都有一个场会，很多商贩会把他们种的东西拿到古镇卖，最初是一种为满足当地居民生活物资交流的方式，后来越来越多的游客来到这个地方，也加入了赶场的团队。老一辈人对此更有兴趣，他们喜欢赶场，更在乎赶场的这个经历，他们是在追寻他们的人生，在怀旧。

新场古镇有九大碗，有锅里的豆花，有晒谷子的，有理头发的，有游客。这些都是慢节奏的乡村生活。同时，很多当地文化也得到了保存，如竹编，如果你要买竹的蒸笼，可以到那里去；也有做木雕的、搓麻绳的。我们经常在推动旅游发展后，乡村特色的东西就会消失。而这里靠这个来糊口的生产方式依然存在，并且他们有自己的生活节奏。所以，这个地方的旅游和当地的传统结合得很好，也是吸引游客去游览的重要因素，我们确实需要在喧哗的城市生活中找到一方净土。

古镇还有很多特色的乡村美食，除了四川的叶儿粑，还有荤豆花，以及肥肠血旺和麻油鸭。

新场古镇打造的文化氛围就是慢生活，这是古镇发展中能够吸引人们的作为精神家园的独特魅力所在。我相信，在乡村振兴和美丽乡村建设过程中，旅游一定会有所作为。今天的很多观点是我个人的观点，如果有未尽和不当之处请大家多多包涵，谢谢大家！

四川的蝴蝶王国

◎赵　力

赵力，成都华希昆虫博物馆馆长，从事昆虫及自然史研究，系高级生物和野生动物保护工程师，中央电视台（CCTV）科学顾问，美国国家自然科学基金会全球鳞翅目（蝴蝶与蛾类）调查计划中国区首席专家，WWF（世界自然基金会）、CI（国际生物多样性保护联盟）等国际著名自然保护组织特邀国际专家组成员。四川省博物馆学会自然博物馆专业委员会副主任委员，四川省自然科学博物馆协会理事，成都市第十四届政协委员，四川省文物局专家库成员，成都市科协委员。

今天我给大家讲的题目是四川的蝴蝶王国。为什么四川会叫作中国的蝴蝶王国呢？人们一般都认为蝴蝶王国是宝岛台湾，台湾有400种左右的蝴蝶，其中有非常多的珍惜品种，海南岛和云南也是中国的蝴蝶王国，但是很少有人想到四川。然而大家可能不知道，如果从蝴蝶的种类来说四川才是真正的蝴蝶王国。四川迄今为止已经发现了712种蝴蝶，比号称蝴蝶王国的台湾还要多300多种，甚至比整个欧洲的蝴蝶种类还要多50多种（整个欧洲大陆的蝴蝶种类为660多种），比海南岛的蝴蝶种类也要多100多种，甚至高于云南，所以说四川才是中国当之无愧的蝴蝶王国。

四川蝴蝶种类的基本情况

中国第一种有文字记载的蝴蝶叫作金凤蝶，它主要分布在四川。李时珍的《本草纲目》里面就有这种蝴蝶出现，李时珍把它称为茴香虫，因为这种蝴蝶的幼虫生活在茴香里，可以用来治胃病。当时的医生把蝴蝶幼虫从茴香中取下来，碾成粉末用来治胃病。

一百多年前，有一支十余人的英国考察队，曾经在四川山区跋涉，挥汗如雨，在崎岖的山道上追逐蝴蝶。派遣他们来的是著名蝴蝶专家李奇（J. H. Leech），1892年至1894年间，他们顺长江而上，花了整整9个月时间，才到达大渡河边。在这片山地逗留的半年时间里，他们采集到大批中国蝴蝶种类，在李奇日后出版的《中国、日本、朝鲜的蝴蝶》一书中，记录了594种中国蝴蝶的种类，其中70%来自四川。而且这70%的蝴蝶种类里面，有60%来源于成都地区以都江堰为代表的山区，所以他们在这片山区逗留的时间非常长，从5月份一直逗留到6月份中旬才向大渡河出发。

这本书里面的图片让我非常惊叹，其纸张像报纸那么大，而且非常精美。书中图片上的蝴蝶和真实的蝴蝶没有差异，这些写生度非常高的照片让我们可以知道120年前四川的蝴蝶是怎么样的。中国蝴蝶的面貌初次被世界所认知就是从四川开始的，可惜在其后近百年间，由于社会和历史原因除了零星调查以外，这块蝴蝶资源丰富的宝地几乎被大家遗忘了。

海拔落差超过7000米的四川省，某些河谷到周围的山峰往往有相当于从亚热带到寒带的气候垂直变化，形成了世界罕有的生态景观，小小的一个范围之内便是“一山有四季，十里不同天”。蝴蝶的种类也因此变得多种多样、千奇百怪，许多珍稀的蝴蝶在这里世代繁衍。这里到底有多少种的蝴蝶，它们的分布又如何呢?

四川有多少蝴蝶种类，过去一直是个谜。20多年来，我几乎走遍了四川的山山水水，初步完成了四川蝴蝶种类的调查。四川省拥有712种蝴蝶，这些种类包括我国蝴蝶所有科的代表性种，其中属于国家或者世界珍稀物种的蝴蝶达41种。下面给大家介绍一些四川的珍稀蝴蝶种类。

首先是一种尾巴斑纹像蝴蝶一样的蝴蝶叫二尾褐凤蝶，这是一种非常神秘的蝴蝶。1981年4月，一支日本登山队在贡嘎山捕到了一种斑纹似虎皮、长有两条尾突的凤蝶。带回日本后经专家鉴定，发现这竟是一种名叫二尾褐凤蝶的稀有蝶类。这种蝴蝶在当时仅有大英博物馆中才保存有一件破损的标本，这支登山队却捕到14只。此事在日本引起了轰动，日本《朝日新闻》以醒目的标题和大量的篇幅，对此进行了详细的报道，进而美、英、法、德等国掀起了一股研究四川蝴蝶的热潮。很多喜欢蝴蝶的人都涌入四川来寻找蝴蝶的踪迹。

二尾褐凤蝶还有它的亲系，即三尾褐凤蝶。每年5月我都会在邛崃山脉寻找三尾褐凤蝶，仿佛按时约会一位故友。这是四川山野中距离我最近的珍奇蝶类，只要离开成都市区数十公里，就进入了它们的领地。它们是山林的春天里最让我惊艳的昆虫，历来以其华美的外表和罕见的族群而著称于世，广泛分布于四川西部山区。国际濒危动物委员会（IUKN）将三尾褐凤蝶、二尾褐凤蝶和褐凤蝶所在的褐凤属蝴蝶列为R级保护动物。这是几种色泽浓艳的蝶种，翅型狭长，后翅有二到三个长长的尾突，点缀着大型红斑和蓝点。每年5月，它们准时出现在四川海拔1500米以上的山区。当它们潇洒娴逸地拖着数条飘带般的长尾滑翔于

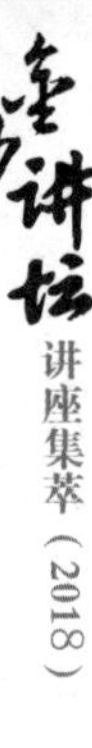

翠谷间时，其优雅的仪态是许多蝶类所不及的。由于它们大多生活在渺无人迹的深山，加上成虫出现期短，使这类蝴蝶一直是研究者、收藏家、标本商渴望的珍种，在标本市场上它们的价值也是不菲的。在 1987 年的时候，日本昆虫商到四川来收集二尾褐凤蝶，出价是用三到四只蝴蝶换一辆丰田越野车，而当地的昆虫商则以 400 元人民币的价格在当地收购。400 元人民币可能现在不算是太高的价格，但在当时是贡嘎山区一个农民一年的收入了，所以对于当地人来说非常有诱惑力。不过很快这种蝴蝶就被国家列为保护物种，禁止捕捉。林业部门每年也会派人在山口守护，尤其在蝴蝶出现的 5 月，直到现在也没有间断。

我国最大蝶种是金裳凤蝶，它也是一种著名的国际保护蝶类。这种蝴蝶外观雍容华贵，黑天鹅绒质的前翅与闪烁黄金般光泽的后翅形成强烈的对比，雌性翅膀展开可达 17 厘米。虽然外表美丽，但它却是一种毒蝶。蝴蝶身上如果有红色绒毛代表这种蝴蝶是有毒的，金裳凤蝶的翅膀上也有红色绒毛。金裳凤蝶幼虫以有毒的马兜铃科植物为寄主，其身体里含有一种叫醋酸碱的剧毒物质。这其实是它们一种非常悲壮的自卫手段，可以让捕食它们的天敌尝到苦头后牢记这种金砖般华丽的翅膀下隐藏着毒素，不再去伤害其他金裳凤蝶。金裳凤蝶雄蝶的颜色更华丽一些，它的翅膀上有金绿色的鳞片，非常漂亮，而且这种鳞片颜色即使制成标本以后都不会褪色。

都江堰的虹口，是距离成都最近的金带喙凤蝶栖息地。炎热的午后，金带喙凤蝶的雄性会到处找水喝，它们可以漂浮在缓慢流动的水面上喝水，是我见过的唯一一种会游泳的蝴蝶，很是奇特。它们一般选择清澈溪流形成的小水塘，利用宽大的翅膀作为游泳圈漂流，如果水流把它带向激流，它们居然会利用翅膀划水，如同小船划桨一样，回到安静的水面。这种蝴蝶似乎天生不怕水，雌性的金带喙凤蝶也喜欢阴雨天在林间飞行。金带喙凤蝶仅分布于亚洲少数山区，且十分稀有，能目睹“帝王”尊容的人寥寥无几。由于在 20 世纪 80 年代被印度选为了国蝶，金带喙凤蝶在印度的栖息地受到了严格的保护。在 20 世纪已知的 17000 多种蝴蝶中，它是极少的被《国际濒危物种贸易公约》列为数量少级（R 级）保护种的动物之一。即使对于蝴蝶研究者，要在野外遇见它们也是非常困难的事。20 世纪 90 年代初，由于印度和尼泊尔政府将该物种立法保护，印度也把它列为国蝶，禁止出口，国际市场上每对金带喙凤蝶能卖到 7000 至 10000 美元。

在四川有很多珍稀蝴蝶，一些国家的国蝶都生活在四川，除了刚才提到的印度国蝶金带喙凤蝶以外，四川还有日本的国蝶大紫蛱蝶。大紫蛱蝶的颜色非常华丽，翅膀是蓝色的，泛着非常漂亮的金属光泽，它经常出现在日本甚至韩国的蝴蝶邮票上，是一种网红蝴蝶，很多地方都有它们的形象。新加坡的国蝶红珠凤蝶在四川比较常见，每年的 5 月份在山区甚至在成都市区都能够见到它。红珠凤蝶也是一种有毒的蝴蝶，它的身上有红色的斑点，体内含有醋酸胆碱。四川还有一种看起来不太起眼的蝴蝶，那就是丹麦国蝶龟纹蛱蝶。这种蝴蝶主要分布在川西偏北的地区以及海拔比较高的地区，它们颜色不是很好看，体形也不是很大，但它们却是丹麦的国蝶，因为在丹麦它们是最漂亮的蝴蝶之一了。它之所以叫龟纹蛱蝶，就是因为它的翅膀闭合起来后有像乌龟壳一样的花纹。

世界上有 14 个国家选出了国蝶，其中一些国家的国蝶更是华丽。比如说哥伦比亚的国蝶绿鸟翼凤蝶，它蓝色的翅膀上有像白云一样的花纹，它在哥伦比亚被叫作塞浦路斯闪蝶。大家可能会奇怪为什么这种哥伦比亚的蝴蝶会叫塞浦路斯闪蝶呢？估计当时发现它的专家对塞浦路斯情有独钟，或者说专家本人就是塞浦路斯人，所以才会把这种哥伦比亚蝶命名为塞浦路斯闪蝶，事实上它并不在塞浦路斯。

美国的国蝶叫帝王金斑蝶，这是一种能够长距离飞行的蝴蝶，每年都会从美国甚至加拿大飞到墨西哥去越冬，整个飞行距离长达 4000 到 5000 公里，而且是直线。由于它在飞行过程当中不一定飞直线，有的专家认为它们可能要飞上万公里才到其越冬地墨西哥中部的丛林。由于这种坚韧不拔的精神和它华丽外表，美国人认为它体现了美国精神，因此把它选为美国国蝶。

除了珍稀种类，四川西部还出产很多著名的观赏蝴蝶种类。每年春天，暖阳高照时，我常常在考察途中遇到大群蝴蝶在沙地上吸水。这些蝴蝶全是白色的，它们主要由黑纹粉蝶组成，其中混杂着几种箭凤蝶。箭凤蝶是一类奇妙的蝴蝶。这个类群因为后翅具有剑一样的长尾而得名，它们每年只在 3 月中旬到 5 月上旬的短暂时间现身。它们飞行速度极快，能够在几分钟内从平地上升到千米高空，所以又有了“升天凤蝶”的别名。箭环蝶是四川西部低海拔竹林里最容易见到的大型美丽环蝶，常见的有最早发现于青城山的青城箭环蝶和鱼纹箭环蝶两种。它们的翅膀周边有一排箭镞形状的黑斑，小的像古代兵器里的矛头，大的像黑色金鱼图案，因此得名。每年 7 月底到 8 月中旬，是箭环蝶大量出现的时间段，它们喜欢在竹林间成群活动，在树荫下或竹丛中穿梭飞行，黎明或傍晚时尤其活跃。在一些幽深的竹林小道上，它们橙黄色的身影忽上忽下地飘移着，仿佛随风飞舞的菊花。箭环蝶翅的腹面中间有一纵列红褐色，酷似眼睛的圆形斑，斑列内侧有两条暗褐色线纹。在有的个体上，这两条线纹会勾勒出近似维纳斯人形侧影的图案，因此有人把它们称为“维纳斯蝶”。

大名鼎鼎的枯叶蛱蝶是世界著名的拟态物种。作为蝶类中的拟态典型，它们应该是知名度最高的蝴蝶种类了。在大多数人的印象里，这是一种很珍贵的蝴蝶，其实虽然它们数量不算多，但是分布很广，成都市区内偶尔也能够见到。它们的幼虫是以蓼科植物为食的，这些植物生命力非常顽强，可以在许多被人们遗

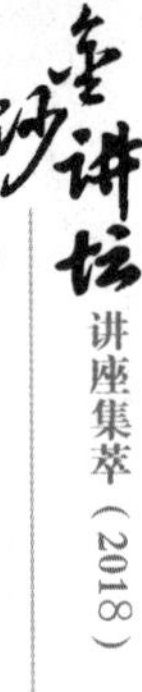

忘的荒地里生长。当它张开翅膀时，却会呈现出让人惊艳的美丽——紫褐色的翅面上反射着藏青色的光泽，一条橙黄色的宽阔斜带横贯翅中部，这些色彩搭在一起，产生了一种雍容华美的效果，与朴素的腹面产生了强烈的反差。在丛林深处的树干上，它们很难被发现。但是，它们这种模仿枯叶的本领并非天衣无缝，仔细观察后就不难发现，它们停留在树干上时，往往是头向下倒立的，这和一般叶片的生长方向正好相反！

模仿树叶不是枯叶蛱蝶的专利，在四川的丛林里，还生活着另一种“模仿专家”，它们的名字叫美目蛱蝶。美目蛱蝶是成都地区比较常见的一种蝶类，分布在平原和低海拔山地，它比枯叶蛱蝶的体型略小。秋天它的翅膀合拢时，极像一片边缘缺损的枯叶。

宽尾凤蝶 110 年前曾在青城山等地区有采集记录，后来再没有被发现过，一度被认为已经从成都地区消失。但是通过我馆的调查，发现它们在青城山地区海拔 800 至 1000 米的地域内重新出现。宽尾凤蝶的重返估计是由于近年来成都地区环境保护力度的加大和青城山区地震后滑坡，山体上某些木兰科寄主植物由于没有了原先高大树木的遮挡，作为先驱植物在滑坡山体上首先生长起来有关。这和台湾地区“921 大地震”后山崩地区宽尾凤蝶数量增加的观测结果不谋而合，证明地震对于自然物种的更替有影响。我们认为地震带来的不一定都是坏处，它有可能也会促进一些新物种重新出现在这个地区。世界上的宽尾凤蝶只有一个属两个种，一种生活在中国大陆，还有一种生活在中国台湾。台湾地区把宽尾凤蝶列为一级保护动物，如果非法捕捉一只罚款 30 万台币，同时可能判两年拘役。在中国大陆，宽尾凤蝶只被列入国家保护有益和科研价值名目，还没有列入正式的官方法定名目。

四川蝴蝶的垂直海拔分布

南北走向的大河谷使从热带到寒带的蝴蝶种类在四川西部交融。大渡河南面的河谷是热带蝴蝶的世界，热带地区标志性的蝶种在这里均有分布。这些粉蝶科的蝴蝶与温带地区的同类相比，色彩特别艳丽，热烈的朱红、鲜艳的明黄、隽雅的洁白、浓厚的纯黑被它们毫不吝啬地在翅膀上激情挥洒，构成了一幅幅仿佛毕加索创作的印象派画面。

随着海拔或者纬度的升高，四川蝴蝶分布特征也在迅速地变化。首先是同一种类的外形或色斑发生变化。例如，夏秋之交，海拔 800 米以下活动的大凤蝶雌蝶，都拖着一对凤蝶科典型的尾突，而到了 800 米以上区域，尾突就从这种蝴蝶身上消失了，后翅的白斑却变得更加发达。

接着是种类的更替，海拔 2000 米以上，除适应性和生命力都极强的大绢斑蝶和麝凤蝶类群悠然来往外，大凤蝶、金裳凤蝶、斑粉蝶类等热带蝴蝶已经彻底退出了舞台。在海拔 2000 米左右星星点点的野花丛中，只有各种亚热带和温带地区的蝴蝶活泼地飞来飞去，如翅膀反射着紫、蓝或金色金属光泽的紫彩灰蝶、蓝彩灰蝶、金色彩灰蝶等。

克里翠凰蝴蝶是一种非常稀有的蝴蝶，在国际上也是很受收藏家青睐的，在川西地区主要分布在雅安和甘孜州和阿坝州海拔 2500 米以上的地区，是世界上海拔分布最高的蝴蝶之一。这种蝴蝶具有纵贯后翅，反射着金属光彩的艳丽蓝绿色带纹。由于这个种类的蝴蝶全球只在以四川地区为中心的少数山地有分布，因此一般介绍蝴蝶的书籍都将它们列为世界的珍稀蝴蝶。

在海拔 3500 至 5000 米左右的高寒山区，栖息着一类奇特的蝴蝶。它们的翅膀呈现像丝绸一样的白色，宽大且呈圆角，翅膀上布满腊质，鳞片稀疏，看上去如同是用半透明的薄绢制成。在淡白色底色上往往缀饰着珠红或深蓝色的圆斑，既显得淡雅又衬托出华贵。这便是高山的主人、举世闻名的绢蝶科蝶类。它分布在高海拔地区或者是极寒地区，它们的飞行能力并不是太强，但是却能够在一些恶劣的环境里生活。我国有 36 种绢蝶科种类，划分成 200 余个亚种，占全世界已知 52 种绢蝶科种类的大部分，无论从绢蝶种类数或是族群数量上看，均可称全球之冠。四川西部是中国最著名的绢蝶产地之一，盛产绢蝶科中最为珍稀的一些种类。它们以高寒山区的罂粟科和景天科植物为食，耐寒能力极强。绢蝶的身体上披着柔软的长毛，其奇特的身体构造和生活方式与高海拔环境相适应，所以说这些蝴蝶即使在高山上零度左右的气温也不会被冻死，在气温上升到 10 度的时候绢蝶就可以飞行，在气温上升到 15 度的时候绢蝶就可以自由飞行。一般来说，低海拔蝶类要在 20 度左右的温度时才比较活跃，然而绢蝶在气温达到 10 度的时候就可以正常飞行了。高山的天气变幻莫测，晴空万里时，地面气温很容易达到 20 度以上，但只要太阳一被云层遮挡，很快又会下降到几度，接着便是雨雪交加。而高海拔地区的蝴蝶似乎有预知的本能，只要太阳一躲入云中，哪怕只有一两分钟，它们也会立即停止飞动，静伏在草丛中或砾石缝下等背风处藏起来，刚才还是十分热闹的山坡转瞬间变得静悄悄的。然而只要太阳从云层中露脸几分钟后，它们又开始活跃起来。这一有趣的现象在高海拔地区尤为明显。

蝶类是世界上有记录的分布海拔最高的昆虫之一，它们活动的最高极限为海拔 5600 米的冰川，这个高度是其他大部分昆虫都无法企及的。四川的蝴蝶便是这项记录的创造者，雪线有多高，它们一般就能分布到多高。令人难以理解为什么这些表面上弱不禁风的小精灵竟有如此顽强的生命力。这其实是在亿万年的进

化过程中，以自然选择的方式来一步步实现的。越是与高山环境相适应，生存的希望也就越大，不适者最终在竞争中被淘汰。

华希昆虫博物馆及四川的一些珍稀昆虫

位于青城山脚下，被《纽约时报》等众多国外媒体称为“亚洲最大昆虫博物馆”的成都华希昆虫博物馆，2011 年 6 月在青城山建成并免费向公众开放，只要携带身份证登记一下就可以看。博物馆里收藏了大量各地的蝴蝶、昆虫标本，其中蝴蝶占我国已知种类的 95%以上，是国际学术界公认全球收藏中国蝴蝶种类最全的博物馆。展出的主要是川西地区的代表性品类，大概有 6 万多只。

除了蝴蝶，博物馆还收藏有很多昆虫种类，以观赏昆虫为主，包括世界最大与最小的昆虫种类、各国国蝶等，也包括大批国内过去从未展出过的世界各地的奇特昆虫。

博物馆除了展出大量称奇于世界的标本外，还拥有采用数千只著名观赏蝶种制作的蝴蝶树与蝴蝶柱、按照实物等比例精确放大的昆虫巨大仿真模型等颇具视觉冲击力的现代化展示设施。许多展品在世界独一无二或与世界顶级昆虫博物馆接轨。例如，30 倍等比例精确放大，体长 1 至 3 米却与真实昆虫一样拥有纤毫毕现细节的昆虫超仿真模型，完全按照国际一流博物馆展品标准设计制作。

川西地区不仅仅有许多珍稀的蝴蝶，近年博物馆在川西发现的许多其他珍稀的昆虫种类也引起了国际学术界和媒体的广泛关注，如在青城山发现的 2016 年获得吉尼斯世界纪录的世界最大水生昆虫——越中巨齿蛉。每年的 5 月底可以在青城山看到越中巨齿蛉，这种昆虫喜欢在晚上出现，在遇见它的时候千万不要捕捉它，因为它的大钳子非常厉害，如果不小心被它钳住会非常疼甚至会流血。

世界上最大的昆虫是 2017 年 9 月份获得吉尼斯世界纪录的中国巨竹节虫。这种昆虫全长 64 厘米，最初是在广西发现的，它的分布非常狭窄，只在北回归线附近分布。根据我们最近两年的调查，它只在北回归线两侧大约 50 公里之内，海拔 1500 到 2000 米之间分布。我们当时发现这种昆虫以后带回了成都，然后在成都成功进行人工繁育，创下吉尼斯世界纪录的这一只 64 厘米个体就是在成都长大的，所以它算是成都的一种本土昆虫。这种昆虫目前在华希昆虫博物馆里面已经饲养了很多，2018 年繁殖了好几百只，不知道有没有更大个体打破 2017 年的吉尼斯世界纪录。

长尾大长蛾也叫红尾大长蛾，是一种红色的像风筝一样的蛾子，它的尾巴长达 15 厘米，非常大。天齿长尾大长蛾呈绿色，它比红尾大长蛾还要大一些。天齿长尾大长蛾是一种比较稀有的蛾类，目前来说只在越南、我国云南省少数地区和四川发现过。它的上一次发现还是在20世纪50年代，直到最近两年才在云南和四川再次被发现，可见这种蛾子的稀有性。所以川西除了蝴蝶以外还有很多漂亮的蛾子。

绿尾大蛾的尾巴比较短，它跟红尾大蛾和天齿长尾大长蛾相比好像不是很好看，但是翅膀更宽大一些，相对于这两个种，它比较常见。在夏秋之交的时候，在成都地区晚上的路灯下，即使在市区都有机会看到这种蛾子。

最近几年我在青城山都看到过阳长臂金龟，这种雄性具备10厘米以上超长前臂的金龟子，体长可达8厘米以上。华希昆虫博物馆收藏有一只采集自青城山的世界上最大的该种个体，体长达8.8厘米。这种超长前脚显然是无法用于行走的，甚至是运动的累赘，它真正的用途为何恐怕大多数人都猜不到：这对长脚与求爱有关。但是，庞大的身躯和过长的手臂显然妨碍了它们的活动能力，使它们的生存像恐龙和猛犸一样面临着危机。在20世纪初的各种昆虫图鉴中，它们就已经被描述成非常珍稀的甲虫，一本20世纪20年代出版的杂志上，记载着当时的昆虫研究者曾经以每只8银圆的高价在四川峨眉山收购这类甲虫，而那时一担米的价格还不到一个银圆。

华希昆虫博物馆由于现有展馆面积有限，目前只能展出3%的藏品，大量极具展出价值的藏品只能保存在库房中。我们正在积极争取建设新的展馆，将更多藏品向观众展示。我们希望尽可能地从科学和艺术的角度来展示昆虫，将大家带入它们的世界，让人们有机会欣赏到自然界微观之美，探索生命本质。

我在非洲保护野生动物

◎黄泓翔

黄泓翔，毕业于复旦大学新闻学院和哥伦比亚大学国际关系与公共事务学院。作为多家中外媒体的特约撰稿人和国际组织的特聘顾问，自2011年开始赴南美、非洲多国调研中国企业走出去遇到的环境与社会问题。福布斯中国2018年的30 Under 30入选者，入围奥斯卡的国际纪录片《象牙游戏》主角之一，被联合国和平大使珍古道尔称为“我的英雄”。

为什么我要到非洲做野生动物保护

我是广东人，从小就喜欢动物，特别喜欢野生动物。我小时候很喜欢看动物世界，也喜欢看一些冒险小说，很向往有一天能够到非洲的大草原去，到南美洲的亚马孙雨林去。小时候我觉得这样的地方离我非常遥远，好像一辈子都不会有机会到这样的地方去。这样的童年梦想，我只有一直放在心里而已。

2007—2011年作为一个非常普通的大学生，我到上海复旦大学新闻学院读本科。在大学期间，我有一种非常深的迷茫感，觉得找不到有什么事情是我特别喜欢的，不清楚我以后到底要做什么样的工作。为了解答这样一个迷茫，我做了很多的尝试：去了媒体实习，到政府部门挂职，到咨询公司、广告公司实习，也在国内的公益组织尝试做一些实习，但很遗憾，尝试完这些以后我还是没有找到我喜欢的。再看身边的同学，大家基本上想的是毕业后要么去金融业，要么去做咨询，要么去做快速消费品，要么去地产行业。我问他们，“你们很喜欢你们做的或者是你们要做的这些事情吗?”他们说不就是一份工作而已吗？我当时在想，这个世界上真的就只有这样的可能吗？我们做工作，不能跟我们热爱的东西关联起来吗？或者说我们的工作仅仅只是一份工作而已吗?

2011年我到哥伦比亚大学（以下简称哥大）读

书，那时候我发现眼前的世界发生了非常大的变化。首先是地域上，我发现我身边的老师同学都去过一些我觉得很遥远的地方，美洲、南美洲、中东等。如果说他们去过的地方是让我觉得震惊的其中一部分，同学们的状态是让我更加震惊的一部分。当时来自四面八方的同学，他们很多人都做过一些或者是即将要做一些我听都没听过的事情，如到联合国去消除世界上的极端贫穷，到南美洲去保护野生动物，到非洲去做一个非政府组织 NGO，到印度做一些社会运动去改善这个国家的社会问题。在我以前所知的世界里，根本就没有这样的一些职业选择或者说人生的路径，所以我对他们产生了非常大的好奇。有一天我悄悄问一个同学："你跟国外的学生一样是带着学生贷款来读的哥大，哥大的学费一点都不便宜，你不担心你以后去做扶贫公益这样的事情连你的贷款都还不了吗?"他当时就笑了。然后他给我介绍了一下国际组织是什么样的状态。他跟我说，"不管是做消除贫困的事情也好，做环境保护的事情也好，只要你做得好，收入一点都不低。如果你需要担心你赚不到足够的钱，那只说明一点，就是你做得不够好，仅此而已。"这些人给了我非常大的启发，让我看到非常不一样的世界，让我觉得我小时候的梦想是有可能实现的。

在哥大读书第一个学期的期末，一位来自厄瓜多尔的同学跟我说，"我们国家有好多中国人在吃野生动物。"我当时听了非常震惊，也很好奇，很想去看一下。于是我把纽约的学生宿舍租出去换了一张机票钱，飞到厄瓜多尔。到了之后，我在这个国家看到了好多中国人，有中国人在开餐厅，有中国人在修桥修路，有中国人在搞石油项目，有中国人在搞矿项目。当地有很多经济发展跟我们密不可分的同时，也确实有些环境问题跟我们有一定的关系。我意识到原来今天不管在非洲也好南美洲也好，很多离我们很遥远的地方都有中国人，当地的环境保护、社会发展问题都跟我们密切相关。

去了厄瓜多尔之后我采访了各种各样的人，像环保组织、当地政府、中国企业之类的，并写了一篇文章发表在中国的一家媒体上。在那之后，接下来的每个假期我都往南美跑，我又去了巴西，还是去做一些类似的调研。因为我有了一些相关的项目经历，后面我就再也不用花自己的钱了，因为学校里有老师想做这种课题时第一个想到的就是我。

2013 年我哥大毕业，那时候的我还没有去过非洲，但是我知道那是我非常想去的地方，也知道其实去非洲不是多么遥远的事情。很巧，2013 年底，南非有一个项目在招募中国记者到非洲做野生动物保护相关的调查报告，我申请了这个项目并且获得了这个机会。2013 年底我到达南非，最开始的时候我不是特别的理解，为什么他们要大老远找中国人到非洲做野生动物保护报道呢？当我走进非洲象牙市场的时候我便知道了。当地的朋友见到我两眼放光，满面微笑，他们

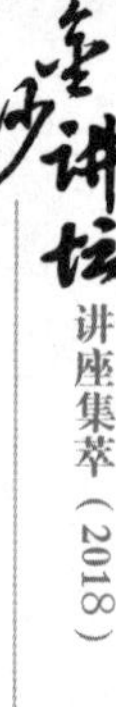

用中文跟我说：“我们有象牙，有犀牛角，不贵。”在接下来的 3 个月，我在南非、纳米比亚、莫桑比克做了一些关于象牙、犀牛角的调查。

在这个过程中我逐渐了解到，非洲有很多野生动物濒临灭绝，其中大象濒临灭绝有个重要的原因就是象牙贸易。大象的象牙有三分之一是长在头里面的，也就是说如果你想要获得一颗完整的象牙，就要把大象的头削下来。有一些中国人参与到象牙、犀牛角的贸易中，产生了不好的影响。我花了 3 个月时间做了这样一些调查之后，又在国内和国际的媒体上发表了一些文章，主要是讲象牙贸易和犀牛角贸易到底是怎么一回事。然后就有一些国际野生动物保护组织找到我，这些人跟我说，他们其实一直在做调查。用我们中国人话说就是钓鱼执法，假装是买家，把走私贩和他们的货物引到一个地点，然后警察会把他们逮捕。但是这些走私犯其实很狡猾的，本地人或者白人假装买家的时候，很多时候他们都不信。国际调查组织的人就跟我说，“你知道吗？当他们听到你这带着浓厚中国口音的英语之后就会放心很多。”接下来我就开始尝试去帮他们做这样的调查，不再是以报道为目的，而是帮助他们去抓捕走私犯。

2014 年，我们遇到了一位来自奥地利的电影导演，他说象牙贸易在国际上非常受关注，有一部纪录片叫《白鲸》，它由希拉里·克林顿配音，由此可见象牙贸易在国际上是一个多么热门的话题。但是他跟我说，这部纪录片非常不客观，非常片面，在这样的纪录片里面，会看到几个白人跑到象牙店去偷拍，他们就是正义的使者，他们是好人；影片里面的非洲人，一定是那些杀大象取象牙的人，是坏人；在这部影片里一定会看到中国人，他们是那些买象牙，导致非洲大象被杀的最坏的坏人。他想拍一部更全面、更客观的纪录片去讲象牙贸易，让人们看到，无论是非洲人、中国人或者白人都是有好人也有坏人的。所以他跟我说想把我拍进去，犹豫半天之后我同意了。影片从 2014 年开拍，到 2016 年底上映，执行制片人是莱昂纳多·迪卡普里奥，2017 年入围奥斯卡奖。这部影片叫《象牙游戏》。

这段经历之后，尤其是影片这件事情发生以后，有很多野生动物保护组织的朋友都很不高兴，他们跟我说，“黄泓翔你知道吗？你知道在国际上一个像你这样的中国调查人员有多么珍贵吗？你为什么要去参与这样一部影片的拍摄？”

“第一，你给自己带来了很多潜在的风险，你做完调查就走，别人不可能找到你。你要去参与这样一部影片的拍摄，并且露出自己的脸，对你有一定的风险。”

“第二，你以后不能再做调查人员的工作，对你来说丧失了一个工作机会。”为什么叫丧失了一个工作机会呢？因为不要一想到野生动物保护就是志愿者，就好像我自己，我不是一名野生动物保护志愿者。当我去做调查的时候，有时是没有工资的，尤其是对方是一个比较穷的组织时。但如果合作的是一个比较有钱的国际机构，是有工资的，一天的工资可能高达两三百美金，一点也不低。在国际上野生动物保护是专业的工作，绝对不是志愿者发善心做的事情。

“第三，你再不能做这样的调查了，对很多调查行动来说是很大的损失。”其实我做的这个事情太简单了，只要长着一张中国人的脸基本上都能做。我能做的事情，在中国有千千万万的中国人都可以做，为什么有人会觉得这样的调查人员在国际上很珍贵呢？因为在中国很少有人了解 NGO、非政府组织，野生动物保护是什么东西？是给大象洗澡吗？是给大象喂喂草吗？到底这些东西是什么？我们怎么样才能参与到这样的事情之中？如果你让中国人去了解这些事情，并且告诉他们怎样才能参与进来，其实在中国有千千万万的人能够参与其中。一个人是不能改变世界的，一群人是有可能的。

中南屋

2014 年，我在肯尼亚成立了一个组织——中南屋。中是中国的意思，南是发展中国家的意思，屋就是屋子的屋，就是一个对话的空间。大家感兴趣的话在微信上可以搜到公众号。我为什么要做这件事情呢？

第一，中国和世界之间有很大的沟通隔阂。我们不是很了解外面的世界，外面的世界也不了解我们。就好像很多外国人可能会觉得，中国人都买象牙、都吃狗肉，这显然是不正确的。而很多中国人一想到野生动物保护就联想到志愿者。这样的沟通隔阂需要弥补。

第二，中国的青年人可以扮演一个很特殊的角色。比如说我，一方面我是中国人，会说中文，了解中国文化，所以有很多东西可以跟中国人沟通，向他们传达一些东西；另一方面，我会说英语，有国际视野，可以理解国外 NGO、环保组织、环保运动、动物保护，以及西方媒体到底是怎么回事。当你处于这样的角色的时候，可以成为中国和世界之间沟通的桥梁。

第三，在非洲和南美洲，我看到好多西方背景的 NGO、非政府组织，还有一些青年组织，他们会输送大量欧美的年轻人，甚至是日本、韩国的年轻人到非洲和南美洲去做调研，却很少看到中国年轻人的面孔，以至于我们在那边跟当地人打交道时他们会说：“天啦，这是我第一次跟活的中国人说话。”

于是，我成立了中南屋，想通过这样的组织去搭建一个平台，给中国的青年人创造走进非洲做调研、做社会实践的机会，做西方年轻人已经做了很久很久的事情。倒不是说他们做的事情就真的能改变非洲，但当地人会通过他们去了解真

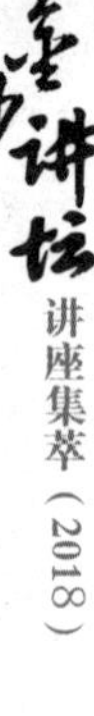

正的中国人是什么样子，而中国人也可以了解真实的非洲。我们相信当这些年轻人成长起来以后，他们到中国的公司里面去，到中国的政府里面去，到国际组织里去，我们跟世界的互动很可能会发生不一样的变化。

具体来说我们会做一些什么样的事情呢？我还是以野生动物保护为例好了。野生动物保护也好，扶贫也好，NGO 做的各种事情，或者称之为国际公益也好，都不是大家发发善心做慈善、做好事，不是这样的概念。这是一种非常专业的工作，跟在国内做金融、做地产、做咨询没有太大的区别，是非常专业的一个行业。在专业野生动物保护领域里，会分为非常多不一样的工作。比方说，有的人做栖息地保护，确保在非洲有一些地方能够被围起来，不要人进去，不建房子，把这样的地方留给动物；有些人做野生动物的研究，如研究大象的迁徙；有的人会去做反盗猎，拿着枪也好，各种各样的东西也好，去巡逻打击盗猎者；有的人会去做反走私，就好像我参与的那样，通过调查去打击走私团伙；有的人可能会去做社区教育，在这个过程中影响当地的村民；还有的人会去一些地方做宣传。

当我们带中国的青年人去非洲了解做动物保护相关的一些项目的时候，我们可能会做什么呢？在非洲大象濒临灭绝除了有象牙贸易之外，还有一个很重要的原因叫人象冲突。简单来说大象会去吃农作物，对农民来说农作物就是孩子的学费，是他们的医药费。你吃我的农作物我就要你的命，这是非洲当地农民的基本心态。我们会带着一些中国青年人，从中国带去一些资金，帮他们在农田上安装一种太阳能灯，做围栏，到晚上这种灯就会一闪一闪的，通过这样的方法来减少大象袭击，减少当地农民对大象的仇恨。

野生动物保护是不是整天跟动物在一起呢？如果你看到一个人整天跟动物在一起，他是不是就在做野生动物保护呢？其实这两个东西不能画等号。野生动物保护有很大一部分工作跟直接接触动物无关。

如果大家有机会去看看《象牙游戏》这部影片，其实猎杀大象是很危险的事情，搞不好会被踩死。2018 年年初在南非发生了一件事情，几个盗猎者到保护区去盗猎犀牛，很不幸他们遇到了一群狮子，隔天大家发现他们的时候就只剩下一堆衣服了。既然这件事风险这么大，盗猎者为什么还要去做呢？很简单，因为穷，需要钱。所以动物保护组织经常要做一件事情，叫替代性升级，或者说社区经济发展。比方说在肯尼亚东部有这么一个项目，一个村庄以前有很多人去盗猎，因为穷。但我们发现这个村庄里面的一些女性有做一些手工艺品来自己用，我们就帮她们把手工艺品卖出来，尤其是卖到中国，帮她们获得一定的经济收入。在这个过程中，我们会跟她们说，不用去盗猎，盗猎可能被动物杀死，也可能被抓起来坐牢。教会村民用其他方法去赚钱就叫替代性升级。

保护野生动物这个的概念，或者说公益这个概念，我们接触越来越多之后就会发现它跟我们想象的不同。我们国内讲到做公益的人，都会想到无私、伟大、奉献等词语。但是我们有多少人愿意成为他们呢？有多少家长希望自己的孩子去长时间地做那些公益人做的事情呢？我在国内公益机构实习的时候，非常敬佩做公益的人，但坦白讲我并不羡慕他们。然而我到国外后，很羡慕那些做国际公益的人。这些做公益的人是非常开心快乐地在做这样的事情，而且这里面没有无私奉献、没有牺牲，这跟国际公益的运作方式跟国内不同有关。

我们可能听说过一个新闻，世界上最后一头雄性白犀牛苏丹死了。苏丹生活在肯尼亚的一个动物保护区，叫佩杰塔保护区。2018 年年初的时候，我带着中南屋的学生去非洲做各种的课题和学习，我们到了佩杰塔保护区。刚到保护区门口我的学生就震惊了，因为他们发现保护区要门票，一个人一天九十多美金，比一些公有的保护区还要贵很多。进去了之后，有高级酒店，还有很多旅游项目，只要交钱就可以去看他们怎么喂黑猩猩；只要交钱，就可以和世界上最后的白犀牛合影。这不是打着公益的旗号骗钱吗？随着对保护区的逐渐了解，我们看到了跟想象中完全不一样的系统。首先佩杰塔保护区 70％的收入不是来自捐赠，而来自旅游业，即自我造血。非洲有非常多的动物保护区，里边都有巡逻员，巡逻员见到盗猎者的第一反应是什么呢？躲起来，为什么？因为他们身上拿着木棍、弓箭，或者打一枪要装几分钟子弹的老式步枪。而那些专业的盗猎团伙，他们有钱，拿的都是 Ak 等自动武器。一个巡逻员给我讲过一件伤心的事，有一次他发现了盗猎团伙，他们就在他面前杀大象，但是他没有办法，对方一群人拿着专业的步枪，他自己却拿着老式步枪，他真的不敢走出去，就躲在后面的树丛，看着他们猎杀大象。但佩杰塔保护区不同，因为它能够自己造血，给自己赚足够多的钱，可以雇佣得起非常好的工作人员，给他们配备好的装备，还把他们送到德国去训练，而且还有 GPS 监控整个地区。通过这样的方式，他们把自己变成了一个非常棒的保护区，一般的盗猎者根本不敢到这个地方来盗猎。

我一直在研究中国人走进非洲、南美洲的问题，我们经常会觉得中国人在非洲不够融入非洲。半年前我跟美国一个学者朋友聊天的时候，他有一句话突然触动了我。他说，“你老说中国人融入非洲，你觉得中国人在美国融入美国了吗？”听到这句话我愣住了。我的这位朋友说，“你们中国学生到了美国还是跟中国学生一起玩，还是在聊中国的话题。最后毕业了也没有了解美国怎么运作，在当地也找不到什么特别好的工作，要么回国，要么做一些只有中国人才能做的事情，要么做一些美国人不太愿意做的事。你觉得你们中国企业在美国融入美国了吗？你去看中国特别好的一些公司，比如说一些著名的通信企业，非常强大，但是到了美国以后，不了解在当地该如何去运作。”

现在有很多来自中国的青少年学生，小到初中生、高中生，大到大学生、研

究生、博士生，他们比我读书的时候优秀了很多，而且机会比当年多了很多。但是我在他们身上看到跟我当时很相似的一个点，就是迷茫。我问他们以后的理想是什么？没有理想。以后想要做什么呢？不是很清楚，什么都可以吧。那喜欢什么呢？好像也不是特别清楚。听完这些话以后我觉得很震惊，怎么可能呢？我们就不要说欧美了，即便在非洲的肯尼亚，到学校去问小孩子，他们很多时候都能给一个很清晰的答案，如以后要做宇航员，要当律师，要当肯尼亚第一个微生物科学家……但是这样的东西在中国学生身上看不到，为什么呢？我们从小到大的成长过程中，周围看到的世界是非常同质的，有一套很主流的价值观，有很多很主流的选择，以至于我们根本不知道还有别的选择，因为在这样的情况下你不能完全了解自己。当我们去到外面的世界，当我们看到一些我们从来没有想到过这辈子会做的事情之后，你可能会发现，原来这个世界上还有这么多可能，而在我们接触世界与世界互动的过程中，我们也会了解原来我喜欢这个，原来我挺擅长做这个事情的。

当我看到外面的世界之后我会这么看人生的状态，我觉得它有三个层次。

第一个层次是你能解决温饱问题，即不用担心挨饿或者没有地方住。按照普莱恩的说法，只要你把事情做得够好，你一定不用担心这些。你想你做动物保护和消除贫困都能养活自己，还有什么理由不能养活自己呢？

第二个层次是做自己有兴趣的事。比如说明天是星期一，你不是想到不想去上班，而是，天啦，又要去做这件事情了，好有意思啊。

第三个层次是做有意义的事情。我到过非洲和南美洲，曾在亚马孙雨林的河道上坐着独木舟看着满天的星空，在非洲的大草原上看到像鲜血一样的落日，看到各种各样神奇的动物，遇到好多奇奇怪怪的人……我在走出去的过程中，发现原来有这么多有意思的事情。当你走出去逐渐了解了这个世界，也逐渐了解了自己之后，你会看到原来在你自己和你的世界之间有一条非常清晰的属于你的路。我经常会说，我觉得中国青年人里面我自己算资质平庸的，如果我能做到这样一些东西，中国的年轻人完全可以比我做得更好。

地质旅游　发现旅途中的美

◎李忠东

李忠东，四川省地矿局物探队副总工程师，中国科普作家协会旅游科普专委会副主任，知名旅游地质专家、旅游科普作家。出版有《香巴拉之魂——秘境稻城》《天下四川》《四川地质公园科普读物——世界地质公园卷（上、下）》《大地绽放的景观群——新疆地质遗迹》等著作，其中《四川地质公园科普读物——世界地质公园卷（上、下）》获2015年全国优秀科普图书、全国优秀旅游地学著作奖。

什么是地质旅游呢？地质旅游就是地质和旅游相结合的一个边缘学科，因为我们发现，旅游离不开地质。所有的旅游要素都是建立在地质的基础之上，另外，很多自然景观本身就是地质作用形成的，它是地球演化的结果。例如，黄山是花岗岩地貌，九寨沟是高含岩溶，五大连池是火山地貌，所以旅游是离不开地质的。九寨沟发生地震以后，很多人担心九寨沟的水会消失，五彩斑斓的海子会消失，人间天堂会消失。为了回答这个问题，我们组织了大量人员到九寨沟去调查，得出结论：它的地质环境并没有发生根本性的改变，九寨沟依然会美丽。这个就是旅游地质，这就是地质为旅游解决的问题。

同时，旅游地质也叫地质旅游，它是一个非常好的旅行方式，它让我们每一次旅行都像是在探险，让我们走进自然之心而不是仅仅满足耳目之悦。旅游加地质是一个非常好的组合，它可以帮我们寻找到新的景区，它可以帮我们解读自然山水，它可以告诉我们，我们看到的每一座山、每一条河、每一处景观的来龙去脉、今生前世。旅游地质有一个孩子，就叫地质公园。它是地质工作者所倡导，由地质学倡导建立的，是联合国教科文组织三大自然遗产保护方式之一：第一个是世界自然遗产，第二个是人与生物圈，第三个就是世界地质公园。

旅游地质——发现的力量

旅游地质，简单地说就是从地质的角度去审视自然，是一种发现的力量。我们现在分享几个发现的故事。

第一个，哥伦布的一次迷航发现了新大陆。哥伦布是意大利人，他曾经四次在西班牙的支持下横渡大西洋到达美洲大陆，但是直到他1516年去世的时候，他都一直以为到达的是印度，而不是一个人类从来没有发现的地方——美洲大陆。

第二个，张骞出使西域。张骞当年出使西域的初衷是要绕到匈奴的背后去，联合大月氏共同对抗匈奴。但是他出师不利，刚刚走到河西走廊就被匈奴抓起来。匈奴为了阻止他继续往西行，还给他安排了一个匈奴的美女，想消磨他的意志，但是张骞一直在寻找脱逃的机会。匈奴内乱，张骞乘机逃回汉朝。张骞出使西域后汉夷文化交往频繁，中原文明通过“丝绸之路”迅速向四周传播。

第三个，玄奘说走就走的旅行。玄奘当年西行时唐太宗是不同意的，但是当他从西域回来的时候，唐太宗非但没有责怪他，反而召见他，因为唐太宗当时非常想了解西域的情况。当年玄奘回国以后，没有首先翻译从西天带回来的经书，而是先和他的弟子辩机完成了《大唐西域记》的编撰。

第四个，郑和下西洋。据说郑和下西洋的目的是朱棣为了寻找建文帝的下落。郑和七下西洋，每一次规模都很大，第一次带了28000人，66只大船，这是友好访问吗？不是，这可以说是示威或者说剿匪。郑和一次一次的剿匪行动反而成为世界历史上规模最大的一种海上探险活动。

地质发现旅游——三座山和寻找环崖丹霞的故事

第一座山，贡嘎山。四川多山，谁是蜀山之王呢？贡嘎山。它很高大，海拔7556米，是西南第一高山。它很奇峻，不仅高，而且惊险。花钱可以上珠峰但是上不了贡嘎山，这是流传在登山界的一句名言。贡嘎山以巨大的登山难度和极高的死亡率被登山家称之为山难大全，它的登山死亡率远超珠峰，仅次于梅岭雪山。因为我们难以征服，所以它是我们心中的王。

贡嘎山是极其神秘的，因为它降雨很多，经常云雾缭绕，是最难见真容的一座山。我们怎么欣赏贡嘎山呢？我想欣赏贡嘎山首先要欣赏它的高，极高山之美。在地质上5000米以上的山称之为极高山，“会当凌绝顶，一览众山小”，这是感观上的高度，跟着感觉走那是诗人，不是地质学家，也不是自然学家。5000米的高度是缺氧带来的头晕目眩，是6月飞雪的寒冷，5000米的高度诗人写不了诗，但是我们看极高山肯定是要关注它的高度，海拔高才是真的高。第二要欣赏贡嘎山的粗犷雄阔之美。我们在中原看到很多山是圆润的，但是极高山天际轮廓性是尖锐的，异军突起，山峰如锥，山脊如刃。贡嘎是冰川所形成的，冰川至尖至硬，它形成的山就非常粗犷，有阳刚之美。第三要欣赏贡嘎山的垂直带谱之美。垂直带谱就是说一座山随着高度变化，它的横向上会出现有规律的变化。贡嘎山因为很高所以它的地貌、气候、植被、动物都呈现垂直带谱之美。第四要欣赏贡嘎山景观多样性之美。有人说西藏的美是雄阔但不多样，但是四川的山往往非常多样，我们可以在一个很小的空间看到雪山、冰川、湖泊、森林、峡谷、河流、草甸、温泉等等，这个特点在西藏除了在藏东南，其他地方是看不到的。

从地理的角度我们分析了如何去欣赏贡嘎山，从地质的角度看，贡嘎山也有它的特点。首先这是一座断块山，是多条断层切割形成的山，还是一个不断生长的山，它至今能以每年7.8毫米的速度往上生长。同时这是一座行走的山，据科学家研究，10万年以来，它的主峰断块一直沿着康定至摩西断裂带水平滑动。10万年它滑动了两到三公里，就是说十万年前贡嘎山的位置不是现在的位置。它也是一座地震频发的山，所以从地质的角度也可以去欣赏这座山。

第二座山，峨眉山。在峨眉山我们能看到什么？日出、云海、佛光、森林、舍身崖、猴子等。假如我们换一个角度，从空中或者从远处去看峨眉山，会呈现一个什么样的状态？它的山顶是平的，是微微倾斜的平面，山的四周绝壁临空，它像一张桌子浮悬在空中。为什么会是这样？寻找其原因就是地质旅游的一个职责。我们发现在峨眉山的顶上有一层火山岩叫峨眉山玄武岩，它非常坚硬，对峨眉山起到一个保护的作用。峨眉山玄武岩的命名者叫赵亚曾，是一个非常年轻的地质学家，他在峨眉山命名了这种岩石，但是他在云南昭通被土匪杀掉了，年仅29岁。峨眉山玄武岩很厉害，因为它喷发于大概2.5亿年前，规模非常大，它喷发以后覆盖的面积大概50万平方公里，形成了亚洲的三大土层岩石。

第三座山，光雾山。想到光雾山我们就会想到红叶及美丽的秋色。“米仓红叶甲天下”，这是固化在我们脑海里的形象。光雾山很奇怪，一年只有一季，只有红叶季，一年只有一个月，一个月的旺季。其实光雾山是南北过渡岩溶的典型带，有非常漂亮的秋景，也有非常漂亮的春景。

三座山给了我们什么样的启示？贡嘎山让我们知道我们的认识有局限性；峨眉山告诉我们每座山都有我们不知道的内涵和价值；光雾山告诉我们不要沉溺于色彩，不要被色彩所误。

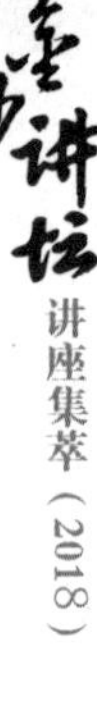

“丹霞夹明月，华星出云间”，这是曹丕的诗，他当年写下这首诗来形容云彩的丹霞，他没有想到最终这个词会成为一座山的词——丹霞山，会成为一个红色地貌的名字。丹霞地貌是我国地质学家所命名的地貌类型，它的命名地在广东韶关丹霞山。丹霞地貌命名提出来以后，大家对它的定义和内涵争议很大，但是对丹霞地貌的形态、颜色是有共识的。在形态上它需要顶平、身陡，颜色上一定是红色，要不然怎么叫丹霞，这是对丹霞的一个最基本的定义。

2010 年，包括广东丹霞山在内的 6 个丹霞地貌区以中国丹霞名义成功申报世界自然遗产，这是我国地貌学的一次成功，最终这个自然遗产命名为中国丹霞，也是我们的骄傲。但是我们发现，当把 6 座丹霞地貌放在一起的时候，除了贵州赤水以外，丹霞地貌都有一个共同特点，就是其山峰、石柱规模宏大，造型奇特，色彩艳丽。贵州赤水的丹霞地貌全部隐藏在丛林里和沟里，我们在宏观上看是看不到的，只有沿着沟谷进去以后，在水的深处才会看到红色的崖壁，才会看到丹霞地貌。更为奇特的是，在这些沟谷里我们发现很多环形的绝壁，它通体赤红，后缘往往有瀑布高悬，非常壮观。我们就很奇怪这个地方的丹霞为什么和其他地方不一样呢？所以我们就开展了对这种丹霞的调查。

首先，我们发现在环崖丹霞沟谷里有非常独特的生态系统，这个沟里面一般都有桫椤生长。江津四面山著名的望江台瀑布，它其实就是环崖丹霞，非常壮观，于是我们把所有发现的东西全部放在一起来看，一条川、渝、黔环崖丹霞就浮现在我们面前。当地人把这种地貌称之为岩洞，我们决定用环崖丹霞来命名这种丹霞，它的特点表现在顶平、环崖、悬瀑三个方面。其次，2016 年我们又在马边县与屏山县交界的山脊上发现有连续 12 个连圈大岩圈，它们环环相扣，通体赤红，非常壮观。于是这条环崖丹霞就更加清晰地浮现在大家面前，它西起乐山的马边、屏山，向南延伸到叙永、古蔺、赤水，然后往东到合川、合江、江津，最终点在綦江的老林山。

2017 年中国国家地理对环崖丹霞进行了报道，我们在马边发现的 12 个绝壁的环崖丹霞也入选了“四川再发现 100 个最佳观景点”，也就是说，经过我们的努力，环崖丹霞正式向公众推出。这就是旅游地质带来的新发现，旅游地质可以发现新景区。2018 年 7 月，我们在马边的旁边屏山县又发现了大量环崖丹霞景观，非常漂亮。我们正准备把这个地方建成一个新的地质公园，不久的将来会和大家见面，它的名字就叫屏山环崖丹霞地质公园。

从地质的角度看四川

从地质的角度和其他的角度看四川有什么不一样？四川的地貌非常有特点，东西两边界限分明，脉络清晰，西面是青藏高原，东面是四川盆地，中央部分是富饶的天府之国，有五千年的文化沉淀。西域的豪迈，盆地的厚重、深沉，山地的倔强都在这里体现，这就是真实的四川。

四川的美当然是横断山，因为横断山是非常神奇的山，也是一座独一无二的山。横断山位于青藏高原东部，青藏高原是一个巨大的山脉体系，构成这个体系的昆仑山、喀喇昆仑山、冈底斯山、唐古拉山、喜马拉雅山基本上是从西向东延伸的。但是横断山不一样，横断山突然转向，呈南北走向，同时在转向的过程中，山脉空间被极大缩短，在四川、西藏、云南三地不到 60 公里范围内奇迹般容纳了三个山脉和四江并行而行。我们该如何欣赏横断山？

横断山当然是看极高山之美。横断山的几座极高山有四姑娘山、亚拉雪山、大雪山。横断山具有独特的地貌格局，地势高亢、冰峰雪岭，层次感非常强，这是我们欣赏的奇峻之美。还有崎岖之美，横断山位于四川最高一级地貌单元青藏高原向第二极地貌单元云贵高原和四川盆地的过渡间，它江河纵横，水系密布，尤其是它的峡谷，无论是规模还是数量都居全国第一，也是在世界上排列前茅的。

欣赏横断山也欣赏其生物多样性之美。横断山是南北走向，与众不同，它形成了很多独特的东西，生物多样性就是其中的一种。喜马拉雅山隆起以后印度洋暖湿气流没有办法进入青藏高原，使青藏高原变得越来越干旱和寒冷。但是横断山是南北走向，印度洋的暖湿气流就可以通过横断山的河谷水气通道进入青藏高原东南部。它造成了整个青藏高原东南部包括横断山大量的降雪，形成大量的海洋性冰川。它还造成了生物多样性与复杂性。横断山是全球公认的生物多样性热点地区和我国生物多样性保护关键区域，我国 60%的物种在这里都可以找到，而且南北东西的物种都在这里汇聚。横断山脉的河谷是一个植物的避难所。横断山地理的复杂性造成了生物变异和分化，它是植物分化和变异的摇篮。青藏高原曾经是一个海洋，后来海洋退缩，高原隆起成了陆地，在第四纪冰期，其他生物因为寒冷都灭绝掉了，但是由于横断山特殊的地理环境，峡谷温差比较大，而且又有印度洋暖湿气流的滋润，所以很多物种就在这里保存下来了，成为我们今天出现的活化石。

横断山还有打乱了时令的干热河谷。四周被温暖、湿润所包围的干旱地区叫

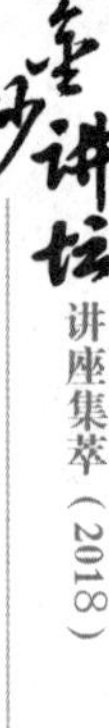

干热河谷，它和湿润地区半湿润地区形成了非常大的差异。横断山的山脉走向是南北向，大体垂直于西南季风和东南季风。山脉的迎风力截留了很多降水，但是背后少雨，尤其下山峰又增温，在河谷里就出现了很多干旱现象，这就是干热河谷。横断山干热河谷分布非常多，从北纬 24 度到 32 度都有，我们所熟悉的金沙江、大渡河、雅砻江、岷江、澜沧江、怒江都有分布。干热河谷虽然气候干，对植物生长非常不利，但是因为里面光热条件好，很多热带和亚热带植物在这里都能生长。例如，凤凰木、仙人掌这些在西双版纳看到的植物往往在金沙江等干热河谷就能见到，本来属于亚热带的芒果、火龙果，在四川攀枝花就可以大量种植。

横断山还有一个特点，它既是通道，又是孤岛。20 世纪 70 年代横断山有藏彝走廊的概念，这是公认的中华民族迁徙的通道。这个地区能拥有走廊文化，成为民族交合区域和农牧交错地带，与横断山独特的地理条件有关系。翻开中华民族的分布图我们发现一个现象，以横断山为界，北部、南部的少数民族聚居非常多，但是东侧是汉族，西侧是藏族。北方气候非常恶劣，但是有广袤的草原，非常适合游牧民族。但是它的资源有限，部落之间经常征战，打败了的一方往往朝横断山跑，横断山成为南北通道。他们看到一个适合的地方就停下来，以这个地方为家。北方的很多民族我们在横断山是可以找到的。例如，发源于青海和甘肃的米羌族也是从西北地区来的民族，更有一支与其他羌族绝缘的羌族，最终退居在四川与云南交界的泸沽湖这一带，成为母系社会特有的一个族群——摩梭人。

四川的美还在于有中国的桌状山群。在中国四川盆地西南有三座桌状山，称之为中国的桌状山群即东峰峨眉山、北峰瓦屋山、西峰大瓦山，它们呈正三角形。中国国家地理总编单志强曾经考察了这三座山，最终在文章中为中国的桌状山下了定义：这三座山位于四川盆地的西缘，呈品字排列，顶平如桌，四周是陡崖，岩层水平，顶部是玄武岩盖层，断层形成断块山，受大渡河流域的强烈切割，堪比南非桌山。

四川的美还有一条地表钙化景观带。九寨沟、黄龙大家都很熟悉，其实在青藏高原东北也有一个地表钙化景观带，从九寨沟开始，经卡龙沟、海子沟、赶羊沟、康定玉龙溪一直往南延伸到云南的白水潭。它是有规律的，都是海拔在 3000 米左右，形成的时代也是相同的。

四川的美有兴文的喀斯特地貌。岩溶地貌、喀斯特地貌主要发育在南方，尤其是在桂林、云南、贵州一带。大家对四川岩溶地貌不熟悉，但是四川兴文的喀斯特地貌不比南方的差，有石崖，有石柱，有天坑。天坑这个地貌类型也是中国地质学家命名的，兴文是天坑的命名地之一。

四川的美有冰川时代。横断山脉东部有很多冰川，最东边的冰川就是雪宝流冰川，还有海螺沟冰川、达古冰川。达古冰川非常小，冰山小对气候的变化非常敏感，可能气候稍微一变热这个冰川就消失了，这是它的价值。四川除了现代冰川还有古冰川，现在还能看到古冰山地貌，如螺髻山的冰山湖、稻城海子古冰山地貌、亚丁五色海冰石湖、雅家埂红色冰川等。

四川的地质景观非常丰富，值得我们骄傲。

地质时光——对地质的感悟

地质启示录之一，四维空物。我们对银河系的了解仅仅是图上一个圈，太小。我们来看看，从左到右：银河系，仙女座系，室女 A 行星，IC1011 星系……银河系也就只有这么大。所以说没有什么是最大的，因为我们的认识有局限，就连我们的想象也是有局限的。

地质启示录之二，想象与现实。在学地质以前，我们以为地球是这样的蓝色的星球，非常美丽；学了地质以后，我们发现地球跟我们的想象有很大差异。学地质以前，我以为地质工作者应该非常潇洒，挎一个地质包，拿着一个放大镜；学了地质以后，发现地质工作者远看像种地的，近看像要饭的。它让我明白了理想与现实的差距。

地址启示录之三，时间。爱因斯坦 1916 年提出引力波的猜想。他说宇宙天体活动会引起时空的扭曲，形成时空的涟漪，形成一个波传达出来被我们接收到。我们花了 100 年时间来证明爱因斯坦的猜想。2015 年，人类首次直接关注到双和动星系所引起的引力波；2017 年，我们把诺贝尔物理学奖授予了三个当年从事引力波研究的科学家。2017 年 10 月 16 日，全球多个国家的科学家同步发布了一个消息，宣布人类第一次观测到了一个双中子星合并的一个引力波，这次活动中国科学家参与了，而且做出了非常大的贡献。这两个双中子星合并发生在 1.3 亿光年距离的地方，也就是说这次中子星的合并发生在 1.3 亿年前，那是恐龙称霸地球的年代，所以说宇宙的奥秘其实已经超过了人类的想象。我们一直以为一万年非常漫长，人类用秒、分、时、天、月、年来计算时间；地质上却用百万年来计算时间；我们以为海枯石烂很了不起，所以用这个词来表达我们对爱情的忠贞，学了地质以后我们发现，海枯石烂是一个再正常不过的自然现象，可以说我们看到的每一座山每一块石头都是海枯石烂的结果。

地质启示录之四，生命。著名的米勒实验告诉我们，生命来源于一场化学反应，是从无机到有机的过程，生命演化是从低级到高级，是从单细胞到多细胞，从简单到复杂的这么一个过程。海洋是生命的摇篮，我们是从海洋走出来的，生

命是从海洋开始。这块拍摄于神农架的石头是一个化石，它是 6 亿年前的低等级的蓝藻所形成的石头。大约在 4 亿年前的生命从海洋走向了陆地。首先是植物，有了植物以后我们的大地就开始变异，变得有点美丽，因为有了绿色，因为有了植物，动物才开始上岸，因为它有食物了。

大约在 2 亿年前的时候，一个巨大的群种来了，恐龙来了。它霸占地球有 1.6 亿年，它霸占了天空，霸占了陆地，也霸占了水域，但是再强大的生命、再强大的族群也有灭绝的一天，它最终成为一个个坚硬的化石。恐龙灭绝以后，哺乳类动物开始出现，形成了今天我们所看到的世界。地球上曾经有最大的哺乳动物猛犸象，在 1 万年前左右生活在地球上，后灭绝。人类大概是在 250 万年前出现，经过 250 万年的演变成了我们今天的样子。

人类是什么？假如说我们把地球历史当成一天，人类的历史 250 万年只相当于 50 秒，就是说在地球存在的一天里，人类只存在了 50 秒的时间。所以说，人类不但是地球的新物种，而且我们终将是地球的匆匆过客。恐龙生长了 1 亿年还是恐龙，但是人类只用了 250 万年就成为地球的统治者。人类的思想、语言、驾驭工具的能力、征服的野心、无边无际的欲望，都是人类与动物的根本区别。尼采把人的欲望分为三类：权欲、食欲、情欲。只有人类想统治同类，科学家研究得出，一个狮子的群落一般就是二三十个，它的领地也不过是几十平方公里，只有人类才有无边无际的权欲。对动物来说食物仅仅是生存的必需品，许多动物只有在饥饿的时候才去捕食。但是人类对物质的追求了无止境，远远超过需求，也只有人类对美味才会孜孜不倦地需求，所谓食不厌精、脍不厌细。从情欲来看，只有人类才是非育而性，我们往往把不受控制的欲望称之为兽欲，这是我们对兽类的最大误解，兽类都是为了繁殖而性。是否有这种可能性，人类是生物演化的一个意外或者我们才是那个外来物种？人类之后会怎么样，人类消失也许对文明是个灾难，对我们自身是一个无法挽回的灾难，但是对于有 45 亿年的星球来说实在算不了什么。

美国曾经拍过一个地球片，叫《人类消失以后的事情》。它对于人类消失后的世界是这样预言的：人类灭绝以后，地球上人类的建筑将很快腐朽，所有的房子都将在 100 年内消失，几乎所有人类留下的文明都将在 2 万年内消失，5 万年以后地球上所有人类遗迹都将成为考古的东西，20 万年内所有人类的痕迹都消失了，人类像从来就没有出现过一样。

1990 年，旅游者一号探测器在将要飞出太阳系的时候，在距离 60 亿公里的地方美国国家航天局就给它发出一道指令，让它再回头看看太阳系，它就回过头去拍了 60 张照片，其中一张有一个闪亮的点就是地球。著名的天体物理学家、科学家、科普作家卡尔萨根看了这张照片以后，说过一段很著名的话，我用这段话结束我今天与大家的分享。

“在这个小点上，每个你爱的人，每个你认识的人，每个你曾经听过的人，以及每个曾经存在的人，都在那里过完一生。这里集合了一切的欢喜与苦难，数千个自信的宗教、意识形态以及经济学说；每个猎人和搜寻者、每个英雄和懦夫、每个文明的创造者与毁灭者、每个国王与农夫、每对相恋中的年轻情侣、每个充满希望的孩子、每对父母、每个教授道德的老师、每个贪污政客、每个超级巨星、每个至高无上领袖、每个人类历史上圣人与罪人，都曾住在这里——一粒悬浮在阳光下的微尘。”

谢谢大家。

攀缘于树枝的精灵
——两栖爬行动物趣闻

◎李家堂

李家堂，硕士/博士生导师，中国科学院成都生物研究所研究员，现任中国科学院青年创新促进会第三届生命分会会长，国家自然科学基金优秀青年基金获得者。主要从事两栖爬行动物物种系统学及物种进化方面的研究工作；主持中科院先导专项及国家自然基金青年基金、面上基金，国际合作基金等项目数项。曾获中国动物学会青年科技奖、四川省青年科技奖、中科院卢嘉锡青年人才奖等称号。

我们都知道，很多树木上栖息着多种多样的动物，两栖爬行动物是如何攀缘于树上的呢？我将给大家揭晓答案。

什么是两栖爬行动物

两栖动物属于一个纲，叫两栖纲，目前，两栖纲在全世界有 7900 多种。两栖纲分为以下三个目：无尾目、有尾目和蚓螈目。无尾目，在全世界有 700 多种，在中国有 400 多种。有尾目，在全世界有 700 多种，在中国有 80 多种。在有尾目当中，我们接触比较多的可能是娃娃鱼，娃娃鱼也叫中国大鲵。蚓螈目，在全世界有 200 多种，在中国只有 1 种。蚓螈目基本上颠覆了我们的认知，它是没有腿的，像蚯蚓一样，在中国只有一种，叫版纳鱼螈，非常稀少，一般是穴居。

接下来看爬行动物。一提起爬行动物，大家想到的可能是蛇，实际上目前全世界的爬行动物有 1000 多种。爬行动物分为五个目，第一个目是蚓蜥目，蚓蜥目在全世界有 200 种左右，在中国是没有这个目的分布的。蚓蜥目也是没有腿的。第二个是有鳞目，有鳞目包括蜥蜴和蛇，也就是说蜥蜴属蜥蜴亚目，蛇属蛇亚目，其中蜥蜴亚目在全世界有 6500 多种，在中国有 190 种左右，蛇亚目在全世界有 370 多种，在中国有 240 种左右。第三个目是龟鳖目，龟鳖目在全世界有 350 多种，在中国有 30 多种。由于环境气候的影响，目前龟鳖目基本上处于濒危状态。在寺庙里面我们经常会看到一些人在放生一些乌龟，他们放生的乌龟一般都是红耳龟。红耳龟是美洲的物种，是外来物种，它的放生对于我们本土生物多样性的保护是一种非常大的伤害。如果你把一个外来的物种放生到青城山或者说都江堰，它可能会对当地的物种造成一种不可估量的破坏。第四个目是鳄形目，在全世界有 24 种，在中国有 1 种，是扬子鳄，扬子鳄的皮质比较厚。第五个目是喙头目，在全世界只有新西兰有分布，只有 1 种。

两栖动物和爬行动物的区别是什么？青蛙和蛇本质的区别是什么？我从生物学的角度告诉大家主要有五个非常重要的不同之处。

第一点是皮肤。青蛙、癞蛤蟆的皮肤是裸露的，湿润而且有腺体，但是爬行动物，比如蛇，它的身体表面覆盖有鳞并且很干燥，是缺乏腺体的。这是非常重要的一点。第二点是呼吸方式。在两栖动物中，幼体可以用鳃呼吸，成体上岸以后用肺呼吸，皮肤辅助呼吸。爬行动物由于摆脱了水环境的限制，全部用肺呼吸，没有皮肤辅助呼吸的功能。第三点是心脏。两栖动物的心脏是一心房，一心室，爬行动物进化到了两心房，但是心室是不完全隔离的。第四点是繁殖方式。两栖动物是体外受精，在河流边我们有时会看到青蛙抱对，雄蛙排精的时候雌蛙同时排卵，然后完成体外受精。爬行动物的生殖方式是进化了的体内受精。为什么说体内受精是一种进化呢？因为体外受精会受到环境因素的很大制约，如果环境非常干燥，体外受精产下的后代就不容易存活，而爬行动物的体内受精则克服了这一弊端。第五点是卵。我们知道，青蛙的卵也好，癞蛤蟆的卵也好，都非常小，其整个发育过程都不能完全摆脱水的限制，也就是说整个发育过程都是在水中。爬行动物的卵比较大，我们看到一些蛇和乌龟的卵，有卵壳，其中有很小一部分能够卵胎生。什么样的方式叫卵胎生？我们知道卵生是下蛋，像小鸡一样。卵胎生有别于卵生和胎生，是介于卵生与胎生之间的一种生殖方式，它也是产卵，但卵是在母体肚子里面发育，没有脐带跟母体相接，也就是说母体相当于储存设备。把卵放在母体内但是没有脐带相接，这样的方式叫卵胎生。在中国，尤其是高海拔的地方，蜥蜴主要是卵胎生，在整个发育过程中，其完全脱离了水的限制。以上是两栖类动物和爬行类动物的五个主要差别。

关于树栖的精灵

进化树有很多分枝，表示了生物的进化关系。在漫长的进化过程中，由于生态位分化，一些两栖类动物开始树栖生活，有些甚至终身生活在树上。各种生态

位的分化引发了一些物种的变化，产生了一些专门栖息在树上的物种，也叫树栖精灵。

树栖两栖类动物主要有两种——树栖蝾螈类和树栖蛙类，它们有哪些特点呢？

第一种是树栖蝾螈类，花鸟市场可能有卖树栖蝾螈类的。树栖蝾螈类主要有三个特点：一是身体细长。身体细长是树栖蝾螈类非常重要的一个特征。二是尾细长而发达。为什么会有这么细长而发达的尾巴呢？因为这个尾巴在树栖生活中可以起到依着和附着的作用。三是指趾细长而发达。为什么会有这样的进化呢？因为这样便于它们抓握树木。而越南罗螈，一个主要分布于越南的物种，它的指趾非常短，并不细长，因为它主要在田地里面跳跃，不用上树。

第二种是树栖蛙类。树栖蛙类有什么特征？一是身体较扁平。黑蹼树蛙是一种体表是绿色的物种，身体非常扁，这有助于它从一棵树的树枝上轻盈地跳到另外一棵树的树枝上。而黑眶蟾蜍，其身体非常粗壮，完全不是扁平的形态。身体扁平是树栖蛙类适应树栖生活的重要一点。二是指趾末端有吸盘。黑蹼树蛙的前肢末端有一个非常圆的器官，这个就是吸盘。吸盘有什么作用？它能够帮助动物轻而易举地粘在墙壁上和树上，便于攀缘，而没有吸盘的话可能就抓不住树木或者墙壁，这是非常重要的特征。一般有吸盘的物种都会攀爬或者是能够树栖生活。三是蹼发达。黑蹼树蛙有一个蹼是黑色的，两个指之间的组织构成了蹼。舌土蛙中间是没有蹼的。有些蹼是黑色，有些蹼是红色。蹼在树栖蛙类生活中有什么作用？我们研究发现，蹼会增加摩擦力和与树木的接触面积，这样使其能够稳定地抓住树木。蹼能够帮助树栖蛙类适应树栖生活。

此外，中国雨蛙有一个泡泡样结构，叫作声囊。中国雨蛙一叫声囊就会鼓，这样蛙叫的时候声音就非常大，能够传输的距离非常远。进化树栖蛙类才能够这样叫，这样能够达到吸引雌性进行繁殖的目的。

树栖的爬行类有什么特点呢？一说到树栖的爬行类，大家可能会想到树上的蛇，当然树上不只有蛇。

首先，树栖蜥蜴类。例如，高冠变色龙，它的头部有一个非常大的隆起，就像一个褶皱，这个隆起实际上起到了一个增大高冠变色龙身体表面的作用。树栖蜥蜴类的特点是：

第一，身体扁平或者侧扁。宽尾蜥虎尾巴非常宽，身体表面比较扁平，能够增加身体的表面积。喉褶蜥，它的身体跟宽尾蜥虎不一样，喉褶蜥的身体是侧扁。整个侧扁的身体使这些蜥蜴主要以树栖的方式生活。

第二，尾细长。墨脱树蜥主要是以树栖的方式生活，它的尾巴非常长。看到这样一个非常细长的尾巴，大家可能会想是不是会阻碍它的运动。实际上恰恰相反，在遇到危险的时候墨脱树蜥能够用尾巴勾住树木，不至于让自己掉下来。而西藏沙蜥是生活在西藏的沙子里的一种蜥蜴，不需要长的尾巴，所以它的尾巴非常短小。

第三，一些滑翔物种有扩展部。例如飞蜥，扩展部的存在使其能够非常自如地在树林中滑翔。飞蜥长得非常漂亮。再如版纳伞虎，它身体后方有一块突起，这一块突起也是一个扩展部，增大了身体的表面性，便于它们在树林之间进行滑翔。

其次，树栖蛇类。在树林当中徒步的时候，人们可能会遇到从树上掉下一条蛇来的情况，让人非常害怕。下面我们就来了解一下树栖蛇类有哪些特征利于其上树。

第一，体形细长。绿瘦蛇非常细长，跟我们日常见到的包括有时出现在屋里的黑枚颈蛇完全不一样。闪鳞蛇非常漂亮，身体并不细长，一般分布于我国海南地区，主要是生活在湿地这样的环境中，不是树栖的生活。它的整个身体闪闪发亮，尤其是灯光照上去时。

第二，尾部具有缠绕性。缠绕性使其能够用尾巴缠绕着一个树干，头可以伸下来，可以吃虫子，可以吃青蛙……为什么蛇要这样做呢？因为这样缠绕可以增加它的活动范围。如果不能勾住树干，它就只能在树上爬来爬去，很局限，对于不在树木当中或者不在叶片上的食物就没有办法吃到。竹叶青蛇能够缠很多圈，使它的身体具有更强的稳定性，可以更好地在树林当中生活，捕捉食物。通过观察我们还发现，很多竹叶青蛇缠绕在树枝上的尾部都有非常独特的颜色，我们猜测可能是长期摩擦的作用促使它的尾部发生了颜色变化。

第三，眼较大，视力较好。可能我们听过很多人说蛇的视力是非常不好的，靠感知来辨别人、食物或者天敌的存在，其实不然。树栖的蛇类的眼睛还是可以的，有些有非常好的视力。例如绿瘦蛇，它的瞳孔呈一横缝，有复眼及立体视觉，一般认为是由其横向的瞳孔及两侧的凹槽导致的。其还具有中心视网膜敏感点，这在蛇类中是极度罕见的情况。此性征对其逃跑和捕猎有很大的帮助。绿林蛇巨大的眼睛上有垂直的瞳孔。白唇竹叶青蛇的眼睛是红色的，有着黑色眼球，瞳孔垂直。在自然界中，具有横的和竖的瞳孔的树栖蛇类都具有良好的视力。穴居的闪鳞蛇就像蚯蚓一样长期生活在洞里面，眼睛可能对它来说没有太多意义，眼睛是在逐渐退化。自然界中非常大的一个类群蟒蛇，由于长期生活在树洞里，眼睛也慢慢退化了。

再有，全世界到底有多少蛙类是树栖生活？可能很多人不知道还有生活在树上的青蛙。整个树栖蛙类主要分属于六个主要的大科。

第一个是非洲树蛙科。第二个是曼蛙科，曼蛙科主要生活在马达加斯加。第

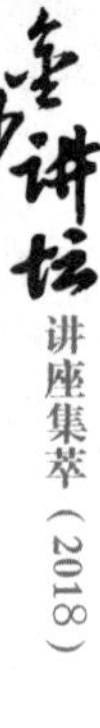

三个是肱刺蛙科，这个蛙的躯干非常挺，主要生活在美洲。第四个是澳雨蛙科，有些宠物市场会有卖的，身体是绿色的，主要分布在澳洲。第五、第六两个红色的科在中国也有分布，一个是雨蛙科，另一个是树蛙科。树蛙科在中国的分布范围主要是秦岭以南。斜蟾科和姬蛙科、弱节蛙科等科中的部分类群也可树栖生活。成都平原都江堰就有姬蛙科的分布。

树栖蛙类非常多，黑眼睑小树蛙有黑眼圈，还有一种蛙的身体是黑白相间，被誉为蛙中大熊猫，长得非常漂亮，整个眼睛全部是红色的，包括眼球。还有些蛙有多变的体色，如一些蛙是生活在树洞里面，树洞里面有很多腐朽木，为了让天敌找不到它，其产生了斑块性的颜色变化。此外，一些蛙还会长很多刺疣，这主要是一种拟态，有助于躲避天敌。一些国家存在一些特有的蛙属。

树蛙科绝大多数物种分布在印度、中国还有日本等，少数物种分布于非洲，在非洲的一些物种被认为是从一些东南亚国家携带过去的。树蛙科物种有一些什么样的形态学特征呢？第一个特征是具有肩带。肩带是支撑整个蛙躯体非常重要的一个器官。固胸型是树蛙的一个肩带类型。固胸型是一个对称的非常稳定的肩带类型。此外还有弧胸型肩带，弧胸型没有对称分布，弧形区是整个完整重叠的区域。第二个特征是指趾末端有吸盘。吸盘和指趾之间有一个结构是间介软骨。间介软骨的前面是指趾这块骨头。为什么会有这个软骨存在呢？这个软骨在树蛙科蛙类抓物或者攀爬的时候起缓冲的作用。一般树栖蛙类的最末端是一个分杈型的骨头，叫作吸盘，这一结构有利于树栖科蛙类树栖生活。吸盘和间介软骨是树栖科蛙类两个非常重要的特征。有人可能会问，是不是所有的树蛙都有吸盘，都能够生活在很大的树上，都具有蹼呢？其实不然，在进化过程当中每一个物种都会为了适应它的生存环境而发生生理结构和功能的改变。像有些生活在热带雨林乔木地带的蛙类有满蹼，有了满蹼就能够滑翔。有些蛙类生活在灌丛中，而不是高大的乔木林中，它的蹼只存在 2/3 或者 1/2，这是中等蹼的大小。还有些蛙生活在湿地，如生活在四川省宝兴县的硗碛，硗碛海拔较高，有很多湿地，很多牦牛会到这里来喝水。大家可能会想，这样一种环境下怎么还会有树蛙？实际上这里恰恰是树蛙生活的北端，过了硗碛就很少有树蛙分布了。在硗碛的这些树蛙多是从南边热带气候地区慢慢扩散过来的，它们到了硗碛这个地方以后，由于这里没有那么高大的乔木，只能生活在高海拔的湿地环境中，开始慢慢蜕化，逐渐变得不能够在树上飞翔，有的指趾之间还存在蹼，有的指趾之间已经没有蹼的存在了。硗碛这里的蛙也叫树蛙，因为它们有吸盘，也有间介软骨，但是它们已经不能在高大的乔木上滑翔。所以说并不是所有的树蛙都可以滑翔，它们会根据生活的环境发生相应的改变。

树蛙科中一些物种有趣的生活史

主要是关于繁殖行为方式、滑翔行为方式和拟态行为方式的。

第一，繁殖行为方式。我们在一些公园水区看到的一些黑色卵带或者卵群一般是属于中华蟾蜍的。在产卵模式方面，癞蛤蟆一般是在水边上，那树蛙又是怎么产卵的呢？在发育模式方面，我们有时可以看到水中有蝌蚪，大家都知道蝌蚪会慢慢长大，尾巴蜕掉有了四肢，慢慢变成青蛙。但是有些树蛙类栖息在很高的树上，可能就没有水，它们是怎样发育的呢？在育幼模式方面，树栖蛙类是不是雌性孵化好了以后再离开，还是产完卵它就跑掉了？

第二，滑翔行为方式。一些树蛙脚趾上长有如壁虎脚趾状的吸盘。借助吸盘，其能稳稳地吸附在树枝和树叶上，能在空中滑翔，从这棵树飞到那棵树，体态轻盈。

第三，拟态行为方式。通过模拟周围环境可以使树蛙不易被天敌发现，有利于生存。

树蛙科物种均为卵生。卵有泡沫状卵群，果冻状卵群等形式。青蛙是体外受精，雄蛙和雌蛙抱对，在雄蛙排精的时候雌蛙排卵，从雌蛙的身体产出来的是液体，这个液体里面包含卵子、凝发性蛋白、凝激素蛋白，雌蛙用腿反复揉搓液体的过程中形成泡泡，然后卵粒就均匀地分布在泡泡里面。随着时间的推移，卵就在泡泡沫里面发育，一般在第 14 天的时候发育成小的蝌蚪。我们可能又会想蝌蚪到时候没有水怎么办？会不会很危险？万一从树上掉下来下面是沙子，那会不会干死？其实青蛙非常聪明，选择叶片的时候，雌蛙会先跑到叶片上然后自己垂直掉下来。如果下面是一个小溪，它就会选择在这个叶片上等待雄蛙来交配；如果下面是干燥的，它就会放弃这个叶片。也就是说，雌蛙在繁殖的时候会多次进行试跳，当它真正觉得这个点上卵孵化好的时候会掉到下面的水里，就会选择这个叶片。然后慢慢地，卵孵化好后一般就会掉在下面水中，随后小蝌蚪就慢慢长大了。这是泡沫状卵群的生活方式。

下面介绍果胶状卵群的生活方式。它和泡沫状卵群的生活方式基本上是一样的，只不过它在防太阳照射方面的保护措施更厉害，像果胶状，更厚。果胶状卵群或泡沫状卵群的繁殖行为是怎样的？先求偶，求偶之后抱对，求偶时雄蛙在找雌蛙，雌蛙在选叶片，雌蛙选到叶子以后就开始抱对，然后就开始产卵，产卵并受精，雌性分泌黏液，有些是雌蛙搅拌成泡沫，有些是雌雄蛙共同搅拌，然后雌蛙离开，雄蛙继续搅拌成泡沫，然后雄蛙离开，整个蛙卵就开始发育了。自然界

中雄蛙数量一般大于雌蛙，尤其在繁殖交配的时候。

下面介绍一种非常有趣、懂得饮水的树蛙科物种。这是一个西藏墨脱的种类，其产卵于叶尖上，卵孵化好后就会掉到水里。一般选在叶的尖部，是因为这样它能够更容易地掉到下面的水里。这是一种非常有趣的方式。像上面提到的生活在四川省宝兴县硗碛等地区湿地的蛙该怎么办呢？虽然没有那么发达的乔木，也非常有趣，它们一样也是泡沫状卵。有时看不出来到底哪个地方有蛙产的卵在孵化，我们就会去翻一下苔藓，手拨开以后可能会看到白色的卵泡里面有小蝌蚪正在孵化。高海拔湿地的底下是水，有些蛙会打一个洞将卵产在里面。打一个什么洞？如下面是水塘，它会在水塘有苔藓的地方用头和前肢挖一个地道，然后在地道内开一个口，头往里面钻，钻在这里进行产卵，产完以后卵不在水里发育。这个卵有卵泡所以不需要水，发育好了以后小蝌蚪就从地道遛到水里面了。

大多数树蛙的卵会先孵化出蝌蚪，长出尾巴，长出四肢，变为小蛙。但是有一些树蛙科蛙类，蝌蚪在卵内发育，四肢非常明显地长出来，最终直接孵化出小蛙，这种发育方式为直接发育的繁殖类型。这就像从叶片上直接蹦出来小青蛙，而不像我们很多人所认为的一定要在水里才能发育为蛙。中国的蛙中有没有这种直接发育的繁殖类型？有，在中国云南就有。它们生活的环境比较干燥，迫使它不能像别的蛙类一样去找水源，从而不能让蝌蚪生活在水里，只能够直接从叶片出来一只小青蛙。自然界物种的适应能力是非常强的。

接下来我们了解一下在繁殖过程中会育幼的一种树蛙，叫圆疣树蛙，在中国分布于西藏等地。该物种的模式产地在印度，它们会把幼蛙养大了再走。圆疣树蛙会在有孔洞的竹节里面产卵，可能有人会问，竹子这么坚硬，蛙是怎么跑到里面去产卵的？下面我就介绍一下这一过程：当竹子长得很小的时候，每年都会有一块嫩的竹芽生长，生长的时候会出现一些腐烂的小洞，蛙就会从这些小洞钻进去。钻进去的竹筒里面是空的，蛙就会把卵粒产在这里，然后会一直等着这个卵发育，发育好了长成小蝌蚪。热带雨林的竹子里面会有积水，蝌蚪会在积水里面慢慢长大成小蛙，然后守在这里的蛙才会离开这个地方，也就是说它看着卵孵化发育好才离开。所以在野外对这个类型蛙类采样非常辛苦，要在竹林中砍出大量洞才能发现它们，尤其是繁殖季节，因为它们大多都在竹洞里面守护着自己的后代。

在竹节里面食物非常缺乏，怎么办？蛙很聪明，竹节内缺乏蝌蚪的食物，因此雌蛙会在竹节内产出未受精的卵供蝌蚪食用。一些蝌蚪的肠道内是黄色的，为什么？就是因为它把未受精的卵吃了。雌蛙几天产几个未受精的卵供已经发育得差不多的蝌蚪吃，帮助它们发育。这是非常有趣的。

下面讲滑翔。为什么叫作滑翔而不叫飞翔呢？我们知道鸟的运动方式主要是飞翔。飞翔和滑翔有什么区别呢？滑翔是指从高处往低处飞，飞翔则可以从底下飞到上面。

下面讲一下拟态行为。一些树栖蛙类可以让其他生物看不出来它是一只蛙或者找不到它像一只蛙的特征，但仔细来看或许能看到一点点，这个叫拟态行为，可以让天敌认为它不是一个活的动物。例如棘棱皮树蛙科，它是根据鸟屎的特征来拟态的。一些蛙身上有很多刺疣或者突起，如有的蛙身上有褐黄色突起，它周围的植物多是一些苔藓，这种蛙在这一环境中跟苔藓看起来很像，一般难以区分。有的蛙的尾部看起来非常白，完全跟苔藓尤其是腐烂的苔藓一样。另外，棱皮树蛙属的蛙身体上面有很多突起，就像树皮一样。棱皮树蛙属主要分布在斯里兰卡、印度、中国等。

中国分布有很多树蛙，那么它们究竟是从哪里来的呢？尤其树蛙的扩散能力低，不耐海水，并且容易受地质事件和气候事件等因素影响。我们研究发现，随着时间的推移，地球环境逐渐变化，印度逐渐向北漂移，而在最初的时候印度和非洲是连在一起的，二者之间有着生物的交换。树蛙科蛙类随着印度次大陆逐渐地向北漂移，然后来到了中国。以上是我们 2013 年的研究成果，在一定程度上解析了树蛙从非洲来到亚洲的一部分过程。

从事动物学研究，像两栖爬行类研究、鱼类研究、昆虫类研究等，是充满艰辛的，尤其是我们经常需要开展大量的野外工作。例如，因为两栖类动物的生活与水息息相关，我们经常要穿越水域开展科学调查工作，经常会在野外风餐露宿，也会遇到毒蛇等危险，但是为了基础的科学研究事业，这些都是值得的。而且虽然过程很艰辛，但其中也有很多乐趣。

最后，感谢大家对我们的关注，谢谢大家！

后　　记

大型公益性社会科学普及品牌活动——成都“金沙讲坛”，创办于2009年3月7日，由中共成都市委宣传部主办，成都市社科联（社科院）承办，成都市广播电视台、成都传媒集团、成都博物馆、成都金沙遗址博物馆等协办。讲坛着眼于百姓精神文化需求，免费、公开向市民开放。

“金沙讲坛”截止到2018年12月底，已举办现场讲坛活动521场。2018年，金沙讲坛共邀请50位名人名家举办讲座50场，现场听众近5万人次。本书一共收录了2018年金沙讲坛现场讲座中最具代表性、也最受欢迎的讲座实录49篇。

本书得以出版，首先归功于众多做客“金沙讲坛”的主讲嘉宾，感谢他们的辛劳付出，让我们有机会汇集智慧、分享思想。同时，也要特别感谢四川大学出版社对本书的大力支持。

本书由成都社科联（院）副主席、副院长阎星策划，成都市委宣传部理论处王显钊处长、成都市社科联（社科院）科研处处长钟声副研究员编审。

金沙讲坛办公室

2019年10月